大坪併治著作集 5

大坪併治著

平安時代における訓點語の文法 上

風間書房刊

謹みてこの一書を

故　吉澤義則博士

故　春日政治博士

の御靈の大前に捧げまつる

解讀文

［人］名は善現と爲《い》フ。一（り）の童女（を）將たり。名は具足妙德といふ。顏容端正なり。色相嚴潔なり。洪《大也》（き）に鐵《ソビヤ(か)》（纖）（に）して、所（を）得たり。修く短《長也》（き）こと度に合《カナ》ヘり。目髮紺青なり。聲（は）梵音の如シ。善く工巧を達せり。精シく辨《クハ》の論を通せり。恭ミ勤（め）て懈（ら）匪《ず》。慈愍（に）して害（せ）不《ず》。慚愧具足せり。柔和質直なり。癡を離（れ）て欲寡《少也》シ。諸の諂誑無シ。妙寶の車に乘レり。采女圍繞せり。［及］其の母と［與］王城より出（で）て、太子に先にして行く。其の太子の言辭諷詠（なる）を見て、心に愛染を生して、［而］母に白して言（さ）く、「我が心に此の人に敬事（する）こと得《ウ》マク願（は）シ。若（し）情に逐《ト》ゲ不《ず》は、當に自ラ殞滅（し）なむ。」母、女に告（げ）て言（は）く、「此の念（を）生（す）こと莫《ナ》。何（を）以（ての）故（にとならば）、此（れ）甚（だ）得難シ。此の人は輪王の諸の相具足せり。後に當に位を嗣《ツ》ギて轉輪王と作（ら）ムとき（に）［有］

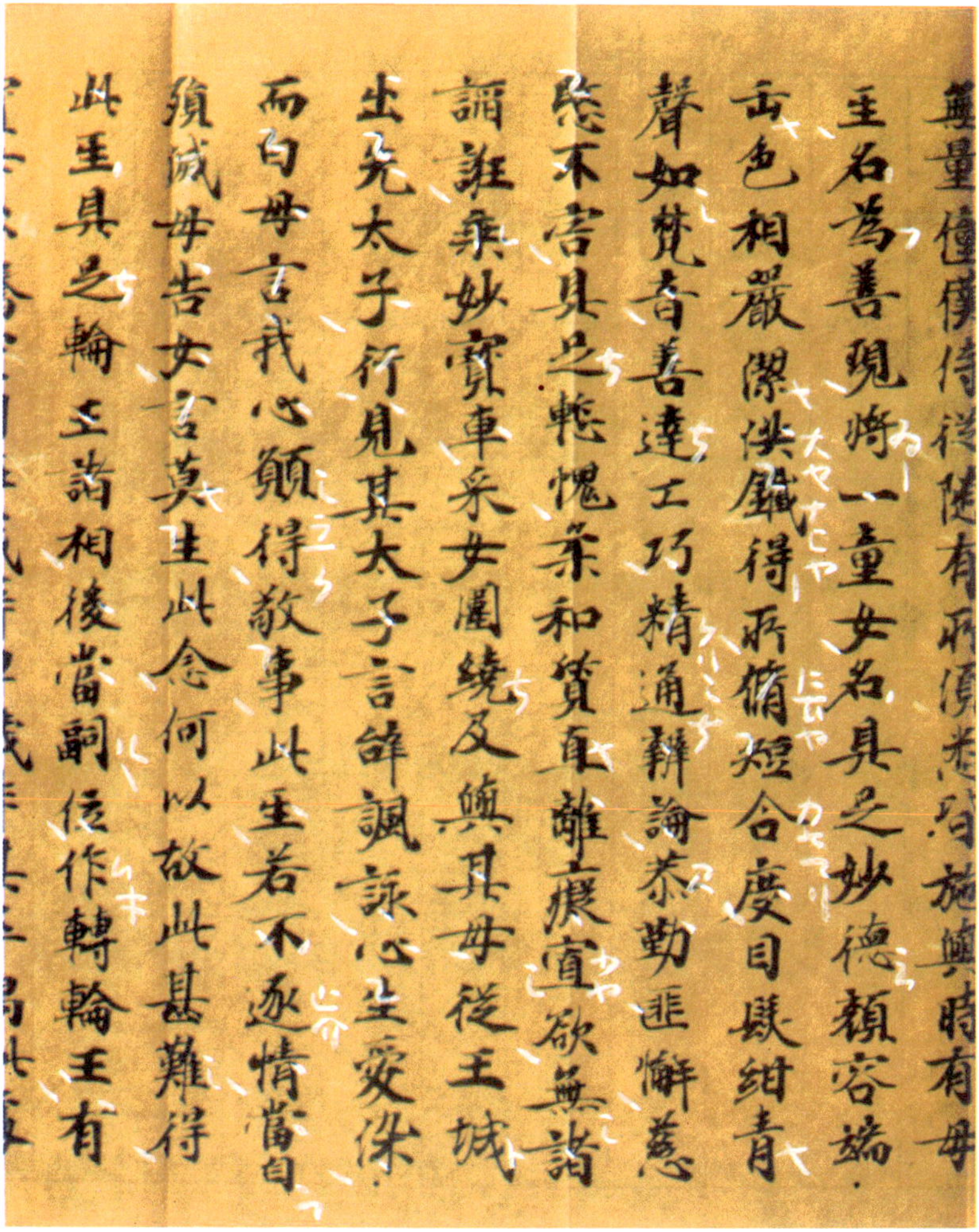
無量億僕侍從隨有所須悉以施與時有母
王名為善現將一童女名具足妙德顏容端
正色相嚴潔洪纖得所脩短合度目髮紺青
聲如梵音善達工巧精通辯論恭勤匪懈慈
愍不害具足慚愧柔和質直離癡寡欲無諸
諂誑乘妙寶車采女圍遶及與其母從王城
出先太子行見其太子言辭諷詠心生愛染
而白母言我心願得敬事此王若不遂情當自
殞滅母告女言莫生此念何以故此甚難得
此王具足輪王諸相後當嗣位作轉輪王有

石山寺本大方廣佛華嚴經平安初期點　（巻七十五　8枚目19行から27行まで）

著作集序

今秋傘壽を迎へた記念に、六十年に亙る新舊の研究を纏めて『大坪併治著作集』を編輯することにした。一冊四百頁から五百頁を標準とし、これを大幅に超えるものは、上下に分冊する。既刊の再版六冊、新たに書き下ろすものを含めて新刊六冊、合せて十二冊の豫定である。

『著作集』の內容は、擬聲語の研究を除いて、ほとんど國語史學の分野に屬し、特に訓點語と訓點資料に關するものが中心である。これは、わたしの學生時代における二つの學問的背景に因つてゐる。一つは昭和初期、わたしが京都大學で學んだ言葉の學問は、言語學も國語學もすべて歷史的研究が主流であつたから、言葉の本質を歷史的變遷の中に捉へようとする姿勢が自然に出來てしまつたためであり、もう一つは、當時、國語史は、平安初期の百年間、六國史の宣命以外に見るべき資料が無く、空白のまま殘されてゐたから訓點資料の研究によつて新しい國語資料を開發し、その空白を補って見ようと考へたためである。同じ頃故小林英夫博士によつて紹介されたソシュールの共時言語學は、幾冊かの本を讀んだが、知識に止まつて身にはつかなかつた。ただ、ソシュールとは異なつた立場で書かれた博士自身の論文「國語象徵音の研究」（「文學」第一卷第八號、昭和八年）だけは、後に擬聲語の研究を始める潛在的刺戟となつた。

大學卒業後の十年間は、研究者にとつて最も大切な期間であると言はれる。わたしはその十年を從軍と工場動員と食糧增產とのために費した。わたしは十年長生きをして、その損失を取り返さうと思つた。幸にして健康に惠まれ、今も元氣で仕事を續けてゐる。願はくは、この健康を維持して、『著作集』を完結させたいものである。

平成二年十月十一日

大坪併治

本書は、大坪併治著『平安時代における訓點語の文法』（昭和五六年八月三一日　風間書房）の復刊です。当初、著作集に組み入れる段階では上・下巻に分けてその利便を図り、誤字・誤植の訂正と後記の追加が予定されておりました。しかしながら、著者がご高齢であることを考慮して、先ずは著作集の完結を優先させた次第です。訂正については上・下巻の巻末にそれぞれ正誤表を付す事と致しました。読者の皆様には大変ご不便をお掛け致しますが、事情ご賢察の上、何とぞご了承賜ります様お願い申し上げます。

風間書房編集部

序

昭和三十七年、拙論「平安初期における訓點語の文法」に對し、京都大學から文學博士の學位を授與され、その學位授與式に出席した際、學位論文はかならず公表いたしますとの誓約書を書かされた。しかし、平安初期だけでは發表しても利用價値が少い、せめて平安末期まで延長してから本にしようと考へた。爾來、その線に沿つて訓點資料の調査と訓點語の研究とを續け、これが梗概を、島根大學・岡山大學で、國語學特殊講義として取り扱つたこともある。訓點資料は、今日まで知られてゐるものだけでも決して少くないが、現在整理されつつあるもの、將來開發されるはずのものを加へると、尨大な量に上るであらう。その中で、わたくし自身が調査し解讀したものは、ほんの一部に過ぎず、これを通じて知りえた訓點語に對する考察も、なほ基礎的な段階を出てゐない。しかし、わたくしも齡ひ七十に達し、今の健康と體力とがいつまで續くかわからないので、不十分ながらここらで一應纏めて公表し、かつは古稀の記念ともし、かつは二十年前に結んだ京都大學との約束を果さうと思ふ。

訓點語學は、國語史學の他の領域に比べると、著しく立ち遲れた若い學問である。明治末期から昭和初期にかけて、大矢透博士・吉澤義則博士によつて開拓され、春日政治博士によつて繼承され、學問的な基礎を確立した。戰後は、遠藤嘉基博士・鈴木一男氏・春日和男博士・中田祝夫博士・築島裕博士・小林芳規博士らによつて、組織的な研究が進められ、訓點語學は飛躍的な進歩を遂げるに到つた。ただし、その成果として今日まで公刊されたものは、廣い立場に立つて訓點語學を展望した概論書や、特定の點本を解讀して考察を加へた資料風なものが多く、一般國語史學のやうに、訓點語そのものについて、表記法・音韻・語彙・文法・文體などを領域別に詳述した專門書は、まだ出てゐない。學界は、勝れた概論書や精しい資料紹介の上に、さらにその種の專門書の出現を求めて居り、また、今日の訓點語學は、それに答へうる段階に達してゐると思はれる。本書は、それの一つとして、平安時代に用ゐられた訓點語の文法を記述したものである。他の領域についても、諸家による勝れた專門書の出現が期待され、本書がこれを促す契機ともなるならば、望外の喜びである。

本書の記述に當つては、次の方針に從つた。

一　全體を組織的に記述する。ただし、すでに論文として發表したことのある項目については、バランスを崩さない程度に概說し、詳細はその論文に讓る。

二　取り扱ふ範圍は、平安初期から院政中期までの約三百年間であるが、時代による訓點語の變遷に留意しつつ記述する。

三　奈良時代の文法との關連を見ると共に、平安時代における和文の文法と比較して、訓點語の文法の特徵を明かにするやうに努める。

四　先學の研究は、紙幅の長大化を避け、特殊なものを除いて論評せず、現時點におけるわたくし自身の考へで統一する。

五　訓點資料から用例を引用する場合は、用例がそのまま國語資料として利用できるやうに漢文樣式を取り、必要上書き下し文にする場合は漢文を併記する。

本書の成るについては、いつもながら多くの方々のご指導とご援助とを頂いた。多年に互つて貴重な訓點資料の調査を許された所藏者、寺院・圖書館・博物館・美術館等の關係者、訓點資料の調査や問題の解決に、ご指導とご助言とを賜はつた先輩・知友、幾度か調査費を與へられ、出版に際しては昭和五十五年度科學研究費補助金（研究成果刊行費）を交付された文部省等に對し、厚く御禮を申し上げる。また、前二著に引き續き、今回も困難な出版を引き受け、よく著者の希望を入れてくれた風間書房に對しても、併せて謝意を表したい。

昭和五十五年十月十一日

大坪併治

凡例

一、本書は、平安時代に用ゐられた訓點語の文法を組織的に記述したものである。

二、記述の都合上、平安時代を初期・中期・末期の三期に分けた。初期は延暦の遷都から昌泰までの一〇六年間、中期は延喜から寛弘までの一一〇年間、末期は長和から永保までの七一年間とした。應徳以後は院政期とし、平安時代には加へない。ただし、平安末期との關連上、その前半を合せて取り扱つた。

三、訓點資料から用例を引用する場合には、次の約束に從つた。

1 漢文様式を原則とし、説明の都合上、國文様式に讀み下す時は、（　）の中に原文を記した。

2 異體の漢字は、特殊なものを除き、現行の活字體に改めた。

3 句讀點は、大體にして原典のそれに從つて、現行の形式に改めたが、私意によつて加へたところもある。

4 返點は、原典のそれを後世の形式に改めると共に、必要に應じ、私意によつて補つた。

5 ヲコト點は平假名で表はした。

6 假名は片假名で表はした。

7 特殊な實字・略符號は、平假名の右に傍線を引いて表はした。例へば、「時・云・給・勿（モノ）・ヿ（コト）・ナ（アリ）・キ（タテマツル）」などは、「とき・いふ・たまふ・もの・こと・あり・たてまつる」などのやうに。

8 ヲコト點の「へ」には、異體假名の「𛀁」を用ゐ、ア・ヤ兩行のエを區別する必要のある場合には、ア行のエには「ゥ・ゑ」を、ヤ行のエには「エ・江」を當てた。

9　ヲコト點や假名があつても、不明瞭なものには△を付けた。

10　加點者の誤讀や不必要と思はれるヲコト點や假名は、〔　〕で包んで示した。

11　ヲコト點と假名で、同じ讀み方を二重に表はしてゐるものは、一方だけを取り、必ずしも兩者を示さなかつた。

12　ヲコト點や假名の表記の不足を、私意によつて補讀したものは、平假名を（　）で包んで示した。

13　濁點は、原典には無いが、文意の理解を助けるために、便宜上、私意によつて加へた。

14　引用文を示す括弧は、原典にはないが、文意の理解を助けるために、「　」『　』の二種を用ゐた。

15　用例の上の（　）には、節または項ごとに、順序を追つて番號を記入した。

16　用例の下の（　）には、出典を示した。「・」の上は所藏者の略稱。「初期・中期・末期」は、それぞれ「平安初期・平安中期・平安末期」の意味。漢數字は卷數。分數は、分子が料紙の枚數を、分母がその料紙における行數を示す。複製本のあるものは、「複」として、丁數または頁數を記した。

四、訓點資料以外の文獻から用例を引用する場合には、次の約束に従つた。

1　文獻名は、誤解の恐れのない限り、略稱を用ゐた。例へば、「萬葉」（萬葉集）、「古今」（古今集）、「記歌謠」（古事記歌謠）、「紀歌謠」（日本書紀歌謠）、「續紀宣命」（續日本紀宣命）、「源氏」（源氏物語）、「土佐」（土佐日記）「枕」（枕の草子）、「寢覺」（夜の寢覺）などのやうに。

2　平安時代の和文は、便宜上、「日本古典文學大系本」（岩波書店發行）をテキストとし、その頁數を記した。ただし、二册以上に亘るものは、併せて册數を示した。

五、本文に對する注は、節または項の終りに、纏めて擧げた。

目次

序説

第一節　訓點資料

一　第一次資料

漢文を訓讀することは、漢文傳來後間もなく始まつたものと思はれ、その要點を備忘のためノートに控へて置くといふやうなことも、やがて始まつたであらうが、漢文に直接句讀點・返點・送假名などを書き込み、難解な語句の意味や讀み方を記すといふ習慣は、かなり遅れて成立したらしい。

句讀點は、漢文を音讀する時にも必要であるから、句讀點があるだけでは、訓讀した證據にならない。これに返點が加はつて初めて訓讀したことが知られるが、現存する資料の中で、返點を持つ最古の文獻は、大東急記念文庫藏『華嚴刊定記』延暦七年（七八八）點である。これは、東大寺の某僧が延暦七年八月十二日に、『華嚴刊定記』といふ本を、他の唐本・新羅本を以て校合した際に、校合に必要な所々を訓讀して、朱で句讀點と返點とを加へたもので、星點「・」を返點に利用してゐる他、「一・二・三」の數字が漢字の左右に、讀み順を示す記號として用ゐられてゐる。

（一）今此答中品有兩句由[五]束[二]問中初二句[一]爲[四]一句[三]故也。〈解讀〉問中の初の二句を束して一句と爲るに由るが故になり

（13/22）

（二）且依一相・理實皆通・〈解讀〉且く一相に依りて理實皆通す（9/16）

句讀點・返點の他に、さらに送假名を添へた資料で、年代明白なものは、もう少し遲く平安初期になつて現はれる。東大寺圖書館と正倉院聖語藏とに分藏されてゐる『成實論』天長五年（八二八）點がそれである。これは、天長五年七月、東大寺の某僧が胡粉で書き加へたもので、奈良時代の眞假名とは比較にならないほど簡易化された略體假名と、かなり整備されたヲコト點とが併用され、また、難解な語句の音義も、假名や漢字で記されてゐる。

成實論天長點ヲコト點

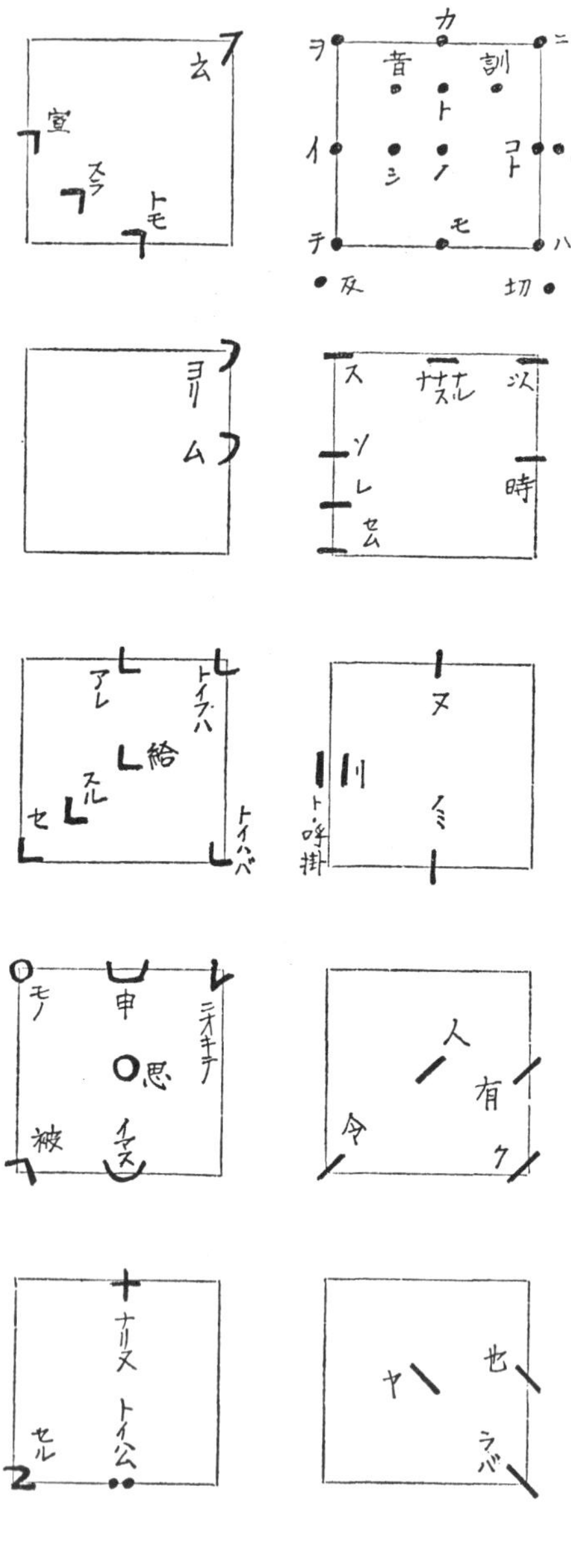

同　假名

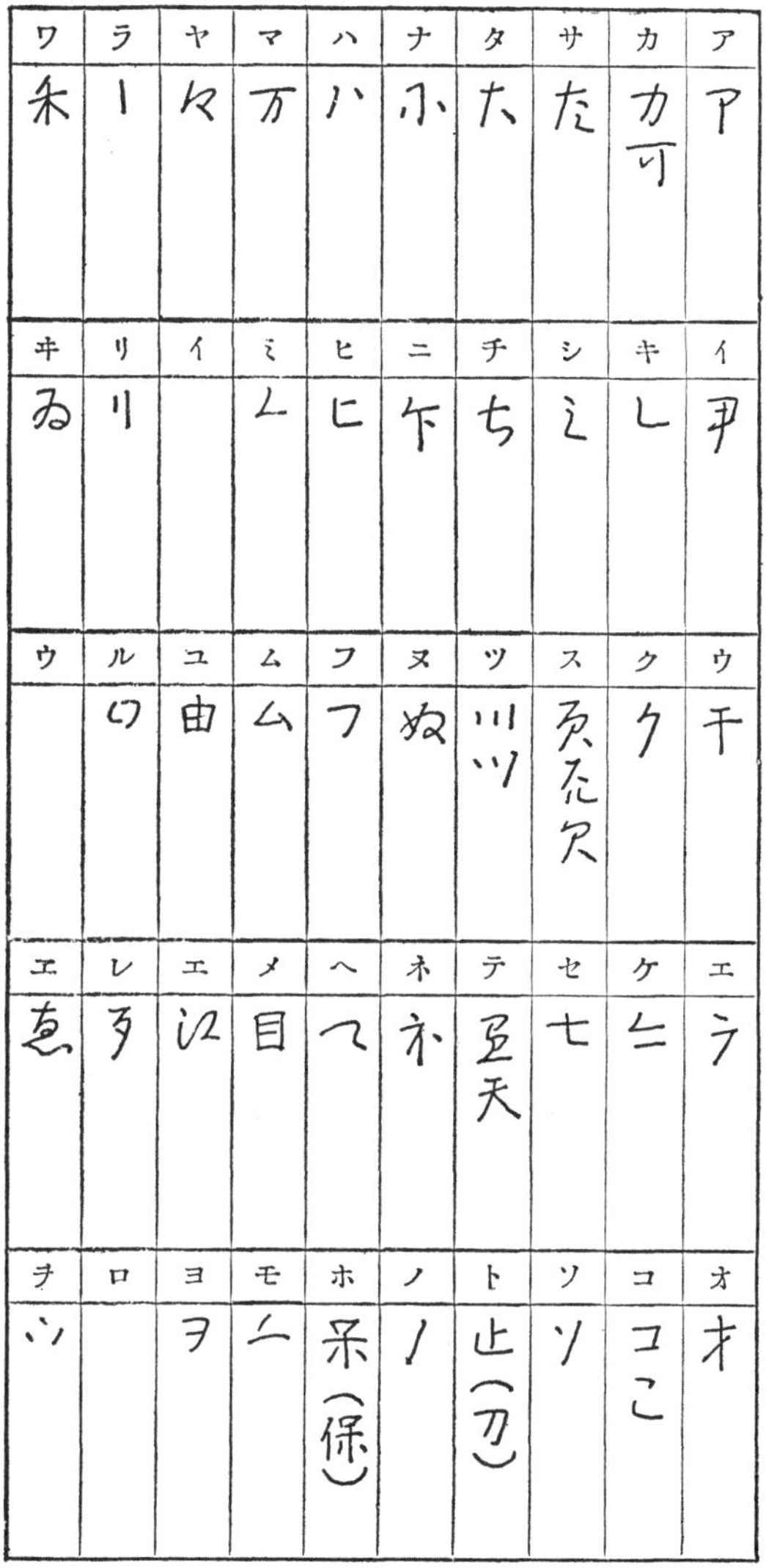
ア カ サ タ ナ ハ マ ヤ ラ ワ
イ キ シ チ ニ ヒ ミ イ リ ヰ
ウ ク ス ツ ヌ フ ム ユ ル ウ
エ ケ セ テ ネ ヘ メ エ レ ヱ
オ コ ソ ト ノ ホ モ ヨ ロ ヲ

同　實字・略符號

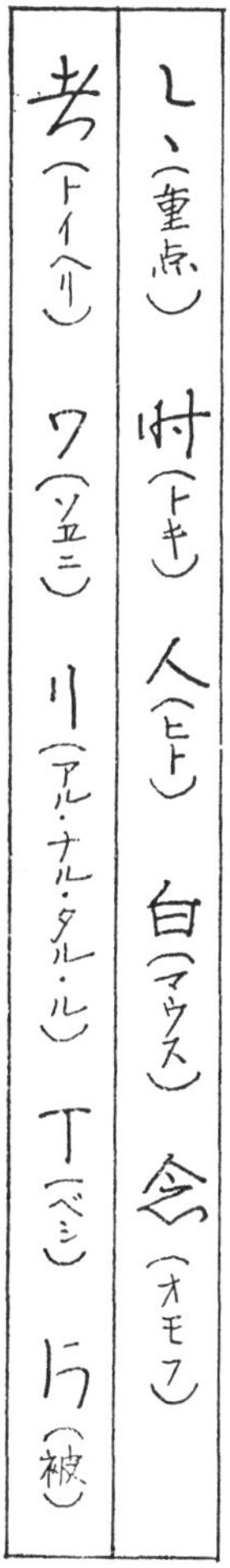
（重点）
（トキ）
（ヒト）
（マウス）
（オモフ）
（トイヘリ）
（アル・ナル・タル・ル）
（ベシ）
（被）

その例

（三）八直聖田戒為壇畔 玉二蒲館反、田界也

〈解讀〉八直の聖田は戒を壇畔と爲す。「玉二蒲館反、田界也」は「畔」の音義を示す。（二一 2/12）

（四）隨意所嗜《クーハ》色香味觸

〈解讀〉第一訓　意に隨（ひ）て嗜《クラ》ハむ所の色香味觸を

第二訓　意ニ嗜《クラ》ハム（と）おもハム所ノ色香味觸ニ隨（ひ）て　（同 4/6）

天長五年は、平安遷都後僅か三四年であるが、年代不明ながらこれより古いと推定される資料も少くないから、漢文を訓讀して、句讀點・返點・送假名を添へ、難解な語句の音義などを書き込む習慣は、平安時代に入つて間もなく成立したものと考へられる。

このやうに、漢文を訓讀して、その結果を文字や記號を用ゐて直接漢文に書き記すことを、「點を加へる」といひ、點を加へた漢文の書物を「訓點本・加點本・點本」などといふ。點本は、天長以後次第に増加し、鎌倉時代までの現存資料を總計すると、その數はおびただしい量に上る。ただし、現存する訓點資料の大部分は佛書で、一般の漢籍は少い。佛書が多いのは、僧侶の研究者が多くて、加點される機會が多かつたのと、佛教の背景において、三寶の一つとして大切に保存されたこととによるのであらう。

ところで、佛書は、一般の漢籍と文體を異にしてゐる。漢籍は洗練された文語で書かれてゐるが、佛書は多く六朝以

後の俗語や翻譯語を含んだ特殊な口語で書かれてゐる。(ただし、佛書の中で、史傳・紀行文・上表文などは、漢籍に近い文體で書かれてゐる。) 兩者は本文の文體が異つてゐる上、これを訓讀して加點する人も、漢學者と僧侶とに分かれてゐたから、訓讀の仕方は必ずしも同一ではなかつた。例へば、本來スベテの意味を表はす「都」を、否定詞に續けて、否定强化に用ゐることは、佛書では普通に見られるところであるが、正格の漢文では一般に用ゐなかつたから、佛書の訓讀では、カツテと讀んだが、漢籍にはその例がない。

(五) 走(り)て欲ニ逃竄《ニゲカク》一レムとするに、(悶)絶して擗《タフ》レレて地に都《カツ》て不《ず》ニ覺知一(せ)。(石・守護國界主陀羅尼經中期點 一〇 9/18)

ゼンゼンの意

(六) 其の無レき(は)信者《(も)の》は、都《カツ》テ無レ(き)こと所レ見ル、猶シ如ニシ生盲《マウ》の不レが見ニ日月一を。(同 一 6/18) 同

また、「等」を名詞・代名詞に添へて、複數を表はすことは、普通に見られるところであるが、これを用言や引用句に添へて、例示や省略の意味に用ゐることは、佛書では廣く行はれたが、正格の漢文ではしなかつた。前者の場合は、奈良時代から接尾語のラを當てて——ラと讀み、平安時代の訓點資料でも同樣であつたが、後者の場合は、副助詞ナドの成立が遲く、適當な譯語がなかつたせゐか、接尾語のラと助動詞ゴトシの用法を擴充してこれに當て、——ラ、——トラ、——ガゴトシ、——トノゴトシなどと讀んだ。しかし、漢籍には例がない。

(七) 云何(なる)か增上戒學といふ。謂(はく)、安ニ住する具戒一に等《ラ》ゾ。(石・瑜伽師地論初期點 二八 1/4・5)

(八) 或(る)いは有ニ(り)諸の菓一。其の味ひ苦く辛く淡き等《ら》なり。(京・蘇悉地羯羅經延喜點 27/18)

(九) 以下て佛言《のたま》中ふを「不レ受ニ(け)後有一を、我が生已に盡せりと等《ら》上」、(東・百法顯幽抄中期點 28/16)

(一〇) 三は掃レき塔を、塗レり地を、修ニメ飾り道場一を、正(し)く理《ツク》ニるが制多一を等きぞ。(高・觀彌勒上生經贊平安初期點(朱) 21/6)

（一一）以ニて无價の珠一を繫ニケ衣の裏一に等《ト》ノゴトクするに、彼い初には不レ（し）て覺（ら）、（石・妙法蓮華經玄賛中期點　三　36/14―15）

（一二）今此ノ文ノ中ニ總ニ略（し）テ九種一ヲ、説（き）て爲ニス三品一ト。故に云ニフ「聖者眞言爲上成就」一トノ等一ク也。（石・蘇悉地羯羅經略疏天暦點　五　23/3）

また、「欲」は、佛書でも漢籍でも用ゐられ、動詞にしてオモフ・ホッス・スなどと讀んだが、オモフは佛書で、ホッスは漢籍で用ゐられることが多かった。（注1）

（一三）若欲《オモ》ヨハば妙に體《サト》ニラムと其の法一を、終に須ニ（し）對一面して而授《サ（ヅ）》一く。（天・南海寄歸内法傳末期點　二　10/18）

（一四）若有ニ（り）て善男子・善女人一、欲《オモ》レハム求ニ（めむ）と阿耨多羅三藐三菩提一を者《モノ》を、應ニし當に一心に修ニ習す如レキ是（の）心地觀の法一を。（書・大乘本生心地觀經末期點　4/22―24）

（一五）呂產《（人名）ホ》欲レ∠爲《スセ》ニマク不善一を。（東北・史記延久點　孝文本紀　複　9）∠は促音記號

（一六）不レ得下以ニ（て）金銀・銅錫《セキ》一を爲《す》ヵること〈別訓　スルコト〉飾と。不《ず》レ治《ヲ》レ（さめ）墳《ツカ》を。欲《ホ（っ）》ニス爲レシ省《ハブ》クことを、毋レ（ら）むことを《コトヲ》煩レすこと民を。（同　34）

また、「則」は、接續詞として、佛書・漢籍いづれでも用ゐられるが、佛書ではスナハチと讀み、漢籍では不讀にするのが普通であった。（注2）

（一七）若能ク至レル心を（もて）聽ニ受せば是の經一を、則《スナ（はち）ナ》爲ニリナム………供ニ養するに於我釋迦牟尼應正等覺一を。（西・金光明最勝王經初期點　六　3/6）

（一八）得ニては如レき是（の）件一を、則チ速に成就せむ。（京・蘇悉地羯羅經延喜點　8/11）

（一九）欲レ(す)れば諫(め)む(と)、則非レ(ず)時に。欲レ(す)れば默《もだ》あらむ(と)、則不レ能(は)已《ヤ》(む)こと。（上・漢書揚雄傳天曆點　289―290）

（二〇）布レ(く)こと政を不レと(き)には均《ヒ》(としから)、則天示《シメ》スに之以レ《も》(て)シ菑《ワザハヒ》を、（東北・史記延久點　孝文本紀　123）

また、洗練された文章語で書かれてゐるといつても、わが國で書かれたもの、例へば、『日本書紀』のごときは、日本の事物が記述されてゐる上、特殊な語句には眞假名の訓注も添へられてゐるやうに、訓讀するのに出來るだけ古語を傳承する方針のやうであつたから、平安時代の寫本に記された古訓の中にも、他の點本に見られない特殊な讀み方があつて、一般の漢籍とは區別して取り扱はれなければならない。例へば

（二一）便以二八坂瓊之五百箇御統一（御統此云二美須磨屢一）纏二其髻鬘及腕一、又背負二千箭之靫一（千箭此云二知能梨一）與二五百箭之靫一、臂著二稜威之高鞆一（稜威此云二伊都一）、振二起弓彇一、急二握劍柄一、蹈二堅庭一而陷股、若二沫雪一以蹴散（蹴散此云二倶穢簸邏邏箇須一）、奮二稜威之雄誥一（雄誥此云二烏多稽眉一）、發二稜威之嘖讓一（嘖讓此云二擧廬毗一）而徑詰焉。（書紀　神代上）

（二二）其坐甚《ニヘサニ》多(して)、不レ可二悉に聽一(く)。（東洋・日本書紀中期點　皇極二年）一般にはハナハダ

（二三）中臣の鎌子の連、曾《イムサキ》より善《ウルハ》二し於輕の皇子一に。（同　皇極三年）一般にはムカシ

（二四）河(の)水漂《タ、ヨヒ》蕩て、滿《イハメ》二り于宮廷一(に)。（同　推古九年）一般にはミツ

（二五）時に皇后謂《カ(たりて)》二國依媛一に曰(はく)「何(そ)爾《イマシ》が泣《イサ》ツル之。」（前・日本書紀末期點　仁德三〇年）一般にはナク

（二六）吾妹《ワギモ》、汝《イマシ》雖二(も)親《ムツマ》シク昵《ムツマ》一シト、朕畏二(づ)眉輪王《マヨワノオホキミ》一を。（同　雄略　即位前）一般にはナムチ

（二七）視二(る)に女子の行步《アリ》一クを、容儀《スガタ》能(く)似《タウバ》二レリ天皇一(に)。（同　雄略元年）一般にはニル・ノル

（二八）晝者如《はナス》二五月蠅《サバヘ》一而沸《ワ》キ騰《アガ》ル之。（圖・日本書紀末期點　神代下）一般にはゴトク

『日本書紀』の古寫本では、東洋文庫藏の二卷（推古・皇極）が最も古く、三種の點を持ち、その內最も早いものは、

一條天皇の頃のものと推定されてゐる。書紀のやうにわが國で書かれたものを、特に「國書」といふことがある。

また、わが國で書かれたものゝ內、一見漢文に似てゐるが、文字の使ひ方や語序に、漢文の規則に合はないものがあつて、漢文としては讀むことの出來ない、異樣な文體を用ゐたものがある。「變體漢文」「東鑑體」などと呼ばれるものがそれである。變體漢文は、純粹の漢文と違つて、訓讀を前提として書かれた一種の國文で、漢文とは本質的に異つた文體であるから、訓讀の仕方にも漢文とは異つたものがあるのは當然である。從つて、變體漢文を訓讀したものは、漢文を訓讀したものと、區別して取り扱ふ必要がある。變體漢文に加點した年代明白な資料では、眞福寺本『將門記』承德三年（一〇九七）點が有名である。これは、承德三年に、墨で返點と送假名とを加へたもので、ヲコト點はない。

（二九）　諸國之宰《ツカサ》、作レラ抱《ニギ》ニリ官符一ヲ、不ニ張《ハ》リ行一（は）、（眞・將門記承德點　複　9ウ）

（三〇）　生死有レ（り）テ限リ、終ニ以テ滅沒（す）。（同　27ウ）

（三一）　推して察セバ之、甚以幸也。（同　19ウ）

（三二）　女人ノ流浪ハ返ニル本屬一（に）者リ。（同　22ウ）

接續助詞ナガラに「乍」を當て、「終・甚」などの副詞に「以」を添へてツヒニモツテ・ハナハダモツテなどいひ、引用句の後に「者」を添へて――トイヘリ（テヘリ）といふのは、公卿日記を初めとし、平安時代の變體漢文では、普通に見られるところであるが、漢文では一般に用ゐない。「張《ハ》リ行《オコナ》フ」も國語であつて、漢語ではない。

『將門記』よりも早く弘仁年間に成立した『日本靈異記』も、一種の變體漢文で書かれてゐるが、最近發見された『來迎院本』が、本文の所々に墨の假名訓を持つ以外、いはゆる加點されたものは現存しない。ただし、他の諸本には、いづれも、各說話の終りに、語彙の訓釋があつて、かつて全文が訓讀されてゐたことを傳へてゐる。その例

（三三）緋縵著レ額、擎ニ赤幡桙一、〈訓釋〉緋《アケ》 縵《カツラ》 擎《サヽゲテ》、（輿・日本靈異記　上　一）

（三四）應レ爲レ妻覔ニ好孃一、乘レ路而行、時曠野中遇ニ於姝女一、其女媚レ壯馴之、壯睇之、〈訓釋〉孃《ヲミナ》 媚《コビ》 馴《ナツキ》 睇《メカリウツ、又云メミス》（同　二）

『日本靈異記』に續くものに、『東大寺諷誦文稿』がある。これは、本文そのものに初めから送假名や傍訓が添へられてゐて、後の漢字・片假名交り文に近いものであるが、部分的に朱で句讀點・反點・送假名などを加へたところがある。ただし、その用語には、普通の訓點資料には見られない和語も交つてゐるから、取り扱ひには注意を要する。

（三五）苦(き)菜《クサビラ》ヲ採《ツ》ミ(て)係《カ》ニケ危(き)命一を、滑《ナメ》リ朽《ク》チタルもの、酢《ス》キ子《ミ》ヲ拾《ヒロ》ヒテ助ニ(け)弱(き)身一ヲ、（東大寺諷誦文稿　97―98）

（三六）歳去《ユ》ケバ形モ衰(へ)ヌ、月來《ク》レバ命モ促《ツヽ》(ま)(り)ヌ。（同　101―102）

（三七）況(や)復(た)三寶(の)德海ハ、廣―大无―邊に(し)て、極(まり)て峻《タカ》ク極(まり)て奥《(ふか)》(く)おほましまス。（同　92―93）

（三八）見(れ)ドモ見(れ)ドモ不ニものハ飽(き)足一(らは)、父公ガ愛《メグラ》ニ念《オモ》ホセリシ御貌ナリ。（同　216―217）

（三九）殺ヲハ他(の)所レ(なるが)不レ欲(りせ)故(に)、不レ行《(そ)》レ(ひ)殺ナ。誹謗ヲバ人(の)所レ(なるが)不レ欲(りせ)故(に)、不レ誹《ソ》レ(り)人ナ。（同

208

『諷誦文稿』は、佛前で讀み上げた文章の草案であるが、佛典の敎義を注釋敷衍したものにも、これに類する文體を用ゐたものがある。例へば、東大寺本『七喩三平等无上義』、同『法華論義草』がそれである。文章の骨格は、漢文または變體漢文であるため、語序を轉倒することが多く、いはゆる漢字・片假名交り文とは異つてゐるが、語序を轉倒しない場合は、漢字・片假名交り文と同樣であつて、漢字・片假名交り文の一つの源流をなしたものとして注意したい。

（四〇）於三昧等(といふは)者、引《ケルゾトニ》ニアラバ勝鬘經文一ヲ、彼(の)經ニハ心正觀禪等(と)コソイヘレ不レヌヲヤ言ニ三昧等一(とは)。（東・七喩

三平等无上義　748―749）

（四一）問　法ノ體イ持ニリテ輪ノ業用一ヲ云意如何。答　法者ハ八正道也。輪者ハ摧破ノ義也。八正道ノ體イ持ニガテル摧破ノ業用一ヲ故、云ミ法ノ體イ持ニトテリ輪ノ業用一ヲ也。（東・法華論義草　85―87）

（四二）開導依ニシアルイハ必（ず）等无間ニモアリト者（い）ハ、、開導依ヲコソ云レハメ寛（し）ハト。何ゾ云ニ（ふ）等无間縁ヲ廣一（しと）。（同　255―257）

（四三）意ハ有ニ（る）ヲ斷惑之用一名ニ有用（の）義一（と）言（ふ）也。故（に）疏（に）云（はく）、「言ニ（ふは）有用（の）義一（と）、謂（はく）、摧ニ輾（するが）惑障一（を）故（に）云ゝ。」輾オサフルゾ。（同　48―49）

この兩者は、同じ卷物の表と裏とに書かれてゐるが、『七喩三平等无上義』が早く表に書かれ、『法華論義草』が遲れて裏に書かれたものであるらしい。共に、平安初期の中期から末期にかけての資料で、前者には、全部に亘つて朱點も存在するが、本文とは別筆で、初期末頃の加點かと推定される。

二　第二次資料

1　音義書

特定の漢籍や佛書から難解な語句を抄出し、その音義について説明を加へたものを「音義書」といふ。中國で作られてわが國に傳へられたものに、唐の玄應の『一切經音義』二五卷（六六一成立）、慧琳の『一切經音義』一〇〇卷（八〇〇頃成立）、唐の慧苑の『新釋華嚴經音義』などがある。これらの音義書は、佛書の解讀に利用されたが、これに學んで、わが國でも音義書が作られた。奈良朝末期の成立で、平安初期の書寫と見られるものに、小川本『新釋華嚴經音義私記』二卷、書陵部本『四分律音義』一卷、石山寺本『大般若經音義』一卷（中）などがある。いづれも、漢文の説明が多いが、眞假名で語彙の和訓を記したものが、小川本には一七〇例ばかり、圖書寮本には四例、石山寺本には一二例ある。

（一）「皆砌」上古諧反、道也、上進也、陛也、下千計反、限也、倭云石太ゝ美（小・新釋華嚴經音義私記一）

（二）「筌」音宣、訓于問也、謂レ教也。（同　）

（三）絁波太衣、𦆀麻衣加良牟斯衣、䊷麻衣古流牟斯衣、麻衣阿佐衣（書・四分律音義）

（四）「癢」餘姜反、倭言加由之、「纎長」思廉反、纎小也、細謂二之纎一、倭言蘇毗加尓（石・大般若經音義　中）

平安時代に入ると、空海により『金剛頂經一字頂輪王儀軌音義』一巻が作られた。高山寺本は院政期の書寫で、眞假名の和訓を持つものが四〇數語見える。

（五）騎支伊反乃留　蕎婆句反川萬太久　嬋娟上禪反、下捐反、太乎也加奈留狀也（高・一字頂輪王儀軌音義）

これに續くものに、石山寺本『大般若經字抄』（藤原公任撰、長寛二年寫）一帖、大東急記念文庫本『金光明最勝王經音義』（承暦二年寫）一帖、矢野本『法華經單字』（保延二年、源實俊寫）一帖などがある。石山寺本と矢野本は片假名の、大東急記念文庫本は眞假名と片假名の、多くの和訓例を持つてゐる。

（六）漑音基怡伊和悦也　抑音憶《ヲサフ》　軛音厄《クヒキ》　（石・大般若經字抄）

（七）聾龍音美ゝ志比　瘂阿音於不之　滞天伊反〈左別筆　涙《ナムタ》ルイ音〉　折尺音久墮久〈右別筆　前ス、ムテ〉（東急・金光明最勝王經音義）

（八）妙《タヘナリ》无少反《ヘウ》　法《ツネ　ノリ　ツタフ　コトワル　ヲシフ》方邑反《ハウ》　蓮《ハチス》力田反《レン》　華《ハナ　サカユ　ウルワシ》果廻反《クワア》イ本廻果　（矢・法華經單字）

その他、醍醐寺本『法華經釋文』三帖は、興福寺の僧仲算が貞元元年（九七六）に編輯したものを、弟子の眞興が書寫・加點したもので、（注3）本文は漢文の音義書であるが、朱點を持つため、第一次資料としての性格を兼ね具へてゐる。

（九）「品《ヒム》」普錦《キム》反、慈恩云、彙《トモガラ》《キ》聚也。
「岸」五幹《カレ》反、釋氏云、重崖《キシ》也。（醍・法華經釋文）

また、宇多天皇の御宸筆と傳へる東山御文庫本『周易抄』は、周易の本文と注の中から、注意すべき語句を抄出して、音義を注し、四聲點を施し、ヲコト點を加へたもので、これを音義書の一種と見ることができれば、『周易抄』は、現存する漢籍の音義書として最古のものといふことになる。

（一〇）尚庶幾又貫 僡ツカレ 裕ユタカ也 反目ソバム 深微クハシウス 不泥ナヅマズ 井は 以レ（て）不レを 變（ら）爲《す》レる 德（と）者也（東山・周易抄）

2　辭書

特定の資料に限らず、廣く漢字を集めてその音義を説明したものが辭書である。中國で作られてわが國に傳へられ廣く利用されたものに、後漢の許愼撰『説文解字』（略して『説文』ともいふ、一二一成立）一五卷、梁の顧野王撰『玉篇』（五四三頃成立）三〇卷、隋の陸法言撰『切韻』（六〇一成立、特に漢字音を示したもの）などがある。平安時代に入ると、これらの辭書を參考にして、わが國でも辭書が作られるやうになつた。現存するものでは、空海の『篆隷萬象名義』三〇卷六帖（八〇六〜八三五頃成立、『玉篇』を小型化したもの）が最も古いが、漢文の説明だけで、和訓はない。和訓を持つ最古の辭書は、昌住の『新撰字鏡』一二卷（昌泰年中〈八九八〜九〇一〉成立、玄應の『一切經音義』に、『玉篇』『切韻』、その他を加へて纒めたもの）で、所收漢字二〇・〇〇〇あまり、眞假名で和訓を示したもの約三・〇〇〇、いはゆる天治本は、天治三年（一一三四）の書寫である。

（一一）焚扶雲、扶芬二反、以レ物入レ火之皀、保須、又阿夫留、又や久　夙昔陸反、旦也、朝也、飄颻、豆牟志加世、又阿志太（天治本新撰字鏡）

これに續いて、源順の『和名類聚抄』（承平四年〈九三四〉頃成立）が成立した。これは、漢和辭書といふより、むしろ、物の名まへを主とした百科辭書の一種で、十巻本と二十巻本とがあり、十巻本が原初のもので、二十巻本はこれを增補（官職部・國郡部などを追加）したものと見るのが通說であるが、その逆だとする說もある。和訓はやはり眞假名で記され、十巻本で、約二・七〇〇語を收めてゐる。

（二）牽牛　爾雅云、牽牛一名河鼓和名比古保之、又以奴加比保之　暴雨　楊氏漢語抄云、白雨和名無良左女（和名類聚抄）

また、平安末期から院政期にかけて、『類聚名義抄』が數次に亘つて編纂された。その內、最も古いのは圖書寮本一帖で、一部分（「法」部前半）しか現存してゐないが、平安末期の書寫で、漢文で說明した後、眞假名、または片假名で和訓を示したもの約二・〇〇〇、多くの語に、清濁やアクセントの聲點が施されてゐる。

（三）砂　音沙、眞云、細末石也、俗作レ沙、……川云、禾云、以佐古、一云、須奈古　涕泣　川云、音急、玆云、目出レ涕曰レ涕、無レ聲出レ涙曰レ泣、……泣ミシホタル、遊、哭泣ナキイサツル古語

觀智院本『類聚名義抄』一一册は、鎌倉中期（建長三年〈一二五一〉）の書寫で、現存する名義抄中唯一の完本である。圖書寮本と編纂の様式が異なり、漢字の標出數が增加した反面、漢文の說明が減少し、和訓は專ら片假名で示されてゐるが、清濁やアクセントの聲點は圖書寮本と同様に用ゐられてゐる。ただし、圖書寮本にあつた出典の記載がなくなつてゐる。

（四）砂音沙《サ》　イサコ、マスナコ、俗沙　泣ミシホタル　流音留、ナカル、ツタフ、タクヒ、トモカラ、メ、クル、モトム、クタル、ウカフ、ユク、シク（觀・類聚名義抄）

『類聚名義抄』には、他に、高山寺本・西念寺本・蓮成院本などがある。

これらの音義書・辭書などは、前項に述べた點本とは別種のものであるが、漢文訓讀の手引として利用される一方、圖書寮本『類聚名義抄』の出典の記載によつても知られるやうに、逆に古點本の訓を資料として編纂されることが少く

なかつたから、點本に次ぐ資料として利用することが出來る。

以上の、第一次資料、第二次資料を合せて訓點資料と呼ぶ。訓點資料を廣義に解釋すると、中世は勿論、近世の漢學者の訓讀したものまでを含むが、普通にはもう少し狭い意味にとつて、平安時代を中心として、院政・鎌倉期のものを合せて取り扱ふのである。

第二節　訓點語

一　訓點語の性格

上述した訓點資料を、加點者の加へた「點」に従つて解讀すると、昔――特に平安時代に――漢學者や僧侶たちが漢文や變體漢文を訓讀する時に用ゐた言語を復元することができる。これを「漢文訓讀語」、または、「訓點語」といふ。訓點語は、同時代の、物語・日記・隨筆などの和文を通して、これまで知られてゐた言語とは、かなり性格の異つたものである。それは、加點當時の口語を基調としながら、これに、前代の古語と、漢文の訓讀によつて生じた翻譯語との加はつた、複雜にして不純な言語である。

1　口語性

漢文を訓讀することは、本來漢文を解釋することであり、解釋には口語を用ゐる方が理解しやすかつたはずだから、訓點語が加點當時の口語を基調としてゐるのは當然である。ただし、口語とはいつても、訓點語の場合、加點者は、漢學者・僧侶のやうな敎養ある男子に限られてゐたから、宮廷女流作家の手になる假名文學作品の用語に比べれば、正しくはあつても固苦しく古風な言語であつたらうと考へられる。

また、その口語性は、時代によつて一様ではなく、平安初期と中期以後とでは大きく相違してゐる。初期の間は、訓讀即解釋の本義が守られ、訓讀は文意に卽して行はれ、その時々に適切な訓法が用ゐられてゐたが、中期以後になると、訓讀即解釋の本義が忘れられ、訓讀は文意から離れて形式化したため、初期のものは口語性が豊かであるのに對し、中期以後のものは口語性の乏しくなる傾向がある。

2 古語性

平安時代における漢文の訓法と加點の様式は、大體にして、平安初期に確立した。もちろん、奈良時代の訓法を繼承した點もあらうが、何よりも平安初期の口語が基盤となつてゐたことは疑ひない。そして、それが中期以後にまで傳へられ、漢文の訓法を支配した。訓點語の古語性には、まづ、初期訓法の傳承がある。

次に、漢文の訓讀は、初學者が妄りに行ふことを許さず、師資相承によつて行はれることが多かつたから、訓讀に用ゐられる言語は、加點者の言語であるよりも、講述者のそれであることが多かつた。師資相承によつて、加點者よりも古い世代の言語が傳承されやすかつたことも、訓點語の古語性に影響した。

また、中期以後、漢文學の衰退に伴ふ解讀力の低下も手傳つて、自ら訓讀を工夫する代りに、先學の點本を借りてそのまま寫す、いゆる移點が行はれるやうになり、次第に流行した。移點は、通常極めて忠實に行はれたから、前代の古語を傳承するのには役立つたが、新しい時代の口語を記錄する機會を持たなかつた。移點の盛行も、また、訓點語の古語性を增す結果になつた。

今一つ、訓點語の古語性を考へる上で、忘れてならないことは、訓點語は、それが語られる時も書かれる時も、常に漢字を背景としてゐたといふことである。漢字に與へられる訓は、初めの間は、多くの語彙の中から、その時々に適當なものが選ばれてゐたはずであるが、次第に、その中のあるものと漢字との結合が強くなり、時代が移り口語が變つても、漢字の訓は固定して動かない傾向がある。漢字の訓の固定化は、訓點語を口語から引き離し、これに古語性を與へるものであつた。

3　翻譯語性

漢文は、日本語と全く構造の異る中國語を寫した文である。從つて、これを訓讀する場合、原文の構造に引かれて、日本語としては無理な讀み方をしたり、日本語にはない、新しい讀み方を工夫したりしなければならなかつた。明治以後、歐米諸國語との交渉によつて、多くの翻譯語が生まれたが、漢文の場合は、原文の文字をそのまゝ利用して、これに訓點を加へる習慣であつたから、その影響はさらに大きく、おびただしい翻譯語を成立させた（第十章參照）。

4　訓點特有語

訓讀文の用語と和文の用語を比較すると、漢語以外の和語では一致するものが多いが、中には、和文に用ゐられて訓讀文には用ゐられないか、またはまれにしか用ゐられないものもあれば、反對に、訓讀文に用ゐられて、和文には用ゐられないか、またはその用法の限定されてゐるものもある。この三類の內、第一類を「共通語」、第二類を「和文特有語」、第三類を「訓點特有語」と呼ぶことにする。

例へば、動詞ミル（見）は、和文にも訓讀文にも用ゐられるが、ミルの敬語ゴランズ（御覽）は、和文にのみ用ゐられて、訓讀文には用ゐられず、反對に、ミソナハス・ミソコナハス（見）は、訓讀文にのみ用ゐられて、和文には用ゐられない。ミルは共通語、ゴランズは和文特有語、ミソナハス・ミソコナハスは訓點特有語である。また、動詞アリ・ヲリは、和文にも訓讀文にも用ゐられるが、その敬語オハス・オハシマス・オハサウズは、和文にのみ用ゐられて、訓讀文には用ゐられず、反對にイマス・マスは、訓讀文にのみ用ゐられて、和文には用ゐられないか、またはその用法の限定されてゐるものである。アリ・ヲリは共通語、オハス・オハシマス・オハサウズは和文特有語、イマス・マスは訓點特有語である。また、程度の甚だしいことを表はす副詞、または形容詞の連用形——イト・ハナハダ・スコブル・イタク・イミジクなどの内、イトは和文に普通に用ゐられ、訓讀文にもまれに用ゐられるが、イタク・イミジクは、和文にのみ用ゐられて、訓讀文には用ゐられず、反對にハナハダ・スコブルは、訓讀文にのみ用ゐられて、和文には用ゐられないか、またはその用法の限定されてゐるものである。イトは共通語と言へるかも知れないが、イタク・イミジクは和文特有語、ハナハダ・スコブルは訓點特有語である。また、並列を表はす接續詞——マタ・オヨビ・ナラビニ・アハセテなどの内、マタは、和文にも訓讀文にも用ゐられる共通語であるが、オヨビ・ナラビニ・アハセテは、訓讀文にのみ用ゐられて、和文には用ゐられない訓點特有語であつて、和文には、並列を表はす和文特有の接續詞はない。また、助動詞で、使役を表はすス・サス・シム、比況を表はすゴトシ・ヤウナリの内、ス・サス・ヤウナリは、和文にのみ用ゐられて、訓讀文には用ゐられない和文特有語、反對にシム・ゴトシは、もつぱら訓讀文に用ゐられて、和文には用ゐられないか、またはその用法の限定されてゐる訓點特有語であつて、使役・比況を表はす助動詞には、兩者に用ゐられる共通語を缺いてゐる。

このやうな、和文と訓讀文との間に存する語の對立は、廣い範圍に亙つて存在し、訓讀文の和語と、和文の和語とが、かなり異質の言語であることを示してゐる。和文は、平安時代の口語を基盤としてゐるから、共通の和語は、當然、口語を反映してゐるはずであるが、訓點特有語は、口語には普通用ゐられない特殊な言語であつたことになる。その多くは、前代の古語を傳へたものか、漢文の直譯によつて生まれた翻譯語かであるが、中には成立過程不明の語もある。上記の例で言へば、ミソナハス・ミソコナハス・イマス・マス・シム・ゴトシは、奈良時代から傳へられた古語、オヨビ・ナラビニ・アハセテは、漢文の接續詞「及・並・幷」を直譯した翻譯語である。スコブルは、奈良時代に例がないから、平安時代になつて生まれた新語と思はれるが、なぜ和文には用ゐられず、訓讀文にのみ用ゐられたかわからない。ゴランズ・オハス・オハシマス・オハサウズ・イミジク・ス・サス・ヤウナリなどは、いづれも平安時代になつて成立した新語であつて、ミソナハス・ミソコナハス・イマス・マス・シム・ゴトシなどが、漢文訓讀の用語としてすでに確立してゐたため、これらの新語の入り込む餘地がなかつたのであらう。

なほ、漢文の訓讀は、特に佛書の場合、文意の知的な理解を主として、情意的な表現にまで多くの注意を拂はなかつたためか、訓點語は、一般に、論理的な構造に勝れ、情意的な表現については、單純で變化に乏しい缺點を持つてゐる。このことも、予め含んでおくべきであらう。

二　訓點語學

上述した訓點資料や訓點語を研究對象とする學問を「訓點語學」といふ。

1　研究目的

訓點語學の研究目的は、

(1)　わが國で、どのやうな漢文乃至變體漢文が、どのやうに訓讀され、どのやうに記錄され、どのやうに繼承されたか、その歷史を明かにする。

(2)　訓讀加點された資料を解讀して、新しい國語資料を開發し、國語史の領域を廣め、空白を補ひ、國語史を豐かにする。

(3) 上記の成果を、漢文學・國語學・國文學の研究に應用して、その進步に寄與する。

などである。(なほ、訓點資料の調査研究が、日本佛教々學史の解明に役立つ面のあることも、最近注意されるやうになつた。)すなはち、訓點語學は廣い研究領域を持ち、いづれを中心に行ふかは、研究者の立場と研究意圖によつて異なる。ただし、今日まで、實際に訓點語學に携はつて來たものは主として國語學者であり、そして、その中心は、國語史學の立場に立つものであつた。

(注1) 小林芳規博士『平安鎌倉時代における漢籍訓讀の國語史的研究』第一章第二節「佛書との相違を主とする訓法」の項參照。

(注2) 同

(注3) 高橋宏幸氏は、もう少し時代を下げて見るべきものとされてゐる(第二七回訓點語學會發表)。

2 研究史

訓點語學は、國語學の立場から見た場合、國語史學の他の領域に比べ、著しく立ち遲れた、若い學問である。明治末期から昭和初期にかけて、故大矢透博士・故吉澤義則博士によつて開拓され、故春日政治博士によつて繼承され、學問的な基礎を確立した。戰後は、遠藤嘉基博士・中田祝夫博士・築島裕博士・小林芳規博士・鈴木一男氏・春日和男博士らによつて、組織的な研究が精力的に進められ、訓點語學は飛躍的な進步を遂げるに到つた。昭和二九年、遠藤嘉基博士を代表とする「訓點語學會」が結成され、春秋二回の研究發表會を開く他、機關誌『訓點語と訓點資料』を季刊で發行するやうになつた。昭和五五年六月現在、會員は四〇〇名を超え、研究發表會は四二回を數へ、『訓點語と訓點資料』

は、六三輯まで發行されてゐる。

参考圖書

大矢　透『假名遣及假名字體沿革史料』國定教科書共同販賣所、明治四三年（一九〇九）
同「地藏十輪經元慶點」大正九年（一九二〇）
同「成實論天長點」大正一一年（一九二二）
同「願經四分律古點」同
同「假名の研究」財團法人啓明會、昭和八年（一九三三）
吉澤義則『國語國文の研究』岩波書店、昭和二年（一九二七）
同『國語說鈴』立命館大學出版部、昭和六年（一九三一）
同「點本書目」岩波書店、岩波講座「日本文學」、同
春日政治『西大寺本金光明最勝王經古點の國語學的研究』岩波書店、昭和一七年（一九三七）
同『古訓點の研究』風間書房、昭和三一年（一九五六）
同『國語叢考』日本圖書株式會社、昭和二二年（一九四七）
同「假名發達史序說」岩波書店、岩波講座「日本文學」二〇回、昭和八年（一九三三）
同「片假名の研究」八、明治書院、昭和九年（一九三四）
同『萬葉片々』丁子屋書店、昭和二三年（一九四八）
山田孝雄「漢文訓讀と國文法」明治書院、國語科學講座、昭和九年（一九三四）
同『漢文の訓讀によりて傳へられたる語法』寶文館、昭和一〇年（一九三五）
同『國語の中に於ける漢語の研究』寶文館、昭和一五年（一九四〇）
岡井愼吾『日本漢字學史』明治書院、昭和九年（一九三四）
遠藤嘉基『訓點資料と訓點語の研究』弘文堂、昭和二七年（一九五二）

同　『新版點本書目』同、昭和三二年（一九五七）
鈴木一男　『初期點本論攷』櫻楓社、昭和五四年（一九七九）
中田祝夫　『古點本の國語學的研究　總論篇』講談社、昭和二九年（一九四四）
同　「平安時代の國語」至文堂、『日本語の歴史』所收、昭和三二年（一九五七）
同　『古點本の國語學的研究　譯文篇』講談社、昭和三三年（一九五八）
同　『東大寺諷誦文稿の國語學的研究』風間書房、昭和四四年（一九六九）
築島　裕　『平安時代の漢文訓讀語につきての研究』東京大學出版會、昭和三八年（一九六三）
同　『興福寺本大慈恩寺三藏法師傳古點の國語學的研究　譯文篇』東京大學出版會、昭和四〇年（一九六五）
同　『興福寺本大慈恩寺三藏法師傳古點の國語學的研究　索引篇』東京大學出版會、昭和四一年（一九六六）
同　『興福寺本大慈恩寺三藏法師傳古點の國語學的研究　研究篇』東京大學出版會、昭和四二年（一九六七）
同　『平安時代語新論』東京大學出版會、昭和四四年（一九六九）
同　『古代日本語發掘』學生社版、昭和四五年（一九七〇）
同　「古代の文字」大修館書店、講座國語史2「音韻史・文字史」所收、昭和四七年（一九七二）
小林芳規　『平安鎌倉時代における漢籍訓讀の國語史的研究』東京大學出版會、昭和四二年（一九六七）
同　「漢文訓讀體」岩波書店、岩波講座日本語10「文體」所收、昭和五二年（一九七七）
門前昌彦　「立本寺本妙法蓮華經古點」、「訓點語と訓點資料」別刊第四、昭和四三年（一九六七）
大坪併治　「小川本願經四分律古點」、「訓點語と訓點資料」別刊第一、昭和三三年（一九五八）
同　『訓點語の研究』風間書房、昭和三六年（一九六一）
同　『訓點資料の研究』風間書房、昭和四三年（一九六八）
同　「片假名・平假名」岩波書店、岩波講座日本語8「文字」所收、昭和五二年（一九七七）
石山寺文化財綜合調査團編『石山寺の研究』寶文館、昭和五三年（一九七八）

第一章　形式名詞

名詞の中で、文法上特に注意すべきものは、形式名詞である。訓點語の形式名詞には、コト・モノ・ヒト・トキ・トコロ・タメ・ユヱなどがある。この内、コト・モノ・ヒト・トキなどはことに多く用ゐられたから、これを示すヲコト點や特殊な記號も工夫された。（タメも、まれにヲコト點で示されることがある。）和文でよく用ゐられるホドは、訓讀文では全く用ゐられず、ママはまれに用ゐられた。なほ、變體漢文では、「間」をアヒダと讀み、接續助詞のやうに用ゐることがあつた。

第一節　コト

コトは、活用する語の連體形を受けて、他の活用する語や助詞に續く場合、コトウ（得）、コトアタハズ（不能）、コトアリ（有）、コトナシ（無）、コトカタシ（難）、コトナカレ（勿）、コトナ（勿）、コトマナ（勿）などの形を取ることが多い。コトは、一般に補讀で、假名・ヲコト點・特殊な記號などで示される。

1　コトウ

活用する語をウ（得）に續ける場合、奈良時代には連用形から續けるのが普通で、平安時代に入つてからも、和文では同様であり、訓點語でも、極めてまれに連用形から續けた例があるが、一般にはコトウの形を取つた。この形は、宣命では、すでに奈良時代から用ゐられてゐるから、訓點語はこれを踏襲したことになる。もつとも、宣命そのものが訓點語の影響下に發達した文體であるから、コトウも、また、元來訓點語として成立したものかも知れない。

しましくもひとりあり得るものにあれや（萬葉　三六〇一）　いまは下してよ。翁し得たり。（竹取　五二）　いかにか恐く私の父母兄弟に及ぶ事得む。（續紀宣命　二五）　詐りて勅と稱《い》ひて在る事を承け用ゐること得ざれ。（同　二八）

（一）　失二(ひつ)レば我が所愛の子一を、憂へ悲(しぶ)ルこと不《ず》三自ラ勝《オサ》一へ〈別訓　カチ・ラズ〉。（西・金光明最勝王經初期點　一〇　6/26）

（二）　王及夫人聞二(き)其の事一を已(り)て、不《ず》レ勝《か》二チラ悲び噎《ムセ》一ビに〔こと〕。（同　一〇　6/16）

（三）　點シ得《エ》、駈《カリ》向ヘテ、何レ(の)處ニカ〈別訓　ヘカ〉去《サ》ル〈別訓　ヤル〉。〈別訓　點シ將《キ》テ、點シ將《モ》テ〉（神・白氏文集天永點　三複　11オ）

（四）　暴《アラ》ク疾《ハヤ》キ諸(の)惡(しき)風を、如レク是(の)得《ウ》二障翳一すること。（小・願經四分律初期點　乙　2/22）

（五）　人の欲(する)に天從(ひ)たマヘバ、遂に得《ウ》下ムヤ……………援《ヨ》二チて鶴林一を而棲《ヤド》中ルこと鷲嶺上に。（知・三藏玄奘法師表啓初期點　四行）

（六）　除二(し)て飢饉の劫一を、令三諸の有情をして皆得二しむ飽滿一すること。（東・地藏十輪經元慶點　一　12/6）

（七）　朕獲《エ》レ保《タモ》二ツコト宗廟一を、……………託《ツ》二ケリ于兆民・君王之上《カ(み)》一に。（東北・史記延久點　孝文本紀　複　17）

コトとウとの間には、格助詞ヲ、係助詞ハを挾むことがあり、ハを挾んだ例は、早く奈良時代の宣命に見えてゐるが、訓點語でヲを挾むものは、中期以後の資料に多い。

なめくあらむ人をは帝の位に置くことは得ざれ。（續紀宣命　二九）

（八）於二て大神通一に未(し)レメヌ得二自在に變現一することを無明と、（西・金光明最勝王經初期點　四　7/7）

（九）此(の)善男子……令三諸の有情をして皆得二しめム安樂一なることを。（東・地藏十輪經元慶點　一　12/3―4）

（一〇）當に得レ成二(る)ことをエム獨《トク》覺の菩提一。（石・守護國界主陀羅尼經中期點　一〇　16/10）

（一一）願(はく)は……贖《アガ》二フて父が刑罰一を、使《シ》レメム得二自(ら)新一(に)スルコトヲ〔する〕。（毛・史記延久點　呂后本紀　複　26）

（一二）假(たと)使ひ量二り虛空一を、可レし得レ盡二すことは邊際一を。（西・金光明最勝王經初期點　一　6/10）

（一三）是(の)故(に)不《じ》レ得三……名二(づくる)ことは心心數法一と。（石・大智度論天安點　八三　11/5―6）

コトウの否定形は、（八）（一三）のやうに、コトエズ、コトエジ（不得）で、和文のやうにエ――ズ、エ――ジとはいはなかつた。「不得」の「得」をエと讀むと、ズ・ジとの間に多くの語を挾む結果になり、文意を不明瞭にする恐れがあつたからであらう。例へば、（八）は「エ自在ニ變現セシメヌ無明ト」となり、（一三）は「エ……………心心數法ト名ヅケジ」となるからである。

2　コトアタハズ

アタフ（能）は、奈良時代には、常に否定形に用ゐられてアタハズといひ、しかも、單獨に用ゐられるのが普通であつた。平安時代の和文でも、同じ形でまれに用ゐられたが、訓點語では、動詞に續く「不能」をコトアタハズと讀み、また、單獨に用ゐられる「不能」をヨクセズといひ、動詞に續くものをコトヨクセズと讀むこともあつた。

さ寢床も能はぬかもよ濱つ千鳥よ。（書紀歌謠　四）かく迎ふるを、翁は泣き歎く、能はぬ事なり。（竹取　六三）

(一四)　其の不《ぬ》ニ習學一せ者《ひと》は、不《ず》レ能三は曉ニ了すること此一を。(山・妙法蓮華經初期點　10/7)

(一五)　雖《イ》レフとも具ニせりと神通一を、而も不《ザ》レラム能《アタ》レハ救(ふ)こと。(西・不空羂索神呪心經寛德點　3/18)

(一六)　不《ズ》レ能下(は)博《ヒロ》ク求ニ(め)……………有德之人一を而て禪《ユヅ》中ルこと天―下上を焉。(東北・史記延久點　孝文本紀　複　12/2)

(一七)　如ニく……………多く集るも亦不《ぬ》レガ能くせ、如レく是の微塵は一一にしては不レあるべし能く(せ)。(東急・百論天安點　23/24―25)

(一八)　此も亦不レ能レ(く)せ證ニすること依他起は其(の)性非有一なりと。(東急・大乘廣百論釋論承和點　12/2)

(一九)　但(だ)以レ(て)の畏レ(る)るを罪(を)故(に)忍辱す。未レ能三く(せ)深く憐ニ愍する(こと)をば衆生一を。(石・大智度論天安點　八一13/26)

ただし、中期頃から、コトの代りに格助詞ニを用ゐ、ニ・アタハズといふ形も現はれる。

(二〇)　復(た)有(る)良醫い過ニ(ぎ)て八種の術一を、能く除ニす衆生の所有の病苦一を。唯(だ)不《ず》レ能レ(は)治ニするに。必死の病一をば。(石・大般涅槃經中期點　九)

(二一)　趙王少《ワカ》(くし)て不レ能ニ蚤《ア(たは)ハヤ》ク起《オ》一クルに。(毛・史記延久點　呂后本紀　複　2オ)

3　コトアリ、コトナシ、コトカタシ

前述したコトウ、コトヨクセズの場合は、コトとこれを受けるウ・ヨクセズとが、連用修飾語と述語との關係にあるが、コトアリ、コトナシ、コトカタシの場合は、コトとアリ・ナシ・カタシとが、主語と述語との關係で結ばれてゐる。活用する語をカタシに續けるのには、奈良時代以來、連用形から續けるものと、コトを挾んで連體形から續けるコトカタシとの兩形があり、訓點語では後者の方を多く用ゐた。

命あらば逢ふこともあらむ（萬葉　三七四五）行く水の絶ゆることなくあり通ひ見む（同　四〇〇二）ましばにも得かたきかげを（同　三五七三）人となることは難きを（同　一七八五）名殘も慰めがたう泣き居給へり。（源氏　一ノ二二一）まどろませ給ふことかたし。（同　一ノ四一）

（二二）一一ノ麻《アサ》ノ粒《ツビ》に皆有二り蟲生《ムシ》一すること。（東・地藏十輪經元慶點　四 16/6―7）
（二三）若有レる嗅《カ》グこと者は沈《チム》寂虚凝《コウ》なり。（石・守護國界主陀羅尼經中期點　一 14/8）
（二四）諸佛の智慧は甚（だ）深くし（て）无レし量《ハカ》（る）ゐきこと。（山・妙法蓮華經平安初期點 1/3）
（二五）見る者は無レ（く）シて厭《イト》フこと清涼悅樂す。（石・守護國界主陀羅尼經中期點　一 14/20）
（二六）甚深微妙の法は難レク見難レし可レ（き）こと了（る）。（山・妙法蓮華經初期點 1/21）
（二七）翻譯の之主既に往き來（り）て、玆の日に罕《カタ》レキナリ聞（く）こと。（東・地藏十輪經元慶點　一 1/21―22）
（二八）人々自《ミ》（づから）安シて難二シ動一搖一スルコト。（東北・史記延久點　孝文本紀 2）

また、「無不――」のやうに、活用する語が否定の助動詞ズを伴つてナシに續く時は、後世のやうにヌハナシ、ザルハナシといふことはまれで、ズトイフコトナシと讀むのが普通であつた。

（二九）四威儀の中に無レし非二ずといふこと智に攝一メラレ。（西・金光明最勝王經初期點　二 8/8）
（三〇）令下…………有情をして无レク不《ず》三といふこと皆得二増上《ウ》なる力一勢一を離中（れ）しむ諸の病苦上を。（東・地藏十輪經元慶點　一 10/18）
（三一）衆の事无レし難レしといふこと作《ナ》リ。（東・地藏十輪經元慶點　一〇 13/3）

(三二) 王……遙に見二て兩の兒一を、莫レし不二といふこと哽《ムセ》ビ咽《ムセ》一バ。(石・佛說太子須陀拏經中期點 14/15)

(三三) 凡そ在《ヲ》二イテ群品一に靡レシ弗《(ず)》二ト云コト欣戴一セ。(興・三藏法師傳承德點 九 3/16)

(三四) 詩に曰(はく)、「靡《ナ》レシ不レといふこと有レ(ら)初。鮮カナ、克《ヨ》ク有レ(る)こと・と(い)へり終。」(東洋・春秋經傳集解保延點 複6オ)

トイフコトは、ナシ以外の多くの語、例へば、シル(知)・キク(聞)・ユルス(聽)・クワンズ(觀)・イフ(言)などに續けて用ゐられたが、この場合は、一般に格助詞ヲを添へて、トイフコトヲの形を取つた。トイフコトは、訓點語では頻用されたから、多くの點圖がこれを示す特定のヲコト點を持つてゐる。

(三五) 故(に)知(る)、以二て自地の心一を能(く)起二(す)云ことを口業一を。(東・成實論天長點 一二 7/8)

(三六) 明レ(さ)く爲三に云ことを得二むが功德法身一を。(飯・金光明最勝王經註釋初期點 12)

(三七) 汝當に觀すゝし、……殺二するといふことを幾(ばくの)生の命一をか。(東・地藏十輪經元慶點 四 16/8)

(三八) 王瓶沙聞三(き)て給孤獨食い請二(し)たてまつりツといふことを佛及僧を明日の食一に、(小・願經四分律初期點 乙 9/17)

(三九) 願フ、母、聽《(ゆる)》二(し)たまゝ我が食一せむといふことを。(東・地藏十輪經元慶點 四 10/5)

4 コトナカレ、コトナ、コトマナ

禁止を表はすのに、奈良時代には、活用する語の終止形に禁止を表はす終助詞ナを添へて――ナの形を取るか、活用する語の連用形の前に禁止の係助詞ナを置いてナ――の形を取るか、または、その後に終助詞ソを添へてナ――ソの形を取るかした。平安時代に入ると、ナ――が亡んで、――ナ、ナ――ソの兩形となつたが、後者の方を多く用ゐた。しかるに、訓點語では、ナ――ソは、特殊な資料（例へば、東大寺諷誦文稿・東洋文庫本日本書紀など）を除いて用ゐず、もつぱら――ナを用ゐたが、それも、活用する語の連體形にコトを添へたものにナを接續させ、――コトナの形を取るのが普通であつた。また、ナの代りに禁止を表はす感動詞マナを用ゐて、――コトマナといふこともあつた。ただし、もつとも多く用ゐられたものは――コトナカレである。

（四〇）汝等、勿《ナ》レ疑フこと（西・金光明最勝王經初期點　七 6/2）
（四一）勿《ナ》レ生ニすこと疑慮の心一を。（西・大毗盧遮那成佛經長保點　一）
（四二）汝、常に此（こ）に（し）て作れ。勿《な》ニ復（た）餘に去一ること。（龍・妙法蓮華經末期點　二 27/15）
（四三）王之所レは夢にミタル不《ず》レ在ニ（ら）於王一には。勿《マナ》レ生ニ（す）こと憂懼一（を）。（石・守護國界主陀羅尼經中期點　一〇 3/19―20）
（四四）雷神、無《マナ》レ犯ニ（す）こと人夫一を。（東洋・日本書紀中期點　推古二六年）
（四五）莫《マナ》レ〈別訓　莫レ〉比ニ（する）こと平常の繒（と）與レに帛。（神・白氏文集天永點　四　複　10ウ）
（四六）愼《ツヽ》（し）みて莫《ナカ》ニレ・といふ供養し恭敬し承事一すること。（東・地藏十輪經元慶點　四 13/3）
（四七）汝、莫《ナカ》ニれ苦惱一すること。（石・守護國界主陀羅尼經中期點　一〇 1/23）
（四八）縱ひ不レとも能レ（は）依（る）こと、勿レれ生ニすこと輕み笑《ワラ》一フことを。（天・南海寄歸傳末期點　一 4/12）
（四九）願（はく）ハ大王、稱レ（して）疾を毋レレ往《ユ》クコト。（東北・史記延久點　孝文本紀　複　2）

コトナカレは、コトナシの命令形を利用したものであるが、コトナ、コトマナは、助詞や感動詞に述語の働きを求めたもので、國語としてははなはだ無理な形である。しかも、コトとナとの間に係助詞ハを挾んでコトハナといふこともあり、また、ナをマナと同樣、活用する語から離して單獨に用ゐることもあつた。

(五〇) 唯(だ)自(ら)の耳にのみ聞ケ。勿《ナ》レ令ニむルことは。他に解一ラ。(西・金光明最勝王經初期點 六 11/11)

(五一) 若(し)有ニる智慧一人は、一念に發ニ(して)道心一(を)必ず成ニる無上尊一。愼《ツ(つし)》め、莫《ナ》レ生ニ(す)ことは。疑惑一を。(石・大方廣佛華嚴經初期點 二三 6/21)

(五二) 勿《ナ》下作ニ(し)て是の意一を、謂ニ(ひ)て此の佛土一を爲《す》セ ることは。不ニと嚴淨一(なら)。(石・說无垢稱經初期點 一 11/25)

(五三) 不レ應ニ一機い二分合して成一(る)といふべから。勿《ナ》、當に失ニ(ひ)てむ於心は自一相一なりといふことを。(東急・大乘廣百論釋論承和點 14/27)

(五四) 所以者何、勿《ナ(舊点)》、一切法は非ニが有情一に故(に)、如ニく已―滅无一の體不可得なるべし。(石・成唯識論寬仁點 一 8/12―13)

コトナカレの場合も、コトとナカレとの間に係助詞ハを挾むことがまれにあつた。

(五五) 願フ、勿ミレ憂ニ愁(し)たまふことは。其の最小者を今マでに猶し未《ズ》レ云ことを〈別訓 未ル〉見。(西・金光明最勝王經初期點 一〇 6/2)

上述したコトは、一見無用な存在であつて、活用する語から活用する語へ直接續けるのと變らないやうに見えるが、コトによつて前の語句を一度纒めた上で、後の活用する語や助詞に續けるといふ構造であつて、原文の複雜な文意を整理して把握するのに役立つてゐる。恐らくそのために工夫された翻譯文法であらう。

5 ――カナ、…………――コト

コトは、また、感動表現に用ゐられることがある。奈良時代には、文末にある活用語の未然形に接尾語クを、終止形に接尾語ラクを添へて感動を表はしたが、平安時代に入ると、ク・ラクの代りにコトを連體形に添へて、同じ意味を表はすやうになつた。

立つ波の寄らむと思へる濱の清けく。（萬葉　一二三九）思ひつついも寢かてにと明しつらくも（同　四八五）西の京といふ所のあはれなりつる事、もろともに見る人のあらましかばとなんおぼえつる。（枕　一二二）

訓點語では、初期の間は、奈良時代のまま――ク、――ラクの形を取つてゐたが、やがて和文同樣、――コトを用ゐるやうになり、中期以後はこれが普通になつた。ただし、この場合には、前に――カナの形で感動を表はす語のあるのが一般である。

（五六）彼の諸の世尊……法師を讚（め）て曰《のた》ま（は）マク、「善哉善哉、汝が大丈夫として能く廣く是（の）如（き）甚深微妙の經典を流布（し）たてまつラク。則（ち）无量无邊不可思議の福德のい〔之〕聚を成就することを爲《ス》ラク。」トのたまヒ、（彼諸世尊……讚二法師一曰（告）、善哉善哉、汝大丈夫能廣流二布如レ是甚深微妙經典一。則爲三成就无量无邊不可思議福德之聚二。）（飯・金光明最勝王經註釋初期點　六　63）

（五七）希有（に）います（か）ナ、世尊、諸の多陀阿伽度阿羅訶三藐三佛陀の善く諸（の）菩薩摩訶薩の事を附（し）たまはく。（希有、世尊、諸多陀阿伽度阿羅訶三藐三佛陀善附二諸菩薩摩訶薩事一）（石・大智度論天安點　六七　10/9―10）

（五八）彼是（の）念を作（さく）、「未曾有なるカナ、天神の乃《いま》（し）我を安慰すること。」とおもふ。（彼作二是念一、未曾有、天神乃安二慰我一）（小・願經四分律初期點　乙　8/18―19）

（五九）善哉善哉、金剛手、能（く）吾に是（の）如（き）義を問（ふ）コト〈別訓　問ハク〉。（善哉善哉、金剛手、

能問三吾如是義二）〔國・大毗盧遮那成佛神變加持經嘉承點　六　11〕

（六〇）大なる哉、法主（の）〔之〕世に應（し）たまヘルこと〔也〕。（大哉、法王之應レ世也）〔興聖・大唐西域記中期點　一二　16/16〕

（六一）哀哉《カナシカナ》、衆生、無なる事の中に〔於〕横《ヨ(こさま)》に煩惱を生すこと。（哀哉、衆生、於三無事中一横生二煩惱一）〔石・守護國界主陀羅尼經中期點　五　17/11〕

（六二）苦《クル》シキ哉《カ(な)》、今日、我が愛子を失（ひ）ツルこと。（苦哉、今日我失二愛子一）〔石・金光明最勝王經中期點　一〇〕

（六三）宜ナルカナ、其（の）禽《トリコ》に爲《セ》ラレたること〈別訓　爲《ナ》レルコト〉。（宜、其爲レ禽也）〔東洋・春秋經傳集解保延點　複　四オ〕

第二節　モ　ノ

モノは、原文の「者・物」を讀む他、文意によつて補讀することが多く、假名・ヲコト點・特殊記號などで示される。モノの用法の内注意すべきものに、トイフモノ、モノニアラズ、モノゾ、モノナリ、モノヲなどがある。

1　トイフモノ

この形は、奈良時代からあつて、主語に添へてトイフモノハ、連用修飾語に添へてトイフモノヲといつた。訓點語では、前者の形で用ゐることが多く、單にハといふのに比べて、特示强調する氣持が強い。

天地の神をもわれは禱りてき、戀とふものは（戀云物者）さね止まずけり（萬葉 三三〇八）つるぎたち身に佩きそふる丈夫《ますらを》や戀といふものを（戀云物乎）忍びかねてむ（同 二六三五）

（一）出家と事《いふ》ものは難し。沙門は不レ易（くあら）。（小・願經四分律初期點 甲 1/7）

（二）生死といふものは長遠（に）輪轉すること无レし際（り）。（岩・願經四分律初期點 7/10―11）

（三）菩提といふ者《もの》は不レず可ニ（き）ものに言說一す。（西・金光明最勝王經初期點 四 1/8）

（四）何（を）以（ての）故（にとならば）、一切の法義といふものは法爾なり。（石・瑜伽師地論初期點 七一 6/11）

（五）眞理といふものは離レ（れ）たり言《こと》。（東・金剛般若經贊述仁和點 26/20）

（六）若（し）菩薩出ニ（でて）法性一に見レば有レ（り）と法といふもの者、不レ求ニ《じ》（め）阿耨多羅三藐三菩提一を。（石・大智度論天安點 九〇 12/27―28）

（六）は、主語ではあるが、ハを持たない例である。

2 モノニアラズ

「非・不」などの後にあつて、否定されるべき活用語の連體形に添へて用ゐられる場合で、ニの他、さらに係助詞ハ・モ、間投助詞シを伴つて、

a モノニアラズ

b　モノニハアラズ

c　モノニモアラズ

d　モノニシモアラズ

といふが、また、ニを省略して

e　モノハアラズ

f　モノシモアラズ

といふこともある。

（七）因と果と皆現に有(なる)が故(に)、非三ず……現に見二スルもの二眼等の相の等キ現に有一(り)と。（根・大乘掌珍論承和・嘉祥點　14/7）a

（八）若(し)時に望レ(め)て彼に名レ(づけ)たるときは果と、非下ず於二爾時一には卽(ち)名上(づくる)ものに果と。（石・瑜伽師地論初期點　五二　12/1）a

（九）非三(ず)但(だ)意業のみ得二(る)ものには殺生の罪一を。亦非三(ず)但(だ)發心のみ得二(る)ものには起塔等の梵なる福德一を也。（東・成實論天長點　一二　15/4）b

（一〇）非下(ぬ)をもてなり破二(し)て他宗一(を)能(く)成中(す)ものには已が見上を。（東急・大乘廣百論釋論承和點　1/27―2/1）b

（一一）不下但(だ)以二(ての)福德の因緣一を故(に)のみ可上(き)ものには成二(る)佛道一。（石・大智度論第二種點　三七　6/30）b

（一二）菩提といふ者《もの》は……非レヌを以可二(き)ものにも造作一ス、衆生も亦不レ可レ(くあら)得す。亦不《ヌ》レものか可レ(き)ものにも知す。（西・金光明最勝王經初期點　四　1/9）c

(一三)　不下離二(れ)て身口意の行一に得中(る)ものにも第一義上を。(石・大智度論天安點　九六　5/18)c
(一四)　不三必(ず)對レ(へ)て有に方(に)立二(つ)ルものにしも於空一を。(東急・大乘廣百論釋論承和點　13/16)d
(一五)　色の相は不下(を)もてなり以二ての人の知一を故に爲《す》中るものハ色の相上と。(同　百論天安點　11/2)e
(一六)　非三ぬが卽(ち)如レ(く)して言《こと》の而有二(る)ものは微塵一故(に)也。(東・金剛般若經贊述仁和點　34/5)e
(一七)　是の故に不二以レて(の)細を故(に)不可得一ナルものハ。(東大・十二門論初期點　7/15)e
(一八)　菩薩之正思惟ハ非下(ず)唯(だ)以二テノミ恩ト惠一トヲ爲セ(る)物ハ體(と)。(東・法華論義草　264)e
(一九)　若(し)有レる瓶ガ處には必(ず)有二リ有と一一と。非二ず有と一との處には皆是レ瓶一あるものシモ。(東急・百論天安點　19/1)f
(二〇)　若し說レ(く)ときは瓶を、當レし知る、已に攝二(め)ッ有と一一とを。非下ず說二くときは有と一一とを、必(ず)攝セ(む)るものシモ瓶を。

(同　19/2)f

上記の例は、すべて——デナイの構文であつて、——ガナイの構文ではないから、ニは指定の助動詞ナリの連用形と見られ、ニのあるa・b・c・dが正常な形で、ニのないe・fは破格に屬するものである。ニのある形ではbがもつとも多く用ゐられ、ニのない形ではeが大半を占めてゐる。ニのない形はニを省略したものと考へられるが、初期の中頃から現はれて中期に及び、その例はかなり多い。例へば、加點年代の明瞭な點本で初めてe・fを用ゐた大東急記念文庫本『百論』天安二年點では、九例中八例までがe・fであり、小川本『大乘掌珍論』天曆九年點では、一一例中七例がeである。ニのない形もニのある形と、全く同價値の訓法として受け取られてゐたことがわかる。中期の假名文、例へば、『源氏物語』に見える

人の心こそ、うたてある物はあれ。（葵　一ノ三五九）

も、北山谿太氏が指摘してゐられるやうに、（注1）同種の例と考へられ、肯定と否定との相違はあるが、ニを省略してゐる點は同じである。

さて、モノニアラズは、前記コトナシに對立するもので、否定詞がナシの場合は、後の活用する語にコトを添へ、アラズの場合は、モノを添へて讀んだものであり、モノは、コトと同様に、否定されるべき内容を纏めて、文意の把握を助けると共に、ニ・アリの持つ指定の意味を強める働きをしてゐる。

3　モノゾ、モノナリ

モノゾは、活用する語の連體形を受け、終助詞ゾを伴つて、文末に用ゐられるもので、奈良時代からあつたが、平安時代の和文ではほとんど用ゐられなくなつた。

いかにして戀止まむものぞ。（萬葉　三三〇六）「やがて泊りなむものぞ」とおぼして、歌よみ加へて持ちていましたり。（竹取　四三）

（二一）如ニク我ガ向に者所レの問（ふ）、僧中にも亦如レ（く）是（の）問（ひ）たまはムものぞ。（斯・願經四分律初期點　8/6―7）

（二二）必（ず）得三むモノゾ隨レ（ひ）て心に現に成《な》ニること男子一と。（西・金光明最勝王經初期點　三　5/19）

（二三）若（し）言三勝義は是（れ）可ニものぞといはば研窮一（す）べき、此も亦不レ然には。（東急・大乘廣百論釋論承和點　10/29）

（二四）人從ニ高處一（より）墮（つる）ときには、未《ネ》レども至レ（ら）地に、言ニフ此の人は死一（ぬる）ものぞと。（石・大智度論天安點　三　15/16―17）

(二五)　如レき是(の)染衣の人は、非ニず汝が所ロには應レ食(ふ)ゐき。於レに此が起レ(し)てム惡を者《人》は、當に成ニラムモノゾ大苦器一と。(東・七喩三平等无上義初期點　507)

(東・地藏十輪經元慶點　四　10/19)

(二六)　論の意は據ニ(りて)傍の識一に、經は實に述ニ(べ)タルモノゾ一意一(を)也。(東・七喩三平等无上義初期點　507)

(二七)　是の故に、阿難、一切の衆生は禍從《より》レ口出づる物ゾ。(石・大方便佛報恩經中期點　三　15/18)

(二八)　似といふは、謂(はく)、增下益せるモノゾ非ニ(ぬ)實有一に相上を。(石・成唯識論寛仁點　二　9/7)

モノナリは、活用する語の連體形を受け、指定の助動詞ナリに續くもので、未然形に接續助詞バを添へてモノナラバといひ、未然形に推量の助動詞ムと係助詞ハとを添へて、モノナラムハともいつた。モノナリは、訓點語以外に用ゐず、モノナラバは、奈良時代からあつたが、平安時代になつて衰へた。訓點語がこれを用ゐるのは、古語を傳承したものであらう。モノナラムハは、假定の副詞モシに對し、モノナラバと同じ意味に用ゐたもので、モシに對して、「活用語連體形＋ハ」で應ずることは、普通に行はれた形であつて、格別珍しいものではない。ただし、モノナラムハの例は少い。

思《も》ふ故に逢ふものならば、しましくも妹が目離《か》れてあれ居らめやも(萬葉　三七三一)もし金給はぬ物ならば、かの衣の質返したべ。(竹取　四二)

(二九)　佛(は)不レ(ず)あるものなり欲下(さ)躡ニ(み)て新(し)キ衣の上一を行《イ》上デマサムト。(岩・願經四分律初期點　18/7)

(三〇)　被ニ(り)たる此の法衣一を人は、宜(し)應(と)定て歸レするものなり佛に。(東・地藏十輪經元慶點　四　7/25)

(三一)　若(し)以ニて所服之衣は必(ず)是れ壞色一するヲ表ニす物ならば无貪一を者、金銀等の寶をも不《ず》レ應レ(から)受(く)也。(白・大般涅槃經集解初期點　一一　8/31)

（三二）若（しは）使下（めよ）守ニル僧伽藍一を人、若（しは）沙彌・優婆塞をして易上（せ）若（し）施一主い自ら易するものならば、隨レ（ひ）處に用（ゐ）ヨ。（岩・願經四分律初期點 16/7）

（三三）愛するに無ニきこと偏黨一如ニ（く）います物ならば羅怙羅一をしたまふが、唯し願フ、世尊、施ニ（し）たまゐ我に一の願一（を）。（西・金光明最勝王經初期點 一 8/17）

（三四）若（し）有ニ（り）て其の趣一諸（の）造レル惡を者《人》い當（に）生ニルムものならば其の中一に、我今定（め）て往（か）ムものゾ・とおもふ。（石・瑜伽師地論初期點 二三 7/21―23）

（三五）若（し）王い以レて禮を待コ接する物ナラバ汝一を者、當に令《し》ニメムト退一沒して不《ず》レ（あら）果ニ（さ）所願一を。（石・大方便佛報恩經中期點 三 10/26）舊點による

（三六）若（し）就ニテ五教ノ意一ニ云物ナラバ、列ニナリ圓成異性・口性・遍計所執性一ト、若（し）就ニテ唯識論ノ意一ニ云物ナラバ、列ニナリ遍計所執性・他他性・圓成異性一ト、是（れ）其（の）三性也。（東・三性唱私記中期點）

（三七）能ク得レつる象を者《も(の)》ならば、我（れ）重（く）賞レ（せむ）汝（を）。（石・佛說須陀拏經中期點 2/2）

（三八）皆云ク〈左 シクヽ〉入《マイ》レナば〈左 マイルモノナラバ〉内《ウチ》に、必（ず）承《タマ》レハラム〈左 ウケタマハリナム〉恩を。（神・白氏文集天永點 三 復 9オ）

（三九）若し………不《ず》レして由ニ（ら）修ニ行するに十善業道一を、能（く）得ニて菩提一を般涅槃する（に）者《もの》ならむは、於ニ一劫の中一に、或は一念の頃に、可レ令下…………微塵算數の衆生を皆登《ア》ニゲて正覺一に入中（れ）しめツベシ般涅槃上に。（東・地藏十輪經元慶點 九 4/16―19）

（四〇）若………不《ず》レして由ニ（ら）修ニ行するに十善業道一を、能（く）得《う》ニ菩提一を般涅槃する者《もの》ならむ（は）、於ニ一劫の中一に、或は一念

の頃に、可レ令下……微塵算數の衆生を皆發《ア》ニゲて正覺一に入中(れ)しメツベクアルベシ般涅槃上に。（同　九　4/21―25）(注2)

モノゾ・モノナリは、モノで前の語句を纏め、ゾ・ナリでこれを指定する形で、モノは、ゾ・ナリの持つ指定の意味を强めるのに役立つてゐる。モノナラバも同様であるが、結果的には假定條件を强調することになるやうである。

4　モノヲ

活用する語の連體形を受けて、助詞ヲを伴ひ、逆接の意味を表はす場合で、二つの形がある。

a　從屬文の終りにあつて主文に續くもの。

b　シカ（然）アリ、または、シカリの連體形を受けて文初にあるもの。

aは、モノヲ全體が接續助詞の働きをするもので、奈良時代から平安時代にかけて廣く用ゐられた。單にヲ――といふのに比べて、逆接の意味が强いのは、モノがヲの持つ反戻の氣持を强めるからであらう。

丈夫と思へるものを……芹そ摘みける（萬葉　四四五六）名は告りてしを、逢はなくも怪し（同　三〇七六）おもだゝしきついでにて立ち寄り給ひし物を、かゝる御消息にて見たてまつる（源氏　一ノ三七）おのづからかろきかたにも見えしを、この御子生まれ給ひて後は、いと心ことにおもほし掟てたれば（同　一ノ二八）

（四一）如レ(き)は是(の)癡人なり。隨ニ(ふ)ベキものを我ガ所制一に、復(た)更に作ニル餘の事一を。（岩・願經四分律初期點　20/6―7）

（四二）何ゾ如來は功德無量にいますものを、壽命の短ク促(ま)りて、唯(だ)八十年のみいますベキ。（西・金光明最勝王經初期點　一5/24）

（四三）法旣(に)實无なるものを、如何ぞ計度して爲ニ有无との等くし、染淨の不同一なることアラム。（東急・大乘廣百論釋論承和點　8/27）

(四四) 若し物等なりと者《い》はば物既に是れ等なるものを而も不可得なりといふこと、不《ず》レなりぬ應二セ道理一に。(石・瑜伽師地論初期點 五四 10/15)

(四五) 非三(ず)已に來るといふ者《物》を可二(きに)施設(し)て來一るといふ。非三(ず)已(に)去(る)といふ者《物》を可二(きに)施設(し)て去一(る)といふ。其レ已に見(つ)といふ者《物》を不《ず》レ可二(から)復(た)見《み》一(つ)トハイフ。其(れ)已に聞クといふ者《物》を不レ可二(から)復(た)聞一ク(といふ)。(石・説无垢稱經初期點 三 3/10)

(四六) 何(が)故(にか)大乘は八正道を相二(ひ)配(し)ツル物ヲ惠戒定一ト、小乘ノ相二(ひ)配(する)戒惠定一ト。(東・法華論義草 360)

(四七) 問、何故ゾ共等ノ四不定ハ要《かなら》ズ帶二スルモノヲ能知不遣一ヲ、不共不定相違決定ノ不《ヌ》レ帶(せ)。(東・三性唱私記中期點)

(四八) 太子は善人なり。是れ國之神といまシツルモノヲ、父母何《な》ぞ能ク逐二(ひ)たまふらむ是の珍寶之《の》子一を。(石・佛説太子須陀拏經中期點 6/3)

訓點語では、接續助詞ヲを用ゐることが少く、モノヲを用ゐることが多い。ヲは、格助詞と混同される恐れがあるため、これを避けたのであらうか。

(四九) 不《ぬ》レを見謂《おも》レひしを見たりといはむと、問(ふ)ときに曰《い》レふと不レと見、見たるを謂《おも》レヒしを不レといはむと見、問(ふ)ときに言《い》レふとなり見てありと。(東・成實論天長點 一二 5/19—20)

(五〇) 如下くオモヘリ人の沒二せるを深き泥一に、而(も)得中るが拔出上すること。(石・大智度論天安點 九〇 9/16—17)

(五一) 譬(へ)ば如二く………世人(の)實に无レきを有レ(る)こと道、説(き)て言レふが有レ(り)と道、(石・大般涅槃經初期點 一八 3/4—5)

(五二) 説二(きて)此(の)喩一(を)對二治す實(に)无きを而(も)有(り)とせる增上慢心一を。(東・七喩三平等无上義初期點 373)

右は、接續動詞ヲの數少い例かと考へられるが、なほ、格助詞ヲとの區別がはつきりしない。

和歌や和文では、モノヲを文末に置いて、餘情の表現に用ゐることがあるが、訓讀文にはそんな用法はない。文意の知的理解を主とする訓讀文にとつては、餘情の表現など、無緣のものだつたのであらうか。

後《おく》れゐて戀ひつゝあらずは、紀の國の妹背の山にあらましものを（萬葉　五四四）仲忠「など、さ、物せさせ給フらむ。もし見ヌ人戀ふる御病か」。仲純うち笑ひて「いまはあふひも用なきものを」といふ。（宇津保　一ノ一一四）

また、奈良時代には、モノを單獨で文末に用ゐて、モノヲと同じ意味に用ゐた例があるが、訓點語には傳承されなかつた。

多遲比野に寢むと知りせば防壁《たつごも》も持ちて來ましもの、寢むと知りせば（記歌謠　七六）天飛ぶや鳥にもがもや、都まで送り申して飛び歸るもの（萬葉　八七六）

次のやうな例も、モノヲのヲを省記したものと見るべきであらう。

（五三）實に非二ぬもの沙門一には、自ラ稱二し沙門一と、非レぬものを行二せ梵行一を、自ラ稱二す梵行一すと。（石・瑜伽師地論初期點　二〇一　7/11―12）

bは、奈良時代以來一般には用ゐられなかつたやうであるが、『續日本紀』や『日本後紀』などの宣命には例がある。訓點語はこれを踏襲したのであらう。原文の「而」を讀むか、または、補讀で、シカアルモノヲ・シカルモノヲ全體で、逆接の意味を表はす接續詞の働きをしてゐる。

受け賜はる可き物なりせば、祖父仕へ奉りてまし。しかあるものを、知る所も無く、怯《つたな》く劣《をぢな》き押勝がえ仕へ奉るべき官には在らず、恐《かしこ》し。（續紀宣命　二六）尚侍正三位藤原朝臣藥子は、挂けまくも畏き柏原朝廷の御時に、東宮坊宣旨として仕へ賜ひき。而るに、其の爲性《ひととなり》の能からぬを知し食して、退け賜ひてき。然るものを、百方《ももさま》に趁逐《したひま》ゐりて、太上天皇に近づき奉る。（日本後紀　嵯峨天皇　弘仁元年九月　宣命）朕が心思うしろやすく、國家の動き無き事は、太政大臣一柱に依りてなり。然るものを、極まれる命を救ひ活しまつれる恩德を、いかにしてか輕く念ほすべき。（三代實錄　清和天皇　貞觀七年九月宣命）

(五四)　有い若(し)唯(だ)俗のみナラバ、眞(は)卽(ち)非《ず》レなりぬ有に。何にの所二かあらむ・といふことぞ修し證一する。シカアルものヲ、但(だ)説二(く)いは眞天一と、是(れ)遮に(し)て非(ず)レと表に、乃至廣(く)説(き)ツルい、豈(に)釋レするならむや難を邪。（東急・大乘廣百論釋論承和點　7/11—12）

(五五)　我等も亦得二て此の法一を到二れり於涅槃一に。而あるも(の)を、今不レなりぬ知二ら是の義の所レを趣く〔き〕。（山・妙法蓮華經初期點　2/18—19）

(五六)　由四(り)て正法をもて得レたり王を。而ルものを、不レして行二(せ)其の法一を、國人を皆破—散すること如三ク(あらし)むるに象の踏《フ》二むが蓮池一を、（西・金光明最勝王經初期點　八　13/15）

(五七)　由丁(る)なり諸天の加護するをもて得レたり作《な》二なること於國王一と。而ルものを、不《ぬ》丙に以二て正法一を守乙護せ於國界甲を。（同八　14/12）

(五八)　彼女も不レ來(ら)、我も亦不レ往(か)。而(る)ものを、婬の事の得レるといゑり辨すること。（石・大智度論天慶點　七　6/26—27）

(五九)　經に説二(け)り三法い更互に依持一(す)と。而(る)モノを、壽と與レとは煖一類に相續せり・トイヒテ、唯識のみ不(ぬ)レい然(ら)、豈(に)符《カナ》二(は)ムや正理一に。（石・成唯識論寛仁點　三　15/25—27）

5　その他

奈良時代から平安時代にかけて、モノに助詞カを添へ、モノカの形で、疑問・反語・感動などを表はすことが行はれた。訓點語でも用ゐたが、その意味は余り明瞭でない。

初めより長く言ひつゝ頼めずは、かかる思ひに逢はましものか（萬葉　六二〇）世の中は數なきものか、春花の散りのまがひに死ぬべき思へば（同　三九六三）侍從いで來なむとおもふに、更にいで來ズ。日のくれつれば、いと口惜しかりつるに、夕づけて、かづけものトりにいでくる物か。（宇津保　一ノ一一六）

（六〇）　爾時、師子相無礙光焔菩薩……白レ（して）佛（に）言（さく）、「世尊、以ニてか幾の〈左　△イクバクノ〉因縁ーを得ニル菩提と心ーとを。何に者《もの》をか是レ菩提と心とといふ。……離ニ（るる）ものにしていはば於菩提ーに、菩提になる心も亦不可得なるものか、菩提といふ者《もの》は、不《ず》レ可ニ（き）ものに言說ーす。心も亦無レク色も無レク相も無レし有ニ（る）こと事業ーも。非《ヌ》レをもて可ニ（き）ものにも造作ーす、衆生も亦不可得ス。亦不《ヌ》レものか可レ（き）ものにも知す。世尊、云何（に）して諸法の甚深の之義を而（も）可レキ・とまうす得レ知ルこと。」

佛言（は）ク、「善男子、如是なり如是なり。菩提といふ物ハ微妙なり。事業も造作も皆不可得なり。若（し）離ニ（るる）ものにしていはば菩提ーに、菩提心も亦不可得なる物ゾ。菩提といふ者《もの》は不可說なり。心も亦不可說なり。無ニク色も相ーも無ニきをもて事業ーも、一切の衆生も亦不可得なる物ゾ。……」（西・金光明最勝王經初期點　四　1/2―14）

（六一）　而も作ニ（さ）ク是（の）言ーを、「如來は說（き）て言《のたま》はク、『阿羅漢は究ニ竟す涅槃ーに。我（れ）畢竟（し）て取ニレリ如レ（き）是（の）涅槃一を。是(の)故(に)阿羅漢は不レものか。・といひナム・といへり入ニ(ら)涅槃一に。」(石・妙法蓮華經玄賛中期點　三　28/14―16)

(六二)　若(し)聞四(き)ては今の說三(く)を彼は非ニ(ず)と究竟一に、卽(ち)驚ニ疑して阿羅漢は皆畢竟(し)て无レ(き)ものか。・と入ニ(る)こと涅槃一に者、反道(し)て疑を生(し)てム。(同　三　28/18―19)

(六三)　問　不定ハ要《(かなら)》ズ帶ニシ能知不遣一ヲ、能知不遣ハ要ズ帶ニスル不定一ヲ物カ。(東・三性唱私記中期書寫)

(六四)　欲《オ(も)》レはむに求ニメムと簡―寂一を、寧(ろ)能く遂《カナ》レハムヤ意に。可レ(し)謂(ひつ)、全ク乖《ソ(む)》ニ(き)て解脫一に不レる順《シタガ》ニハ(か)蕭―然一とカスカナルニ者《もの》か乎。(天・南海寄歸傳末期點　二　7/4―5)　シタガハのタガハは音節を示す記號を推讀したもの

(六五)　或《(あるい)》可は隨レ(ひ)て時に、權《カリ》に施《オ》ニイて蓋―幔一を、讀レミ經を浴《アム》レシ像を、具に設ニケて香花一を、冀《ネガ》(ひ)て使三(め)む亡―魂をして託ニ生セ善處一に。方に成ニる孝子一に。始(め)て是(れ)報恩なり。豈(に)可《ベ》ニケム泣《ナ》レクこと血に三―年して、將《(も)》て爲レむ賓《ムク》レユルこと德に、不レ(る)こと淩セ七日にして、始(め)て符《(か)ナ》レフ酬《ムク》レユルに恩を者《もの》か乎。(同　二　15/9―13)

(六六)　恒沙の國土普ク襲ニネ衣冠《火ン》一(を)、開ニキ解脫ノ門一(を)、踐ニ(み)眞實ノ路一(を)、龍宮梵說之偈、必(ず)萃《アツ》ニマル清臺一に。……豈(に)非ニ(さる)歸依之勝葉、聖政之靈感一に者《ものカ》乎。(興・三藏法師傳承德點　七　4/14―18)

(六七)　以ニ(て)此ノ有レル限之心一ヲ、逢レ(ひ)て事に卽(ち)欲ニフ穿《セン》鑿一せむと。但(し)以ニ(て)佛法玄妙一なるを、量《ハカ》ルニ謂レヘリ未ニト與レ彼《(か)れ》と同一(じから)。雖ニ(も)復(た)強學推《オシ》―尋一(ぬ)ト〈朱　ストゝ、恐(く)ハ非ニシ〈朱　ヌゝ措《オ》レク心ヲ之所一ニ。何ニ因テカ今將《(も)》ニテ〈左　以也〉內論一ヲ翻《返也》(りて)用《以也》(て)見《レ》レム譏《ソシ》ラ者《モノカ》乎。(同　八　3/11―14)

(六八)　正道克《ヨ》ク昌ニして〈別訓　サカリニしてゝ、覆障永ク絕(え)ヌ〈別訓　ナムゝ。紹ニ隆セムコト〈別訓　するコトゝ三寶一ヲ其レ在《ア》レラムモノ玆ニ乎《カ》。(同　八　8/17―18)

(六九)　是ニ知(リ)ヌ、稟ニ(け)テ〈左　ウクゝ靈ノ物表一ニ亮《ツヤケ》ニウスル彩《イロ》ヲ天中一ニ者《モノ》は、固ニ已ニ後《オソ》ク發ニしして其ノ姝一ヲ〈左　ウルハシゝ、

惟レ新《アラタ》ニニスル厥ノ美一ヲ者《もの》か〈別訓　モノナリ〉矣。（同　九　12/20―21）

（七〇）將ニ使三〈朱　シメ〉像化ヲして重《カサ》ニネタリ〈朱　カサネ〉光ヲ於頽《（朱）タイ》季《キ》之之期一ニ。故ニ誕ニセル慈ノ明徳一ヲ者《もの》か矣《（カ）》。（同　一〇　9/9）

（七一）是の故に、聖人以《コレ》ヲ（も）て定ニメ天下之業一を以て斷《サダ》ニム天下之疑一を。其（れ）孰《タレ》カ能ク與《アヅカ》レラン此に哉《ヤ》。古之聰―明は叡―智神―武ニシ而て不《ザ》レル殺《サツ》セ者夫《（もの）カ》。（書・群書治要建長點　一　325―328）

右の例を見ると、本文の「者乎・者矣・者夫」などをモノカと讀むものと、モノカ全體を補讀するものと、本文の「者」をモノと讀み、カを補讀するものと、本文の「乎」をカと讀み、モノを補讀するものとがある。意味も、疑問・反語・感動などさまざまであり、判然としないものが多い。（六〇）について、春日政治博士『西大寺本金光明最勝王經古點の國語學的研究　研究篇』に

このモノカと訓じてあるのは、形は疑問であるが意は疑問ではないやうである。原文には別に疑問に讀むべき語はない。一種の詠歎法であつて、これは後世、歟字をカと讀んで、指定に用ゐる法と同じやうである。（三一八頁）

と說かれてゐるが、ここは、前後二つの部分から成つてゐて、前半は師子相無礙光焰菩薩が佛に尋ねる言葉、後半は佛がこれに答へる言葉である。そして、前半の「菩提になる心も亦不可得なるものか」と、後半の「菩提心も亦不可得なるものぞ」とが、また、前半の「衆生も亦不可得す。亦知すべきものにもあらぬものか」と、後半の「一切の衆生も亦不可得なるものぞ」とが、それぞれ相ひ對してゐるのである。問答體の常識からいつて、菩薩の言葉は疑問、佛の言葉は斷定と解すべきではあるまいか。同じく、（六二）（六三）（六四）も疑問、（六五）（六六）は反語と考へられる。（六九）（七〇）についいて、築島裕博士『興福寺本大慈恩寺三藏法師傳古點の國語學的研究　研究篇』に

感動文の文末に在るものとしては、「カナ」を承けるものと、「モノカ」を受けるものとがある。(四六頁上段)として、この二例が擧げられてゐる。(七一)も、同じく感動と見るべきであらうか。(六二)(六七)(六八)は、疑問か感動かよく分らない。

以上の他、奈良時代から平安時代を通じて用ゐられたモノの接續助詞的用法に、モノカラ・モノカラニ・モノノ・モノユヱなどがあるが、いづれも訓點語には用ゐられなかつた。

(注1) 北山谿太氏『源氏物語の語法』(四五—四六頁)

(注2) 中田祝夫博士『古點本の國語學的研究　譯文篇』に(三九)は「般涅槃する〔に〕者《もの》はし?」(一〇九頁)、(四〇)は「般涅槃する者(は)」(同)と讀まれてゐるが、これはナラムのヲコト點を理解されなかつたゝめの誤讀ではないか。

第三節　トコロ

トコロは、本文の「所」を讀むことが多く、「處・攸」などを讀むこともあるが、補讀することは稀れである。だから、補讀する場合も、トコロは一般にヲコト點で示さず、略符號または假名を用ゐるのが普通である。トコロは、實質名詞として場所を示す他、形式名詞として、活用する語の連體形を受けて、次のやうに用ゐられる。

a　コト(事)・モノ(物)・トキ(時)などと同じ意味で用ゐられるもの。

b　アルトコロハの形で、選擇の接續詞に近い用法を持つもの。

c ——トコロノの形で、關係代名詞的に用ゐられるもの。

d トコロトナルの形で、受身の表現に用ゐられるもの。

いづれも、本文の「所」を直譯した結果生まれた翻譯文法である。

1　コト・モノ・トキの意のトコロ

平安時代の和文にもこれに似た用法があるが、訓讀文とは別に、場所→點→コトといふやうに變化したのであらう。

怪しくやうかはりて、世馴れたる人ともおぼえねば、人の思はむ所。も、え憚り給はで、(源氏　一ノ一四一)　おぼされむ所。をも憚らず、うちいで侍りぬる(同　一ノ一九五)

(一) 汝が所レは難する、即(ち)爲《な》二りぬ唐捐一に。(東急・大乘廣百論釋論承和點　5/13) コト

(二) 諸佛世尊は多レし所四饒二益し安三樂(し)たまふ衆生一を。(山・妙法蓮華經初期點　5/1) コト

(三) 汝等の所レは應二べき修作一(す)者、唯(だ)佛の智慧のみなり。(石・妙法蓮華經玄贊中期點　六　12/21) コト

(四) 我が之所レは夢にミツル不祥の徵《シルシ》ナリ。(春・金光明最勝王經中期點　一〇) コト

(五) 莫レ(し)不レ(といふ)コト歌二ハ玄風ノ重(ね)テ盛(り)ニ、遺法の再ビ隆《サカ》一ナルコトヲ。近古《イニシヘ》ヨリ以來未《ザ》二ル所也〈別訓　ザルナリ〉曾テ有一(ら)也。(興・三藏法師傳承德點　七　9/6) コト

(六) 王子(の)所レなるが取りし故に、名二(づく)童子一と。(小・願經四分律初期點　甲　20/3—4) モノ

(七) 如來は一切の歌詠をもてスラ所レなり不《ず》レある能レ(は)及(ぶ)こと。(石・瑜伽師地論中期點　七四　9/28) モノ

（八） 如レき是（の）染衣の人は、非ニず汝ガ所レには應レ食（ふ）ゐき。（東・地藏十輪經元慶點　四　10/19）モノ

（九） 久（しく）淪ニ（み）て〈朱　シヅムテ〉愛海一に、舟檝《セフ》の攸《トコロ》レナリ希フ。（興・三藏法師傳承德點　八　6/5）モノ

（一〇） 將ニ欲《ス》ニルトコロニ圍《カコ》ムデ射一（むと）、師子見已（り）テ發レ（して）聲（を）嗔吼（す）。（同　四　7/24－25）トキ

2　アルトコロハ

「或・或有・有可」などを讀み、アルバアイ（場合）ハの意味から、アルハと同様、選擇の接續詞的に用ゐられるようになつたものである。

（一一） 或（る）トコロハ鞕《カタ》イこと如レし石の。或《ア》ルトコロハ冷《ヒヤ》（か）なること如レし氷《コホリ》の。（東・大般涅槃經末期點　二〇　5/20）

（一二） 或可《あ》（る）トコロハ共ニに餘の人戶一（と）咸く並に六－分して抽《ヌ》レキイヅ一を。………或可《あ》るトコロハ分數量《訓》レ（り）て時を斟－酌す。………。或有《あ》るトコロハ貪△－婪（に）して不レ爲《ナ》ニサ分－數一を。（天・南海寄歸傳末期點　二　4/20－21）

（一三） 而も是の菩薩は現ニして種種の身一を處處に爲ニに諸の衆生一の說ニク是の經典一を。或（る）ときには現ニし梵王の身一を、或（るときには）現ニし帝釋の身一を、或（るときに）は現ニす自在天の身一を。（立・妙法蓮華經寬治移點　七　13/4－6）第一・二の「或」の左に、明詮の初期點を移した「トコロニハ」（朱）あり。

3　トコロノ

今日、英語や獨語の關係代名詞の譯語に用ゐられる――トコロノと同じである。

（一四） 隨レ（ひ）て意に所レの嗜《クラ》ハむ色香味觸を、水（をもて）灑キ呪願して、然（して）後に乃（し）食ふ、是を名（づけて）爲《い》レふ淨と。〈別

訓　意ニ嗜《クラ》ハム（と）おもハム所の色香味觸ニ隨（ひ）て〉（東・成實論天長點　二一　4/6）

（一五）如ニし夏遠ク行するひとノ所レ投《ヨ》ルトコロノ大樹一の。（東・地藏十輪經元慶點　一　6/3）

（一六）人更に罾《ノ》ニル所レの告ゲシ者《人》一を。（興聖・大唐西域記中期點　一二　15/22）

（一七）呂―后爲《ナリ》レ人（と）剛―毅ナリ。佐《タス》ニケ高―祖一を定ニメタリ天―下一を。所レの誅セル大―臣多シ。（毛・史記延久點　呂后本紀複　一ウ）

（一八）諸佛は出ニ（で）たまふ於五濁惡世一に。所レの謂《い》ふ劫―濁と煩惱イ濁とナリ。（山・妙法蓮華經初期點　5/12）

（一九）所レの言《い》ふ字と（は）者、名（づけ）て爲《す》ニ涅槃一と。（石・大般涅槃經治安點　八　7/13）

（二〇）通ニ達（し）て一切外道に所レの有る經論一を、修ニシ寂滅行一を、（石・大般涅槃經初期點　一四　12/6）

活用する語は、連體形を直接體言に續けてその修飾語とすることができるから、「所」を不讀にして、例へば、（一四）は「嗜はむ色香味觸」、（一五）は「投る大樹」、（一六）は「告げし者」、（一七）は「誅せる大臣」といふ方が自然であるが、原文に引かれて「所」を直譯したため、國語としては全く無意味なトコロを挿入することになつたのである。もつとも、（一八）（一九）は、トコロを用ゐないで單にイフといつても、無理な讀み方であることに變りはない。なぜならば、イフコト・イフココロ・イフカヒナシなどの複合語以外、イフを單獨で連體修飾語に用ゐることは、一般にしないからである。（二〇）も同樣で、アルヒト、アルトキ・アルトコロ・アルイハなど若干の複合語を除いて、アルを單獨で連體修飾語とすることは、訓點語でも一般にしない。「所謂・所言」「所有・所在」は、別にイハユル、アラユルとも讀み、この方がむしろ古い訓法であらうと思はれるが、これについては、助動詞の項（六八四―六八九頁）で述べる。

原文の「——爲——所——」を讀む。これは、別に——ノタメニ——ル・ラルとも讀み、平安時代の訓點語では、この方が普通であり、トコロトナルの例は少い。

(二一)　如來大師は出ニ過して一切一を、爲《な》ミりタマヘリ諸の有情の之所ニと恭敬一する。（西・金光明最勝王經初期點　一〇　2|6|7）

同じ構文を、トコロタリ、トコロヲカガフルと讀むこともある。

(二二)　是の道は佛(の)所レなり讚する。正—進—安止の處なり。亦名ニ(づく)正遍見一と。故に爲《た》ニり佛の所レ稱《(ほめ)》たまふ。（石・大般涅槃經治安點　七）

(二三)　五—濁惡—世い爲レに光の所レル照(さ)。〈別訓　五濁ノ時ト惡世トイ、光ノ照ス所ヲ爲《(かが)》フル。〉（西・金光明最勝王經初期點　三　1|5）

(二四)　若(し)諸の有情(の)爲《カヽフ》ミレルガ……餘(の)種種(の)諸(の)怖畏(の)事(の)之所ニを纏繞一する、身—心惶—惶して懼《オ》レヂて失ニ(ひ)テム(かと)身命一(を)、（東・地藏十輪經元慶點　一　15|3|4）

第四節　タ　メ

タメは、原文の「爲・與・謂」などを讀み、補讀することはない。だから、タメを示すヲコト點も記號も發達しなかつた。(注1) タメは、奈良時代には、格助詞ノ・ガを挾んで名詞・代名詞を受け、または、直接に、あるいは格助詞を挾んで活用する語の連體形を受けて、目的・便益などを表はしたが、平安時代の和文でもほぼ同様であつた。訓點語では、ニを伴つてタメニといひ、目的・便益の他、原因・理由、受身の對象などを表はし、——ノ（ガ）タメニ、——ノタメニ——ル・ラル、——ノ（ガ）タメニス、——ノ（ガ）タメニナリ、——ノ（ガ）タメノユヱニなどの形を取つたが、タメニ單獨で用ゐられることもあつた。

1 ——ノ（ガ）タメニ

目的・便益、原因・理由などを表はし、タメの中で、最も一般的な用法である。前者は、奈良時代以來の傳統的な用法であるが、後者は、原文の「爲」に引かれて派生した翻譯文法である。

龍の馬も今も得てしか、青丹よし奈良の都に行きて來むため。（萬葉 八〇六） 天地は廣しといへど、我がためは狹くやなりぬる（同 八九二） 世にのゝしりし玉の臺も、「たゞ、ひとりの御末のためなりけり」と見えて、（源氏 四ノ二二一）

（一） 正定の 衆生には爲《タメ》レには其の 說レ(き)たまヒ因をは、邪定の 衆生には示ニ現(し)たまふ大悲一をは。（石・守護國界主陀羅尼經初期末點 八）

（二） 彼の 貧人い 爲レに 欲レフが求レ(め)ムト財を、廣ク 設ニ(け)て方便一を 策み 勤《ハゲ》(め)て無レし 怠ルこと。（西・金光明最勝王經初期點 一 7/8）

（三） 此ノ 少分受持する功德は、與《爲也》ニに 菩薩一の 爲レる 因と。（東・金剛般若經贊述仁和點 22/20）

(四) 能(く)與《為也》ニに 其(の)慳一の 作ニる 安足處一と〔あり〕。(石・瑜伽師地論初期點 七一 7|7)

(五) 若(し)人爲ニ(の)財利一の 故に 起ニす 不善の 業一を。如下(き)なり爲ニに 金錢一の 殘中殺するが衆生上を。(東・成實論天長點 一二 11|2) 原因・理由

(六) 頃《コノコロ》 爲ニニ 僧徒〔の〕不レズ 整《トヽノホ》ラ、誨馭《火イキョ》乖レケルガ方ニ、致レス 使下(むる)コトヲ內ニ 虧《カ》ニキ 佛敎一ヲ 外ニ 犯中(さ)王法上ヲ。(興・三藏法師傳承德點 九 8|14) 原因・理由

2 ――ノタメニ――ル・ラル

前述したやうに、「爲――所――」を直譯して受身の表現としたもので、變體漢文では「爲――被――」を讀むこともある。また、「所・被」のない「爲――」を同じやうに讀み、後の語にル・ラルを補讀することもある。これらのタメニは、受身の對象を示し、格助詞ニと同じ機能を果してゐるが、變體漢文では、――ノ・タメニ――ル・ラルは、被害意識を伴ふ場合にのみ用ゐられ、その習慣は後の和漢混淆文に受け繼がれる。

(七) 爲ニに 貪瞋癡一の 之所ニレて 纏一縛一セ、未《ず》レ識ニラ 佛の 時《(と)キ》一をも。(西・金光明最勝王經初期點 三 2|3)

(八) 杖葉・花草爲レに 輪の 所レ輾《メグ》ラレて、皆悉摧ケ 壞《ヤブ》レて、(東・地藏十輪經元慶點 八 2|18―19)

(九) 嘆下〔く〕息(す)扶・隆・繁等が 爲ニ(に)將門一(の)被《る》レ(る)害(せ)之由上を。(眞・將門記承德點 復 2ウ)

(一〇) 爲レニ 匿《カク》ニサムガ女人ノ 媿一(を)、雖レ(も)下ニ(すと)勅命一(を)、々々以前ニ 爲ニニ 夫(の)兵等一ノ 被ニ(れた)リ虜領一(せ)也。(同 22オ)

(一一) 將ニ(に)命終一せむ(と)する時には、身心不《ず》下爲ニニ 憂苦一の 逼切上セラ(れ)。(東・地藏十輪經元慶點 八 14|25)

(一二) 十一者、不下爲《じ》二に一切の暴惡の鬼神・羅《ラ》刹斯等一の吸《スヒ》中奪《バ》、レ精氣上を。（西・不空羂索神呪心經寛德點　6/4—5）

(一三) 是(こに)知(り)ヌ、大士ノ所レ行(する)皆爲二ニ菩薩一の護念せらる。（興・三藏法師傳永久點　四　13/17—18）

また、「與——」を——ノ・タメニと讀み、ル・ラルを下に補讀することもある。

(一四) 妙幢い聞キ已(り)て、皆悉ク憶—持して………與《(ため)》二に無量百千の大衆一の圍繞(せら)レたり。（西・金光明最勝王經初期點　二　9/14—15）

3　——ノ（ガ）タメニス

目的を表はすタメニに動詞スを添へたもので、タメニとの間に係助詞ハ・モを挾むこともある。

(一五) 何故(ぞ)爲レにする濟レ(は)むガ身を邪。（東・成實論天長點　二一　3/21）

(一六) 諸の菩薩は但し爲二になり利他一の。不《せず》レ爲二には自利一の。（東・地藏十輪經元慶點　一〇　4/21）

(一七) 若(し)諸(の)菩薩の爲レにするいは求二(め)むが聲譽一を、………不《ず》レ如レク(あら)義の。（石・瑜伽師地論初期點　二一　7/6）

(一八) 若(し)諸(の)菩薩は修二(する)に念住等一を、不《ず》レ爲二にはせ身等離不離繫一の。（石・辨中邊論延長點　中　14/1—2）

(一九) 祠—官の祝《イノ》レルコト釐《サイハヒ》ヲ、皆歸二す福を朕が躬一に。不《ず》レあり爲二にはセ百—姓一の。（東北・史記延久點　孝文本紀　複　29/2）

(二〇) 自の身に成二就(し)て不可思議の境界一を、與《(ため)》二にせるが聲門と菩薩一との故に。（石・妙法蓮華經玄贊中期點　三　12/19—20）

4　——ノ（ガ）タメニナリ

目的・便益を表はすタメニに、指定の助動詞ナリを添へたもので、タメニとナリとの間に、副助詞ノミを挾むことがある。

(二一) 雖三ど(も)復(た)説二くと三乘一と、但(だ)爲レになり教二(へ)むが菩薩一を。(山・妙法蓮華經初期點 9/12)

(二二) 聲聞・獨覺は爲二にのみなり自の利益一の。不《ず》下爲二に有情一の精勤して修中習せ〔ス〕有情縁慈上をは。(東・地藏十輪經元慶點 一〇 6/6)

(二三) 後には謂《為也》三になり〈別訓 オモヒテナリ〉內道の小乘に演二(べ)示さむが〈別訓 サムト〉此の義一を。(東・百法顯幽抄中期點 55/19)

5 ――ノ(ガ)タメノユヱニ

原文の「爲――故」を讀むことが多く、まれに「謂――故」を讀むこともある。目的・便益を表はすタメを、格助詞ノを挾んでユヱに續け、その連體修飾語としたもので、意味からいへば、單獨に――ノ(ガ)タメニ、――ノ(ガ)ユヱニといふのと同じであるが、これを重ねたのは原文を直譯した結果である。

(二四) 如《ごと》レくすることは此(の)皆爲レの得二しめむが一佛乘・一切種智一を故になり。(山・妙法蓮華經初期點 5/10)

(二五) 上爲レノ立レツルガ后を故に、賜《タマ》二フコト………九歲以―下ナルに布帛・米宍一を各有レ(り)差《シナ》。(東北・史記延久點 孝文本紀 復 14/4)

(二六) 今天親の造レるることは論を者、謂《為也》下の於三二空一に有二る逆謬一者《もの》に生中(さ)しめむが正(し)き解上を故なり。(東・百法顯幽抄中期點 53/18)

(二七) 二者、謂《タメ》下ノ淨二(め)て眼根一を速に達中せむが心源上(に)故(に)なり。(東急・大日經義釋延久・承保點 九 35ウ)

(二八) 如レき是(の)諸佛(は)、謂下の〈別訓 タメニ〉度二する无餘界の有情一を本願上の故に、爲四の利二益(し)安三樂せむが修眞言門の諸

の菩薩一を故に、演二説(し)たまふ之一を。(箋・大毗盧遮那經疏保延點)

6　タメニ

漢文では、「爲」を單獨に用ゐることがあり、これをそのままタメニと讀んだため、タメニが連體修飾語を取らず、單獨で用ゐられる用法を派生した。國語としては、1の――ノ（ガ）タメニのノ（ガ）が省略された形であるが、解釋上、何が省略されたのか、推定できる場合と、できない場合とがある。

(二九) 諸の菩薩は………根未熟ならむ者《人》には、爲に説下(き)て厭二離する生死の苦一を法上を、令下其を修學して厭二離し生死一を、欣中求せしめム涅槃上を。(東・地藏十輪經元慶點　一〇　5/1―2)

(三〇) 世尊、无量百千の諸來の大衆に〈別訓　の〉恭敬し圍繞せられ、而も爲に説レ(きたま)ハムとす法を。(石・説无垢稱經初期點　一　4/8)

(三一) 爾時、寶性………白レ(して)佛に言(さく)、「………唯し願フ、如來、哀愍(し)て爲に説二(きたま)へ淨―佛土の相一を。云何ゾ菩薩の修二する・とまうす淨佛土一を。」(同　一　8/19―22)

(三二) 大臣雖レ(も)欲《ホ》レすと爲《セ》レマク變を、百姓弗《ジ》二爲に使《ツカ》一ハレ。(東北・史記延久點　孝文本紀　複　3/3)

(三三) 王………尋チ詣二(り)て伽藍一に、且に白二ス沙―門一(に)。羅漢の曰く、「王無レレ憂(ふる)こと也。今爲に置レカム之を。………以レて次でを周く盛《入也》(れ)ヨ・といふ。」(興聖・大唐西域記中期點　一二　13/8―12)

(三四) 濟《ワタ》二ルニ乎中―流一を、麾《サシマネ》レキ鞭を畫《カ》レク水を。水爲に中カ開ケて自《(より)》レ茲《(ここ)》沒シヌ矣。(同　一二　14/26)

(三五) 泱漭タル寒郊の外に蘭滌として聞二(く)哭する聲一を。愁雲爲に蒼茫《ハウ》たり。飛鳥不レ能レ(は)鳴(く)こと。(書・文鏡秘府論保延移點

地　7オ)

(元)は、文中の「根未熟ならむ人」を受けて「その人の爲に」の意、(三〇)は、同じく文中の「无量百千の諸來の大衆」を受けて、「その大衆の爲に」の意、(三一)はやはり文中の「大臣」を受けて、「その大臣の爲に」の意、(三二)は、話手たる「寶性」を受けて、「わたし(寶性)の爲に」の意、(三三)は、聞手たる王を受けて、「あなた(王)の爲に」の意と推定されるが、(三四)(三五)は、何を受けてゐるのか分らない。國語としては、むしろ、原因・理由を表はすタメニと見て、コレニヨリテの意味に解したいところである。

(注1)阿形本『大毗盧遮那經義釋』平安初期點(ニトハカ點の祖點か)に、左中の複星點「:」をタメニに充ててゐるが、これは極めて珍しい例である。

願(はくは)、佛、爲レ我(が)ために宣ニ説(したまへ)一切一を。(17/28)

今、佛、爲レ修ニする(が)ために眞言行一(を)者(といふは)、(24/22)

第五節　ユ　ヱ

ユヱは、奈良時代には、原因・理由を表はす實質名詞として單獨に用ゐられた他、名詞・代名詞、及び活用する語の連體形に、直接または格助詞ガ・ノを挾んで續き、――ノ(ガ)ユヱ、または、――ノ(ガ)ユヱニの形で、原因・理由を表はす接續助詞のやうに用ゐられた。また、形式名詞モノと結合したモノユヱ・モノユヱニも、順接または逆接を表はす接續助詞のやうに用ゐられた。また、代名詞のソコと結合したソコユヱニ、動詞シカリの連體形と結合したシカルガユヱニは、共にソレダカラの意味で、順態の接續詞として用ゐられた。平安時代になつてもほぼ同様であつたが、ソコユヱニ・シカルガユヱニは用ゐられなくなつた。

我が上に故はなけども（萬葉　三四二一）筑紫なる匂ふ兒ゆゑに、陸奥の香取娘子の結ひし紐解く（同　三四二七）おのれ故詈らえてあれば（同　三〇九八）朕が親にあるが故に、黑き白きの御酒賜ひ（續紀宣命　三九）白玉は緒絶えしにきと聞きし故に、その緒また貫き我が玉にせむ（同　三八一四）我が故に思ひなやせそ、秋風の吹かむその月逢はむものゆゑ（同　三五八六）順接　天雲の行き歸りなむものゆゑに、思ひぞ我がする別れ悲しみ（同　四二四二）逆接　語り放《さ》け見放くる人目乏《とも》しみと、思ひし繁し。そこゆゑに、心和ぐやと……石瀬野に馬だき行きて（同　四一五四）わがやしなひの代りには、大まします南の町なる奴を受けよと、おほとこが司の人言ふ、しかるがゆゑに、それ受けむ人ら車持たしめて奉り入れしめ（正倉院假名文書乙）たれゆゑにみだれむと思ふ我ならなくに（古今　七二四）まつ人も來ぬものゆゑに、鶯のなきつる花を折りてける哉（同一〇〇）逆接　六位の宿直姿のをかしきも、むらさきのゆゑなり。（枕　一三八）

訓點語では、ユヱを實質名詞として用ゐる他、ユヱニを接續助詞のやうに用ゐて、――ノ（ガ）ユヱニ、――ヲモテノユヱニ、――ノ（ガ）タメノユヱニ、――ニヨルガユヱニ、――ニヨリテノユヱニなどの形を取つたが、モノユヱ・モノユヱニは用ゐなかつた。また、ソコユヱニ・シカルガユヱニは一般に用ゐず、コノユヱニ・カルガユヱニ・ユヱヲモテ・ユヱニを順態の接續詞として用ゐた。

1　ユヱ

「故・因・之・所以」などを讀む。

(一) 由四てなり彼の有情の安樂ナル故《ユヱ》ハ、常に得三るに流二通することを瞻部洲一に。(西・金光明最勝王經初期點 六 14/9)

(二) 彼の法亦不レ得ニ無レ(くし)て故《ユヘ》殺レ(す)こと人を。(東急・大日經義釋延久・承保點 七 95ウ)

(三) 又依ニ(り)ていはば同喩一に、因《ユヱ》トあるものイ成ニ(し)ッ相—違一を。(根・大乘掌珍論承和・嘉祥點 13/10)

(四) 有ニればカ何の別なる因《ユヘ(朱)》一 而有ニ(る)可レ(き)と害(す)不レ(と)可レ(から)害(す)者一と。(石・成唯識論寛仁點 二 10/21―22)

(五) 是を以て印度の諸國咸ク稱ニす如意神珠一と。諒《マコト》に有レ(る)カナ之《ユヘ》矣。(西・不空羂索神呪心經寛德點 1/6)

(六) 所ニ以《ユヱ》ハ不レる現せ、日の光り暎《テ》ラスガ故(に)といはむがごとし。(石・大般涅槃經治安點 八 20/19)

(七) 所三以明ニす諸の事同一(じ)なりといふこと(を)者《ユヘ》ハ、同(じく)體《カナ》ニヘリ一極之道一に。(石・法華義疏長保點 二 24/22―23)「者」のユヘは、「所以」を讀んだもの

2 ―ノ(ガ)ユヱニ

「故」を讀み、タメニと同樣、動詞ス、指定の助動詞ナリに續いて、ユヱニス・ユヱニナリといふこともある。

(八) 善心ありて離ニ(れ)て破戒一を宿するが故に、名ニ(づ)く善宿一(と)。(東・成實論天長點 一二 4/23)

(九) 但(だ)欲三(ふ)が救ニ度せむと一切衆生一を故にす。(石・大智度論天安點 八六 3/20)

(一〇) 或(は)以レての瞋を故にす。如レ(き)なり殺ニ(す)が怨賊一を。(東・成實論天長點 一二 11/13)

(一一) 欲レ(す)が令三(めむ)と衆生をして入ニ(ら)佛の知見道一に故になり。(山・妙法蓮華經初期點 5/7)

(一二) 說ニ(く)も道諦一を斷ニせるが於集一を故になり。(石・妙法蓮華經玄贊中期點 六 12/32)

3　――ヲモテノユヱニ

「以――故」「用――故」を直譯したもので、國語としては、――ヲモテと、――ノユヱニとが重つて、一種の重言となつてゐる。ユヱニをユヱニスといふこともあつた。

(一三)　以レての斷ニするを破戒等の惡一を故に、名(づけて)曰レ(ふ)斷(と)。(東・成實論天長點　一二　2/17)

(一四)　說三く彼の五の位に所ニを修行一する也。以三ての彼(の)聽衆に具ニせるを三乘一故に。(山・彌勒上生經贊初期點(朱)　6/8)

(一五)　以三(て)の王先に舍《イヘ》ニセリシヲ於此一に故に、名ニ(づけたり)王舍城一(と)。(興・三藏法師傳永久點　三　15/20)

(一六)　用(も)レての是を之故に、恚《イカ》(り)て共に逐レ(ひ)たまふなり我を。(石・佛說太子須陀拏經中期點　4/21)

(一七)　入ニル、に大乘一に爲レ本《是也(音)》なり。以《コ、》ヲもてノ故に、說ニク是の經一を。(立・妙法蓮華經寛治移點　一　15/25)

(一八)　或(は)以レての瞋を故にす。如レ(き)なり殺ニ(す)が怨賊一を。(東・成實論天長點　一二　11/3)

4　――ノ(ガ)タメノユヱニ

前記タメの項參照。

5　――ニヨルガユヱニ

「由――故」を讀んだもので、――ニヨリテと――ガユヱニとが重なつて、やはり重言となつてゐる。例は少い。

(一九)　由ニるが彼の眞實一なるに故に、護ニ持せむ於此の經一を。(西・金光明最勝王經初期點　一〇　13/26)

(二〇) 由ニ(る)が彼の一切如來の羯磨光明に照曜一スルニ〈別訓 セラル、ニ〉故(に)、(石・金剛頂瑜伽經中略念誦法中期點 二 3/15)

6 ——ニヨリテノユヱニ

「爲——故」を讀んだもの。普通ならば「爲」を形式名詞のタメニと讀むところを、動詞にしてヨリテと讀んだもので、前項と同様やはり重言である。

(二一) 爲《ヨ》レりての具ニせるに諸の善法一を故に、唯(だ)有《いま》ニす如如と如如智一と。(西・金光明最勝王經初期點 二 1/23)

7 コノユヱニ

「故・所以・是故・以故」などを讀み、まれに「是以」を讀むこともある。指示代名詞のコが格助詞ノを伴ってユヱニと結合したものである。

(二二) 我レは見ニる汝ラガ疲—極(し)て中—道より(し)て欲《す》ニるを退—還一(し)ナムと。故《コ(のゆゑ)》に以ニて方—便の力一を權《カリ》に化ニ作せり此レの城一を。(守・妙法蓮華經初期點 11/2)

(二三) 一切の凡夫は不《ず》レ見ニ如レき是(の)悪人の過患一を。故《コノ(ゆゑ)》に受ニ(くる)をもて三覺一を名(づけ)て爲ニす受漏一と。(東・大般涅槃經末期點 二三 3/9—10)

(二四) 感ニス嘉瑞ノ之無レ(き)コトヲ應。故《コノユヘ》ニ因ニ(り)て魯春秋一ニ而修ニム中興ノ之教一ヲ。(觀・世俗諺文鎌倉初期點 複 51オ)

(二五) 我(が)夫早(く)喪ヒて無レシ從(ふ)こと。所—以《コノユヱ》ニ水絶レ(え)流農人失レヘリ利(を)。(興聖・大唐西域記中期點 一二 14/16)

(二六) 世間の凡夫は不レが觀ニ諸法の本源一を故(に)、妄(り)に謂《オモ》レフ有レ(り)と生。所以《コノユヘ》ニ隨ニ(ひ)て生死の流一に、不レ能ニ(は)

自《み(づから)》出一(づ)ること。（龍・大日經末期點　42ウ）

(二七)　矯《ツ》レケ制に以て令ニス天下一に。宗|廟所以《コノユヘ》ニ危《アヤフ》シ。（毛・史記延久點　呂后本紀　復　10オ）

(二八)　聞レ(き)テ說ニ(く)ヲ如來の所證の法一を仰止《キヤウ》スルコト於ニテス身心一ニ。所以《コノユヘ》ニ歷《アマネ》ク尋ニ(び)テ師授《シウ》一ヲ博ク問ニフ先達一ニ。（興・三藏法師傳承德點　七　11/24）

(二九)　理を(も)て推《(たづ)》ヌるに、以ニて千萬一を爲ニて一億一と計レ(れば)之(を)、卽(ち)相ヒ當レり矣。是の故に、於ニ經の億の字の之上一に應レし加ニフ七といふ字一を。（山・觀彌勒上生經贊初期點（朱）　20/13）

(三〇)　是故《コノユヱ》(に)、當(に)先(づ)問(ふ)べし。（石・沙彌威儀經中期點　4/27）角筆

(三一)　弘ク闡ニ(き)て大猷一ヲ蕩ニ滌《テキ》ス衆罪一を。是ノ故ニ慈雲欲《ス》レレドモ卷(か)ムト舒レ(べ)テ之ヲ蔭《オホ》ニヒ四空一ヲ、（興・三藏法師傳承德點　八　8/4）

(三二)　題して表ニして其の心一を、使ニ(む)永ク傳ニ(へ)芳|烈《シワザ》一を。以|故《コノユヱ》ニ有ニ(り)茲の塔一也。（國・三藏法師傳天治移點　三　15）

(三三)　題して表ニ(し)其ノ心一ヲ、使ニ(む)永ク傳ニ(へ)芳烈一ニ。以故《コノユヱ》ニ有ニ(り)茲ノ塔一也。（興・三藏法師傳永久點　三　16/20）

8　ソコユヱニ

「所以」をまれにソコユヱニと讀むことがある。

(三四)　曲|學易レみ遵《シタガ》ヒ、邪|正於レ焉《コ、》ニ紛|糺《マド》ヒヌ。所以《ソコ(ゆゑ)》に、空|有の之論或いは習レひて俗に而是非し、大小の之乘乍《亦也》タ沿《シタガ》レヒて時に而隆《サカ》エ替《カハ》る。（石・說无垢稱經初期點　一　1/21）

9　カルガユヱニ

「故・肆」などを讀む。副詞のカと動詞アリとが結合したカアリの連體形が、格助詞ガを伴つてユヱニと結合したものである。平安初期に成立したはずであるが、確實な例は院政期にならないと現はれない。

(三五)　故《カルガユヘ》に當に遠離して(白点)勿ニ(れ)親近一(すること)。(國・大毗盧遮那成佛經嘉承點　七　3)

(三六)　肆《カルガユヘ》ニイマ皇一天弗《ず》レ尚《タ》(ふとび)。(東山文庫本　毛詩鎌倉初期點)

10　ユヱヲモテ

ユヱヲモテは、「以故」を讀む。例は少く、かつ新しい。

(三七)　二三年ヨリ已來、人往(け)ドモ多ク不レ得レ見(る)こと。以レテ故ヲ去(る)者《モノ》稀疎《キ反》ナリ。(興・三藏法師傳永久點　二　11/4)

(三八)　常(に)慮《(おもひは)カ》ルミ……往の因の不ニこと(を)相續一(せ)。以レテ故ヲ積ニ集(し)テ財寶一ヲ、……今欲《ス》レ作ニ(らむ)ト第六ノ會一ヲ。(同　五　9/19)

11　ユヱニ

「故」を讀む。後世は、原因・理由を表はす接續詞の代表的なものとなつたが、奈良時代の例からすれば、ユヱニは、連體修飾語を取つて、――(ノ・ガ)ユヱニの形で用ゐられるのが本來の用法であつて、接續詞として用ゐられる場合も、ソコユヱニ・コノユヱニ・シカルガユヱニ・カルガユヱニなどといふのが自然である。從つて、連體修飾語なしで單獨で接續詞とすることは、國語としては無理な用法であるから、この用法が平安初期から一般化してゐたとは考へられない。接續詞の「故」をユヱニと讀んだ確實な例が、平安時代の訓點資料に見當らないため、その成立時期を明かにすることはできないが、少くとも、初期の資料で「故」にニだけ送つたものは、「所以」同樣、コノユヱニまたはソヱニと讀んでおいた方が無難であらう。（注1）ソヱニついては、「接續詞」の項（三九三〜四〇二頁）で述べる。

（三九）壞相といふは卽(ち)是(れ)空なり。空(は)卽(ち)聖行なり。故に名二(づく)聖行一と。（東・成實論天長點　二一　17/25）

（四〇）又此は非二(ず)正道一に、非二(ず)清淨の道一に、そゑに名二(づく)隨苦邊一と。（同　一五　8/10）

以上の內、3・4・9は、漢文の訓讀によつて生まれた翻譯文法で、勿論和文には用ゐられなかつたが、6・8も、また、國語的な構造を持つに拘らず、和文には用ゐられなかつた。

（注1）春日政治博士『西大寺本金光明最勝王經古點の國語學的研究　研究篇』に

國語では形式名詞のユヱにニを取らせた副詞形に訓ずる。………又上の叙述を承けて、下の語の頭に置くこともある。（一八三頁）

として、次の例が擧げられてゐる。

忍等の諸の度をも皆遍ク修し、十地圓滿して正覺成（し）たまへり。故に我レ一切知と稱（せ）ラル、こと得たるをモチテ、衆生として度量すベキ者は有（る）こと無し。（一八三頁）

また、築島裕博士『平安時代の漢文訓讀語につきての研究』に

又、「ユヱ」が文首に立つて「ユヱニ」として副詞のやうに用ゐられたり、文末に來て「………ノ（ガ）ユヱニナリ」となることについては、既に春日博士の說かれる所（最研下二七四頁）であるから、今更に詳しくは觸れない。（三八八—三八九頁）

と述べられてゐる。兩博士とも、文頭に立つ「故」を、接續詞としてユヱニと讀むことを認めてゐられるが、筆者としては、確證が得られるまで、ユヱニと讀むことは保留して置きたい。

第六節　ト　キ

一般に、實質名詞として時間を示す他、格助詞ノを挾んで名詞・代名詞を受け、または、直接に活用する語の連體形を受けて、――スルバアイ（場合）ニ、――スレバなどの意味を表はし、動詞アリの連體形アルを受けて、選擇の接續詞アルイハと同義に用ゐられることもある。

ある時は、浪に荒れつゝ海の底にも入りぬべく、ある時は、風につけて知らぬ國に吹き寄せられて（竹取　三七）　又ある時は、えさらぬ馬道の戸をさしこめ（源氏　一ノ二九）

1　トキ（ニ）ハ

原文の「時」を讀むこともあるが、補讀することが多い。このため、トキを示す特定のヲコト點や記號が發達した。トキは、格助詞ニや係助詞ハを伴ふのが普通で、トキが單獨で用ゐられることはまれである。

（一）　若（し）不《ぬ》レときには能レ（は）得ニ（る）こと阿耨多羅三藐三菩提一を者、則（ち）无ニし聲聞辟支佛一。（石・大智度論天安點　六二　3/23―24）

（二）　若（し）得ニ（る）ときは人身一を、則（ち）爲《な》ニル貧窮一に。（東・成實論天長點　一五　3/23）

（三）　譬（へ）ば如下シ滿月澄《ス》ニメルトキニ空界一に、一切の星宿奪《ムバ》中、ル、が光暉《エウ》上を。（石・守護國界主陀羅尼經中期點　一　9/24）

（四）　鄰國異―俗、君―臣僚―庶、毎レの歲嘉辰《ヨキトキ》ニ不レして期（せ）會集《アフ》。（興聖・大唐西域記中期點　一二　1/22）

原文の接續詞「則」は、後世、レバスナハチと言はれ、その前の條件句は、――レバの形を取るものとされてゐるが、平安時代の訓點資料では、むしろ、トキニハといふことが多かつた。そして、この形は、鎌倉時代には撥音化してトキンバといふやうになつた。

(五)　若(し)念二するときには一佛一をのみ、則(ち)見《み》二一切佛一をのみ、若(し)念二するときには多佛一を、則(ち)見《み》二多佛一を、若(し)念二するときには小身佛一を、則(ち)見《み》二小身の佛一を、(東・地藏十輪經元慶點　一〇　11/18)

(六)　神―道洞―玄なるときは、則(ち)理絶《(音)》ニュ人―區一に。靈―化幽―顯なるときは則(ち)事出《(音)》二(で)ヌ天―外一に。(興聖・大唐西域記中期點　一二　20/17)

(七)　若(し)能ク至レル心を(もて)聽二受せば是の經一を、則《スナ(はち)》爲《な》三りなむ………供二養するに於我釋迦牟尼應正等覺一を。(西・金光明最勝王經初期點　六　3/6)

(八)　蹈(め)ば則(ち)沒《モ》レす足を。擧《ノボ》レば則(ち)還(た)復す。(石・守護國界主陀羅尼經中期點　一　4/5)

(九)　人―君寛《ユタカ》にし而て不《ザ》レルトキンバ虐せ(別訓　サカヘ)、則臣―下忠アリ。(三千院本古文孝經建治移點　複　10ウ)

2　アルトキニハ

「有時・或時・或」などを讀む。「或・或有」は、選擇の接續詞として用ゐられる場合は、別にアルハ・アルイハ・アルトコロハとも讀むが、意味は、アルトキニハとほとんど變らない。アルトキニハ・アルハは、和文でも用ゐられたが、アルイハ・アルトコロは、和文では一般に用ゐられなかつた。

(一〇)　有《あ》る時には濡美の語(を)し、有《あ》る時には苦切(の)語(を)し、有《あ》る時には雜語(を)し、(石・大智度論天安點　二　14/18)

(一一)　如ニく手の有る時には取り、有(る)時には不《ず》レ取(ら)、………手をば常に名レ(づく)るが手と、神も亦如レく是の有(る)時には知ス、有る時には不《ず》レ知(せ)。(東急・百論天安點　14/5―7)

(一二)　所相は或《あ》る時には是れ相となる。(石・大智度論天安點　七〇　10/4)

(一三)　汝が子或《あ》る時には呑ニむ諸凡石草木一を。(同　△天慶點　三七　14/25)

(一四)　或《あ》るときには問四(ひ)たてまつり世尊(呼掛)、若(し)一切の法空ならば、云何ぞ分三別(し)たまふと有ニ(り)と五道一………、或《あ》るときには問下(ひ)たてまつる世尊(呼掛)、有レらば相者乃至不《じ》レ得ニ順忍一をダ(に)。云何(ぞ)當(に)觀ニし八地一を入中(ら)ムと菩薩位上に。(石・大智度論天安點　八七　3/30―33)

(一五)　或(る)いは苦練木を、或(る)ときは取ニれ燒屍の殘火の槽木一を。或(る)ときは白栴檀の木、或(る)いは紫檀の木を隨ニ取(し)て一の木一を、刻ニみ作れ三股の金剛杵一に。(京・蘇悉地羯羅經延喜點　16/11―13)

第二章　代名詞

第一節　事物代名詞

奈良時代には、近稱にコ・コレが、中稱にシ・ソ・ソレが、遠稱にカ・カレが、不定稱にナニ・イヅレなどが用ゐられた。カレの例は極めて少く、遠稱の概念がまだ十分に發達せず、中稱との區別が明瞭でなかつたやうである。平安時代もほぼ同樣で、近稱にコ・コレが、中稱にソ・ソレが、遠稱にア・アレ・カ・カレが、不定稱にナニ・イヅレなどが用ゐられた。

訓點語では、近稱にはコ・コレを、中稱にはソ・ソレを、遠稱にはカ・カレを、不定稱にはナニ・イヅレなどを用ゐた。すべて原文の文字を讀み、補讀することはなかつた。

1　コ・コレ

原文の「此・是・之・伊・爲・焉・與・玆・以・於・時」などを讀む。コはコノとしかいはず、コレは、連體修飾語として、コレノ・コレ・コレガともいつた。(注1)コレノは、和文では用ゐない形であり、訓點語でも初期の資料に限られてゐる。

(一)　此《コ(旧点)》の六識い爲《タ》ニリ彼《ソ》の六識が等无間縁一。(石・成唯識論寛仁點　四　11/21―22)

(二)　何《ナン》ぞ莫レ(け)む由ニ(る)もの斯《コ》の之道《ミチ》一に。(西・不空羂索神呪心經寛德點　1/4)

(三) 自《みづから》招レ(き)て殃《トガ》ヲ、造ニリ茲《コ》ノ重惡一を、(東・大般涅槃經末期點 二〇 8/24)

(四) 一切如來(は)以ニ(て)金剛愛の名一を爲ニシ之《コ》の號一ト、(石・金剛頂瑜伽經中略念誦法中期點 一 18/7)

(五) 或(は)有レ(りて)人以ニ(て)推薦《セン》一を偶レす拂レフニ衣ヲ。之《コ》ノ類是(れなり)也。(書・文鏡秘府論保延移點 三 23オ)

(六) 是の故に說(き)て言ニ依レ(る)が此に故(に)空なり。此《コレ》ハ〈別訓れには〉實に是(れ)有一なり・とのたまへり。(根・大乘掌珍論承和・嘉祥點 11/9)

(七) 得レタラム之《コレ》ヲ者ハ以て萬一數ナリ。(東北・史記延久點 孝文本紀 複 2/5)

(八) 誰人カ與ニ競レハム之《コレ》ト。(唐・戒律傳來記保安點)

(九) 伊《コレ》既《すで》已に〔ぬ〕解(り)ぬ。我(れ)何ぞ猶(ほ)迷(は)む。(石・法華義疏長保點 五 3/4)

(一〇) 或は採《ト》レリ觚《フムダ》ヲ以て卒《ソツ》一爾なり。或は含《フク》レム豪《フムデ》ヲ而て邈《ハク》一然タリ。伊《コ》レ茲《コ》ノ事之可レき樂タ(のしむ)〔マ〕固《マ》(こと)に聖賢之所レなり欽《ツヽ》シム。(書・文鏡秘府論保延移點 五 47ウ)

(一一) 最も爲《此》れ可レ恥(づ)へしと。(石・大智度論天安點 一〇〇 12/11)

(一二) 此の神呪心は是レ諸の菩薩の所レなり應ニき尊重し恭敬し供養一す。爲《コレ是也》最とも解脫圓滿の法門なり。(西・不空羂索神呪心經寬德點 7/13)

(一三) 非ニ(ず)ヤ時《コレ》伯夷の播レ(きし)刑を之廸一に。(東洋・尚書中期點 四 48/5)

(一四) 過(ち)て而能(く)改(む)ル、善莫レシ大レなるは焉《コレ》より。(東洋・春秋經傳集解保延點 複 6オ)

(一五) 麋鹿芻蕘與ニ百姓一共にす之。蓋(し)所ニ以なり臻《いた》レれ(る)茲《こ》れに也。(上・漢書楊雄傳天曆點 複 40オ)

(一六) 以《モ》ニテ其《ソ》ノ明日一ヲ歸《カヘ》ニヌ於本堵《ト》一ニ。自《ヨリ》レ茲《コレコノカタ》以來、更ニ無《ナ》ニシ殊ナル事《コト》一。(楊・將門記院政初期點 複 1/4)

(一七)　不下が與二无明一慧とは相應上せ故(に)、法空智品い與《コレ》と倶一起するが故(に)。(石・成唯識論寛仁點　九　3/15)

(一八)　云何をもてか聞(く)といは、爲《(もし)》以人《コレ》の聞(く)か、爲《(もし)》根のか、爲《(もし)》識のか、爲《(もし)》塵の聞(く)か邪。(石・法華義疏長保點　一　5/21)

(一九)　世尊は金剛の體なり。權現せるいは於《(こ)レ》化身なり〈別訓　化身ヲ權現セルナリケリ〉。(西・金光明最勝王經初期點　一　9/28)

(二〇)　人ィ以レて力を磨《ス》ニリ三一千大千ノ土一ヲ、盡ニ(し)て此レの諸の地一種一を、皆悉(くに)以て爲《ナ》レ(し)て墨と、(守・妙法蓮華經初期點　2/12)

(二一)　此レの煩惱は如ニシ大城の中の諸(の)糞穢の聚一レルが。(石・瑜伽師地論初期點　七九　16/7)

(二二)　諸の比一丘是レの人の所レの經たる國土を、若(しは)點せるをも不《ヌ》レをも點(せ)、盡(し)て末《クダ》キて爲《ナ》レ(し)て塵と、(守・妙法蓮華經初期點　2/5)

(二三)　若(し)於ニに如來一の起ニ(さ)むいは諍論の心一を、是レの人は則(ち)不《じ》レ能レ(は)見ニたてまつること於如來一を。(西・金光明最勝王經初期點　二　8/3)

(二四)　諸(の)衆生(呼掛)、是れの名は但(だ)有ニ(り)空(し)き名一のみ。(石・大智度論天安點　九〇　2/13―14)

(二五)　我《(わ)》一等今《レ》一者免ニ(れ)て斯レの惡一道一を、快ク得ニツベしトいふ安樂一なることを。(守・妙法蓮華經初期點　2/15)

(二六)　又至ニ(るに)開善・會昌二寺一(に)、亦並(に)如レ(し)之《コレ》ガ。(黑・金剛波若經集驗記初期點　一　複　33ウ)

(二七)　今朕………憂ニ苦す萬民一を。爲レに之《コレ》ガ怛一愓シて不レ安(から)。(東北・史記延久點　孝文本紀　複　31/8)

(二八)　此の幻化の人は、體是レ非レず有に。此が之心數は從レ(ひ)てか何に而生せし・といふ。(西・金光明最勝王經初期點　五　11/16)

(二九)　身心精進(し)て以(て)求ニ(む)る出要一を心は、如ニ(し)傭賃シ展轉一するが。非ニ(ず)是が本心一に。故に求ニ(むる)には大乘一を、

種姓に所レ(れ)て排(せ)幸に至三る大乘一に。(石・妙法蓮華經玄贊中期點　六　27/29)(注2)

(三〇)　若(し)善根爲レに此が所レ《レ》ヌルときは焚(か)、則歸二(して)於灰斷一に不レ生三(せ)大悲の條葉花菓一を。(築・大毗盧遮那成佛經疏院政期點　四　8ウ)

(三一)　以二(て)斯の微蓋一を奉三(る)に世尊一に、於《(こ)レ》が中に普ク現二せしめ給三千界一(を)。(石・説无垢稱經初期點　一　8/25)

(三二)　於二種子一(に)有二(り)名言種子(と)業種子一(と)。於《コレ》が中(に)ハ何ヲカ名二(づけ)因縁一ト、何ヲカ名二(づくる)增上縁一(と)。(東・法華論義草　1181)

(三三)　當(に)於二絹素《ケンソ》白氎《テフ》、或は淨板の上一に先ヅ畫《カ》二ケ滿月一を。於《コレ》ガ中に畫二ケ虛空藏〔に〕菩薩の像一を。(石・求聞持法中期點　18)

(三四)　瑜伽者(は)、於《コレ》が上に字門に威焰の光アラ(し)めよ。(龍・大日經天喜點　三　18オ)

「以」をコレと讀むのは、ヲモテを伴つたコレヲモテの形で、接續詞的に用ゐられる場合に多い。これについては、接續詞の項(四〇四〜四〇七頁)で述べる。また、「於」をコレと讀むのは、(三二)(三三)(三四)のやうに、「中・上」などに續いて、コレガナカニ・コレガウヘニといふ場合に多く、單獨にコレと讀むことはまれである。「於中」をコレガナカニと讀むのは、次のやうに用ゐられる「此中」と同義に解したのであらう。

(三五)　何等(をか)名(づけ)て爲《す》二る説因成就一と。謂(はく)、種種(の)方便(と)、種種(の)知見(と)、種種(の)念觀(と)、種種(の)言詞と(を)いふなり。此が中には初の三を合(し)て名二(づけ)たり因縁一と。因縁といふは道理なり也。言詞をは名二(づけ)たり譬喩一と。(石・妙法蓮華經玄贊中期點　三　10/4)

(三六)　衆經に列《ツ(ら)》レ(ぬる)に名を凡て有二(り)二種一。一者、依二(り)て德行の優劣一に以て爲《せ》二り次第一と。………此が中に二十一

人は皆是(れ)序二して其の出家して得道する前後一を、以て爲《せ》二り次第一と也。（石・法華義疏長保點　序　12/18）

また、「於上」をコレガウヘニと讀むのは、「この事物の上に」の意味と考へられるが、「於此」をコレガウヘニと讀む場合は、コレニ對シテ、コレニ就イテ、コノ場合ニハなどの意味である。

(三七)　如レき是(の)染衣の人は、非二ず汝が所レには應レ食(ふ)べき。於レに此ガ起レ(し)てム惡を者《人》は、當に成二ラムモノゾ・といふ大苦器一と。（東・地藏十輪經元慶點　四　10/19）

(三八)　虚妄分別は有なり。於レには此が二一は都て无シ。………論(に)曰(は)ク、「虚―妄分―別有一」といふは者、謂(は)ク、有二(り)といふなり所取・能取の分別一。「於此二都无」といふは者、謂(は)ク、卽(ち)於二には此の虚妄分別一の永に无二シといふなり所取・能取の二性一は。（石・辨中邊論延長點　上　1/7―10）

なほ、「從」を、次のやうに、コレヨリと讀むことがあり、珍しい例である。

(三九)　從《コレ》ヨリ〈ヲコト点　これより〉第二に擧レ(げ)むいし喩を者、卽(ち)下の三句の疏の文是(れ)なり也。（東・百法顯幽抄中期點　45/8）

コレの複數はコレラといつた。

(四〇)　常に行二し不善の事一を、色力と及智慧と、斯等《コレラ》を皆減少せり。（立・妙法蓮華經寛治移點　三　15/13）

(四一)　此等《ラ》をも皆捨(つ)るに未《ず》レ爲《せ》レ難シと。（石・大方廣佛華嚴經初期點　二種　三五　13/14）

（注1）　築島裕博士『平安時代の漢文訓讀語につきての研究』に、

コレガ・コレノといふいひ方は、平安時代の和文一般には見當らない形らしく、竹取物語、伊勢物語には無く、源氏物語も、須磨卷まで調査した限りでは見えない。恐らく、訓讀專用の形ではないかと思はれる。（一四〇五頁）

とある。わたしが索引で調べたところでは、コレガは、『宇津保物語』に一三例、『落窪物語』に三例、『平仲物語』に一例、『源氏物語』に四例、『枕の草子』に一七例、『更級日記』に一例、計三九例あるが、コレノは一例もない。コレノは、訓點語でも初期の資料にしか見えないから、奈良時代の古い用法を平安初期まで傳へたものと考へられるが、コレガは奈良時代にはなく、平安時代に入つて初めて現はれるから、平安時代になつて成立した新しい用法であらうか。ただし、和文にもかなりの用例があるのを見ると、和文でも訓讀文でも、どちらでも用ゐられる「共通語」だつたのであらう。そして、「これが」の下に來る語は、和文では、「(和歌の)本・末・返し・返事・名・身・事・初め・緒・音《ね》・顔・花・子・答《たふ》・聲・手・報い・心・序《つい》で・光・世様ナリ・ママ」など、さまざまであるのに對して、訓讀文では、同書（四〇四頁）に『コレガ』を受ける語はナカ・タメ・ウヘなどの形式體言で、それ以外の語が『コレガ』を受けた例の、確實なものは未だ見當らない。」といはれてゐるやうに、ナカ・タメなどの數語に集中してゐる。和文の用法は廣く、訓點語の用法は狹いといふことになる。

コレガとコレノ・コノとの意味の相違については、山田孝雄博士『奈良文法史』（四〇二～四〇四頁）に、コノ・ソノ・カノ・コレノ・イヅレノ・ナニノなどを擧げて、「これらの代名詞の指示する實體は下なる體言そのもの」であつて、外國語の Demonstrative Pronounce に當ると言ひ、ワガ・アガ・ナガ・シガ・ソガ・タガ・オノガなどを擧げて、これらの代名詞は、「下なる實體の指示」ではなく、「その下なる名詞以外の實體を代表せるもの」であつて、外國語の Passesive Case に當ると言ひ、また、『平安朝文法史』（二九六頁）に、「かゝる際の『が』の意と『の』の意とは、主點を上又は下におくことの差あることは、前編にいへる如し。」と説かれてゐる通りである。例へば、

山寺なる石井に寄りて、手にむすびつゝ飲みて、「この水の飽かず覺ゆるかな。」といふ人のあるに、（更級日記）

の「この」は、「水」を指示してゐるが、

梅の木の、つま近くて、いと大きなるを、「これが花の咲かむ折は來むよ。」といひおきてわたぬるを、（同）

の「これが」は、「この梅の木の」の意味であつて、「花」を直接指示してゐるのではない。前の例では、現に水を飲んでゐるのであるから、「この水」といつて、「これが水」とはいはないし、後の例では、あるものは木ばかりで、花はまだ咲いてゐないのであるから、「これが花」といつて、「この花」とはいはないのである。コノの代りにコレノを用ゐる場合、

例へば

聞きしごと まこと尊く 奇《くす》しくも 神さび居るか 許禮能《これの》水島 （萬葉集 二四五）

の「これの」も、「水島」そのものを指示してゐる點は、「この水島」といふのと同じである。ただ、「これの」の方が、「この」よりも、指示する氣持が強いといふ相違がある。訓點語における「コノ・コレノ・コレガ」の相違も、同じやうに考へて差支へないのではあるまいか。

（注2）「非三(ず)是(れ)本心の故に求三(むる)には大乘一を。」と讀むべきものか。「是」の意味不明。

2 ソ・ソレ

原文の「其・厥・爾・彼・斯・在」などを讀む。ソはソノの形でしか用ゐず、ソレは、連體修飾語としてソレガといふことがある。

（一）但(だ)念二(し)て其の好心布施の之徳一を、不レ念二(せ)其の惡一を。（石・大智度論天安點 八七 18/7）

（二）以レて母を標レすることは之を者、爾《ソ》の時に以二(て)の害レ(し)父を竟一(はる)を故(に)、（石・法華義疏長保點 一 25/2）

（三）厥《ソ》ノ(朱点)趣萬途ナレども、而滅レし惑を利レすることは生を、其の歸《オモブキ》一揆《クヰ(音)》なり。（興・三藏法師傳延久・承暦頃點 一 1/5）

（四）此《コ(舊点)》の六識い爲《タ》二リ彼《ソ》の六識が等无間緣一。（石・成唯識論寛仁點 四 9/21—22）

（五）斯《ソ》ノ鷄鳴《ケイメイ》ニ良正參向して遯二ブ不審一(を)。（眞・將門記承德點 復 4オ）

（六）仙人呪《(音)》二して此の國一を、令レ(め)つ成レ(ら)海に。此の龍は居《ヲ》二リ在《そ》の中一(に)。（石・法華義疏長保點 一 23/15）

（六）のやうに、「在」をソノと讀むのは、其だ珍しい例である。大正新修大藏經は「其」に作る。「其」の誤寫なのであらうか。

(七) 世尊の面輪は、其《ソ》レ(白点)猶《(ごと)》二く(し)て満月一の、眉の相(ひ)皎《て》り浄く(し)て、(山・觀彌勒上生經贊初期點 16/11)

(八) 復(た)以二(て)金剛名一を授二く其《ソれ》に灌頂一を。(石・金剛頂瑜伽經中略念誦法中期點 二 7/18)

(九) 由《依也》レ(る)が彼に故に空なり。彼《ソレ》ハ〈ヲコト点 れには〉實に是(れ)無なり。(根・大乘掌珍論承和・嘉祥點 10/19)

(一〇) (象王) 能(く)棄二捨して身命一を、无レ(く)して悋(しむ)こと恭中敬し尊下重す著二たる袈裟一を人上を。雖二ども彼《ソレ》は爲《セ》レ リト怨を而も不《ず》レ加《クハ》レへ報を。(東・地藏十輪經元慶點 四 8/10)

(一一) 去(る)こと何ゾ速ク兮、來(る)こと何ゾ遲キ。是《ソレ》カ邪、非《アラ》ヌか邪、兩(つな)がラ不レ知(ら)。(神・白氏文集天永點 四 複 13オ)

(一二) 自《ヨ》レリ爾《ソ》レ之後ニ、更ニ以テ無二シ殊《コト》ナル事一。(揚・將門記院政初期點 36)

(一三) 自レ(り)爾《ソレ(このかた)》已來、和上所レ苦(しぶ)瘳《イ》エ除《ノゾコ》リタリ。(興・三藏法師傳永久點 三 11/15)

(一四) 自《ソレ》ヨリ後、備に通二し(て)經奥一を而愛レし古へを尙《タウト》レブ賢を。(同 一 3/20)

(一五) 佛可二(し)たまふ其が問一を。(石・大智度論天安點 七〇 13/26)

(一六) 綵女等 皆悉(くに)散(り)走(り)て、爲レに其《ソレ》ガ所レ(る)執(へ)。(急・大日義釋延久・承保點 一三 41)

「爾・自」などをソレと讀むのは、「自爾・自後」などをソレヨリと讀むやうな、特殊な場合に限られるやうである。ソレを一種の不定代名詞として用ゐることがある。「某」をソレ、「某年」をソレノトシと讀むやうな場合である。

(一七) 子某《ソレ》最も長シて純—厚慈—仁アリ。(東北・史記延久點 孝文本紀 複 14/1)

(一八) 於二某《ソレ》の年の日月一に、以二(て)無價の寶珠一を繫二(け)き衣の裏一に。(立・妙法蓮華經寬治移點 四 5/1)

(一九) 告二ゲ(て)於諸侯一(に)曰(はく)、「某《(そ)レノ》―氏之守臣某、失レゑり守二(る)ことを宗廟一(を)。敢て告《つ》(ぐ)といふ。」(注の文) 上の某《(音)》《ソレハ》は出(づ)ル者の姓、下の某《ソレハ》は名。(東洋・春秋經傳集解保延點 一〇 23オ)

(二〇) 天―帝垂レレ(て)照を、夢(に)賜二ヘリ靈書一を。今在二(り)某《(そ)レ》ノ山一に。藏二(め)シメタリ於某《(そ)レ》の嶺一に。(石・大唐西域記長寛移點 四 222)

これは、訓點語特有の用法である。土佐日記に

それのとしのしはすのはつかあまりひとひのひのいぬのときに、かどです。(二七)

とある「それのとし」も、「某年」の訓讀から出たものであらう。また、ソレを文頭に置いて、一種の感動詞または轉換の接續詞として用ゐることがある。漢文としては、「發語」として用ゐられる「其・夫・厥」を、代名詞の場合と同様に、ソレと讀んだ結果生まれた翻譯文法である。恐らく、「其」をまづソレと讀み、次いで同じ訓を「夫」に及ぼしたものであらう。ただし、『續日本紀』の宣命にすでに例があるから、その成立は奈良時代にあつたらしい。(注1)

それ(其)、高御座天の日嗣の座《くらゐ》は、吾一人の私の座《くらゐ》に非ずとなも思ほしめす。(續紀宣命 五四) それ(夫)、人として己が先祖《とほつおや》の名を興し繼ぎひろめむと念はずあるはあらず。(同 二八)

平安時代の和文では、『古今和歌集』の序文に、同じ例がある。

それ、まくらことば、春の花にほひすくなくして、むなしき名のみ、秋のよのながきをかこてれば、(一〇三)

訓點語の影響が和文に及んだものとして、注目すべき用法である。

(二一) 纖―毫(も)錯《アヤマ》チ學《ナラ△》ヒ(ては)、有二升墜之異塗一アリト(い)イヘリ。其《ソレ》、可レ易(くある)ベケムヤ乎。(東・地藏十輪經元慶點 一 2―1―2)

(二二)　其れ、有レらむ欲レふこと得二(む)と財物一を者《も(の)》は、悉く詣《イタ》二レ宮門一に。（石・佛說太子須陀拏經中期點　4/13）

(二三)　已に尊レ(びて)昌《(人名)》を爲《セ》二シム〈別訓　ス〉衞將軍一と。其レ封レ(して)昌《(人名)》を爲《セ》二ヨ壯武侯一と。（東北・孝文本紀延久點　複　14）

(二四)　所以(は)者何(にとならば)、夫れ、勝義は者、分別戲論の所レなり不《ぬ》レ能レ(は)及(ぶ)こと。（東急・大乘廣百論釋論承和點　13/17）

(二五)　夫レ、顯二揚するには正—敎一を、非レず(し)ては智に无三し以て廣二むること其の文一を。（石・說无垢稱經初期點　一　2/26）

(二六)　夫《ソレ》、入二レル滅—心—定一(に)者《人》は、先ヅ有二リ期—限一。（興・大唐西域記中期點　一二　8/21）

(二七)　故ニ夫《ソレ》、馴—道不《モハラナラズ》レ純シ而て愚民陷《オ》チル焉。（東北・史記延久點　孝文本紀　複　26）

(二八)　厥レ、聞二ケバ鳥ノ喧一(しき)ヲ、則(ち)疑二ヒ例ノ敵之噦《ウソフ》一ク(か)ト、見二(れ)バ草ノ動一(く)ヲ、則(ち)驚二ク注人之來一(るか)ト。（眞・將門記承德點　複　12オ）

この意味のソレは、他語と複合して、モシソレ（若夫・若其・如其・脫其）、ソレモシ（其或）、キケバソレ（聞夫）、アキラメミレバソレ（詳夫・察夫）などの形で用ゐられることが多い。

(二九)　如《も　若也》し其れ、放逸する者《(も)の》は、常に趣二く於死路一に。（石・大般涅槃經治安點　八　15/18）

(三〇)　若シ其レ不レは能(く)セ、何《ナに》(に)因(り)てか百獸率《ヒキ》ヰ舞フ〈別訓　ハム〉。（醍・遊仙窟康永點　複　24オ）

(三一)　若(し)其レ、不《ず》レは見《み》二此の天神一を、應三し更に用レ(ゐ)て心を經二てす九日一を。（西・金光明最勝王經初期點　七　12/5）

(三二)　如シ其レ、見ては者、衆の罪消滅(し)なむ。（石・大般涅槃經初期點　一九　7/5）

(三三)　若シ夫レ、積石の山(は)者、在《ア》二ラマシヤ平生—城の西《ヒツジサル》—南一に。（醍・遊仙窟康永點　複　1オ）

(三四)　正(し)く明下す(以上　天に記す)脫《モ》シ其レ、爲に說かば、彼い懷二(き)て不信一を惡中(む)べしといふことを因果の相上を。（石・妙法蓮華

經玄贊中期點　六　14/9）

（三五）其れ或《モ》シ、不《ず》レは然ら、愼(しみ)て勿下れ妄(り)に操《ト》二(り)テ利器一を自《み(つから)》損中すること其の手上を也。（築・大毗盧遮那成佛經疏保延點　35ウ）

（三六）聞ケば夫れ、佛―法初(めて)來(り)しトキ、僧食することに悉(くに)踞坐せり。（天・南海寄歸傳末期點　一　4/5）

（三七）詳《(あきらめ)》ミレバ夫《ソ》レ、漢夢西《(に)シ》ニ感シ、正教東ニ傳(は)ル。（福・三藏法師傳承德頃點　七　11/25）

（三八）察《アキラ》メミレば夫(れ)、有―待の異―形は、假二(り)て衣食一を而始(め)て濟す。（天・南海寄歸傳末期點　二　1/8）

やや後の資料であるが、「且夫」をマタソレと讀んだ例がある。

（三九）苟モ有二リ虧(け)缺一(く)ルこと。亦何ゾ容《タヤス》易カラン。且《マタ》夫《ソレ》事レ(ふ)ル君に者《モノ》竭ニシ忠―義之道一を………服《ツ》ニク勞―辱之事一に。（書・群書治要鎌倉期點　四七）

（四〇）鎧《ヨロヒ》則不レ堅カラ、弩則不《ザ》レルは勁《ツヨ》カラ、永(に)失レフナリ所レを恃《タノ》ム矣。且《マタ》夫《ソレ》士之身、苟モ兵―鈍《ニブ》ク甲《カブト》―耎《ヤハラ》カナラば、不レ可ニ依―怙一。（同　45）

「若其・如其」は、まれにモシソノと讀むことがある。

（四一）如《若》(し)其の、兩《(ふたつ)》(なが)ラ曉《サト》ルナラバ、並に爲二(り)ぬ甘露一と。（石・法華義疏長保點　一　1/2）

（四二）如《も》し其の、乳の中に无二くは酪の性一者、則ち无レけむ有レ(る)こと酪。（東・大般涅槃經末期點　二六　7/20―21）

（四三）若シ其ノ、羽翼之威儀、陽精之淳偉、歷代之稽古、出見之方表に、所レナリ不《ザ》レル知(ら)也。（興・三藏法師傳承德頃點　九　10/4）

また、「爾其」「夫其」をソレソノと讀み、重言的な言ひ方をすることがある。

(四四)　款《イタ》二テ闕－庭一に而相ヒ捽《テウ》チ、襲《カサ》二ネ冠帶一を而成レ(す)群を。爾《ソレ》其《ソ》ノ物－産風－土之差《タガ》ヘル、習－俗山－川之異ナル、遠(きは)稽《カムガ》二ヘ之を於國－典一に、近きは則詳《アキラカ》二ニセリ之を於故－老一に。(石・大唐西域記長寛移點　一 38－40)

(四五)　林－父ガ之事レ(へま)ツルこと君に也、進(み)テハ思レフ盡レサンことを忠を、退(き)テハ思レフ補《ヲキヌ》レハンことを過《ア(やまち)》を。社－稷之衛《マボリ》ナリ也。若使何ゾ殺サン之。夫《ソレ》其ノ敗レバ也、如二シ日月之食一の。何ゾ損二セン於明一を。(書・群書治要建長點　五 111)

『萬葉集』巻三、山上憶良の名高い歌

憶良らは今は罷らむ、子泣くらむ、それその（其彼）母も吾を待つらむぞ（三三七）

の「其彼」については、ソレソノといふ訓が有力なやうであるが、[注2] 右の例も、時代は下るが、同じ讀み方をしてゐる。

（注1）　これについて、本居宣長『歴朝詔詞解』に、次のやうにいつてゐる。

すべてかくさまに、語のはじめに夫《ソレ》といひ出るは、皇國言にあらず、漢文言也。然るに、四十四詔（夫、臣下と云ふものは）、四十五詔（夫、君の位は）などにも、此言有り。又、五十四詔に、其《ソレ》高御座云々とあるも、字は其と書きたれども、夫《ソレ》の意也。此ノほどは、やうく＼に漢文讀ミのうつりて、かかるたぐひ、及《オヨビ》、所《トコロ》など、これかれまじれり。（二八詔の注）

（注2）　武田祐吉博士『萬葉集新解』に

ソレソノハハと讀む説に從ふ。ソレは副詞として、調子を強める爲に添へる詞。（中　五四六頁）

とあり、また、井手至博士「憶良の用語『それ』と『また』――助字の修辭的利用――」（『萬葉』二六號）には、「其」を、憶良が漢文中に用ゐられる助字にヒントを得て用ゐた用語の一つと見て、

右のやうな（『書紀』の例）强調辭的な「其」は、その文にこめられた云ひ定めの氣持と疑ひや咏嘆の氣持との强弱に應じて、國語ならば「そもそも、まあ、あるいは、おそらく」など、所謂陳述副詞で口譯すればほぼあたるやうな意味を含んだ表現と見るべきものであらう。

とある。

3　カ・カレ

原文の「彼・夫・他」を讀む。同じ「彼」の字をソレ・カレ二通りに讀んでゐるのは、奈良時代と同樣、中稱と遠稱との區別が明瞭でなかつたせゐであらう。カはカノ形でしか用ゐず、カレは、連體修飾語としてカレガといふこともある。

(一)　譬《(こと)》下如く有レリ人、於二睡(り)て夢の中一にあり。見《み》二大河の水に漂ヒ泛べり。其の身運《う》レキ手を動《か》レシ足を、截《キ》レりて流を而渡(り)て得レつトサヘ至二ルこと彼の岸一に、………從レ夢ヨリ覺メ已《ヌ》ルときには、不《△》セが見《み》二有レリ水、彼レと此レとの岸別一なりとは、(西・金光明最勝王經初期點　二　6/22—25)

(二)　起二シ餘の譏《ソシ》りを於彼《か》れ己《コ》一(れ)に、………濫《みだ》りカハシク叨《ムサブ》二りて殊の禮一を、慚《ハ》二ヂ恧《ハ》ヅ屛—營一に。(知・三藏玄奘法師表啓初期點　91—92)

(三)　謂(は)ク、諸の菩薩は或(は)爲二に自利一の、或は爲二に他利一の、或(は)爲二に倶—利一の、常に懷二ク彼《カ》レ此一レを。(東・地藏十輪經元慶點　一〇　18—19)

(四)　後の頌は擧二グ此《コレ》モ彼《カレ》モ之被レ(る)ことを瞻《(まはり)》(み)。(知・妙法蓮華經玄賛中期點　二　29)

(五)　我(れ)當に於レに彼が起二して大悲心一を………令下めムと無二く災患一………住中(せ)於一切智慧の寶洲上に。(石・大方廣佛華嚴經初期點　三五　4/3)

(六)　從二一切如來の心一、卽(ち)是れ彼の〈別訓　又カレカ〉世尊以(て)爲《ナ》二りて普賢月輪一ト出でヌ。(石・頂瑜伽略出念誦法中期點　一　12/2)

(七) 我等(は)不レ知二(ら)薄キ紙ノ彼《カ》ノ方一ヲダニ。不レ聞二(か)壁ノ彼(の)方ノ言《もの》一イフヲダニ。(東大寺諷誦文稿初期點 375)

(八) 是を以て菩薩は示二し聲聞之形一を、象—王は敬二フ出家の之服《(音)》一を。以二て此の幢相一を化二す彼《カ》ノ無慙一を。(東・地藏十輪經元慶點 一 1/15—16)

(九) 卽(ち)定と同時に起りて、貪二著するが等至一に故(に)、障二フ他《カ》ノ四地一を也。(東・百法顯幽抄中期點 8/6—7)

(一〇) 妾傷《イ(たむ)》ラクハ、夫《カ》ノ死ヌル者《もの》、不レ可二(から)復(た)生一ク。刑セラル、者《もの》は、不レ可二(から)復(た)屬《(音)》一(す)。(東北・史記延久點 孝文本紀 複 25)

(一一) 使下ム夫《カ》ノ墜露ヲ添レ(へ)テ海ニ將《与也》二と渤澥《ホチカイ》一而俱ニ深ク、飛塵集レリテ岳ニ與《ト(とも)》二ニ須彌一而永ク固《カタ》上カラ。(興・三藏法師傳承德點 七 11/7—8)

4 ナニ・イヅレ

原文の「何・孰・誰・何等・幾」などを讀む。イヅレは、稀にイドレといふこともある。

(一) 以二てか何《ナニ》の相違一するを名二(づく)ル善律儀一(と)。(東・成實論天長點 一二 4/16)

(二) 何《ナに》か是(れ)白き心、黑き心邪。(東・百法顯幽抄中期點 36/20)

(三) 我が皃《コ》五—百、今何《ナニ》ヲカ食せむ焉。(天・南海寄歸傳末期點 一 11/25)

(四) 是の色(は)誰《ナニ》をか〈朱点 イカナルヲカ・ナニヲカ〉爲《す》レる初と。(國・大毗盧遮那成佛經治安點 一 19)

(五) 若(し)有レ(り)て人聞(か)マく、「誰《ナニ》か是れ一切の諸善の根本と。」(東・大般涅槃經末期點 一五 14/14)

(六) 當二(りて)此(の)時一(に)、何《イヅレ》ノ親屬カ救(ひ)濟(はむ)。(東大寺諷誦文稿 321)

(七)　是(を)以(て)今問(ひ)たてまつらく、「何《(いづ)》れかは者定(め)て是れ般若(の)相と。」(石・大智度論天安點　七〇　8/20)

(八)　一切智の體をは當に何《イツ》レの所にか求メム。(石・守護國界主陀羅尼經中期點　一　10/5)

(九)　秦―原暗《ソラ》に通《(音)》(し)て、何レの處(に)か見エム〈別訓　む〉。(神・白氏文集天永點　三　複　16ウ)

(一〇)　問、六不定ノ中ニハ何《イツ》レカ第二相ノ過《トガ》、第三相ノ過(ぞ)。(東・三性唱私記中期點)

(一一)　十一月晦に日有レ(り)蝕セルコト之。適見《セメ》ニ(ゆ)于天一(に)。菑《ワザハヒ》孰《イヅレ》カ大レナラム焉《コレ》ヨリ。(東北・史記延久點　孝文本紀　複　17/3)

(一二)　於ニ善と不善一との人ヲ倶に慈(し)ビ悲(しび)給。心―行如レ(くし)て空の平等に住し(たま)ゑり。孰《(いづ)》レカ不《ず》ミあらむ承《アガ》ニメ敬《(うや)マヒ》(せ)此の能仁一ヲ。(石・説无垢稱經初期點　一　7/23―24)

(一三)　從レ(ひ)てか誰に初て發レし心を、稱ニ揚せる何《い(づれ)》の佛法一をか。受ニ持し行ミする誰《イツ》レ(の)經一をか。(龍・妙法蓮華經末期點　五　29/3)

(一四)　欲《す》レるに下ニ(さむと)他―鄕の涙《(なみ)だ》一を、猿《(さ)る》の聲幾《イツ》レノ處にか催《モヨホ》ス。(書・文鏡秘府論保延點　天　11ウ)

(一五)　此が中には何《イドレ》カ説(き)て名(づけ)て爲レる空と。(石・辨中邊論初期點　上　6/15―16)

(一五)のイドレは、白點とは別に、平安初期、それも、本文書寫時の大同二年を余り降らない頃に、加へられたと推定される朱點の訓である。朱點には、イヅレも用ゐられてゐるから、朱點は兩形を併用したことになる。一般に、イヅレ→イドレ→ドレといふ變化を想定し、イドレは比較的新しい形と考へられてゐるが、實際には、早い時期にすでに成立してゐたのである。

ナニは、ナンゾ・ナニスレゾ・ナニスレカ・ナニセムゾなどの形で、疑問・反語表現を導く陳述副詞として用ゐられ

ることが多い。これについては、副詞の項で述べる。(三四六〜三四九頁)

第二節　人稱代名詞

奈良時代には、自稱にア・アレ・ワ・ワレが、對稱にナ・ナレ・ナムヂ・イマシ・ミマシ・キミ(他に、卑語のイ・オノレ・ワケ)が、不定稱にタ・タレが、反射指示にオノ・オノレが用ゐられた。ア・ワ・ナ・オノは、他の名詞と結合して、アヅマ(吾妻)・アゴ(吾子)・アセ(吾兄)・ワギヘ(我家)・ワギモ(我妹)・ナヒト(汝人)・ナネ(汝姉)・ナニモ(汝妹)・オノヅマ(己妻)などといふことがあつた。平安時代の和文では、自稱にワ・ワレ・マロ・ナニガシ(ナニガシは男性用語)が、對稱にナムヂ・キムヂ・マシが、不定稱にタ・タレが、反射指示にオノ・オノレが用ゐられた。

訓點語では、自稱にワ・ワレを、對稱にナムヂ・キミを、不定稱にはタ・タレを、反射指示にはオノ・オノレを用ゐた。他稱にはアレ・カレの他ソレを用ゐることもあつた。

1　ワ・ワレ

原文の「我・吾・言・見・予・余・某」などを讀む。ワはワガとしかいはない。

(一)　爲ニ高翰《カンノ》之陽春、文字之《の》寛和《火ン火》一タル者《モノ》ハ信ニ歸三ス之レニ於《に》ニ我《ワ》が皇一ニ矣。(興・三藏法師傳承德點　九　5/26—6/1)

(二)　非ニズ汝ガ身ノ事一ニ。此ハ是レ吾ガ滅謝する之徵《シルシ》ナリ。(同　一〇　4/10)

（三） 所以(は)者何(に)、以レて眼を見レて色を、謂二いふ我れ能(く)見一(ると)。（東・成實論天長點 一五 12/21）

（四） 云何(なる)か三の事の與レ我《ワレ》と一體なる。（東・大般涅槃經末期點 七 15/20）

（五） 卿《(なむ)》ぢ若(し)能(く)以二て身の肉三兩一を日日に見《ワレ》ニ給(せ)ば、便(ち)當レ(し)に與二ふ汝に金の錢五枚一を。（同 一三 13/20）

（六） 言《ワレ我》送レ(り)テ師ヲ過二(ぎ)ム五烽一ヲ。（興・三藏法師傳延久・承暦頃點 一 8/18）

（七） 薄《コヽ》ニ言《我也》(れ)旋《メグ》レラシ軔《新》を、載《即也》(ち)馳(せ)て歸レス駕を。（興聖・大唐西域記中期點 一二 18/27）

（八） 予《ワレ》在世之時ニ不《ズ》レ修二(せ)一善一(をも)。（眞・將門記承德點 複 27ウ）

（九） 滿—酌余レ當レシに進(む)。彌《ヒ》—甌《ヲウ》我(れ)自(ら)傾(く)。（書・文鏡秘府論保延移點 西 26ウ）

（一〇） 願ハ、某レ生生ニ常ニ具二(し)テ財寶一ヲ、………滿二(た)ム二ノ莊嚴一ヲ。（興・三藏法師傳永久點 五 11/11）

時代は下るが、醍醐寺本『遊仙窟』康永點には、「人・自」をワレと讀んだ例がある。

（一一） 筆ハ似二(て)青—鸞一に、人《ワレ》は同二シ白—鶴一に。（複 14ウ）

（一二） 自《ワレ》ハ隱《タノ》ニムデ風—流一を、到ニレルことを人ノ前一に、法—用《ミツクロヒ》スルコト多シ。（同 31オ）

ワレの他、まれに「我・某・余・僕」などをアレ・ヤツガレ（または、ヤツガリ）と讀むこともあつた。アレは、奈良時代の古語の殘存であり、ヤツガレは、和名抄に

奴僕………人之下也 和名夜豆加礼

とあるやうに、「奴僕」の意味の名詞を轉用したもので、自分を卑下していふ場合に用ゐた。

（一三） 舍利弗の言(は)く「我當《アレ》に云何(にしてか)度セム・トまうす」。（石・沙彌威儀經中期點 1/4）

（一四） 我《ア》(れ)某《ム》甲歸ニ依(し)たてまつり佛一に竟《ヲ》へ、（1/4）

（一五）某《アレ》乙生《ムカシノ時》年ニ讀ニ（みたてまつり）き金剛波若經一（を）。（石・金剛波若經集驗記初期點（朱）複　5ウ）

（一六）時に皇后………謂《カタ》レリ（て）之曰（はく）、「首《ナヒト》也、余《アレジ》不レ忘《ワス》レ矣。」（圖・日本書紀末期點　允恭二年）

（一七）有ニ（りて）女人一居ニ（り）于難波（の）御津一（に）、哭（きて）曰（はく）、「於母《オモ》亦《ニモ》兄《セ》、於吾《アレニ》亦《モ》兄《セ》。弱草《ワカクサ》吾夫何怜矣。」

（同・顯宗六年）

（一八）老人（の）云（はく）、「某乙《ヤツカレ》年八十二。………」（黑・金剛波若經集驗記初期點（朱）複　3ウ）

（一九）昌（の）言（さく）、「臣□《ヤツ》ハ昔（し）宿ニ衞《トノキツカ》ヘマツリキ陛下一に。」（同（朱）29ウ）

「臣」の訓、第三字が讀めないが、ヤツガレと讀ませたのではあるまいか。なほ、参考のため、醍醐寺本『遊仙窟』康永點の例を擧げる。

（二〇）余《ヤツカ》レ讀レ（み）詩を訖《ヲ》ハ（り）て擧レゲ（て）頭（を）、（複　3ウ）

（二一）余《ヤツカ》リ乃チ端仰《キヤウ》とツヽシミアヲキ、一レ（にして）心を潔齊とキヨマハルコト三《ミ》日《カ》、（1ウ）

（二二）僕《ヤツカ》リ因《ヨ》テ問（ひ）て曰（はく）、「………夫主ハ何《イツク》ニカ在《マシマ》ス。」（8オ）

ワレの複數はワレラといつた。

（二三）我等《ラ》………不《ず》レ能レ（は）知ニ（る）こと是（の）四大種の初中後の相ヒ生滅の違順一することを。（東・地藏十輪經元慶點　一21/10）

（二四）吾等《ラ》ハ垢重ノミにして、智不《ズ》レ謀《ハカ》レラ此を。（石・大唐西域記長寛移點　六264）

（二五）兒《ワレ》等《ラ》並に無レシ可ニキこと收メ採《ト》一ル。（醍・遊仙窟康永點　複　24ウ）

また、複數を表はすのに、トモガラを添へて、ワガトモガラ・ワレラガトモガラといふこともあつた。

(二六)　遺《ノコ》二セルこと此の深憂一を、我が曹《トモガラ》〈別訓　ユカリ〉ノ罪也。願(はく)は、以二(て)微《イヤ》シキ軀《ミ》一を、得レ(む)延二(ぶる)こと國の祚一を。

(石・大唐西域記長寛點　五　38)

(二七)　无レレ遺二(す)こと我ガ曹《トモガラ》一ヲ。若以レてセ力ヲ者《ば》、衆《モロ、》、は非レジ敵《アタ》に矣。(同　六　398)

(二八)　昔し所三の建二立セシ窣堵波一(を)者は、我ラガ曹《(とも)ガラ》ハ在レ(り)此《コ、》に。(同　八　482)

訓點語では、ワを直ちに名詞に續けていふことは、一般にしなかつたが、ワをキミ(君)またはナミ(並)に續けた例がある。

(二九)　對(へて)曰(はく)、「可なり哉。吾儕《ワキミ》ノ小人ノ、は所レ(る)謂(は)取二(りて)諸(を)其(の)懷《フト(ころ)》一に而與《ア(タ)》(ふるもの)なり。といふ之也。」

(東洋・春秋經傳集解保延點　複　26オ)「儕」の左、「仕背反、輩也」、天に「或説　ワナミノ」あり。

ワギミ(吾君)は對稱の敬語、ワナミ(吾並)ならば、自稱の複數である。「吾儕小人」は、「わたしどものやうな小人」の意と解されるから、今の場合は、「或説」のワナミの訓が適當であらう。小學館の『日本國語大辭典』に本例を引用して、「なみ(儕)は輩の意、自稱、對等の相手に對して自身をいう場合に用いる。」と説明してゐるが、ここは、諸侯が王に對して言ふ詞であるから、長上に對して、自己を卑下してワナミといつたものであり、これがワナミの本來の用法だつたのではあるまいか。

2　ナムヂ・キミ

原文の「汝・若・爾・儞・卿・仁・子・曹・乃・而」などを讀み、ナムヂは音韻變化によつてナウヂといふこともあつた。

(三〇) 我れ 附囑して與二(へむ)汝ヂ 末田地一に、(東・百法顯幽抄中期點 34/24)
(三一) 設《タト》ヒ 訶二罵せ(む)ときには汝《ナムヂ》一を、不《ジ》レ得二還(り)て語《もの》一(がたりする)こと。(石・沙彌威儀經中期點 5/22—23)
(三二) 若《汝也》が 自性は 空(なる)ゝし。所立能立皆不二がゆゑに成就一(せ)。(根・大乘掌珍論承和・嘉祥點 3/24—25)
(三三) 若《ナムヂ》 了二すべシ此の 義一を。(春・金光明最勝王經中期點 二 5/6)
(三四) 爾《ナムヂ》ガ 前の 身に 以レテノ忿二スルヲ〈別訓 しを〉非情一ニ故(に)。(急・大日經義釋延久・承保點 一三 16オ)
(三五) 闘《クラ》レベ 妙を 争《イツ》レフテ能を 爾不《ナムヂズ》レ知《シ》ラ(ス)。(神・白氏文集天永點 三 複 10オ)
(三六) 儞ヂは是(れ)何れの方の 老僧ぞ。(東・百法顯幽抄中期點 36/8)
(三七) 卿《ナムヂ》且《シバラ》ク 去(り)て熟學シ、當に悉(く)聞知(し)ナバ、乃(し)應三(し)授二與(す)具足戒一を。(石・沙彌威儀經中期點 4/24)
(三八) 卿等《ナムヂ》曾し 於二官藏の 之中一に 見二きや是の 之力一を 不や。(石・大般涅槃經治安點 八)
(三九) 仁《ナムヂ》 以二(て)か何の 意一を 而も 作二する是の 說一を。(春・金光明最勝王經中期點 五)
後のものであるが、觀智院本『世俗諺文』鎌倉初期點に、「子」をナムヂと讀んだ例がある。

(四〇) 將に ………以二テ 子《ナムヂ》ガ 肝《キモ》一ヲ 益《マ》二ス 晝《チウ》餔《ホノ》之膳一ヲ。(複 41ウ)
(四一) 子《ナムヂ》 謂《オモ》二フ才士聖人一ト 邪《ヤ》。(同 42オ)
(四二) 卿《ナウヂ》若(し)必ず 能く 示下サば吾に 消二滅する惡相一處上を 者、猶當二しに 相ひ 與一ふ。(東・大般涅槃經末期點 一九 11/25—26)
ナムヂの複數をナムダチといふことがあつた。
(四三) 爾等《ナムダチ》ハ 皆藥叉之類なり。(急・大日經義釋延久・承保點 七 7オ)
(四四) 故に 命二ス 爾曹《ナムダチ》一に、隨(ひて)知二レ 所一止一ヲ。(石・大唐西域記長寬點 七 83)

ナムヂは、訓點語の對稱としてもつとも廣く用ゐられた語であるが、和文では、『竹取物語』、『宇津保物語』など、訓點語の影響を受けたものに多く用ゐられ、しかも、話手が男性に限られてゐるのを見ると、ナムヂは訓點特有語だつたのであらう。『源氏物語』にも一例

「汝が父に」とも、いさめまほしう思しけんかし。（柏木　四ノ三九）

といふのがあるが、これは、『白氏文集』二十八律詩の「愼勿三頑愚似二汝爺一。」を引用したものである。

キミは、原文の「卿・仁」などを讀み、ナムヂに比べて敬意が加はつてゐる。

（四五）卿《キミ》更に不《ず》レ來レ(ら)此《コヽ》に。（石・大般涅槃經初期點　一一　10）

（四六）卿《キミ》從《(より)》レ今受レ(けて)戮(を)滅二(さむ)門－戶一(を)矣。（前・冥報記長治點　下　46オ）

（四七）仁《(き)ミ》ガ所レの問(ひたてま)つる「何ゾ无二(き)や・といふは侍者二」、一切の魔怨及諸(の)外道は、皆吾が侍なり也。（石・說无垢稱經初期點　三　3/9）

（四八）仁《キミ》昔し如何《(いか)》にしてか行二せし菩提の行一を。（春・金光明最勝王經中期點　五）

（四九）仁《キミ》今所レロ笑フ、願《コ》フ、聞二カム其ノ說一ヲ。（石・大唐西域記長寬點　二　468）

「子・后」などをキミと讀んだ例もあるが、名詞として用ゐられ、對稱の代名詞ではないらしい。

（五〇）何(と)陳と二リの子《キミ》い並(に)上レリ船に、（石・金剛波若經集驗記初期點　複（白）18オ）

（五一）揚《ヒラ》二イて我(が)皇(の)之盛烈《セイ音》一を、震《フル》二フ彼の后《キミ》(の)之權《クエン音》豪《カウ音》一を。（興・三藏法師傳延久・承曆點　一　2/8）

（五〇）のフタリノキミとは、「何璟と陳軋福との兩氏」の意味であり、（五一）のカノキミとは、「后」の左に「天竺王也」とあるやうに、「天竺の王」を指してゐる。

なほ、『日本書紀』では、對稱に、奈良時代の古語を繼承して、イマシを用ゐた。

(五二) 汝《イ(まし)》が祖父司馬達等、便(ち)獻ニレリ舍利一を。(東洋・日本書紀中期點 推古一四年)「汝」の左、新點「イマシ」あり。

(五三) 汝《イマシ》ガ意何《イカン》―如。當―須―避不《サリマツランヤイナヤ》。(書・日本書紀末期點 神代下 複 5オ)

「汝・爾」をまれにミモト・ミモトタチと讀むことがある。ただし、一部の資料に見られる特殊な例であつて、一般に用ゐられることはなかつたらしい。(注1)

(五四) 爾の時に妙光菩薩ト云シハ豈(に)異人ナラムヤ乎、我が身是レなり也。求名菩薩ト云シハ汝が身是レなり也。(立・妙法蓮華經寛治移點 一 8/7―8) 明詮朱點「汝ミモトの身」

(五五) 若不ニは速に行一カ、欲下トイフ運ニ(して)神力一ヲ擧ニ(げ)テ爾《ミモト》ガ石―室一ヲサへ至中サム大會の所上に。(石・大唐西域記長寛點 六 51)

(五六) 此は是れ汝《ミモト》タチが所―作之佛―像也。(同 二 237)

(五七) 爾曹《ミモト》タチハ世諦之淨―行ナリ。我は又勝義諦之淨行なり。(同 八 237)

ミモトは「御許」の意で、「御所」から轉じたものとすれば、場所代名詞のソコを對稱に用ゐるのに似てゐる。正倉院假名文書に見える「ふたところのこのころもの美毛止《みもと》のかたちきゝたまへにたてまつりあく」や、催馬樂の「たれそこのなかひとたてゝ美毛止《みもと》のかたち せうそこし とふらひにくるや」(淺津)の「みもと」と同じものとすれば、「みもとのかたち」とは、「あなたの樣子」の意味に解釋されるであらう。

3　タ・タレ

原文の「誰・何誰・誰人・孰・詎・何」などを讀む。タはタガとしかいはない。

(五八)　捕《トラ》レへ蝗を捕レフル蝗を者《モノ》ハ、誰《タ》が家(の)子《コ》ゾ。(神・白氏文集天永點　三　複　14オ)

(五九)　諸の佛子等、誰《タレ》カ能く發二起シ廣大の誓《セイ》願一を、………開三示シ演三說(し)たまはム此の陀羅尼一を。(石・守護國界主陀羅尼經中期點　七　8/7—12)

(六〇)　織(る)者《(も)の》は何人ゾ。衣《キ》ル者(は)誰《タレ》ゾ。(神・白氏文集天永點　四　9オ)

(六一)　彼言(はく)、「共二にしてカ何—誰《タレ》一と分(か)タム・といふ。」(小・願經四分律初期點　甲　17/18—19)

(六二)　定て是(れ)空といし、卽(ち)誰—人《タレ》カ宗の中の空ぞ。(東・百法顯幽抄中期點　49/10)

(六三)　我(が)子已(に)死(に)タルヲ、尙(し)曰《い》レ當レに瘳《イ》エヌ當し(と)。此(こ)にシて而謬《アヤマ》チ惑《(ま)ド》ハセリ。孰《タレ》カ不レラム可レ(から)忍(ぶ)。(興聖・大唐西域記中期點　一二　5/1)

(六四)　此(の)之三の說(は)、未レ知二(ら)熟《タレ》(孰)(か)是一ナリト云事(を)。(東急・大日經義釋延久・承保點　一〇　39ウ)

(六五)　仙—露明—珠をもても詎《タレ》ゾ能ク方《タクラ》二(べむ)其の朗—潤《寸反》一に。(石・說无垢稱經初期點　一　2/1)

(六六)　詎《タレ》カ〈別訓　イカゾ〉有二(り)てか幾の人一能く了二(せ)む是の義一を。(東・大般涅槃經末期點　一七　5/23—24)

(六七)　爲レにか何《タレ》ガ所《れ》レむ殺(さ)。(同　二〇　12/3)

4　オノ・オノレ

原文の「己・自」を讀む。オノはオノガとしかいはない。

(六八) 當に爲二に己《オノ》が身、及諸の含識一の、廻向し發願して、(西・金光明最勝王經初期點 八 6/4)

(六九) 隨二順するソ爲レ(に)のみして己《オノ》ガ不レる與レへ他に法一に。(國・大毗盧遮那經治安點 一 6)

(七〇) 各各自二執して自《オノ》ガ義一を毀《ヤブ》レル他を。(東・百法顯幽抄中期點 43/12)

(七一) 令二己《オノレ》ガ官―庶を互に相(ひ)侵淩一せしめむ、憤恚結レ(び)て怨を與《オコ》二サム諸の鬪諍一を。(東・地藏十輪經元慶點 四 4/13)

(七二) 若(し)欲レハば令二(め)むと他を慈心にして於レて己《ヲノ》レに不《ザ》レラ生《ナ》三せサ〔ヽラ〕嫌嫉一を、(西・不空羂索神呪心經寛德點 12/4)

(七三) 我(れ)自(ら)觀レ(る)に己《オノレ》ヲ則(ち)不レルなり逮《オヨ》バ也。(東急・大日經義釋延久・承保點 一三 18オ)

オノレは、すべて本來の反射指示に用ゐられ、和文のやうに自稱を表はすことはない。

5 アレ・カレ

原文の「彼・他」をアレ・カレと讀む。共に事物代名詞の轉用である。

(七四) 彼《アレ》は勝―供養を消するに堪(へ)不《ず》。四方僧衆に施する物に於て、少分を我レ(も)亦受(くる)ことをば聽(さ)不《ず》と言《い》ひキ。(彼不レ堪レ消二勝供養一、於下施二四方僧一衆物上少分我亦不レ聽レ受)(正・地藏十輪經元慶點 五 248―249)中田博士による

(七五) 〔令〕彼《アレ》に一切の緣覺乘を修するヒトヲ、漸―次に圓滿して、皆悉(く)幢相相緣の定を證―得し、獨覺乘に於て不退轉セ(む)ことを得しめたまひシカバ、歡喜し禮―佛して還《また》本座に復(し)き。(令下彼一切修二緣覺乘一漸次圓滿、皆悉證二得幢相緣定一、於二獨覺乘一得中不退轉上、歡喜禮佛還二復本座一)(同 七 145―147)同

（七六）　彼《カレ》は雖レども懷ニケ(り)と詐ム心一を、猶し似ニレり佛弟子一に。（東・地藏十輪經元慶點　四　8/1）

（七七）　有ニ(ら)むをは坐禪し修レすること道を、不《じ》レ得レ亂ニること彼《カレ》ガ身心一を。（東・百法顯幽抄中期點　39/12）

（七八）　我れに有る從弟は、皆悉(くに)屬レしなむ他《カレ》に。（同　38/22）

（七九）　如何ぞ令ニ(む)る他《カレ》を(し)て達ニせ二空の理一を也。（同　55/13）

時代は下るが、觀智院本『世俗諺文』鎌倉初期點に「誰—何」をカレハナゾと讀んだ例がある。「誰何」は一般に音讀してスヰカといひ、タレカと詰問する意味である。これをカレハナゾと讀んだのは、面白い意譯である。

（八〇）　史—記ニ云ク、「良—將勁《ケイ》—弩《ト》守ニ要ス害ノ處一ヲ。信—臣精—卒《ソツ》陳ニ(ね)テ利—兵一ヲ誰《カレハ》—何《ナ》ゾ」。注ニ如—淳《シュン》ガ曰ク、

「猶ニ(し)ヲ可—問一ノ也。」（複　33ウ）

カレの代りに「彼」をソレと讀むことがある。中稱と遠稱との區別が不明確だつたのであらう。

（八一）　彼《ソレ》ハ就ニ(き)て世俗一に、說レ(き)て心を爲レたまヒ我(音)と、就ニ(き)ては勝義諦一に立(て)て爲ニたまへるをもて非—我一と、（根・大乘掌珍論承和・嘉祥點　4/14）

（注1）　石山寺本『大唐西域記』長寬點には、普通の點本には見られない珍しい訓がいくらも用ゐられてゐる。これについては、築島裕博士の『平安時代の漢文訓讀語につきての研究』（一八二—二一五頁）に詳說されてゐる。

第三節　場所代名詞

奈良時代には、近稱にココが、中稱にソコが、不定稱にイヅクが用ゐられた。遠稱の概念はまだ發達してゐなかつた

と見え、これに相當する表現がない。平安時代には、近稱にココが、中稱にソコが、遠稱にアシコ・カシコが、不定稱にイヅク・イヅコ・イドコ・イヅラが用ゐられ、院政時代になると、イドコからドコが生まれた。また、ココ・ソコは、轉じて、既に表現した事柄を指示したり、事柄の起つた場面や時點を指示したりするのに用ゐられる他、接尾語のラを添へて、漠然と數量の多いことを示す副詞として、用ゐられることもあつた。

訓點語では、近稱にココを、中稱にソコを、遠稱にアスコ・カシコを、不定稱にイヅク・イヅコ・イドコを用ゐた。イドコは、院政期以後ドコともいつた。

1　ココ

原文の「此・是間」を讀む。

（一）於ニ彼の壇上の四の門の所一には、四(た)リの人をして守護(せ)むこと法において如レクセヨ常の。………於此《コ、》には常に燒ニキ安息香一を、五音の之樂において聲を不《ず》レしてシ絶(に)、（西・金光明最勝王經初期點　七　7/19—21）

（二）此《コ、》の四千歳を爲ニす彼《(かしこ)》の十日一と。此—間《(ここ)》の四萬歳を爲《す》ニ彼《(かしこ)》の百日一と。（高・彌勒上生經贊初期點（朱）　20/3）

（三）所—居の佛—國は去レ(る)こと此《コ、》を遠《トホ》シヤ近《チカ》しヤ。（東・地藏十輪經元慶點　一　8/16）

（四）從《(より)》レ此《コ、》向レヒ彼《(かし)コ》ニ、從《(より)》レ彼《(かしこ)》向レ(ふ)ヲ此《コ、》ニ云ニ(ふ)轉動の義一(と)也。（東・法華論義草　52—53）

（五）此彼《コ、カシコ》の說非ニ(ず)互に相違一(せ)。（石・成唯識論寬仁點　四　16/13）

（六）此《コ、》ノ滿月を餘方には見レる半なりと。（石・大般涅槃經治安點　八）

（七）此《コ、》は依ニ(りて)いふ證法一に。彼《(かしこ)》は依ニ(りて)いヘルが說法一に故に。（石・妙法蓮華經玄贊中期點　三　11/5）

（八）　知ミる一切の衆生の本業の因縁をもて來ニ生するを是間《ココ》一に。（石・大智度論天安點　八七　6/7—8）

（九）　言ニいし圓寂《△△》一と者、梵には云ニ（ふ）彼利呢縛喃一と。此《ココ》には云ニ（ふ）圓寂一と。彼利をば名レ（づく）圓と。呢縛喃をは名レ（づく）寂と。（東・百法顯幽抄中期點　20/14—15）

（一〇）　有ニ（り）罽賓ノ沙門求那跋摩一、此《コヽ》ニハ言《イ》ニフ功德鎧一ト。（唐・戒律傳來記保安點　複　6オ）

（一一）　文《モン》一句《ク》ニ云ク、「優一曇一花者ハ、此《コヽ》ニハ言《イ》ニフ靈瑞《リヤウスイ》一ト。三一千一年ニ一タビ現ス。々スレバ則チ金一輪一王出《イ》ツ。……」（觀・世俗諺文鎌倉初期點　複　13ウ）

（九）（一〇）（一一）のココは、「この國」すなはち「中國」から轉じて、「この國のことば」すなはち「中國語」を意味してゐるやうである。梵語で「彼利呢縛喃」といふのを、中國語では「圓寂」といひ、梵語で「求那跋摩」といふのを、中國語では「功德鎧」といひ、梵語で「優曇華」といふのを、中國語では「靈瑞」といふといふ意味である。ちなみに、『日本書紀』の訓注に見える「——、此云——」の「此」は、例へば次のやうに、

（一二）　其《ノ》雉飛降《クダリテヲリ》、止ニ於天稚彦門前所植《アメワカヒコガカドノマヘニタテル》　植《ショク》、此ヲハ云ニ多底屢一ト。湯《ユ》津《ツ》杜木《カツラノ》之抄《スヘニ》一。　杜木、此ヲハ云ニ可豆邏《カツラ》一ト。（圖書寮本神代下　複　2オ）

コレヲバと讀み、上の「植・杜木」を受ける事物代名詞としてゐるのが普通であり、しかも、圖書寮本の訓に用ゐられてゐるのを見ると、古くから行はれた訓法のやうであるが、（九）（一〇）（一一）の例に從へば、ココニハと讀んで、場所代名詞とし、「この國」すなはち「日本」とするか、または、轉じて、「この國のことば」すなはち「日本語」の意味に理解すべきものではあるまいか。(注1)「植」は、日本語（＝訓）ではタテルといひ、「杜木」は、日本語（＝訓）ではカツラといふといふことであらう。

ココは、「於是・於斯・於焉・斯・言・云・于・越・爰・粤・玆・薄・於」などをココニと讀んで、コノトキニ・コ

ノバアヒニ・ソコデなどの意味を表はす、副詞または轉換の接續詞として用ゐられることが多い。

（一三）於レ是《コヽ》に染《ソ》レメ翰《フデ》を操《ト》レリテ紙を、杜《キ》ニリ絶《△タ》チ外―慮一を、………啓《ヒラ》ニク梵文一を。（東・地藏十輪經元慶點　一　2/11）

（一四）於レ是《コヽ》に天主釋提桓因知ニ（り）ぬ頂王已に來（り）て在レ（り）と外に。（石・大般涅槃經初期點　丙　一二）

（一五）於レ是《ココ》に諸の弟子等憍慢の心悉（く）除して、言の下《（し）タ》に皆證ニ得しぬ聖果一を。（東・百法顯幽抄中期點　38/18）

（一六）於レ是《コヽ》に彌勒菩薩欲ミ（ひ）て重（ね）て宣ニ（べ）むと此の義一を、以レて偈を問（ひ）て曰（は）ク、（立・妙法蓮華經寛治移點　一　3/20―21）

（一七）於レ是《コヽ》ニ將門頗（る）泚《ノ》レベテ氣《イキ》ヲ附《ツ》レク力ニ。（眞・將門記承德點　複　8ウ）

（一八）動（く）こと合ニひ宮商一に、韻諧ニふ金石一に者《（も）の》、蓋し以て千數なり。………郁―哉煥《サイ》―乎たること、於　斯《コヽ》ニ爲レ（す）盛なりと。（圖・文鏡秘府論保延移點　天　25ウ）

（一九）曲―學易レみ遵《△シタガ》ヒ、邪―正於レに焉《コヽ》ニ紛《マド》―糺ヒヌ。（石・說无垢稱經初期點　三　1/21）

（二〇）彼之道俗承レ（くる）こと風を斯《コヽ》に久し。（興・三藏法師傳延久・承曆頃點　一　5/19）

（二一）言《コヽ》に反ニ（らむ）とするに帝京一に、忽に將ニ二紀《にき》一たらマク（の）ミ。（知・三藏玄奘法師表啓初期點　2/19）

（二二）既（に）逐《ト》ニゲテ誠願一ヲ言《コヽ》ニ歸ニル本朝一ニ。（興・三藏法師傳承德點　七　12/6）

（二三）喧《クワン》―寒驟《ハ》セ徒《ウツ》テ展轉（し）て方に達《イタ》ル。言《コヽ》ニ尋ニ（ね）眞―相一を、見ニ不―見（を）於空―有之間一に、………聞ニ（く）不―聞（を）於半減之際《ア（ひだ）》一に。（石・大唐西域記長寛點　一　7/2）

（二四）横《（いかだ）》ニ（して）江湘一に以（て）南に淮《ユ》（く）兮。云《コヽ》に走《（おもぶ）》ニ（く）乎彼の蒼吾一に。（上・漢書揚雄傳天曆點　50）

（二五）功―績已に成（り）テ、齒―老至レリて云《コヽ》（に）暮《ク》レヌ。（興聖・大唐西域記中期點　一二　10/24）

(二六) 數林の枯—桑は云《コ、》ニ是レ本種之樹なり也。(同 14/9)

(二七) 雲飛(び)揚(り)兮雨滂沛たり。于《コ、》に胥《ミナ》德あり(て)兮麗《(ウル)》二(はし)萬世一に。(上・漢書揚雄傳天曆點 269)

(二八) 因レ(りて)玆に……欽《ツ、》二(しみ)若《シ(タガ)》(ふ)神明一に者《(も)の》盛(りなる)哉《か(な)》。鑠《ヨイ(かな)》乎。越《コ、》に不レ可レ載《ノ》(す)已。(同 309)

(二九) 人易ハ(り)て世疎《ヲロソ》(か)なり。越《コ、》に在二(りて)異域一(に)情—愛分—(れ)隔タル。(書・文鏡秘府論保延移點 西 38オ)

(三〇) 三藏玄奘師奉レ(し)て詔を心慇《ネウゴロ》に爲レに物の情切なり。爰《コ、》に以二て皇唐顯慶四年四月十九日一を、……重(ね)て更に敷《ヒラ》イて譯せり。(西・不空羂索神呪心經寬德點 2/1)

(三一) 又慭二しブ西遊ノ煢獨《ケイトク》雪—路ノ凄《セイ》寒一ヲ。爰ニ下二(して)明勅一ヲ度二(し)テ沙彌四人一ヲ以(て)爲二ス侍伴一ト。(興・三藏法師傳延久・承曆頃點 一 15/22)

(三二) 粤《コ、》に以二(て)……其の年十二月甲寅一を、翻譯すること始メて畢《ヲハ》ル。(東・地藏十輪經元慶點 一 2/14)

(三三) 雖二も部—執玆《コ、》に興《オコ》一レリと、而大—寶斯に在リ。粤《コ、》ニ自二(り)降—生一泊《及也》二(び)乎潛—化一に、聖—迹千—變して神—瑞萬—殊なり。(興聖・大唐西域記中期點 一二 16/28)

(三四) 自レ(り)ハ非二(ず)摩訶薩埵一ニ、其レ孰《タレ》カ若レクセム之《カク》ノ乎《ヤ》。粤《コ、》ニ我ガ同—儔《トモガラ》幸ニ希《ネガ》二へ景《ケイ》仰一ヲ、勗《ツト》メヨ哉《ヤ》。(興・三藏法師傳承德點 一〇 14/4)

(三五) 民—庶《オホムタカラカナ》荷二ヒ其の亭育一に、咸(く)に歌二フ秦王破陳の樂一を。聞二ケルコト其(の)雅頌一を、于《ヤ、》(ア、か)玆《コ、》ニ久シ矣。(石・大唐西域記長寬移點 五 121—123)

(三六) 將に弘二ム至—教一を。越《コ》二エ踐《フ》メリ畏《オソ》ロシキ途《道也》一(を)。薄《コ、》ニ言《我也》旋《メグ》レラシ軔《新反即也》を載(ち)馳(せ)て歸レス駕を。(興聖・大唐西域記中期點 一二 18/26—27)

(三七) 徳光既(に)不《ズ》ㇾ逐ㇾ(は)心に。便チ起ニ(し)恚恨一を、則(ち)趣ニ(き)山林一に修ニ發す通定一を。我慢未ㇾ除(ら)、時《コ、》ニ不ㇾ證ㇾ(せ)果を。(石・大唐西域記長寛點　四 297—298)

(三八) 萬邦協《ケフ》—和して百姓昭—明なり。黎—民於《コ、》ニ變す、時—邕《キヨウ》庶績《シヨセキ》咸(く)に凞《ヒロ》マル。(書・文鏡秘府論保延點　北 27ウ)

2 ソコ

原文の「其・彼」を讀む。

(三九) 如丙く爲下に棄中捨(せ)しめむが墮ニせる常の邊一に過上を、説乙(く)ガ彼《ソコ》ニハ爲《ス》甲ㇾト無(音)と、〈別訓　彼を説(き)て無と爲《す》るが如く〉(根・大乘掌珍論承和・嘉祥點　11/15—16)

(四〇) 若(し)有三ラば定て執ニすること勝義諦に有一なりと、應下(し)以ニ(て)此(の)理一を遮中破(す)彼の宗上を。又彼《ソコ》には不《ず》ㇾ應三(から)攝ニ受(す)此(の)論一を。(小・大乘掌珍論天暦點　11/9)

(四一) 此《コ、△△》には以ニて有性及發心已後一を爲ニす自他一と。彼《ソコ》には以ニ(て)无性及未發心の前一を爲ニす他自一と。(石・妙法蓮華經玄贊中期點　六　26/6—7)

(四二) 由ㇾ(り)て是に彼《ソコ》に説三(け)り阿頼邪といふ名は定て唯(だ)顯ニせりと此の阿頼邪識一をのみ。(石・成唯識論寛仁點　三　12/10)

(四三) 太子悲—泣(し)て謝(し)て而對(へ)て曰(はく)、「誠に以《オモ》ヒミレ(ば)、不幸負ニ(へ)り責を於天一に。某の年の月に日(に)忽(ち)に奉《(うけたま)》ニハル慈旨一を。无《ナク》ㇾシ(て)由《ヨシ》ㇾ致ㇾス(に)辭《イナブ》ル事ヲ、〔逃〕不《ず》ニ敢(て)逃ㇾセル(に)責を。」其《ソコ》(に)王心に知(り)ヌ、繼—室爲《セ》ニルコトヲ不—軌一を也。(石・大唐西域記長寛移點　三 259—262)

(四三)は、場所代名詞から轉じて、ソノ時ニの意味を表はしてゐるやうである。

なほ、前述したやうに、和文では、場所代名詞ココを自稱代名詞に、ソコを對稱代名詞に轉用することがあるが、訓點語にはその例がない。ただし、極めてまれにソコを他稱代名詞に用ゐることがある。

(四四) 昔有《(いま)》二(し)キ如來一、無礙月(とまうしき)。諸の吉祥の中に最モ殊勝なり。|彼コ曾《(むか)》シ入二りマセリキ此の莊嚴殿一に。是の故に此の處最モ吉祥なり。

昔有二(し)キ如來一、名二(づけたてまつり)キ廣智一と。諸の吉祥(の)中(に)最モ殊勝なり。|彼コ曾シ入二りマセリキ此の金色殿一に。是(の)故(に)此(の)處最(も)吉祥(なり)。

昔有二(し)キ如來一、名二(づけたてまつりき)普眼一(と)。諸(の)吉祥(の)中(に)最(も)殊勝(なり)。|彼コ曾シ入二(りませり)キ此の蓮花殿一に。是(の)故(に)此(の)處最(も)吉祥(なり)。

昔有レ(し)キ佛、號《(まう)》二(しき)功德光一(と)。諸(の)吉祥(の)中(に)最(も)殊勝(なり)。|彼《ソ》コ曾シ入二(り)マシタリキ此の摩尼殿一に。是の故に此の處最モ吉祥なり。(石・大方廣佛華嚴經初期點　二二　17/11―18/1)

「彼」をカレと讀まないでソコと讀んだのは、如來や佛に對する敬意に基づくのであらうか。

3　アスコ・カシコ

原文の「彼・彼處」を讀む。

(四五) 有二り大象王一。………住二せり雪山の邊一に。汝可下往レ(き)て|彼《アス》コに拔《ヌ(き)ト》二取りて牙一を來上(る)べし。(東・地藏十輪經元慶點　四　7/8―9)

(四六) 於レ|彼《カシ》コに已に答(へ)てき。(石・大般涅槃經初期點　一四)

(四七) 諸の天子………作ニ(して)是の願一を言(ひ)シく、「………我等當に生ニレム・トイヒキ彼の國土一に。」時に、栴檀舎如來告ニ(げ)たまひしく諸の天子一に、「當に往ニ生(す)ベシ彼《カシコ》一に。………」(石・守護國界主陀羅尼經中期點 四 13/11—18)

(四八) 集論等に説ニ(け)るは十五界等は唯(だ)有漏一なりと者、彼《カシコ》は依ニ(り)て二乘の麁淺の境一に説(け)り。非レ(ず)説ニ(く)には一切一を。(石・成唯識論寛仁點 一〇 10/29)

(四九) 普ク皆有レ(り)て光彼—處《カシコ》に流出す。(國・大日經治安點 六)

同じ「彼」を、ソコともアスコ・カシコとも讀んでゐるのは、ソレとアレ・カレとの關係と同じく、中稱と遠稱との區別が明瞭でなかつたせゐであらうか。

4 イヅク・イヅコ・イドコ

原文の「何・何許・那・何所・所在・誰・詎・安」などを讀む。院政期には、イドコのイ脱と見られるドコの形も現はれて來る。

(五〇) 生死從レ(り)何《イツ》ク起(る)。(東大寺諷誦文稿 16/4)

(五一) 苟に伐《キ》レリ本を害レしては根を、枝條安《イツク》にカ在(ら)ム邪。(白・大般涅槃經集解初期點 一一 6注17—18)

(五二) 不レハ爾(ら)此の州に詎《イツ》クニカ安《(つく)》作也ニる多(く)の塔一を。(知・妙法蓮華經玄贊中期點 二 13)

(五三) 今在ニる何—許《イツ△ク》一に(か)。(石・大智度論第三種點 一二 19/9)

(五四) 釋種の曰(はく)、「山—谷杳《エウ反》冥《ハルカ》《メイ反》(なり)。爾の家は安《イツ》クニカ在ルト。」(石・大唐西域記長寛點 三 126—127)

(五五) 上《ノボ》レ(りて)堂に拜ニス嘉慶一ヲ。入レ(りて)室(に)問フ、何《イツク》ンカ之《ユ》クト。(書・文鏡秘府論保延移點 東 17ウ)

（五六）問二（ひて）守門（の）人一（を）言（はく）、「耆婆ハ所在《イツ》コ。」（岩・願經四分律初期點　4/2）

（五七）不レ知二（ら）那《イツ》コにか〈右　何也〉去一（ら）ムといふことを。（石・大智度論天安點　九七　一）

（五八）畢竟空の中に誰《イツ》コか有二（ら）ム罵者一。誰か有二（ら）ム害者一。（石・大智度論天安點　八一　14/24）

（五九）眞言は從レ（り）か何《イツ》コ〈左朱　イツク〉來る。（國・大毗盧遮那成佛經治安點　三　10）

（六〇）成熟すること在二る何《イツ》所《コ》一ニカ。（同　五　5）

（六一）王ノ曰（はく）、「聞ミク師作二（れ）リト制惡見論一ヲ。何《イツ》コカ在ル。」法師報（す）ラク、「在レ（り）此ニ。」（與・三藏法師傳永久點　五　5/14）

（六二）事―勢若レシ斯（くの）。計《はか》リコト將に安《イツ》コヨリ出（づる）。（石・大唐西域記長寛點　五　444）

（六三）太子須陀拏、今爲《イ》―所《ドコ》ニカ在《イマ》すス。（石・佛説太子須陀拏經中期點　9/12）

（六四）想、從レ（り）か何《イド》コ〈朱　イヅコ〉生する。（國・大毗盧遮那成佛經治安點　六　13）

（六五）欲《す》二る將《キ》レ（て）我を安《イド》コカ之《ゆ》一カムト乎。（毛・史記延久點　呂后本紀　複　14オ）

（六六）何《ドコ》ニカ往《ユ》キ、何（より）來リテ、宿二ル誰ガ家一（に）。（眞・將門記承德點　複　27ウ）

（五五）のイヅクンカは、イヅクニカのニの撥音化したものであり、（五八）のイヅコか、（六一）のイヅコカ、（六五）のイドコカは、それぞれイヅコニカ・イドコニカのニの撥音化を零表記としたものであらう。

イヅク・イヅコ・イドコに、それぞれ格助詞ニと係助詞ゾを添へて、反語を表はす陳述副詞として用ゐることがある。

（六七）非下夫淨信通神遠空體妙智該二上者一士上、焉《イツク》ニゾ肯（へて）勤（めて）而行（せむや）乎。（黑・金剛波若經集驗記初期點　一　複

（六八）既(に)亡《(な)》ニ(し)鸞《ラム》車之幽ー藹《ア(い)》一なる(こと)兮。焉《イツ(くに)》ゾ駕ニ(せ)むヤ八龍之委蛇一たるに。（上・漢書揚雄傳天暦點　89）

（六九）校《クラ》ニブルニ美ヲ前王一ニ、焉《イツク》ゾ可ニ(け)ムヤ同レ(じくし)年を而語《テイ》一フ矣。（興・三藏法師傳延久・承暦頃點　七　4/9）

（七〇）聖賢由レ(りて)玆ニ弗《ズ》レ往(か)。氣寒土險《ケハ》シ。亦焉《イツク》ゾ足レ(らむ)ヤ念(ふ)ニ哉。（同　五　1/10—11）

（七一）亡《(な)》ニ(し)春の風之被ー離一たる(こと)兮。孰焉《イツ(くにぞ)》〈別訓　イカゾ〉知ニ(ら)む龍之所レを處る。（上・漢書揚雄傳天暦點　45）

（七二）泰山之封烏《イ(づくにぞ)》得ニむ七十に(して)而有ニ(る)ことを一儀一。（同　399）

（七三）又安《イツク》ンゾ能く有レ(らむ)所ニ含養一する。（急・大日經義釋延久・承保點　三　12ウ）

（七四）師向《(さ)》キニ所レ陳(せし)………鄕士之力ナリ。朕安《イツク》ゾ能(く)致(さ)ム也。（興・三藏法師傳永久點　六　11/10）

（七五）安《イツコ》ゾ用《モテ》ニ司ー天ー臺の高サ百ー尺一なるを《ナルヲ》爲《セ》ム。（神・白氏文集天永點　四　複　14オ）

（七六）割《サ》レクニ鷄ヲ焉《イツコ》ンゾ用ニキム牛ノ刀《カタナ》一ヲ。（觀・世俗諺文鎌倉點　複　34オ）

（七七）安《イドコ》ゾ得レ(む)不ニこと疑惑一せ耶《や》。（高山寺藏大日經疏永保二年〔一〇八二〕點）　築島博士による

（六九）（七三）（七六）は、イヅクニゾ・イヅコニゾのニの撥音化したものであるが、（七〇）（七四）（七五）（七七）も、イヅクニゾ・イヅコニゾ・イドコニゾのニの撥音化を零表記したものであらう。同じ、イヅク・イヅコ・イドコが場所を表はす本來の代名詞として用ゐられる場合は、係助詞カを伴つてイヅクニカ・イヅコニカ・イドコニカとなり、疑問を表はす陳述副詞として用ゐられる場合は、係助詞ゾを伴つてイヅクニゾ・イヅコニゾ・イドコニゾとなるのは、注目すべき現象である。(注2) 恐らく、前者においては、ドコデといふ疑問の意を明瞭にするためカを添へ、後者においては反語の語勢を強めるためにゾを添へるのであらう。イヅク・イヅコ・イドコを陳述副詞に轉用することは、和文には見られない訓點

特有語である。

（注1）　築島裕博士『平安時代の漢文訓讀語につきての研究』（四一一〜四一四頁）に詳細な説明がある。
（注2）　築島裕博士『平安時代の漢文訓讀語につきての研究』（四五一頁）に同じ指摘がある。

第四節　方向代名詞

奈良時代には、近稱にコチが、不定稱にイヅチ・イヅベが用ゐられた。中稱と遠稱を表はす語はいまだなく、後世ならばアチラとコチラ、ソチラとコチラといふべきところを、コチを重ねてコチゴチといつた。平安時代には、近稱にコチ・コナタが、中稱にソナタが、遠稱にアナタ・カナタが、不定稱にイヅチ・イヅカタが用ゐられるやうになつた。

訓點語では、方向を表はす代名詞は、特殊な資料を除いて、一般に用ゐなかつた。

（一）　屯倉首命《オホ》せて、居《ス》ニヱ竈傍《カマワキ》一に、左右《コナタカナタ》に秉燭《ヒトモ》サシム。（書・日本書紀院政期點　顯宗紀卽位前）

（二）　魚の燈《ヒ》四面《ヨモ》に照《テ》り、蠟《ラウ》ノ燭《ヒ》兩邊《コナタアナタ》明（かなり）。（醍・遊仙窟康永點　複　32オ）眞福寺本・陽明文庫本　コナタカナタ

ただし、「以來・以還・厥後・已後・已來・已去・來・已」などを、――ヨリ・コノカタと讀む場合に限つて、コノカタといふ語を用ゐた。現代口語の――テイライ、――テカラコツチの意味である。まれに、ヨリを省略して、直接活用語の連體形から續けたり、助詞テを挾んで連用形を受け、――テ・ヨリの形を取ることもある。

（三）　剳《カギ》下りて諸の衆生の同（じ）く得ニる一切種智一を以來《コノカタ》上を、常（に）當ミ（し）修ニ集（す）福德智慧一を。（國・大毗盧遮那成佛經治安點　七　20）

（四）雖レ（も）収二（め）タリト枝葉一（を）、根本猶（ほ）存セリ。自後以來《ソレヨリコノカタ》、後（に）无レ（し）聞二（く）コト良藥一（を）。（興・三藏法師傳永久點　六　10/17）

（五）彼（の）佛滅—度（し）たまひて以—來甚《た（はなは）だ》—大久遠なり。（守・妙法蓮華經初期點　化城喩品　1/9）

（六）四人以上至二（る）より萬二千一（に）以還《コ（の）カタ》ヲハ悉（く）名（づけ）て爲レ（す）衆と。（石・法華義疏長保點　一　10/16）

（七）愚謂《ヲモ》ミルニ鐘蔡《サイ》ヨリ以還《コノカタ》ハ斯の人《ヒト》ノミナ（り）而已。（書・文鏡秘府論保延移點　天　32オ）

（八）初メ蝕《ソク》（し）て後に未レ圓《マドカニアラザルヨリコノ方》已來に、其（の）蘇卽（ち）有二（り）三種の相現一（す）ること。（石・求聞持法中期點）

（九）余觀二（る）ニ佛教一ヲ、東度ヨリ已來《コノカタ》、英俊賢明、捨レテ家ヲ入レル道ニ者《モノ》萬計《ケイ》ナリ。（興・三藏法師傳承德點　一〇　12/13）

（一〇）未下る將二て淨—水一を重（ね）て漱《ス、》上ガ已來《コノカタ》ハ、涎—唾《ダ》必（ず）須二（し）外に棄《ス》一ツ。（天・南海寄歸内法傳末期點　一　6/5）

（一一）自レ（り）玆已降《コノカタ》、其（の）流寔に廣シ。（興聖・大唐西域記中期點　一二　9/26）

（一二）過《ス》二ギ七日一を齊《カギ》二（り）てより八日一に已去《コノカタ》、乃至四十夜の中間に、（同　二　17/17）

（一三）請フ、從二（り）今日一已去《タ》、卽（ち）斷二（ち）テム此ノ業一ヲ。（興・三藏法師傳永久點　三　3/6）

（一四）周—秦より已—後《コノカタ》、漸ク出二す訛—言一を。（東急・三教治道篇保安移點　6/19）

（一五）法師還レ（リ）テ國ニ來已《コノカタ》、頻（り）ニ内奏ス。（興・三藏法師傳承德點　九　7/5）

（一六）自—時《コレヨリ》厥—後《コノカタ》、數《シバ》く加二フ重—賂《マヒナフ》一を。（石・大唐西域記長寛點　七　128）

（一七）誦二（する）こと陀羅尼一を未《ザ》二ルヨリ止ミ息一（ま）來《コノ方》は、所想之字巡環往來（す）ること相續（し）て不《ザ》レルこと絕（え）如レく（して）輪の而轉セヨ。（石・求聞持法中期點）

（一八）我れ已に久（し）く從二り无量劫一來《コノカタ》、離二（れ）タリ於愛欲一を。（東・大般涅槃經末期點　四）

（一九）翁《お(きな)》臂《ヒヂヲ》折レテヨリ來《コノカタ》、幾《イクトセ》年ゾ。（神・白氏文集天永點　三　複　11オ）

（二〇）此(の)兒狂《クル》フ(か)邪。旦(より)來《コノカタ》、如レ(く)此(の)遊戲(して)不レ息(ま)。（前・冥報記長治點　複　51ウ）

（二一）菩薩生(れ)下ヒテ已《コノカタ》、不レ(して)扶カラ而行ニ(く)こと於四方一に　各(の)七歩(して)而自《ミ(つから)》言(ひ)テ曰ク、〈別訓　生ヒ已テ〉（石・大唐西域記長寛點　六　225）

コノカタは訓點特有語であつて、和文では一般にコナタを用ゐる。

唐土より彼方《あなた》、天竺よりは此方《こなた》、國々の文を（宇津保　三ノ四九二）かしこき御かげに別れたてまつりにしこなた、さま〴〵悲しき事のみ多く侍れば（源氏　二ノ六二）この二三年のこなたなん、いたうしめり、物心細げに見え給ひしかば（同　四ノ四五）

コノカタは、『源氏物語』に一例見える他

なゝつになり給ひしよりこのかた、御門の御前に夜晝さぶらひ給ひて（源氏　二ノ二八）

『古今和歌集』『千載和歌集』などの序文に見えるに過ぎない。

かの御時よりこの方、としはもゝとせあまり（古今序）かの御時よりこの方、年はふたもゝちあまりに及び（千載序）

後の二例は、訓點語の影響を受けた特殊な文體であるから當然としても、源氏の一例は、地文であつて、訓點語を特殊な表現意圖の下に用ゐたものとも思はれず、きはめて珍しい例である。

なほ、奈良時代以來次のやうに用ゐられる

この頃は戀ひつゝもあらむ、玉くしげ明けてをちよりすべ無かるべし（萬葉　三七二六）六條の院より傳はりて、右の大殿の知り給ふ所は、川よりをちに、いと廣く面白くてあるに、（同　四ノ三三九）

ヲチを、「去・以去」に當てて讀み、コノカタが、ある基點よりコチラガハを見るのに對し、アチラガハを見る言ひ方をしながら、結局同じ意味を表はすことがある。

(二二) 從ニ(り)方便品一去《ヲチ》、至ニ(る)までの分別功徳品の半の格量の偈一に來《(この)か(た)》、凡て十五品を名(づけ)て爲ニす正說一と。(石・法華義疏長保點 一 2/13—14)

(二三) 三の句は生レして後のを、顯下す他方の佛從ニ法花一より去《ヲチ》已後の事上を。(同 二 13/22—23)

(二四) 第三の句は明ニす聞レ(く)に法を有レ(り)といふことを時。從ニ(り)佛住一といふ以—去《ヲチ》、既に標ニす於佛一(を)。(同 一 3/17)

時代は下るが、書陵部本『群書治要』鎌倉期點には、「安」をイヅチ、「以往」をヲチツカタと讀んだ例がある。

(二五) 朕乘ニ(りて)千里之馬一に獨(り)先《サイ》ダ(ち)て安《イヅチ》カ之《(ゆか)》(む)。(一八 362)

(二六) 自《ヨリ》ニ今—日《ケフ》一以—往《ヲチツカタ》ハ、單—父非《アラ》ニザリケリ吾が有《(音)》一に也。(一〇 532)

第三章　動　詞

第一節　活用の形式

1　活用の種類とその變化

奈良時代には、四段・上二段・下二段・上一段・ナ變・ラ變・サ變・カ變の八種の活用があつたが、平安時代に入つて下一段活用が加はり、文語動詞の九種の活用が揃つたとするのが通説である。しかしながら、文語下一段活用唯一の動詞であるケル（蹴）は、奈良時代の資料では、『日本書紀』の訓注にクヱハララカスが、平安時代の資料では、興福寺本『日本靈異記』の訓釋にクヱの例があるが、共に連用形であるため、下二段か下一段かわからない。

蹴散此云ニ倶穢簸羅々箇須一。（神代紀）　此雷忿而鳴落、踊ニ践於碑文柱一。（訓釋）踊《恵久》（靈異記　上ノ一）

他に下一段の動詞がないため、クヱは一般に下二段と見なされてゐるが、觀智院本『類聚名義抄』のクヱル・化ル（蹢・踊・蹴・蹠）と結びつけて、〔kweru〕といふカ行合拗音下一段を想定してゐる學者もある。（注1）

平安時代の和文では、『落窪物語』に

かの典薬助は蹴《け》られたりしを病にて死にけり。（二四七）　などてあまり蹴《け》けん。（二四八）　只今の太政大臣の尻は蹴《け》るとも、

此（の）殿の牛飼にも觸れてんや。（一六四）さと寄（り）て、一足づゝ蹴《け》る。（同）

などの例があつて、ケルの形がはじめて見え、鎌倉初期の成立と見られる『宇治拾遺物語』にも

尻蹴《しりけ》んとする相撲、かくいふ衆に、はしりかゝりて、蹴倒《けたふ》さんと、足をいたくもたげたるを、（三一話　一一五）その男が尻鼻、血あゆばかり、かならず蹴《け》たまへ。（同　一一四）この尻蹴《け》よといはるゝ相撲は、おぼえある力、こと人よりはすぐれ、（同）

などの例があるが、共に善本の據るべきものがないため、確實な例とはいひがたい。院政期後半の歌謠を集めた『梁塵秘抄』に、

舞へ舞へ蝸牛、舞はぬものならば、馬の子や牛の子に蹴《く》ゑさせてん、踏《ふ》み破《わ》らせてん、（四〇八）

といふ例のあるのを見ると、平安時代には、まだケルは成立してゐなかつたのではないかと考へられる。

訓點語では、下一段・カ變を除く七種の活用を用ゐた。ケルに相當するものは、クウル、クユル、コユ・コエ・コユルなどの形で現はれる。クウル・クユルは、東洋文庫藏『日本書紀』古訓に見えるもので、同じ「打毱」を朱でクウルマリ、墨でクユルマリと讀んでゐる。

（一）偶預ニ中大兄於法興寺槻樹之下打毱《クウルマリ(朱)》《クユルマリ(墨)》之侶ニ而候ニ皮鞋隨レ毱脫落一。（皇極三年正月の條）

クウルに從へば、前掲『書紀』の訓注や『靈異記』の訓釋と結びつけて、〔kuwe〕〔kuuru〕といふワ行下二段活用が想定され、クユルに據れば、他にクエ・クユの例がないから、クヱとコユとが混合してできたものといふことになる。

コユは、『新撰字鏡』にマリコユ、

蹢 丁歷反、䠓也、宇久豆久、萬利古由、又、乎止留

『和名類聚抄』にマリコユ、

漢成帝好ニ蹴鞠一世間云ニ末利古由一、蹴音千陸反、字亦作レ蹵

のあるのが知られてゐる他、小川本『願經四分律』平安初期點にコエテ、

（一）爾時、長老畢陵伽婆蹉い在レ(り)て道に行(く)。眼闇(く)して脚の指を(も)て蹴《コ》レエテ地を壞レ(り)ツ足を。(甲　11/10—11)

石山寺本『瑜伽師地論』平安初期點、大東急記念文庫本『梵網經』平安中期點にマリコエ、

（二）所レ謂、按—摩し、拍《マリコエ》—毱、託《イシナゲシ》—石、跳—躑(し)、蹴《フミシラヒ》—蹋、………擲《ナ》レグ索《ナハ》を、依ニ(りて)如レ(き)是(の)等の諸の角《キホ》ニフに武キ事一を、(瑜伽師地論初期點　二三　9/26—28)

（四）不《じ》レ得《エ》ミ………彈《イシハジキシ》—碁、六《スグロクウチ》—博、拍《マリコエ》—毬、擲《イシナゲシ》—石、………鉢—盂と髑—髏とをもて而作ニ(る)こと卜筮《セイ》一を。(梵網經中期點　7/25—27)

上野本『漢書揚雄傳』天暦點、石山寺本『大方便佛報恩經』中期點にコユ、

（五）拕《ヒ》ニ(き)蒼豨《キイ》一を跋《(ふま)》ニムトシ犀犛《リ》一を、蹶《コ》ニユ浮麋一を。(揚雄傳　463)(注)師古曰………蹶蹴也。浮麋は獸名

（六）中に有ニり第一の大力士一。瞋傍シ顚蹶《クエチ》す。以レて足を蹴《コ》レユ地を。地皆震—動シて動ニ(か)す蓮華池一を。(石・大方便佛報恩經中期點　三　11/9)コユは舊白點

石山寺本『大智度論』第三種點にコユルニ、

（七）以ニ(て)右の足一を蹴《コ》レユるに之に、足復(た)粘著(す)。(一六)

石山寺本『大唐西域記』長寛移點にコエシカバ、

（八）引レ(き)象ヲ批《ウ》ニチ其(の)顙《ツラ》一ヲ、蹴《コ》ニエシカバ其(の)臆一ヲ、僵《タフ》シ仆《タフ》シ塞レク路ヲ。(六　154)

などがあつて、ヤ行下二段に活用し、廣く用ゐられてゐたことが明かである。
一方、興福寺本『三藏法師傳』承德點にクヱフム

(九) 但(し)龍象ノ蹴蹋《シウタウ》スルコト〈地朱 クヱフム〉非ニズ驢《ロ》ノ所ロニ堪《タ》フル。(八 8/14)

があり、觀智院本『類聚名義抄』には、クヱル・化ルと共にコユ(蹴)の訓を収めてゐるから、平安時代の訓點資料には、クヱ(活用形式不明)とコユとの兩系統の語が共存してゐたことになる。ただし、兩者の關係は未詳であり、また、これらがいつ、どのやうにしてケルに轉じたかも不明である。なほ、「蹴」の古訓については、別に述べたものがあるから參照されたい。(注2)

次に、カ變のクに相當する語としては、訓點資料では一般にキタルを用ゐた。キタルは、ラ行四段に活用し、奈良時代にはクと並んで用ゐられたが、平安時代に入ると、なぜか和文では用ゐられなくなつたものである。

目頰子《めづらこ》きたる(紀歌謡 九九) 春のきたらば、かくしこそ梅を挿して(萬葉 八三三) 歸りける人きたれりと言ひしかば(同 三七七二)

キタルの語原はキ(來)イタル(到)といはれ、現代口語のヤツテクルに相當する語と思はれるが、奈良時代においても、クに比べて用例が甚だ少く、『記・紀』『萬葉』を合せて、假名書きは一二例に過ぎない。訓點語が、一般的なクを捨ててキタルを選んだのは、クとキタルとの間には、意味の相違の他に、本來文體的な對立もあつたのかも知れない。ともかく、訓點語がキタルを用ゐたことによつて、平安時代のキタルは、完全な訓點特有語となつた。

(一〇) 不《ず》レ來《キタ》(ら)不《ず》レ去《イカ》。(飯・金光明最勝王經註釋初期點 四 270)

(一一) 一ー朝之軍《イクサ》攻來《セメキタ》ラバ者、(八)……當ニ禦《フセ》ニガム坂東《ハント》ヲ。(揚・將門記院政期點 複 54/7)

(一二)　權ノ守正任未《ザ》レル到《キタ》ラ間ニ、推《ヲ》シテ擬《ス》ニ入部一セムト。（同　31/1）

(一三)　潛《ヒ(そか)》に來《キタ》リテ〈別訓　キニシカバ〉更に不レ通《ヤ》ニラ消息一を。（神・白氏文集天永點　四　複　17オ）

(一四)　與ニ諸(の)天衆一肩《カタ》隨《シタガ》ヒテ戾《キタ》リ止《トヾ》マル。（石・大唐西域記長寛移點　七　353）

(一五)　同類相(ひ)趍《オモム》キ、肩《カタ》ヲ隨(べて)戾《キタ》リ止(ま)ル。（同　八　221）

(一六)　兵―革《カク》……圍《カク》ニミ來《キタ》ル……子飼之渡《コカヒノ(わた)リ》一ニ。（揚・將門記院政期點　5/5）

(一七)　至ニ(りて)永平五年一ニ、夜夢(みらく)、丈六(の)金人至《キタ》ル(と)。（唐・戒律傳來記保安點　3/21）

(一八)　崐崘國ノ人軍法力、瞻波國ノ人善聽、都テ二十四人アリ。所レ將《(とこ)ロモテキタ》ル、如來ノ肉舍利三千粒、功德ノ繡《アヤ》ノ普集變一補。（觀・唐大和尚東征傳院政期點　複　27オ）

(一九)　母姉設ひ來レども出(でて)觀る(らく)而―已《のみ》。（天・南海寄歸傳末期點　二　6/4）

(二〇)　見ニては出家の人一を、將て來レ・といふ。（斯・願經四分律初期點　19/22）

(二一)　於ニ衆人の前一にして、如レ(く)して法の來れルを者、不レ名ニ(づけ)邪淫一と。（東・成實論天長點　一二　8/22）

(二二)　此の文は釋レするが疑を故に來《や(た)》レリ。（石・法華義疏長保點　四　7/2）

(二三)　汝等去《ユ》キ來《キタ》レ、寶處は在レり近きに。（立・妙法蓮華經寛治移點　三　19/10）「去」の左「行也」、天「去來イサ古」あり

訓點語でも、まれにクを用ゐることがあつた。

(二四)　少府希《マレ》に來レリ〈左　キマセリ〉。（醍・遊仙窟康永點　複　23オ）

(二五)　今宵《コヨヒ》莫レシ閉《サ》レスこと戶(を)。夢の裏に向《マウ》ニデコム渠か邊《カタハラ》一に。（同　複　33オ）

(二六)　有ニ(り)來《キ》ヌルトキに雍々一タルこと。至ルトキニに止肅―々タリ。（書・群書治要建長點　三　575）

(二七) 生ケナガラ擒二ヘテ大族一を、反—接(し)て引《キ》テ現《ク》ルトキ、大族王自ラ愧二(ぢて)失道一を、(石・大唐西域記長寛移點 四 41)

(二八) 人の跡は罕レニシテ及《マウ》デクルコト、鳥の洛《ミチ》ノミゾ纔に通《カヨ》フメル。(醍・遊仙窟康永點 複 1ウ)

(二九) 莫二レ相—弄一(ぶ)こと。且《シ(ばら)》ク取二(りて)雙六の局《ハム》一(を)來レリ〈左 モテコ〉。(同 複 16ウ)

(一三)(二四)の「來」にもキニシカハ・キマセリの別訓がある。ただし、訓點語でクを用ゐることは、佛書にはなく、漢籍に限られ、しかも、比較的加點年代の新しい資料に見られるやうである。

訓點語では、キタルに對して、コサセル意味でキタスといふ語を用ゐた。キタスは、キ（來）イタス（致）で、キタルの自動詞に對する他動詞であり、平安時代の訓讀文の中で成立したものらしく、和文では用ゐられなかつた。

(三〇) 聽二す喚ビ來して讁—罰一すること。若(し)一比丘い喚二(ば)ば一比丘一を、應レし往(く)。(斯・願經四分律初期點 25/24)

(三一) 所下以なり通二シ治道一を而《て》來《キタ》中ス諫—者上を。(東北・史記延久點 孝文本紀 複 19)

(三二) 玉宇來《キタ》二ス清—風一を。羅帳迎二(ふ)秋(の)月一を。(書・文鏡秘府論保延移點 西 28オ)

(三三) 如《モ》シ後ニ有レラバ信、請フ、爲《ナ》二セ附ケ來《キタ》一スコトヲ。(興・三藏法師傳承德點 七 14/12)

(三四) 彼ノ須《(も)チ》キム經論ヲバ、錄レして名を附《ツ》ケ來《キタ》セ。(同 七 13/6)

ナ變に活用する動詞は、イヌ（去）・シヌ（死）の二語で、奈良時代には、已然形の確實な例を欠いたが、平安時代になると、已然形の例が加はつて、六つの活用形が揃ふ。

明日香の里を置きて去なば、君が當りは見えずかもあらむ（萬葉 七八）高山の磐根し卷きて死なましものを（同 八六）旅に去にし君しも繼ぎて夢に見ゆ（同 三九二九）我が思ふ妹に逢はず死にせめ（同 三七四〇）鶯ぞ鳴きて去ぬなる（同 八二七）君を離れて戀に死ぬべし（同 三五七八）相ひ見ては千年や去ぬる（同 三四七〇）死ぬれこそ海は潮干て、山は枯れすれ（同　三八五二）戀ひ死なば戀ひも死ね。とや（同　三七八〇）死。《バ》ヌ。レ。皆天ニ生テ、三惡道ニ入ル。（觀・三寶繪詞　上　複　46ウ）多くの人死。ぬ。れ。ば、山さながら靜まりぬ。（宇津保　一ノ八五）

訓點語でも同樣であるが、個別的に見ると、イヌの已然形と、シヌの命令形との例が見當らない。（注3）

(三五)　非《ズ》ニトモ親《(みづ)》カラ誨一ヘムに、以て發《サ》レム心を。我(れ)其レ行《イ》ナム矣。（石・大唐西域記長寛移點　一　168）

(三六)　顧《カヘリ》ミルニ以ニ(て)垂—終《シナムト》スル之託一を重ニネム其の知レル難《ハヾカ》ルコト(を)之辭一を。（同　四　336）

(三七)　西方(に)有(る)一人來(り)て、引ニ(き)て五百人一を昇レ(り)て空に而去(に)き。不レ知レ(ら)所レ(を)之《イ》ニケム。（阿・大毗盧遮那經義釋初期點　4/26）

(三八)　由レ(りて)是(に)獨(り)馳ニセ越エ八尋屋《ヤヒロヤ》一を而遊行《テイ》ニキ。（書・日本書紀院政期點　履仲六年）

(三九)　差《ア》—乎、士《(をと)コ》ハ爲ニ知《シ》レル己《ヲノレ》ヲ者一(の)死《シ》ニ、女ハ爲ニ悅レブ己レヲ者一ノ容《カタチ》ツクル。（觀・世俗諺文鎌倉期點　複　45オ）

(四〇)　未レ〔に〕戰ハザルニ、十—人ガ二—三は死《シ》たりヌ。（神・白氏文集天永點　三　複　11オ）

(四一)　語ニ(ら)ヒ門人一に訖(り)て而去りて卽(ち)往《イ》ニぬヌ鷄足山一に。（東・百法顯幽抄中期點　32/18—19）

(四二)　昔、上軍王以ニ(て)大白象一を負ニ(ひて)舍利一を、歸(り)て至ニ(り)此(の)地一に、忽に蹎《タフ》レ仆《フ》シヌ。因(りて)而自に斃《シ》ヌ。（東・大唐西域記長寛移點　三　102）

(四三)　去《イ》ヌル月一日ニ奉レ(リ)テ勅ヲ所レノ翻(する)經論、在レ(リ)テ此ニ〈別訓　コレニ〉無(か)ラムヲバ者、宜ニシ先(づ)翻一ス。（興・三藏法師傳承德點　九　14/8）

(四四)　去《イ》ヌル歲嘉禾生《オ》ニヒたり〈別訓　ナセレドモ〉九穗、田—中寂—莫とシて無ニ(し)人の至一ル(こと)。（神・白氏文集天永點　四　複

7ウ)

(四五) 或有ルは自業も未《ず》レして〔と〕盡(き)而死《シ》ヌルアリ。………或(は)犯二して王法刑戮《ケウ》一を而死《シ》ヌルもあり。(東・地藏十輪經元慶點二 17/14—15)

(四六) 或は有下リ服二して甘露一を傷《ヤ》レブ(り)て命を而も早く夭《シ》上ヌル。(東・大般涅槃經末期點 七)

(四七) 飽レ(きて)秣《マクサ》ニ斃《シ》ヌル牛者十頭、(眞・將門記承德點 複 8オ)

(四八) 其(の)婦—人は、首《(かう)べ》に冠《(かが)フ》二レリ木—角一を。………舅《ヲヂ》・姑《ヲバ》倶に歿《(し)》ヌルときは〈黒 シヌレバ〉、角の冠リ全《モハ》ラ棄ツ。(興聖・大唐西域記中期點 一二 3/19)

(四九) 當(ニ)如法(ノ)欲(ヲ)說き(テ)已り(テ)起《タチ》(テ)去《イネ》。(當說二如法欲一已起去)。(松田本四分律行事抄初期點)中田博士による。

イヌ・シヌの連用形は、過去の助動詞キの連體形シ、完了の助動詞タリに續く時、撥音化してインジ・シンダリとなることがある。

(五〇) 去《イジ》—年破《ヤブ》レ(り)て虜を、新に策《シル》レセリ勳を。(神・白氏文集天永點 複 10ウ)

(五一) 漢宮の姬去《キイ》ンジ年中使宣《オホ》二セ口勅一ヲ、(同 四 複 9オ)

(五二) 天皇所遣之使(と)與二高麗神子(の)奉遣《マダ》セル之使一、既《イ》—往《ジカタ》〈左 イヌルカタ〉短(くして)將—來《クルカタ》長(からむ)。(北・日本書紀院政期點 孝德大化元年)

(五三) 田道雖二(も)既に亡《シ》一ダリと、遂に報レ(ゆ)讎を。(前・日本書紀院政期點 仁德五五年)

(五四) 主既—已(に)陷《シ》ダリ〈右 死也〉。何(を)用てか獨(り)全《イ》ケラム。(同 雄略九年)

土佐日記の次の例

されども、「ししこ、かほよかりき。」といふやうもあり。（二月四日　五〇）

「しし」も、同様「死にし」のニの撥音便の零表記と考へることができる。

個々の動詞について見ると、同じ語で幾通りにも活用するものや、和文と活用の異なるものもあつた。

オソルは、奈良時代には、確實な例は連用形しかなく、四段または上二段に活用したと考へられ、平安時代に入つても、しばらくは同様であつたが、やがて下二段にも活用するやうになり、後にはこの方が一般化した。もつとも、同じ意味にはオヅを用ゐることが多かつたから、オソルの例は少い。例へば、『源氏物語』では、オヅは、複合語を含めて、一九例、オソル一例。『狹衣物語』では、オヅ一〇例、オソルなし。『夜の寝覺』では、オヅ四例、オソルなしである。オソルは訓點特有語だつたやうである。

大命を聞し食し、恐み受け賜はり懼ります事を（續紀宣命　五）かつは人の耳におそり、かつはうたのこゝろにはぢおもへど（古今　序）かいぞくのおそりありといへば（土佐　四四）いかなる仰言にかと、恐れ申し侍る。（源氏　五ノ二六四）怖レテ迯ゲ去ヌルニコソ有メレトコソ思ヒツルニ（今昔　二七ノ二八）

訓點語では、平安時代を通じて上二段活用が基本であり、まれに下二段にも四段にも活用した。下二段の例は、早く高山寺本『彌勒上生經贊』平安初期點（朱）に「恐レ」とあるが、これに續く例がなく、下二段が上二段と並んでどれだけ用ゐられたのか、また、上二段に代つて廣く用ゐられるやうになるのはいつのことなのか、よくわからない。四段の確實な例は、平安末期の西大寺本『不空羂索神呪心經』寛德二年點に「恐《オッ》ラは」とあるのが最初で、以後、院政期にかけて、オソラハ、オソラクハ・オソルガなどの例が、上二段に混つて散見する。（注4）

(五五)　廣(く)説(か)ば、乃至不《ず》レ見三不《リジ》レ畏《(おそ)》二後世の苦果一を。(東・地藏十輪經元慶點　四　13/6)上二段未然形

(五六)　不レ見三不レ畏《(お)ソリ》二後世の苦果一を。(同　1/2)同

(五七)　所有の種植《シキじ》不レ畏《ヲソリ》二惡龍・霜雹・風雨一に。(西・不空羂索神呪心經寛德點　6/1)同

(五八)　以レて此を而愁(へ)恠《オソ》リウヤ邪。(東・大般涅槃經末期點　三八　13/3)同

(五九)　雖レ(も)畏《ヲソリ》ラルと勿レレ畏《ヲソル》トスルこと。(書・群書治要建長點　二　)同

(六〇)　將に恐《ヲソリ》ン、將に懼《ヲソリ》ントスルハ、維《(こ)》レ予《(わ)》レ(と)與レナリ汝。(同　三　)同

(六一)　米麥踊(り)貴《アガ》リ、車馬不レ通(は)。百姓廻惶《オソ》リテ、莫レ(し)知二(ること)生計《イケラムスベ》一(を)。(黑・金剛波若經集驗記初期點　複　二　8)

上二段連用形

(六二)　之亮與二僚屬等一皆繫《カ》レケラレテ獄(に)惶《オソ》リ懼《ヲノヽ》ク。(石・同　3)同

(六三)　追(ひ)て慙《は》ヂ戰《オソ》リ悸《かシコマ》ルこと若レシ履二ムガ氷れる谷一を。(知・三藏玄奘法師表啓初期點　2/2)同

(六四)　三は怖《ヲ》二畏《ソ》リ(て)債《サイフ》負一(を)而作二リ沙門一と、(石・守護國界主陀羅尼經中期點　一〇　3/25)同

(六五)　群(り)たる狗………飢を羸(れ)て慞ヂ惶《オソ》リて、處處に求レむ食を。(龍・妙法蓮華經末期點　二　12/16)同

(六六)　畏レリ罪を畏レる墮二(ち)むことを地獄一に。(石・大智度論初期點(第三種)一〇　12/8)終止形

(六七)　或(る)ときは恐レる〈朱　オソル〉忘レるることを作《つ(くる)》二ことを………及び餘の法等一(を)。(京・蘇悉地羯羅經延喜點　9/11)同

(六八)　實に无二(けれ)ども恐怖一、身亦戰《オソ》リ慄《オソ》るル。(東・大般涅槃經末期點　二四　2/29―30)同

(六九)　遠近崇《アガ》メ(黒)仰《アフ》ギ(黒)、上下祇《△ツツシ》ミ懼《オソ》ル。(興聖・大唐西域記中期點　一二　1/21)同

(七〇)　卽便(ち)護レラむ身を。無レケむ有レ(る)こと所レ懼《オソ》ル、。(西・金光明最勝王經初期點　八　9/21)上二段連體形

（七一）　謹(みて)詣レ(でて)闕を奉―表以聞す。輕(し)き觸《ケガ》二して天威一を、伏(し)て深二(く)す戰《カシコ》マリ慄《オソ》一ル、コトを。（知・三藏玄奘法師表啓初期點　4/1）同

（七二）　或は怖《ヲソ》レル、が主に故(に)、怖二(るる)が怨酬一に故(に)、（西・不空羂索神呪心經寛德點　5/2）同

（七三）　心(に)无レけ(れ)ど(も)懼《オソ》ル、こと、於二て惡知識一に生三す畏懼《ク》の心一を。（東・大般涅槃經末期點　二二　15/4―5）同

（七四）　姧―臣弊《クラ》レウシ君を无レ(し)所レ畏《オソ》ル、〈左　オヅル〉。（神・白氏文集天永點　四　23ウ）同

（七五）　一切の惡心アる人ハ見テ喜ビ、恐レ怖(る)る人ハ見て安(ら)カニなりヌ。〈白點　恐―怖あるいは〉（高・彌勒上生經贊初期點　18/14）下二段連用形

（七六）　若(し)恐《オソ》ニラば疾疫の鬼魅着《ツ》レクこと身に、應下………呪二(し)て百八遍一を、置《ヲ》二き於頂の上一に、或は繫《か》中けよ兩《フタツ》の臂上に。（西・不空羂索神呪心經寛德點　12/6―15）四段未然形

（七七）　若(し)………恐レラバ延二(べむ)ことを時節一(を)者、但(だ)於二中胎の蓮花臺の上一に而現二(せよ)阿字一を。（東急・大日經義釋延久・承保點　六　2ウ）同

（七八）　欲レといふ令二(めむと)隣國ヲシテ懷《ナツ》レケ德を畏レラ威に也。（同　一三）

（七九）　此(の)象は勝《カ》ニッ於六十の象一に力アリツ。而を太子用て與二(へ)ッ怨家一に。恐《(お)そ》ら(く)は將に失レ(ひ)て(む)をや國をも。（石・佛說太子須陀拏經中期點　3/8）同

（八〇）　吾奉二(して)先帝の宮室一に、常に恐《お(そ)》ラクハ〈左　ソル〉羞《ハツカ》シメムコトヲ之。（東北・史記延久點　孝文本紀　複　34）同

（八一）　朕既(に)不敏なり。常に畏《オソ》ラ(く)ハ〈左　オヅ〉過《ア(やま)》チ行(ひ)て以て羞《ハツカ》二シメムコトヲ先帝之遺德一を。（同　37）同

（八二）　王畏《オソ》レルガ彼《か》を故（に）、尋《ツ》イデ即（ち）和合す。（東急・大日經義釋延久・承保點　一三　39オ）四段連體形

オソルが上二段活用であれば、接尾語ラクに續く場合は、終止形から續いてオソルラクとなるはずであり、知恩院本『三藏法師表啓』平安初期點に見える「懼《オソ》ロラク」がその變形といはれてゐるが、正しいオソルラクの例を、わたしはまだ知らない。

（八三）　起二シ餘の讖《ソシリ》を於彼己《かれコ（れ）》一に、懼《オソ》ロラクは空に疎二（に）して於冒《ワカ》レセリ（し）こと（に）恩を、濫《みだ》リガハシク叨《ムサブ》二リて殊の禮一を、（4|6—7）

カスムは、奈良時代には確實な例がなく、どんな活用をしたか不明である。『續日本紀』の宣命に「加蘇毘《かそひ》」といふ語があつて、宣長の『歷朝詔詞解』に「掠《カスム》と同言也」といつてゐる。カスムはこのカスヒと語原的に關係があるのであらうか。平安時代の和文では、下二段に活用し、これが後世まで續く。

高御座の次てをかそひ奪ひ盗まむと爲て（續紀宣命　一九）「うとくおぼいたる事」などうちかすめ、うらみなどするに、（枕　八三）　便りありてかすめ言はせたりける。（源氏　一ノ七九）　にくからずかすめなさば、それにつけてあはれも勝りぬべし。（同　一ノ六六）「かくなむわたらせ給ふ」とだにかすめぬつらさ。（夜の寢覺　一七六）

訓點語では、下二段の他、四段にも活用し、四段の方が古くて初期の資料に見え、下二段は中期になつて現はれ、次第に一般化した。（注5）

（八四）　多ク有二（り）て他方の怨賊一、侵《ヲカ》シ掠《カス》マム。國の內の人民は受二ケ諸の苦惱一を、土地も無レ（け）ム有二（る）こと可樂之處一。（西・金光明最勝王經初期點　六　8|10）四段未然形

（八五）　因（り）て此の損二シ國の政一を、諂《ヘツラ》ヒ僞《イツ》ハルコト行二するに世間一に、被《レ》二て他の怨敵に侵《カス》一マ、破二壞せむ其の土一を。（同　八　13|13）同

（八六）　又夢に三の鴿の鶵あり、一は被ニ鷹に擒去《かス》一マレヌとミシモ、今失ニ（は）ムトナリ所愛の子一を。（同　一〇　7/1）同

（八七）　多く有ニ（り）て他方の怨賊一侵掠《(音)》せむ〈左　カスマム〉。國の內の人民は受ニケ諸の苦惱一を、土地に無レケむ有ニ（る）こと可レ樂之處一。（飯・金光明最勝王經註釋初期點　六　135）同

（八八）　多羅等の四村之所レは掠《カス》マ（れ）シ者、毛野臣之過《アヤ(まち)》也。（前・日本書紀院政期點　繼體二三年）同

（八九）　不下陵《アナヅ》ヨ易リ虜ヨ掠《カス》ミ他人一を令中（め）其（をして）憂惱上（せ）。（石・大智度論天安點　七三）四段連用形

（九〇）　在レ（り）て路に夜行ク。忽に逢ヨ（ひ）ぬ群賊の來（り）て劫《カス》ミ（朱）、幷に殺ニ（す）に一（り）の奴一（を）。（石・金剛波若經集驗記初期點　複　7）同

（九一）　无ニシ能く劫《カス》ミ盜一（む）こと。（石・大般涅槃經初期點　（丙）一八）同

（九二）　爲《(もし)》田―獵魚―捕し、輕ニし稱□小叔一を、劫《カスミウバ》ニ奪ヒケム〈旧白點〉衆生一を。（石・大方便佛報恩經中期點　一　16/6）

（九三）　乃（ち）以ニ（て）所《アルカタチ》―見一を具に述ニ（す）上臣一に。上臣抄《ヌキ》ニ掠《カス》ム四村一を。（前・日本書紀院政期點　繼體二三年）四段終止形

（九四）　玉篇（に）抄は掠《カス》ムゾ也。强（ひ）て取レ（る）ゾ物を也。（石・妙法蓮華經玄贊中期點　六　21/26）四段連體形

（九五）　又爲ニシて侵《ヲカ》シ掠《カス》一ムルことを〈黒　ヲカシカスメムガ〉、自ラ守ニル其（の）境一を。（興聖・大唐西域記中期點　3/21）下二段未然形・連體形

（九六）　六の大賊の欲レする劫《カス》レメムト人を時に、要ず因ニる內の人一に。（東・大般涅槃經末期點　二三　8/26）下二段未然形

（九七）　六塵常（に）來（り）て侵《カス》ニめメ奪ふ善法之財一を。（同　二三　8/31）下二段連用形

（九八）　恒ニ掠《カス》ニメテ人民之財一ヲ、爲ニ（す）從類之榮一（を）也。（眞・將門記承德點　複　11オ）下二段連用形

（九九）　若芳每レニ年常（に）劫《カスメ》ニ取（リ）テ波斯ノ舶三二艘一ヲ、取レ（りて）物ヲ爲ニ（す）己ガ貨《タカラ》一ト。掠レメテハ人ヲ爲《ス》ニ奴婢一ト。（觀・唐大

和尚東征傳院政期點　復　17ウ）同

（一〇〇）爲ニ良兼一ガ被ニル殺損一（せ）、及奪《バヒ》ニ掠《カス》ム人物一（を）之由《シ》、（揚・將門記院政期點　復　49）下二段連體形ならばカスム
ルとあるべきところ

もつとも、和文のカスムはホノメカス意味、訓點語のカスムはウバヒトル意味で、兩者は異つた意味に用ゐられるが、語原的には、同じく「霞む」から出たとする說が有力である。

シノブは、奈良時代には四段と下二段との二つの活用があり、前者は(A)思ヒ慕フ・賞美スル意味を、後者は(B)堪へ忍ブ・包ミ隱ス意味を表はしたが、平安時代には、兩者が混用されるやうになつた。（注6）

家にも行かめ、國をもしのはめ（記歌謠　九一）四段未然A　潮干の山をしのひつるかも（萬葉　三八四九）四段連用A　我がここだしのふ川原を（同　一二五二）四段連體A　我が背子が抓《つ》みし手見つつしのひかねつも（同　三九四〇）上二段連用B　人目多み、目こそしのふれ（同　二九一一）上二段已然B　忍ばるべきかたみを留めて（源氏　一ノ六五）四段未然A　めでたうおぼゆるに、しのばれで、あいなう起きゐつゝ、（同　二ノ三九）四段未然B　なき人をしのぶる宵の雨に（同　四ノ二一一）上二段連體A　「しのぶるやうこそは」と、あながちにも問ひ出で給はず。（同　一ノ一三八）上二段連體B

訓點語では、シノブをAの意味に用ゐることはまれで、Bの意味に用ゐるのが普通であるが、前者の場合は四段に、後者の場合は四段と上二段との兩樣に活用した。

（一〇一）如レ（く）是（の）雖下（ども）修ニ（め）て出離一を而戀中（こひ）慕《シノ》（ぶと）父母上を、朝夕難レ（し）忍（ぶること）。（東大寺諷誦文稿　100）A

（一〇二）衆生の樂レ（ふ）こと見（む）と如レ（くならむ）慕《シノ》ニブが賢聖一を。（龍・妙法蓮華經末期點　五　23|1）四段連體形　A

（一〇三）結レヘル恨を者不レして能ニ（は）含（み）忍《シノ》一ブこと、恒（に）熱惱するが故（に）、（石・成唯識論寛仁點　六　12|6）四段連體形　B

（一〇四）縦ヒ無ニ(く)シ(て)智一力一未レとも能レ(は)收(むる)こと、忍《シノ》下ビヨ(左)ヤ取ニ(り)西涼一を弄《モテ》(あそび)て爲《ス》ヤルニ戲と。（神・白氏文集天永點　四　複　4ウ）上二段命令形　B

（一〇五）中一山見ニテ其ノ誠一ヲ、不《ズ》レ忍ニビ與《トモ》ニ戰《(たた)カ》一フニ。（觀・世俗諺文鎌倉初期點　複　15オ）上二段未然形　B

（一〇六）夫レ一一麗《カノココ》ヲ而不《ス》レ忍ビ。又魏ノ將能ク忍ニバムヤ吾子一ヲ乎。（同　複　15ウ）四段未然形　B

（一〇七）願フ、聽《ユ(るし)》レたまへ食ニすることを此の人一を。息《シノ》レビ苦《タシナ》キを身一心樂《タノ》シクナラム・といふ。（東・地藏十輪經元慶點　四　9/20）連用形　B

（一〇八）堪《(た)へ》ニ耐《シノ》ビて勞倦一を、所レ作る皆成(る)を、名(づけ)て爲《(い)》ニ(ふ)果決一と。（石・妙法蓮華經玄贊中期點　三　9/5―6）同

（一〇九）强に(し)て耐《タ》へて〈左　シノウデ〉不《ぬ》レ吐せ。（東・大般涅槃經末期點　二六　8/18）同

（一〇九）のシノウテは、シノビテの音便形である。

タルは、奈良時代には、四段と下二段との二つの活用があつて、前者は自動詞でタレル意味を、後者は他動詞でタラス意味を表はした。平安時代もほぼ同樣であつたが、カキタル・シホタルに下二段を用ゐてゐるのが注意される。

白鬚の上ゆ涙たり、歎きのたばく（萬葉　四四〇八）自動四段　大君の御帶の倭文《しつは》服結《た》びたれ、誰やし人も（紀歌謠　九三）他動下二段、さきの方すこし垂りて、色づきたる事（源氏　一ノ二五七）自動四段　まことに跡を垂れ給ふ神ならば（同　二ノ五九）他動下二段　憂ふなりつる雪、かきたれいみじう降りけり。（同　一ノ二五六）自動下二「………よろづいとあぢきなくなん」と、きこえ給ひて、いたうしほたれ給ふ。（同　二ノ一四）

訓點語では、自動詞は四段、他動詞は下二段といふ區別を守つて誤らない。

（一一〇）下の唇ル垂リて向レフなり下にサへ。（西・金光明最勝王經初期點　九　10/6）自動四段

(一一) 如二(し)秤《ハカリ》の兩の頭の低《タ》リ昂《アガ》ル時等《ヒ(とし)》一き(が)。(石・成唯識論寛仁點 九 14/8) 同

(一二) 君は騎二(り)白馬一に傍《ソ》二へり垂レル楊一に。(神・白氏文集 天永點 四 複 16ウ) 同 完了形

(一三) 低《タレル》|嬌《コビ》・笑《エ(め)ルカタチ》|容 は、疑レフ掩《オホ》レヘルかと口を。(同 三 複 6ウ)「タレル」の右「タル」あり。タレルは自動四段完了形、

「タル」は「タレタル」で、他動下二段完了形を示す。

(一四) 陛下曲《マ》ゲ(て)垂《た》二レて神《ア(や)》シき翰《文て》一を、表ニ發シタヘ經の題一(を)。(知・三藏玄奘法師表啓初期點 3/4) 他動下二段

(一五) 種種の眞珠瓔珞を周《メグ》ヲシ垂《タ》レ、懸二ケ衆の網鐸《タク》一を、(石・守護國界主陀羅尼經中期點 七 7/20) 同

(一六) 以レ(て)本を垂《タ》レレテ迹を、初(めて)成道の時に、(石・法華義疏長保點 四 19/3) 同

(一七) 小シ低《タ》ニレテ其(の)咽一(を)、令レメヨ不二(あら)太(だ)曲(げ)ても太(だ)直一くも(あら)。(急・大日經義釋延久・承保點 九 57オ)

同

(一八) 張二(りて)帷|幕一を垂二ル(れ)たり陰涼一を。(神・白氏文集天永點 四 複 7オ)

ただ、西大寺本『金光明最勝王經』平安初期點に「泣」にリを送つた例があり、

(一九) 時に二一(り)の王子、生二(して)大(き)に愁苦一することを、啼《ナ》キ泣リ悲び歎《ナゲ》キて、卽(ち)共に相ヒ隨(ひ)て還(り)て至二(り)ヌ虎の所一に。(一〇 5/4―5)

(二〇) 時に二一(り)の王子、悲び泣リ懊ひ惱(み)て、漸ク捨(て)て而去ヌ。(一〇 5/11)

春日政治博士がいはれるやうに、シホタリ(連用形)と讀むものとすれば、これは四段に活用してゐることになり、和文のシホタルガ下二段であるのと相違する。『萬葉集』にナミダタリ(四四〇八)が、三巻本『枕の草子』にハナタリがあるのを見ると、

物のあはれ知らせ顔なるもの、はな垂り、まもなうかみつつ物いふ聲。（一二五）

シホタルも、本來「鹽が垂れる」意味で、タルは自動詞四段であつたのを、和文では、「鹽を垂らす」意味にとつて、他動詞下二段活用としたのであらうか。訓點語も、後になると、和文の影響を受けたらしく、下二段の例が現はれる。

（一二一）披《ヌ》レキ衣《キヌ》を對ヒ坐《キ》テ、泣―涙《シホタ》レテ相（ひ）看ル。（醍・遊仙窟康永點　複　32ウ）

ノゾムは、奈良時代には、確かな例がなく、どんな活用をしたかわからない。平安時代の和文では、他動詞として四段に活用し、希望スル意味に用ゐられる他、まれに自動詞として同じく四段に活用し、直面スル意味を表はすこともあつた。

ひとついへのやうなれば、のぞみてあづかれるなり。（土佐　五八）他動四段　内侍のかみあかば、なにがしこそ望まむと思ふを、（源氏　三ノ九三）同　これより大きなる恥に臨まぬさきに（同　二ノ一四）自動四段　宿守望む人多く侍ルべかめる。（宇津保　二ノ三〇九）他動四段

訓點語でも、自・他共に四段に活用し、「希望する」「望見する」「直面する」などの意味に用ゐたが、これとは別に、下二段に活用し、「AをBに關連させて考へる」「AをBに比較する」「AをBに就いて見る」などの、特殊な意味を表はす用法があつた。この場合には、――ヲ――ニ・ノゾム、――ニ・ノゾムの形を取り、「望」の他、「於」を讀むことが多かつた。

（一二二）普く彈《ノゾ》ニム（白）む威力一を。そゑに遍く禮ニす十方一を。（高・觀彌勒上生經贊初期點　7/12）他動四段

（一二三）令《シ》ニム一國ノ人ヲして皆爲レ師ト。弟子望ニム師ノ講授一（せむ）ことヲ。（興・三藏法師傳延久・承暦頃點　一　13/11）同

（一二四）使下王公（と）與ニ卿士一遊レ（び）花に冠―蓋日々に相（ひ）望上マシム。（神・白氏文集天永點　四　複　7オ）同

(一二五)　復(た)望《ノゾ》ニミて一邊一に見レば、有ニり大樹一。(西・金光明最勝王經初期點　九　11/22)自動四段

(一二六)　若(し)復(た)有る人臨《ノゾ》ニム命終《スウ》一に時に、有ニる八種の相一。(石・守護國界主陀羅尼經中期點　一〇　8/6)同

(一二七)　望《ノゾ》ニムデ農節《セチ》一ニ、則チ貪《(むさ)ブ》ニリ滿町段歩《タフ》數一ヲ、(揚・將門記院政期點　複　37)同

(一二八)　現と種とを於《ノゾ》レムルに種に、能ク作ニ(る)幾(ばくの)緣一とか。種は必(ず)不下由ニ(り)て中の二の緣一に起上(るものに)は。(石・成唯識論寬仁點　八　5/17―18)下二段　特殊用法

(一二九)　現を於ニ(め)ては親種一に具に作《ナ》ニ(る)二の緣一と。………種を望ニ(むる)に親種一に、亦具ニ(す)二の緣一。於《ノゾ》ニメば非親の種一に、亦但ダ増上のみなり。(同　八　5/20―21)同

(一三〇)　所說の空が因は、若(し)就ニ(き)ても世俗一に、或(は)就ニ(き)ても勝義一に、於レめ自に於レ(むる)に他に、因の義は不《ず》レ成(ら)。(根・大乘掌珍論承和・嘉祥點　6/16―17)同

(一三一)　以下(て)の望ニメて第七地一に說上くを故(に)名ニ(づく)麁相一と也。(東・百法顯幽抄中期點　8/27)同

(一三二)　愛を望ニめ於取一に、有を望ニ(め)ては於生一に、有ニ(り)因緣の義一。………餘の支をは相(ひ)望(む)るには无ニ(し)因緣の義一。………无明を望レめ行に、愛を望ニめ於取一に、生を望ニ(め)ては老死一に、有ニ(り)餘の二緣一も。(石・成唯識論寬仁點　八　12/21―27)同

(一三三)　望ニ(め)テコソ前說修義一ニ名ニ(づく)レ既(に)說(き)テシ經一トハ、望ニ(め)テハ未《ぬ》レ說(か)无上の義一に名ニ(づく)殘經无失一(と)也。(東・七喩三平等无上義初期點　897―898)同

(一三四)　是の功德の聚に於《望也》ニムルときには前の功德一を、百分にして不《ず》レ及レ(ば)一にも。乃至算數譬喩をも所レなり不《ある》レ能レ(は)及ブこと。(西・金光明最勝王經初期點　五　12/16―17)同

（一三五）因を於《望也》レ（むるに）果に、若（しは）先、若（しは）後、若（しは）一時トイフこと、皆不レ然（ら）。（東・成實論天長點　一七　5/8）同

（一三六）名は是（れ）遍計所收なり。義は是（れ）依他起性なり。名レ（づ）く於《望》二（むる）に其の義一を。非有なるが故に无なり。義は隨二（ひ）て世間一に非无なるが故に有なり・といふことぞ。（東急・大乘廣百論釋論承和點　11/15―16）同

（一三七）於《望也》二（め）て八熱大地獄一に、次第に相（ひ）望（め）ていへば、壽量近半なり。（石・妙法蓮華經玄賛中期點　六　19/23―24）同

（一三八）一は生起能作、如三（き）ゾ眼等を於《望也》二（むる）が眼識等一に。（石・辨中邊論延長點　上　9/2）同

（一三九）因と果とは相（ひ）待（ち）て成るガ故に如二くといふ長短一の。如《修路妬》二く因レ（り）て長に見《ミ》レ短と、因レ（り）て短に見レるガ長と、如レく是の泥團を觀《望也》レむるときは瓶に（時ハ）、則（ち）是レ因なり。觀レ（む）るときは土に、則（ち）是レ果なり・といはむとぞ。（東急・百論天安點　21/2―3）同

（一三九）は、泥團と瓶とを比べると、泥團は瓶の原因で、瓶は泥團の結果であるが、泥團と土とを比べると、泥團は土の結果で、土は泥團の原因だといふのであつて、「觀」は、今の場合、「比較して見る」意味に用ゐられてゐる。これに「望也」と注したのは、逆に「望」が「比較して見る」意味を持つてゐることを示すものであり、また、下二段活用のノゾムが本來「見る」意味であることをも示してゐるやうである。とすれば、下二段活用のノゾムも、「望見する」意味の四段活用のノゾムから派生したものではあるまいか。下二段活用のノゾムは、和文には全く用ゐられない訓點特有語である。なほ、詳しくは、別に論じたものがあるから參照されたい。（注7）

フル（降）は、奈良時代以來自動詞で四段に活用したが、訓點語では、これを他動詞に用ゐて――ヲ・フルといふことがあり、また、別に、フラスを四段活用他動詞として用ゐることがあつた。

（一四〇）降《フ》レリ雨吹レ（く）風時ニモ、坐ニセバ母氏一シ无レ（し）憂モ。（東大寺諷誦文稿　9/19）自動四段

(一四一) 至レ(りて)申(に)細雨微《すこし》降《フ》ル。(黑・金剛波若經集驗記初期點 下 複 二 12)同

(一四二) 時の雨未《ぬ》レとき降《フ》レラ地に、雖レも有レ(り)と種而も不レ得レ生すること。(石・法華義疏長保點 二 21/18)同

(一四三) 雨ニリ諸の天の華一を、奏《ソウ》ニす諸の樂一を。(西・金光明最勝王經初期點 5/15)他動四段

(一四四) 諸天爲三に供ニ養(し)たてまつら(む)が佛一を、雨ニル天の妙花一を。(石・守護國界主陀羅尼經中期點 一 4/6)同

(一四五) 降レ(ら)し雹を澍《フ》ニラムに大(き)なる雨一を、念ニ(せ)む彼の觀音一を力に、應レ(し)て時に得ニてむ消散一(す)ること。(龍・妙法蓮華經末期點 八 7/10)同

(一四六) 今《イマ》佛世尊欲《オボ》下スナラム………雨《フ》ニリ大法の雨一を、吹《フ》ニキ大法の螺《カヒ》一を、………演《ノ》中ベムト大法の義上を。(立・妙法蓮華經寛治移點 一 6/5)同

(一四七) 此の化身の界に化ニするを諸の有情一を、名下(づく)霏《フラ》ニシて〈左 フリテ〉法雨一を而津《ウルホ》中スすと百億上を也。(東・百法顯幽抄中期點 15/1)同

(一四八) 如下(し)娑竭羅の不レして動ニ(か)本處一を降《フ》中ラスガ雨を六天上に。(急・大日經義釋延久・承保點 七 56オ)同

また、「雨」一字をアメフル・アメフラスと讀むこともあつた。

(一四九) 東ヨリ三里ニシテ路ノ側ニ有ニリ聖ノ井一。………極(め)テ雨《アメ》フレドモ不レ溢(れ)。極(め)テ旱《ヒ》テレドモ不レ涸(せ)。(觀・唐大和尚東征傳院政期點 複 11オ)

(一五〇) 暴キ雨フリ、惡(し)キ風フキて、不レ依《ジ》ニ(ら)時節一に。(飯・金光明最勝王經註釋初期點 六 133―134)

(一五一) 示四現スとなり法の雨フ∠テ〈別訓 をもて〉滅下して地獄の火上を、令三彼の衆生をして受ニけしメムと安隱の樂一を。(東・大般涅槃經末期點 四 10)フ∠テの「∠」は促音記號

（一五二）　譬（へば）如二（し）雲（り）て雷セレドモ而不レが雨フラヌ。（石・大智度論天安點　五）

（一五三）　如三し……從レ身より出レ（し）て水（を）普く雨二（ふ）るが天下一に。（同第三種點　一〇　14/1）

（一五〇）（一五一）は、「暴キ」「法の」といふ連體修飾語を取つてゐるから、單にフルではなく、アメフルと讀んだことは確かである。觀智院本『類聚名義抄』にも、「雨」にアメフルの訓を收めてゐる。（一五二）（一五三）も同樣アメフルと讀んだものと見てまず違ひあるまい。

（一五四）　大龍王普ク雨《(あ)メ》ニフラシテ世間一に、作二し一切衆生の利益一（を）、（東急・大日經義釋延久・承保點　七　57ウ）

フラス（他動詞四段活用）は、和文には例のない訓點特有語であるが、初めはやはり使役の助動詞シムを用ゐて、フラシムといつてゐたのではないか。

（一五五）　願レす令下（めよ）と……無數無邊の衆生に皆得中う……雨ニラシむル事と天の妙華一を……一切の供養を皆悉ク具足上セシむル事とを。（西・金光明最勝王經初期點　五　9/28－10/1）

フラバフ（觸）は、奈良時代には、下二段活用であつたが、平安時代に入ると、フレバフとなり、四段活用に轉じた。

枝の末葉は　中つ枝に　落ちふらばへ（記歌謡　一〇一）かの御あたりにふればゝせむに、などかおぼえの劣らむ。（源氏三ノ八四）さやうに觸ればひぬべきしるしやあると、（同　一ノ一二）此ノ男、此ノ女ヲ見テ、難過ク思テ、寄テ近付キ觸レバフ。（今昔　一四ノ五　三ノ二八三）

訓點語では、初期の間はフラバフ（下二段）を用ゐ、資料によつては、中期までこの活用を保つてゐるが、中期にはフレバフ（四段）の形も現はれ、この方が次第に勢力を得て、末期には、和文・訓讀文を通じて、フレバフが一般化した。

(一五六) 有行《また》レ(する)慈を者《ひと》は、衆生い若(し)觸《フラバ》ニヘ其の身一に、若(し)入ニ(る)ときに影の中一に、皆得ニ快樂一を。(東・成實論天長點 一二 18/7—8) フラバフ

(一五七) 洗(ひ)已(り)なば鉢の中に指の所レの觸ヘム飯をは、(京・蘇悉地羯羅經略疏寛平點 二 26/27) 同

(一五八) 王い悔ニ忤《フラバヘナヤ》マス仙人一に。仙人呪ニして此の國一を令レ(め)つ成レ(ら)海に。(石・法華義疏長保點 一 23/15(注8)) 同

(一五九) 若(し)有レルものは觸《フレバ》フこと者(は)、能く除ニ(き)熱惱一を、身心清涼なり。(石・守護國界主陀羅尼經中期點 一 4/14) フレバフ

(一六〇) 云何(なるをか)爲レ(る)惱と。忿と恨とを爲《シ》レ先と、追ひ觸《フレバ》ヒ、暴《シ》ヒ熱《アツカ》ビ、佷《ヒスカシマ》(に)戻《モトホ》ルをもて爲《(す)》レ性と。(石・成唯識論寛仁點 六 13/11—12) 同

(一六一) 觸《フレバヒフ》ニ踐ム之一を者《もの》、皆受ニく快—樂一を。(國・大毗盧遮那經治安點 五 12) 同

もつとも、同じフレバフであつても、まれに下二段に活用させることがあつたらしく、次のやうな例がある。

(一六二) 先きに與《トモ》ニ一處にして………乃至不ニ敢て以レ(て)手を棠《ツ》キ觸《フレバ》一ヘズ。況や當に故らに〈右 コトサラニ〉取らむや。(石・大般涅槃經治安點 八 6)

古語のフラバフ(下二段)と新語のフレバフ(四段)との混淆であらうか。觀智院本『類聚名義抄』には、「控・振」にフレバフの訓はあるが、フラバフの訓はない。

ヨロコブ(喜)は、奈良時代には、上二段に活用したが、平安時代になると、四段活用に轉じた。

船居《す》ゑ作り給へれば、悦こび(悦己備)うれしみ、(祝詞 遣唐使時奉幣)上二段 侍ふ諸人等も共に見て、怪しび喜びつつ(喜

備都都）ある間に、（續紀宣命　四二）同　院の上達もよろこばせ給ひて、（宇津保　三ノ五二七）四段　かひある御事を見たてまつり喜ぶものから、（源氏　三ノ二八九）同

訓點語では、初期の間は、上二段活用であつたが、中期に入つて四段活用になつた。また、まれにヨロコブをヨルコブといふこともあつた。

（一六三）稲麥諸の果實は、美キ味ひ漸ク消亡して、食（は）む時にダも心を不《シ》レメジ喜（よ）《ロコ》ビ。（西・金光明最勝王經初期點　八　14/6）

上二段

（一六四）心に生二し悲（し）び喜一（ぶ）ルことを、涕涙を交へ流シ、擧《（こと）ゴト》レク身の戰《フル》ヒ動ク・とまうし、（同　一〇　15/11）同

（一六五）天子聞（きて）而嘉《ヨロコ》ビキ之。（黑・金剛波若經集驗記初期點　複　一　32）同

（一六六）雖レ（も）未レ（と）知二（ら）勝負之由《ノ》一ヲ、兼テ莞《クワン》—爾《シ》トホヽヱミ、熙《キ》—怡《イ》トヨロコブラク而已《（のみ）》。（眞・將門記承德點　複　3オ）同

（一六七）辛酉、新羅遣《タテマダ》下（す）賀《ヨロコ》二ブルヘル黒）騰《ヒツギ》—極一使（と）與中を弔レ（ふ）喪使《ミモ》上。（東洋・日本書紀中期點　皇極元年三月）同

（一六八）是（の）日に、新羅の予—使の船、與二賀《ヒツギヨロコ》—騰—極ブ使の船一、泊二レり壹藝島一（に）。（同　皇極元年一〇月）四段

（一六九）如レき擊《ウ》二ツガ天鼓一を聲、智者の聞（き）て喜《ヨロコ》ブ聲、釋提桓因のゴトキ聲、（石・守護國界主陀羅尼經中期點　六　14/24）同

（一七〇）無レく功無レ（く）して心而も普く應す。無レき聲之聲悅《ヨロコ》二バシメたまふ・とのたまふ物の心一を。（同　六　15/26）同

（一七一）演二（べ）て妙樂（の）音一を娛《ヨロコ》二バしめよ聖會一を。（醍・金剛頂瑜伽修習毗盧遮那三摩地法寛弘點　）同

（一七二）貞元の之民若《モ》（し）未レは安カラ、驃樂ハ雖レ（も）聞（く）と君不《ジ》レ歡《ヨロコ》バ。（神・白氏文集天永點　三　複　22オ）同

（一七三）所レは喜《ヨロ（こ）》ブ老の身の今獨《イマ》（り）在（る）ことを。（同　複　三　11ウ）同

（一七四）又見三る菩薩の寂—然宴—默して、天龍恭敬すレども不二るを以て爲《是也》レ喜《ヨロコ》一バ。（立・妙法蓮華經寛治移點　一　4/27）同

（一七五）佛子時に答へて決レ（し）て疑を令《シ》レメたまへ喜《ヨロコ》バ。（同 一 5/26）同
（一七六）女ハ爲ニ悅《（よろ）コ》レブ己《ヲノレ》ヲ者《モノ》ノ容《カタチ》ヅクル。（觀・世俗諺文鎌倉期點 複 44ウ）同
（一七七）在ニリ幽—林藪澤は情ノ《心也》之所レに賞《ヨルコ》ブ。高—堂邃—宇は非ニ（ず）我（が）所レ（に）聞く。（興聖・大唐西域記中期點 一二 13/6）ヨルコブ

（一六七）のヨロコブルは、ヨロコブまでが初度點の朱、ルは後から墨で補つたものである。四段活用が一般化した後まで、なほ、上二段活用を古形として守らうとする人々があつて、混亂を招いたのであらう。書陵部本『群書治要』鎌倉期點にも次のやうな例がある。

（一七八）旣に見《ミ》ニテハ君子一を、云《コ、》に胡《ナン》ゾ不レラ（ん）夷《ヨロコ》ビ。
（注）夷は悅也。思（ひ）而《て》見ッ之。云《コ、》に何ゾ不レラ（ん）悅バ也。（三 109—110）
（一七九）念レ（ふ）こと子を懆《サン》々タリ。視レルこと我を邁《マイ》々タリ。
（注）邁々は不《ザ》レルゾ悅ビ也。……王反（り）て不レ悅ニビ於其（の）所レを言《イ》フ。（三 411—412）

同じ資料で、ヨロコバズともヨロコビズとも讀んでゐるのである。

ワスル（忘）は、奈良時代には、下二段活用が普通で、四段にも活用したが、四段は、ワスラム（推量）、ワスラジ（否定）、ワスラユ（受身）、ワスラス（尊敬）などの形しかなく、未然形だけであつた。平安時代も、ほぼ同様であつたが、四段の未然形はワスラル（受身）だけとなり、使用範圍が一層狹まつた。（注9）

おもしろき今城の中は忘らゆましじ（紀歌謠 一一九） 我が率寢《ゐね》し妹は忘らじ、世のことごとも（同 五） 忘らむて野行き山行き我れ來れど、我が父母は忘れせのかも（萬葉 四三四四） 大和女の膝卷くごとに我を忘らすな（同 三四五七） 千

代に忘れむ我が大君かも（同　四五〇八）一日も妹を忘れて思へや（同　三六〇四）海原の根やはら小菅あまたあれば、君は忘らす、我れ忘るれや（同　三四九八）わが身は憂くて、かく忘られたるにこそあれ（源氏　二ノ一四五）忘るゝをりなければど（同　一ノ三四八）かたとき忘れぬおぼつかなさを（夜の寝覺　二九八）花紅葉の思ひもみな忘れて悲しく（更級　五〇四）

訓點語では、一般に下二段を用ゐ、四段はまれにしか用ゐなかつた。

（一八〇）十に明下ス忘レラム作二(る)ことヲ護持ノ法則一(を)時ノ結護上ヲ。（石・蘇悉地羯羅經略疏天暦點　六　10/12―13）四段未然形

（一八一）二者、濫《タヅ》レネて故《フル》(き)を不レなり忘《ワス》レヌ。（東・大般涅槃經末期點　二六　7/29）下二段未然形

（一八二）念誦既に勞し、或は恐レ(り)ば忘《ワス》レムこと(を)作下(る)ことを發二遣スル神一を法、及(び)餘の法等上を、見二て彼の忘處一を應二(し)助(け)て作《セ》レシム之を。（光・蘇悉地羯羅經承保點　上　8/22―23）同

（一八三）不レ忘《ワス》二レ(ず)シテ本意ノ之怨《ウラ》一ミヲ、欲《ヲモ》レフ遂《ト》二ゲムト會稽《クヮイケイ》之心一ヲ。（楊・將門記院政期點　複　5）同

（一八四）見《み》三(る)道路に有二るを遺《ワス》レ落せる物一。（石・大般涅槃經初期點（丙）二〇　4/23）下二段連用形

（一八五）是(れ)遺《ワス》二レ教―道之迹一(を)、直に明二すなり證處一(を)。（東急・大日經義釋延久・承保點　七　21ウ）同

（一八六）黄屋に草生《オ》(ひ)て棄(て)タルこと若レシ遺（音）ノ〈左　ワスレタルガ〉。（神・白氏文集天永點　四　5オ）同

（一八七）一ッハ哀(し)ビ二ニハ傷《イタ》ム。厭レ(へ)ドモ身ヲ回レし癈《ワス》レガタ。（揚・將門記院政期點　複　29）同

（一八八）有下(り)………惜二(しみ)て寸の影一を而遺《ワス》ニル、尺の璧一を者上。（石・法華義疏長保點　二　26/1）下二段連體形

（一八九）於レ(て)か何に無レき忘《ワス》ル(る)こと。（石・守護國界主陀羅尼經中期點　六　7/20）同

（注1）濱田敦氏『蹴る』と『越ゆ』」（「國語と國文學」昭和二四年八月號）

（注2）大坪併治『蹴』の古訓」（『訓點語の研究』所收）

（注3）築島裕博士『平安時代の漢文訓讀語につきての研究』に、「（死ヌの）已然形と命令形の例は未だ見出さない。」とあるが、（四六）の黑點「シヌレバ」は、その已然形の確實な例である。

（注4）大矢透博士、『假名遣及假名字體沿革史料』所收石山寺本『阿吒薄俱元師大將上佛陀羅尼經修行法儀軌』嘉保二年移點には、「不《ス》怖《オソラ》」「皆　怖《オソラム》」の例がある。

（注5）春日政治博士『西大寺本金光明最勝王經古點の國語學的研究　研究篇』（一一八―一一九頁）參照。

（注6）奈良時代には、四段活用のシノフのノは甲類で、フは清音、上二段活用のシノブのノは乙類で、ブは濁音であつたが、平安時代には、甲・乙の區別の消失と共に、淸濁表記の記號も無いまま、兩者は次第に混用されるやうになつた。

（注7）大坪併治「『於』の訓について」（「訓點語と訓點資料」二五集、昭和三八年三月）

なほ、橋爪堅治氏著「漢文の句法」（三〇八―三〇九頁）に

北條氏之於ニケルハ源氏一ニ則チ藤原氏之於ニケル平氏一ニ也。（日本外史）

思之於ニケルヤ學功一ニ也、其益大ナルカナ乎哉。（愼思錄）

の例を引いて、「於」の用法を說明し

□之於ニケル□一ニ。―ノ―ニオケルと讀む。「………の………に對する關係は」「………は………に對して（とつて）」等の意。………この時の「於」は動詞の如くに用ゐられたもので、普通は「オイテ」と訓み、又「オイテス」とも「オケル」とも訓むのである。

とあるのが參考になる。

（注8）「犨」は、『龍龕手鑑』に「觸」と並べて「二正、尺玉反、突也」とあり、『新撰字鏡』にも「觸也」とあり、「觸」の異體である。

（注9）四段に活用するものと下二段に活用するものとの間には、本來意味の相違があつたらしい。三省堂發行『時代別國語大

辭典　上代篇』には、

ワスル（四段）が能動的意志行爲としての忘れる、すなわち思い切る・忘れようとして忘れるの意を表わすのに對して、ワスル（下二段）は自然の心理現象としての忘れる、すなわち記憶・印象が薄れて消え失せるの意を表わすといつた意義分化の段階をみる考えがある。（八一八頁）

とあり、岩波書店發行『古語辭典』には

（四段のワスルは）意識的に忘れようとする。

といひ、

（下二段のワスルは）①自然に記憶や印象が消える。記憶が失せる。②つとめて記憶を消すようにする。思い出さないようにする。③一つのことを思いつめて、他のことに頓着しなくなる。氣にかけなくなる。④うつかりと氣づかずに過ごす。

などと說いてゐる。

2　活用の種類とその變化　二

動詞の活用は、五十音圖の各行のいづれか一行に活用し、二行に亘らないのが原則であり、この原則は、奈良時代までは守られてゐた。しかるに、平安時代に入つて、音韻變化によるア・ハ・ヤ・ワ四行の混同が起り、動詞の活用も、二行に亘るものが現はれ、この原則が破られることになつた。

(1)　平安初期末から起つたア・ヤ兩行のエの混同によつて、ア行のエ〔e〕が消失し、ヤ行の〔je〕に同化された結果、これまでア行に活用してゐた動詞、例へば、ウ（得）は、

〔je〕〔je〕〔u〕〔uru〕〔ure〕〔jejo〕

となり、ア・ヤ兩行に活用することになつた。ただし、假名遣ひに現はれる變化としては、ア行のエを示してゐた假名と、ヤ行のエを示してゐた假名との區別が無くなつて、本來ヤ行のエを示すべき假名がア行のエの表記に用ゐられたり、本來ア行のエを示すべき假名がヤ行のエの表記に用ゐられたり、また、二つの異つたエを示すべき假名の一方が消失し、殘つた他の一方が兩者の表記に用ゐられるといつた現象が現はれることになる。例へば、岩淵本・小川本・斯道文庫本『願經四分律』平安初期點では、ア行のエは「𛀀」、ヤ行のエは「𛀁」で區別され、ウ（得）のエは「𛀀」で、他のヤ行下二段活用動詞のエは「𛀁」で示されてゐる。

（一）得《ウ》二檀越の施衣一を、若（しは）得《ウ》二輕衣一を、若（しは）得《ウ》二ば割裁の衣一を、應レし受（く）。（斯・願經四分律初期點　11/25―26）

（二）時に牛の母大に吼《ホ》エ喚（び）ツツ、逐二（ひ）て跋難陀一に至二（り）ヌ祇桓門一に。（小・願經四分律初期點　甲　5/20―21）

（三）脚の指を（も）て蹴《コ》レエテ地を、壞レ（り）ツ足を。（同　甲　11/11）

西大寺本『金光明最勝王經』初期點では、ア行のエは「𛀀」で、ヤ行のエは「𛀁」で區別され、ウ（得）のエは「𛀀」で、他のヤ行下二段活用動詞は「𛀁」で示されてゐる。

（四）當に獲《ウ》二福德の淨光明一を、既に得二ては清淨の妙光明一を、（五　3/14―15）

（五）王及夫人、聞二（き）其の事一を已（り）て、不《ず》レ勝《か》二チウ悲（し）び噎《ムセ》一ビに〔こと〕。（一〇　6/16）

（六）先ヨリ有ル妙園林の可―愛にして遊戲する處たりとも、忽然に皆枯《カ》レ悴《ツヒ》エて〈左　カシケテ〉、見ル者生《人》二（せ）む憂惱一を。（八　14/5）

（七）法の炬恒に然《モ》エて不《ず》二休―息一（し）たまは。（一〇　10/14）

また、石山寺本『蘇悉地羯羅經略疏』天暦五年點では、ア行のエは「𛀀」で、ヤ行のエは「エ」で區別され、ウ（得）

のェは「ゑ」で、他のヤ行下二段活用動詞は「エ」で示されてゐる。

（八）二に明下ス求二メ得《ウ》好き夢一ヲ、及（び）供中養（する）ことヲ所作ノ漫荼羅ノ地上（を）。（四 21/5—6）

（九）明下ス見二ェば惡夢ノ相一、卽（ち）除中滅（せ）ヨ・といふこと（を）之上ヲ。（六 31/10）

しかるに、右の『蘇悉地羯羅經略疏』天曆點と同時代か、もしくは古い時代の加點と考へられる東大寺本『百法顯幽抄』中期點では、ア・ヤ兩行ともェの假名を欠いてゐるが、ヲコト點の右中寄りの星點を、ア・ヤ兩行のェに共用してゐて、ウ（得）のェも、他のヤ行下二段活用動詞のェも、同じヲコト點で示されてゐる。

（一〇）卽ち先に得《え》三无餘依一を、後に得二有餘依一を也。（27/17）

（一一）尋思の路絕え、名言（の）道斷えたり。（21/6—7）

また、石山寺本『法華義疏』長保點では、ア行のェを示す假名はなく、本來ヤ行のェであつた「エ」を兩行のェに通用してゐる。

（一二）僞—帝ノ姚《エヒス》之日に、爲二に晉《シン反》ノ軍河澹一が之所《(れ)》レたり得《エ》ラ。（二 2/29）

（一三）二乘は但（だ）能（く）超《コ》レエたり凡をのみ。故（に）但（だ）立二つ一の名一をのみ。大士は德踰《コ》二エニタリ凡聖一に。故に有二（り）其の兩稱一。（一 16/20）

（一四）二（には）者、則（ち）欲下（ふ）に以二て妙藥一を授レ（け）て之に、令《シ》中メムト子の病を頓に差《イ》上エ、（四 19/9）

『法華義疏』長保點以後の資料は、ほとんどこれと同樣であるが、まれに、本來ア行のェを示してゐた草假名の「ゑ」を、ア・ヤ兩行のェに用ゐ、ウ（得）のェも、他の下二段活用動詞のェも、同じ「ゑ」で示してゐるものがある。例へば、書陵部本『大乘本生心地觀經』末期點がそれである。（注1）

(一五)　白レ(し)て佛(に)言(さく)、「世尊、………同(じ)く於二て一道一に而得《エ》二シメタマヘ・ト涅槃一(を)。」(1/10)

(一六)　以下て………修二して諸(の)福智一を、所レの獲《エ》タマヘル………大妙智印上を、印二して文殊師利一を言はく、(1/11)

(一七)　其(の)病既に愈《イ》エヌレバ、藥隨レ(ひ)て病に除《ノゾ》コル。(7/7)

なほ、天慶六年（九四三）の『日本紀竟宴和歌』に見える

あめのしたをさむるはじめむすびおきてよろづよまでにたえ（多愛）ぬなりけり（複　下　20オ）

の「多愛」も、ヤ行のタエ（絕）にア行のエの假名を用ゐた例である。

(2)　奈良末期から起つたハ行轉呼——語中・語尾の〔F〕が〔w〕になる變化——は、平安時代に入つて次第に一般化し、ハ・ワ兩行の混同を來した。その結果、これまでハ行に活用してゐた動詞は、フ（經）・フ（乾）のやうに、語幹と活用語尾の區別しがたい特殊なものを除いて、すべてワ行に活用するやうになり、いはゆるハ行の活用といふものがなくなつた。しかも、これに唇音退化の現象が加はつて、〔Fi〕《ヒ》は〔wi〕を經て〔i〕となり、〔Fu〕《フ》は〔wu〕を經て〔u〕となり、〔Fe〕《ヘ》は〔we〕を經て〔je〕となつたため、本來ハ行の活用であつたもの、例へば、四段活用のイフ（言）は

〔i—wa〕〔—i〕〔—u〕〔—u〕〔—je〕〔—je〕

となり、ア・ヤ・ワ三行に亘る活用となつた。また、下二段活用のタフ（耐）は

〔ta—je〕〔—je〕〔—u〕〔—uru〕〔—ure〕〔—jejo〕

となり、ア・ヤ兩行に亘る活用となつた。この變化は、假名遣の上では、ハ・ワ、ヒ・ヰ・イ、フ・ウ、ヘ・ヱ・エの混同として現はれる。

(一八)　我如レ(く)是(の)答(へ)て言《イ》イシク、「用二キル(と)鉢伽蒲火《フ》一(を)。」(西・大毗盧遮那神變伽持經承曆點　六)　イヒ↓イイ

(一九) 彼イ然も諾《ムベ》ナキ已ラば、後に當レ(し)與レふレ之を。(西・不空羂索神呪心經寛德點　中　23/21) ムヘナヒ↓ムヘナキ

(二〇) 乃チ竊ニ發《ヒラ》ヒテ視ニルニ死兒一ヲ、但(だ)見ニ(る)衣被一ヲ(のみ)。(觀・唐大和尚東征傳院政期點　複　24オ) ヒラキ↓ヒライ↓ヒラヒ

(二一) 無心服食するに、誰(か)能(く)强《シ》レキム之乎。(東急・大日經義釋延久・承保點　八　43ウ) シヒ↓シキ

(二二) 師、宜《ベ》ミシ安レ(く)して意《(ここ)ロ》を强《シ》キて進ニム湯藥一(を)。(興・三藏法師傳承德點　九　7/12) 同

(二三) 當《ソノカミ》時の美人猶(ほ)怨《ウラ》ミ悔《ク》ヒキ。(神・白氏文集天永點　三　複　13オ) クイ↓クヒ

(二四) 痛《イタ》ムデ不《ザ》レレドモ眠《ネブ》ラ、終《ツヒ》ニ不レ悔《ク》ヒズ。(同　三　複　11ウ) 同

(二五) 一ハ極て輕(くし)て逆《サカ》レエテ水(に)而上る。(東急・大日經義釋延久・承保點　九　9ウ) サカヘ↓サカエ

(二六) 若(し)於ニ此(の)中一(に)樹《ウ》レヘツレバ福を、如レ(く)食ニ(ふ)が金剛一を畢竟(して)不レ消(え)。(興・三藏法師傳永久點　六　31ウ)

ウヱ↓ウヘ

(二七) 今得ニたることは終ヱ訖《キチ》一スルコト、並(に)是(れ)諸佛ノ冥加、天(の)擁祐《イウ》ナリ。(同　一〇　3/13) ヲヘ↓ヲヱ

(二八) 此の中の諸の有情類は………種《ウ》ニへたるが諸の善根一を、乘ニ(り)て大願力一に而も來ニ至せるならむ此一(こ)に。(西・不空羂索神呪心經寛德點　3/14) ウヱ↓ウヘ

(二九) 以ニ(て)智度一を横《ヨコタ》ニヱテ於掌の内一に、(石・金剛界念誦私記院政期點　13オ) ヨコタヘ↓ヨコタヱ

(三〇) 二中指直く竪《タ》テ、頭相《ハシ》(ひ)跓《サヽ》エヨ。(同　8オ) サヽヘヨ↓サヽエヨ

(三一) 莊《(かざり)》ニテ寶車五十乘一ヲ坐《ス》ニフ諸ノ大德一ヲ。(興・三藏法師傳承德點　七　8/10) スウ↓スフ

(三二) 結レヒ宇ヲ疏《ホ△》レリ池ヲ、種レヱ花ヲ殖レフ菓ヲ。(同　三　6/9) ウウ↓ウフ

(三三) 後ノ日王別ニ張ニ(り)テ大ナル帳一ヲ開レク講ヲ。帳(は)可《バカ》レリ坐《ス》ニフ三百餘人一。（同 一 15/15）同

(三四) 殖時力反、陸法言云種《ウフル》也、孫愐云裁《ウフル》也。（醍・法華經釋文中期點 8ウ）ウウル↓ウフル

(三五) 草ニ尚《クハ》ニウレバ之風一ヲ必ズ偃《ナビ》カス。（觀・唐大和上東征傳院政期點 複 12ウ）クハフレ↓クハウレ

(三六) 相分心等は不《(あらぬ)》ニが能縁一に故(に)、須《モチ》ニヒルときは彼れい實に用一を、別に從レ(ひ)ても此に生す。（石・成唯識論寛仁點 二 16/7）モチキル↓モチヒル

(三七) 无間道の時には已に无ニ(し)惑種一は。何ぞ用ミヒ(る)こと復(た)起ニ(す)ことを解脱道一を爲《セ》ム。（同 九 14/9）同

また、唇音退化によつて、〔we〕が〔je〕となつたため、ワ行下二段活用動詞、例へば、ウウ（種・飢）、スウ（据）などは

〔u－je〕〔－je〕〔－u〕〔－uru〕〔－ure〕〔－jejo〕

〔su－je〕〔－je〕〔－u〕〔－uru〕〔－ure〕〔－jejo〕

となり、ヤ・ワ兩行に活用することになつた。この變化は、假名遣ひの上では、ヱ・エ・への混同として現はれる。

(三八) 譬(へ)ば如渇《水ニウ》エタル人行《ユ》ニク於曠野一を。是の人渇に逼め(ら)れて、遍く行(き)て求レむ水を。（石・大般涅槃經治安點 八 4）ウヱ↓ウエ

(三九) 其(の)由何(にとなれば)者、彼(の)介未レして費《ツイ》ニヱ△合戰之遑一ニ、人馬膏(つき)肥(え)テ、干戈皆具セリ。（眞・將門記承德點 複 4ウ）ツヒエ↓ツイヱ

(四〇) 一角の狩《ケモノ》出づ(る)ときは、卽(ち)天下大平なり。得ニつ(る)ときは人心一を、連─李〈左 アヘルウヘキ也〉生《オ》フ。（石・法華義疏長保點 二 6/19）ウヱ↓ウへ（注2）

天慶六（九四三）年の『日本紀竟宴和歌』に見える

たにやうにひとにこゑ（古恵）たるはかせかも、わがやしままでなみわけくれば（複　下　8ウ）

の「古恵」も、ヤ行のコエ（超）にワ行のヱの假名を用ゐたものであつて、（三九）と同種の例である。

なほ、このことは、ハ行轉呼によつて、ハ行からワ行に變化した場合も同様であつたから、前掲（二六）（二七）（二九）などの例が生ずるのである。

また、同じ唇音退化によつて、〔wi〕は早く〔i〕に轉じたから、ワ行上一段動詞、例へば、モチヰル（用）は

〔moti-i〕〔——i〕〔——iru〕〔——iru〕〔——ire〕〔——ijo〕

となつて、ア行上一段に轉じた。この變化は、假名遣ひの上では、イ・ヰ・ヒの混同として現はれる。

（四一）善く解三れらむ分二別することを明王の眞言一（を）。常に須《もち》二いむ念誦一することを。（京・蘇悉地羯羅經延喜點　8/10）モチヰ→モチイ

（四二）金剛の諸の事には應レ用《もち》二い（る）るし天火・燒木、或いは苦練木一を。（同　16/11）同

（四三）以二（て）如レ（き）是（の）事一を讎《ムク》二ヰて還せ物の價一を。（光・蘇悉地羯羅經承保點　中　23/27）ムクイ→ムクヰ

（四四）爲レの欲レ（ふ）が報《ムク》レヰむと因を故に、（春・金光明最勝王經中期點　一〇）同

青谿屋本『土佐日記』に

くによりはじめて、かいぞくむくゐせんといふなることをおもふうへに（複　46ノ9）

とある「むくゐ」も、（四三）（四四）と同じ例である。なほ、このことは、ハ行轉呼によつて、ヒから中に轉じたものについても同様であつたから、前掲（一八）（三六）（三七）などの例が生ずるのである。

ア・ハ・ヤ・ワ四行の混同については、別に論じたものがあるから、詳しくは、それを參照されたい。(注3)

(注1) 書陵部本『大乗本生心地觀經』末期點は、若干のヲコト點の他、全文流麗な草假名で加點された、極めて珍しい資料である。

(注2) 「李」は「理」に通じ、「連理」はすなはち「連理の枝」のことである。これをアヘルウヘキと讀んだのは、「合へる植木」、すなはち「枝の連り合つた樹木」の意に基づくのであらう。ウヱキは、觀智院本『類聚名義抄』に「樹ゥヘキ」とあり、『宇津保物語』にも「家廣く、植木《うゑき》面白く、草の樣景色などなべてならずをかしき所にて」(俊蔭)と見え、古い言葉である。

(注3) 大坪併治『訓點語の研究』第一部、二 音韻と假名遣、「ア・ハ・ヤ・ワ四行の混同」(一四五―七六頁)

3 活用形とその變化

動詞の活用の種類は、上述のごとく時代によつて異なるが、同じ種類の活用でも、個々の活用形には變化を生ずる。その中で、平安初期から始まつた音便の一般化によつて、連用形に起つた變化がもつとも大きい。

(1) 四段活用動詞の連用形語尾のキ・ギ・シが、接續助詞テ、完了の助動詞ツ・タリ、過去の助動詞キの連體形シ・已然形シカ、尊敬の補助動詞タマフなどに續く時、イとなることがある。いはゆる「イ音便」である。この内、キ・ギの轉ずるものは初期から見え、シの轉ずるものは、やや遲く中期になつて現はれる。例へば

(一) 此は據《オ》ニイて一年の中一に、三三をもて而別《コト》に說クなり。(西・金光明最勝王經初期點 九 9/10) オキテ→オイテ

(二) 戲《サシマネ》ニイテ八鎭《チ(ん)》一を而開レ(か)しむ闠を。(上・漢書揚雄傳天暦點 448) サシマネキテ→サシマネイテ

(三) 即《ツ》レイテノ位に十七年、高后の八年七月に、高—后崩(り)ヌ。(東北・史記延久點　孝文本紀　複　1) ツキテ↓ツイテ

(四) 開二き信解之漸一を、塞《フサ》二イデ疑謗の之情一を、釋迦(は)方《い(まし)》得二起《(い)》レ(で)て定より說レ(き)たまふこと法を也。(石・法華義疏長保點　二　9/28) フサギテ↓フサイデ

(五) 考《カムガ》二フるに其の偏—袒《タニ》・正背一を、元是(れ)踵《ツ》レイで斯(れ)に而作《(つ)く》レリ。(天・南海寄歸傳末期點　二　9/5) ツギテ↓ツイデ

(六) 余撫《オサ》二ヘテ己《オノ》が缺然一を、拒《コバ》ムで〈左　フセイデ〉而不レ應《コタ》へ。(興・三藏法師傳延久・承曆點　一　3/2) フセギテ↓フセイデ

(七) 興レシ兵を動レ(かし)て衆を伐《ウ》二ッ咀叉始羅國一を。脅《オビヤ》カイテ而得レて之を建二(て)たり此の伽藍一を。(興聖・大唐西域記中期點　一二　7/21) オビヤカシテ↓オビヤカイテ

(八) 擧《ア》レゲ足を下《クダ》レイて足を、入二リ出(で)たまふ城邑《オフ》聚落《ラク》一に之時に、(石・守護國界守陀羅尼經中期點　六　13/24) クダシテ↓クダイテ

(九) 竺の道生著《シル》二イテて善不受報論一を、明二セリ……不《ず》レといふことを受二(け)生死の之報一を。(石・法華義疏長保點　四　16/28—29) シルシテ↓シルイテ

(一〇) 法—徒霧のごとく二集(まり)て、燃《トモ》レイて燈《トモシビ》を續《ツ》レギ明に、香花供養す。(天・南海寄歸傳末期點　二　18/9) トモシテ↓トモイテ

(一一) 興《ヲコ》レイテ兵を而來(り)て規《ハカ》リミテ欲二ふす殄滅一せむと。(東・大般涅槃經末期點　三　5) オコシテ↓ヲコイテ

(一二) 五(には)者、兩の目乾《カ》レ枯《カワ》イたること如二きアル鵰《クマタカ》と孔雀一との。(石・守護國界主陀羅尼經中期點　一〇　8/9) カワキタル↓カワイタル

(一三) 卷《マ》レイタル緣《ハシ》ヲを沙糖の、(急・大日經義釋延久・承保點　五　84ウ) マキタル↓マイタル

(一四) 或(は)由二(り)て念等の力一に所二(ること)制伏一(せ)、如レ(く)して繫《ツナ》二イダルが猨猴一を、有二(り)暫く(の)時住一すること。(石・成唯識論寛仁點　六　15/24—25) ツナギタル↓ツナイダル

(一五) 沙門の曰(は)く、「王、先—靈(は)可レクトモ起《オコ》イツ、愛—子(は)難レ(け)む・といふ濟ヒ。」(興聖・大唐西域記中期點　一二　4/26)
オコシツ↓オコイツ

(一六) 提婆菩薩(の)作二(り)て廣百論一を挫《クダ》二イ(し)(虫損)小乘外道一を處なり。(興・三藏法師傳永久點　三　3/15) クダキシ↓クダイシ

(一七) 于時に、法—侶悲啼《テイ》すること若二く金河之流《(な)が》レして血を灑《ソヽ》レイシが地に、(京博・南海寄歸傳末期點　四　2/10) ソソギシ↓ソソイシ

(一八) 鹽商婦、何ノ幸ア(り)てか嫁《トツ》二イシ鹽商一に。(神・白氏文集天永點　四　複　15オ) トツギシ↓トツイシ

(一九) 摧《クダ》二イたまふ諸の異見一を、如二(し)大象王一の。(石・守護國界主陀羅尼經中期點　一　3/17) クダキタマフ↓クダイタマフ

(二〇) 諸臣皆往(き)て白レす王に、「太子………布二施してけり・と怨家一に。」王聞(き)て愕—然とマウオドロイたまふ。(石・佛說太子須陀拏經中期點　3/6) オドロキタマフ↓オドロイタマフ

なほ、大矢透博士の『假名遣及假名字體沿革史料』によると、石山寺本『阿吒薄倶元師大將上佛陀羅尼經修行法儀軌』嘉保二（一〇九五）年移點本に、「作ナイシカハ」の例が抄出されてゐる。

(2) 四段活用動詞の連用形語尾ヒが、接續助詞テ、完了の助動詞ツ、過去の助動詞キの連體形シ、接續助詞ツツに續く時、**ウ**または促音となることがある。いはゆる「ウ音便」「促音便」である。促音に轉ずるものは初期末から見えるが、**ウ**に轉ずるものは中期になつて現はれる。もつとも、促音は、平安時代を通じて零表記が多いが、假名のムや、特

殊記號∠などで示されることもあつて、一定しない。また、ウ音便は、假名のウの他、假名のフで示されることがあり、この場合は、ウ音便でなくて、促音便の疑ひもあり、注意を要する。

(二一)　應《カナ》レウて理に無二く(し)て障蓋一(西・大毗盧遮那成佛經長保點　三)　カナヒテ→カナウテ

(二二)　心の水湛《タヽ》ウテ盈滿(し)て、潔白なること猶二し雪乳一の。(同)　タタヒテ→タタウテ

(二三)　至人は體《カナ》二ウテ(ヲコト点　かて)實相一に而有二(り)身心一。(石・法華義疏長保點　二　5/30)　カナヒテ→カナウテ

(二四)　適《カナ》レウテ緣に見聞す。不《ず》二須《カナラ》ズ(しも)會一(せ)也。(同　四　22/28)　同

(二五)　五人喚《ヨバ》レウテ佛を爲《せ》レり羅漢一と也。(同　四　25/31)　ヨバヒテ→ヨバウテ

(二六)　譬(へ)ば如二く虛空に震《フル》レウテ雷起レ(す)ときは雲を、一切の象の牙の上に皆《(み)な》生レす(が)華を、(石・大般涅槃經治安點　八　3)

フルヒテ→フルウテ

(二七)　太子則(ち)法《ナラ》二ウテ道人一に結《ユ》レヒ頭を編《ア》レゲて髮(を)、以二(て)泉と菓と蓏一とを爲二す飲食一と。(石・佛說太子須陀拏經中期點　8/3―4)　ナラヒテ→ナラウテ

(二八)　眷屬の亦た效《ナラ》二ウテ是の師一に貪二求せむ(めむ)利養一を。(東・大般涅槃經末期點　三　15)　同

(二九)　願(は)くは、無等の智順《シタガ》二フて時の機《キ》一に、開二(き)て妙法の藏一を利二(し)たまへ含《カム》識一を。(石・守護國界主陀羅尼經中期點　七　11/4)　シタガヒテ→シタガフテ

(三〇)　大王逼《セ》二メ奪《ムバ》フて百姓に所レ(る)有(ら)資財一を、錫《(たま)》二(ひ)て豪貴一に、(同　一〇　2/18)　ムバヒテ→ムバフテ

(三一)　覆《オホ》二フて所知の境と无顚倒の性一とを、能(く)障二(ふる)をもて菩提一を名二(づく)所知障一と。(石・成唯識論寛仁點　九　3/13)

オホヒテ→オホフテ

(三三) 道《イ》ニフて其(れ)無レ(し)と罪、食噉するに不レ知ニら受ー觸一を。(天・南海寄歸傳末期點 二 15/13) イヒテ↓イフテ

(三三) 上に聖人は以ニて無爲一を差別なるが故(に)无レく說无レシ・トイテキ取。(東・金剛般若經贊述仁和點 30/4―5) イヒテキ↓イテキ

(三四) 見ニ聞して佛法の將《する》レ(を)滅(せむ)と念言(す)ラく、「法住して能く滅ニシナム・トオモテス大苦一を。」(同・13/16―17) オモヒテス↓オモテス

(三五) 摩々帝呼《ヨ》バて有ニ(ら)シメムときには所作一、當(に)還(りて)白《マウ》レせ師に。(石・沙彌威儀經中期點(角筆) 8/25―26) ヨバヒテ↓ヨバテ

(三六) 當に洗《アラ》て令レアラ(しめ)よ淨(く)。(同 6/9) アラヒテ↓アラテ

(三七) 一(には)者、取(り)拭《ノゴ》テ去《サ》ニケよ生《サ》ビタる垢《アカ》一を。(同 6/11) ノゴヒテ↓ノゴテ

(三八) 獵者便(ち)解《ト》キ放(ち)て辭ニ謝す之一を。「實に不《ザ》ニリケリ・トイテ相ひ知一ら。」指《サ》ニシ示す其(の)處一を。(石・佛說太子須陀拏經中期點 10/4) イヒテ↓イテ

(三九) 太子以レ(て)水を滲《アラ》ニて婆羅門の手一を、牽レき妃を以て授與(す)之。(同 13/6) アラヒテ↓アラテ

(四〇) 王若(し)知《サト》ナ者《ば》、便(ち)能く追《オ》ヒ逐《オ》テ奪《トラ》レへテ(む)卿を。(同 3/1―2) オヒテ↓オテ

(四一) 高ー帝已に定ニメて天ー下一を、與ニ大臣一約シて曰《ノタマ》シク、「非ニ(ずし)て劉ー氏一に王タラム者《モノ》を、天ー下共に擊テ・ト云キ之。」(毛・史記延久點 呂后本紀 複 8オ) ノタマヒシク↓ノタマシク

(四二) 如(し)有ニ(る)ときは門戸一、則(ち)通《カヨ》∠テて入レ(り)て〈別訓 ときに〉路に、(同 五 13/5―6) カヨヒテ↓カヨ∠テ

(四三) 其(の)戰ニ遁(るる)者(も)ノハ、繕《ツク》レロテ楯ヲ會《ア》ヒ集(ま)ル。(眞・將門記承德點 複 3ウ) ツクロヒテ↓ツクロテ

(四四)　滅度し已はて〈右タマ〈テ〉亦无二し方所一。（東・大般涅槃經末期點　四　13）（ヲハリ）タマヒテ→（ヲハリ）タマ〈テ

(四五)　我が此(の)身は畢竟して不《ず》下從《シタガ》二ムテ婬欲和合一に而も得中(る)もの(は)生上(する)こと也。（東・大般涅槃經末期點　四　9）シタガヒテ→シタガムテ

(四六)　二(に)來意と者は、前品之中に依二(り)て於法則一(に)持誦(せ)よ・とイフツ。（龍・大毗盧遮那經供養次第法疏康平點　下　50ウ）イヒツ→イフツ

(四七)　如二(く)十二因緣を者《イ》一フツルが、一切の諸法も亦如レ(く)是(の)說け。（同　上　38ウ）イヒツル→イフツル

(四八)　輕二易《イ》シ大沙門一を、於レシテ前に戲(れ)笑《ワラ》フツ、放《マネ》二ビ其(の)語言一(を)、（石・沙彌威儀經中期點（角筆）5／7―8）ワラヒツ、→ワラフツ、

(四九)　始メ與二高帝一唼《ス、》レテ(天)血《チ》を盟《チカ》フシトキに、諸―君不《ザ》レリキ在ラ邪《ヤ》。（毛・史記延久點　呂后本紀　復　4オ）チカヒシ→チカフシ

(五〇)　故《も(と)》(の)吏《(音)》二千石以上の、從《(した)ガ》二フシ(左)高―帝一に潁川の守尊《(音)》等《ラ》千人には食《ニハヽ》二マシメヨ邑六百戶一。（東北・史記延久點　孝文本紀　復　15）シタガヒシ→シタガフシ

(五一)　憶《ムカシ》―昨在レ(り)て家に爲レ(り)シ女《ム(すめ)》時、人ノ(左)言《イ》フシク〈左フ〉、「擧―動有二(り)と殊―姿一」（神・白氏文集天永點　四　複　16オ）イヒシク→イフシク

(五二)　似レむ見下(る)に叱二呵セシ〈左イサヒイサフシ〉希烈《(人名)》一を時上を。（同　四　複　2ウ）イサヒシ→イサフシ

なほ、四段活用動詞の活用語尾ビ・ミが接續助詞テに續く時、ウまたはフとなることがある。ただし、實際の發音は、純粹の〔u〕ではなく、鼻音化してゐたのではないかと考へられる。

（五三）我慢自矜高といは者、恃《タノ》ニウデ此の諸見一を擧《アガ》リ、我レ自《み(づから)》高《タカ》ブルナリ也。（石・法華義疏長保點　四　14/19）タノミテ→タノウデ

（五四）曾《カ(つて)》作ニ(り)て比丘一と、於《し》ニて他《ヒト》ノ粟田の邊一に、摘《ツ》ニてウデ一莖の粟一を觀ニ(る)ときに其の生熟一せるを、數《アマタ》ノ苙《アハツビ》墮レ(ち)き地に。（同　一　14/4）ツミテ→ツウデ

（五五）假使ひ三子の病《ヤ》ウデ扙《依也》而死ぬとも、餘の有ニ(ら)む一の子一。（石・大般涅槃經治安點　二）藤枝德三氏によるヤミテ→ヤウデ

（五六）愚痴にして憙《コノ》ウデ忘る、无レきし有ニ(る)こと智慧一。（東・大般涅槃經末期點　一八　11/23）コノミテ→コノウデ

（五七）卽ち命《ヨ》ニウデ良き醫一を、欲ニすふ自《み(づから)》療治一せむ(と)。（石・大般涅槃經末期點　七　11/19）ヨビテ→ヨウデ

『梁塵秘抄』に

何色の何摺りか好《この》う給う。（二　三五八）

とあるのも、これと同種の例であらう。

（五八）如下く彼の女人の淨《き(よ)》ニく洗ひ乳一を已(り)て、而も喚《よ》ニふで其の子一を、欲ヰと(する)が令ニ(めむ)還(り)て服一(せ)、我も今亦爾なり。（石・大般涅槃經治安點　七　11）ヨビテ→ヨフデ

(3)　四段活用動詞の連用形語尾チ・リが、接續助詞テ、完了の助動詞ツ、過去の助動詞キの連體形シに續く時、促音となることがある。いはゆる「促音便」で、初期から見える。

（五九）各(の)自(ら)發《タ》テ引《ツラ》ネヨ。向《キ》ニテマキデム於王(の)所一(に)。（石・金剛波若經集驗記初期點　複　22オ）タチテ→タテ

（六〇）屬ニするに堪輿一に以ニ(て)す壁壘一を兮。捎《ウ》ニテ夔魖一を而抶《ウ》ニッ獝狂一を。（上・漢書揚雄傳天暦點　115）ウチテ→ウテ

(六一)　王聞ニ(き)此の語一を、驚怖シ毛《ケ》竪《イヨダ》テ而も心未《ず》レ決《ヤスラ》カナラ。（石・守護國界主陀羅尼經中期點　一〇　3/14）イヨダチテ→イヨダテ

(六二)　當《ア》レテ、中に以レ(て)錐《キリ》を穿《ウガ》て爲《ツク》ニレ小(さ)き孔一を。（天・南海寄歸傳末期點　二　10/14）ウガチテ→ウガテ

(六三)　圜丘隆《タカ》(くし)て隱レせり天を兮。登(り)降(り)峛《リ》―㢟《イ》と(し)て單《メグ》て埢垣たり。（上・漢書揚雄傳天暦點　271）メグリテ→メグテ

(六四)　或は藉《ヨ》ニテて音聲一に以て改レむ凡を。或は由ニて默然一に以(て)成レる聖と。（石・法華義疏長保點　一　1/9）ヨリテ→ヨテ

(六五)　注云、探《サグテ反》レて賾(を)〈右　黄　深也〉〈左　キイ反〉不レぬを可レ(から)究(む)曰《い》レひ深と、（同　二　24/1）サグリテ→サグテ

(六六)　寒―氣中《アタ》レ(て)人に、肥―骨酸《ス》シ。（神・白氏文集天永點　三　複　19オ）アタリテ→アタテ

(六七)　我執は皆緣ニして无常の五取蘊の相一を、妄《イツハ》ムテ執して爲レ(す)我と。（石・成唯識論寛仁點　一　4/8）イツハリテ→イツハムテ

(六八)　論に據《ヨ》ニムて麁顯一なるに、唯(だ)說ニ(け)り癡分一ぞ・と。（同　六　12/12）ヨリテ→ヨムテ

(六九)　時―分懸《ハル》カに隔《(へだ)》タムて无ニ(き)が緣義一故(に)。（同　一〇　5/25―26）ヘダタリテ→ヘダタムテ

(七〇)　凡夫愚人は妄《イツハ》∠て生《な》ニして憶想一を、（石・大般涅槃經治安點　八　17）イツハリテ→イツハ∠テ

(七一)　衆生見《ル》下たり我は爲《ナ》ニして∠テ太子一と、於ニ五欲の中一に歡娯して受セ(く)と樂を〈別訓　スト〉。（東・大般涅槃經末期點　四　10）ナリテ→ナ∠テ

(七二)　相師占レすらく我を、「若(し)不《ず》ニは出家一せ、當に爲《ナ》ニ∠テ〈ヲコト点　なりて〉轉輪聖王一と王ニタルベシ・ト〈ヲコト点　となるへし〉閻浮提一に。（同　四　10）同

(七三)　示丁現スとなり法の雨フ∠テ〈ヲコト点　をもて〉滅ニして地獄の火一を、令丙彼の衆生をして受乙けしメム・と安隱の樂甲を。（同　四

10）フリテ↓フ∠テ

（七四）雪仙王、按ニして其ノ首一ヲ而斬《キ》レッ之ヲ。（興・三藏法師傳永久點　五　8/20）キリツ↓キツ

（七五）譬（へ）バ如下（し）伐レ（る）ニ樹ヲ但（だ）斷《キ》ニツルトキ其ノ根一ヲ枝條自（ら）殄《盡也》上（くる）ガ。（同　五　3/17）キリツル↓キツル

（七六）初の四頌は裝《ヨソ》ヒ校《カザ》シことをいふ。（石・妙法蓮華經玄賛中期點　六　10/12）カザリシ↓カザシ

（七七）本契《チギ》ニシこと出家一を、希《ネガ》ニヒて情に解脱一を………偃《フサ》ニガムトなり四―瀑之洪流《コル》一を。（天・南海寄歸傳末期點　二　14/22―23）チギリシ↓チギシ

（七八）縱ひ經《ヘ》ニシカドモ………遂《オ》レフて命を波のごとくニ遷《ウツ》一シことを、然も此（の）契―心を曾《か(つ)》て无レ（か）りき有レ（る）こと廢《ヤ》ムこと（京博・南海寄歸傳末期點　四　2/25）ウツリシ↓ウツシ

（七九）到《(い)タ》ニショリ君が家―舍一〈左　イヘ〉に五六年、君が家の大―人頻（り）に有レラク言《イ》フこと、（神・白氏文集天永點　16ウ）イタリショリ↓イタショリ

ラ行變格活用動詞アリ、形容詞補助活用の連用形語尾リが、完了の助動詞ツ、過去の助動詞キの連體形シなどに續く時にも、促音となることがあつた（促音便）。この内、ラ變の轉ずるものは初期末から見え、形容詞補助活用の轉ずるものは中期になつて現はれる。

（八〇）我（れ）常に思ニ念シツレども此（の）子一を、無レかっ由レ見レ（るに）之を。（龍・妙法蓮華經末期點　二　26/9）ナカリツ↓ナカツ

（八一）既（に）不《(ず)》ニアシカバ重（ね）て綴一（ら）、詞句遂に踈なりキ。（東・金剛般若經贊述仁和點　2/2）アリシカバ↓アシカバ

（八二）古《イニ(しへ)》之良―吏（の）有《ア》ニシモノ〈左　シモノ〉善―政一、以レ（て）政を驅《カ》レリシカバ〈左　カレ〉蝗を、々出《イ》レッデキ〈左　テキ〉境を。（神・白氏文集天永點　三　複　14ウ）アリシ↓アシ

（八三）如ニク……不レが應レ（から）言ニ（ふ）所照の物の性本より无カシガ今有一（り）とは、（小・大乘掌珍論天暦點　11/28）ナカリシガ→ナカシガ

（八四）君不レヤ見、……煬帝之季ノ年、群臣は有レ（り）利《カヾ》、君は无レカシヲ利《カヾ》。（神・白氏文集天永點　四　複　23ウ）ナカリシヲ→ナカシヲ

(4) 四段活用動詞の連用形語尾リが、完了の助動詞ヌに續く時、撥音〔n〕となることがある。いはゆる「撥音便」の一種で、前記促音と同様、平安時代を通じて零表記されることが多く、その例は初期から見えるが、中期以後になると、假名のムや特殊記號∠を用ゐるものも現はれる。

（八五）世尊告（げ）て曰《のたま》はく、「……大衆皆生ニ（し）てム迷悶一を。或《アル》イは不ニ信－受一セズナナム・とのたまふ。」（東・地藏十輪經元慶點　一　8/22）ナリナム→ナナム

（八六）由下（り）て……皆捨ニ（て）て守護一を不中〔ずなりヌル〕護念セズ已《ヲ》上ハヌルニ、時に彼（の）國土（に）自－軍他－軍競ヒ起（り）て、（同　四　4/3－6）ヲハリヌル→ヲハヌル

（八七）若（し）如レくイハヾ是（の）、便（ち）與ニ世尊の所説の初被等の方便の涅槃一と不《ズ》レナ、ムが別に（あら）故（にといはば）者、（東・金剛般若經贊述仁和點　15/19）ナリナムガ→ナナムガ

（八八）一切の諸法は本無（き）イ今有リ。已に有（る）は還（り）て無くナヌ。（石・守護國界主陀羅尼經中期點　四　6/23）ナクナリヌ→ナクナヌ

（八九）譬（へ）ば如四く有る人毒の箭中《アタ》ヌルときは、……思三惟するが……令ニ我を安樂一にアラシメヨ・と、（同　一　9/8－9）アタリヌル→アタヌル

（九〇）　禮畢《ヲハ》ナバ罷《マ》ケヨ〈左　マケム〉。非二(ず)は旦一夕の臨ノ時一に、禁シて毋レ(から)シメヨ得《ウ》ニルコト擅(しいまま)に哭一すること。（東北・史記延久點　孝文本紀　複　38）ヲハリナバ↓ヲハナバ

（九一）　聖一教東流して、年垂《ナ》ニ、ムトス〈右　黒　ナ∠ナムトス〉七百一に。（天・南海寄歸傳末期點　一　4/7）ナリナムトス↓ナ、ムトス〈黒　ナ∠ナムトス〉

（九二）　像教東漸して年垂《ナ》ニ∠ナムトス六百一ニ。（興・三藏法師傳承德點　九　5/7）ナリナムトス↓ナ∠ナムトス

(5)　ナ行變格活用動詞イヌ（去）・シヌ（死）の連用形語尾ニが、過去の助動詞キの連體形シ、完了の助動詞タリなどに續く時、撥音〔n〕化して、インジ・シンダリとなることがあつた。撥音便〔n〕の一種で、中期から始まつたが、接續助詞テに續いて、インデ・シンデとなるのは、鎌倉時代以後のことである。これについては、「活用の種類とその變化その一」（一一五頁）參照。

(6)　四段活用動詞の連用形語尾ビ・ミが、接續助詞テ、完了の助動詞ヌ・タリ、尊敬の補助動詞タマフなどに續く時、ウまたは撥音になることがあつた。ウになるものは、前述したやうに、鼻音化された〔u〕と考へられるが、撥音になるものは、いはゆる「撥音便」の一種で、(4)(5)が〔n〕であるのに對して、これは〔m〕である。〔m〕撥音便は、平安時代を通じて、假名のムで表記され、初期から見える。ウに轉ずるものは、中期から現はれる。

（九三）　由二(る)が忍辱一に故(に)、拒《コバ》ムで外の怨害に不《ぬ》レこと能レ(は)侵(さ)ル、こと、（東・金剛般若經贊述仁和點　5/27）コバミテ↓コバムデ

（九四）　取二(り)て淨妙の相一を、策《ハゲ》ムで令二(む)ルなり歡悅一セ。（石・瑜伽師地論初期點　二八　8/27）ハゲミテ↓ハゲムデ

（九五）　聰明にシて慈レ(み)タマフ人を。好《コノ》ムで喜《ヨロコ》ニブ布施一を。（石・大方便佛報恩經中期點　一　14/20）コノミテ↓コノムデ

（九六）集二(め)て諸の華一を、釀《サケカ》レムデ海を為《ナ》レスニ酒と而不《ず》レ成(ら)。（石・法華義疏長保點　一　24/8）サケカミテ→サケカムデ

（九七）恃《タノ》レムで己を於レに他の高(く)擧(が)るを為レ(す)性と。（石・成唯識論寛仁點　六　7/4）タノミテ→タノムデ

（九八）陵二轢シ(て)邊吏一を、入《イ》リ—盜《ヌス》ムデ、甚—(だ)敖《オゴ》テ無—道ナリ。（東北・史記延久點　孝文本紀　複　22）ヌスミテ→ヌスムデ

（九九）我(れ)見下て大雄《オウ》の哀《カナシ》二ムで世間一を、智慧の大海光明照上(り)たまヘルを、（石・守護國界主陀羅尼經中期點　一　5/20）カナシビテ→カナシムデ

（一〇〇）觀察シて運《ハコ》レムで想を、以二(て)前の供具一を恭二敬シ供三養(し)たてまつること諸(の)佛菩薩一に、（同　一　16/20）ハコビテ→ハコムデ

（一〇一）其の子號《サケ》ビ咷《ヲラ》ムデ而も作二(さ)く是の言《こと》一を、（石・大般涅槃經治安點　八　19/10）ヲラビテ→ヲラムデ

（一〇二）門徒等聞レ(き)て之を哀(し)ビ鯁《ムセ》ムデ、各〻收《ノゴ》レフテ涙を啓して曰(はく)、（興・三藏法師傳承德點　一〇　9/1）ムセビテ→ムセムデ

（一〇三）徐《ヤウヤ》ク運《ハコ》二ムデ恵の手一(を)、一々披《ヒ》—析《尺》シテ、（東急・大日經義釋延久・承保點　八　14ウ）ハコビテ→ハコムデ

（一〇四）逮《オヨ》二ムデ復思量分別一に、徒に成二(す)が戲論一(を)故(に)、（同　八　48オ）オヨビテ→オヨムデ

（一〇五）愍《アハレ》下ムたまふ行二する邪道一を諸の有情(の)不セことを履《フ》二マヌ如來の正法の跡一を。（石・守護國界主陀羅尼經中期點　五　17/23）アハレビタマフ→アハレムタマフ

（一〇六）然(も)無上世尊、大慈悲父、慜《カナ》二シムたまふ生の淪一を。（天・南海寄歸傳末期點　一　15/10）カナシビタマフ→カナシムタマフ

また、四段活用動詞の活用語尾ミが、過去の助動詞キの連體形シを伴ふ時、ムとなることがある。撥音便〔m〕の一種で

あらう。

（一〇七）君不レや見、穆王の三日の哭《(音)》を。重一壁臺前に傷《イ(た)》ニむ〈左　イタムシコトヲ、又イタメリ〉盛姫一を。（神・白氏文集天永點　四複　13オ）イタミシ↓イタムシ

〔補説〕

撥音便の内、〔m〕をムで、〔n〕を零表記で示すことは、平安時代の和文でも一般に用ゐられたらしい。本項に關係のある範圍で見ると、例へば、『土佐日記』に

〔m〕　よんたる（詠ミタル）　つんたる（摘ミタル）

〔n〕　あなる（有ル（り）ナル）　ししこ（死ニシ子）

などの例があつて、訓點語の場合と同様である。

(7)　四段活用動詞の連用形が、他の動詞と結合して複合語を作る時、オモヒ・ミレバ↓オモンミル、オモヒ・ハカル↓オモムハカル（m撥音便）、ホリ・ス↓ホッス（促音便）となる例や、下二段活用動詞の連用形が補助動詞マツル（奉）と結合して複合語を作る時、ツカヘ・マツル↓ツカンマツル（奉仕）となるやうな例も、中期から現はれる。

（一〇八）以《オモ》ニムミレバ其ノ明懿《イ》一ヲ、足レレリ繼ニ(ぐ)ニ世親の昆季之風一ヲ。（興・三藏法師傳永久點　二　15/15）オモヒ・ミレバ↓オモムミレバ

(一〇九)　慮《オモ》下ムハカリ有二(り)て不一圖一點《ケガ》中シ(朱)穢《ケガ》サムコトヲ宮宇上ヲ、思三フ欲フ(朱)出レ(で)テ外ニ自《ミ(づから)》屛《シリゾ》二カムト溝壑《コウガク》一ニ。(同　九　19/6) オモヒ・ハカリ→オモムハカリ

(一一〇)　一(は)奉レ(り)施二(し)自身一を、爲《な》レり僕《ヤツコ》ト所レなり使《ツカ》ムマツル。(京・蘇悉地羯羅經略疏寛平點　七　9/4―5) ツカヘ・マツル→ツカムマツル

(一一一)　以二(て)中臣の鎌子の連一を拜二す神祇の伯《カミ》一に。再三《シキリ》に固辭《イナ》ビて不レ就《ツカムマツラ(ず)》。(東洋・日本書紀中期點　皇極三年) ツカヘ・マツラズ→ツカムマツラズ

(一一二)　諸佛如來は雖レ(も)欲《ホ》三すト於レに彼ガ作二(ら)むト義利の樂一を、然(も)彼い〔に〕不《ず》レ能レ(は)領二受すること所作の義の利の樂事一を。(石・瑜伽師地論初期點　七二　3/12―13) ホリ・ス→ホス

(一一三)　呂産《(人名)》欲《ホ》レ∠スす爲《セ》ニマク不―善一を。丞相陳平《(人名)》與二太尉周勃《(人名)》一謀(り)て奪二ヘリ呂産《(人名)》等が軍一を。(東北・史記延久點　孝文本紀　複　9) ホリ・ス→ホ∠ス

(一一四)　王聞(き)て震(ひ)怒(り)て欲《ホ》レッ(す)置二カム(と)嚴―刑一に。(石・大唐西域記長寛移點　一　189) ホリ・ス→ホッ(ス)

(一一五)　王欲《ホ》二∠スル(も)於《□》本國一を、苦二(しぶ)其の暑―濕一に。(同　三　378) ホリ・スル→ホ∠スル

(一一六)　命欲《ホ》レッスル終(らむと)時、(敎行信證)　吉澤義則博士による。ホリ・スル→ホッスル

(一一七)　劫欲《ホ》レチスル盡(きむと)時、(同　) ホリ・スル→ホチスル

(8)　和文では、ラ行變格活用動詞アリの連體形語尾ルが、指定・傳聞の助動詞ナリ、推量の助動詞メリに續く時、しばしば撥音〔n〕化して、アンナリ・アンメリとなるが、訓點語にはその例が乏しい。次の例は、いはゆる傳聞推量のナリに、ラ變のアリ、完了の助動詞タリが續き、アル(またはアリ)ナリ、タル(タリ)ナリが、撥音便でアンナリ・タン

ナリとなつた、極めて珍しい例である。

（二八） 婦の言(は)く、「我(れ)常に聞く、『太子須大拏トイフといふ(ひと)坐《イマ》シテ、布施(を)大｜劇《イタ》クするが故に、父の王に徙《ウツ△》サ(れ)て著《□》ニタナリ〈左ツケラレタナリ〉檀特山の中ニに。有《ア》ニナリなり一男一女ノ。』可《ユル》ニシテム往(き)て乞レ(ふ)モノナラバふならば之。」（石・佛說太子須陀拏經中期點9／4）ツケラレタルナリ→ツケラレタナリ、アル（アリ）ナリ→アナリ

右は、ある婆羅門の妻が、須大拏太子が、父王の命によつて城を追はれ、檀特山に移されたこと、一男一女のあることなどを人の噂に聞いて、夫の婆羅門に、その子どもを貰ひに行つてくれるやうに、賴んでゐるところであつて、二つのナリは、正しく傳聞の意を表はしてゐる。觀智院本『三寶繪詞』にも同じ說話があつて、ここの所は

妻又云ク、「須太那太子ハ深キ山ニ被レ遣ニタナリ。二人ノ子有ラム。行キテ乞ハヾ、必ズ得トテム」勸レバ、（上　一二話）

と言ひ、前の方は「遣ハサレニタナリ」と同じやうな表現をしてゐるが、後の方は「有ラム」といふ、單純な推量表現を取つてゐる。今の場合は、石山寺本の「有ナリ」がより適切な表現といふべきであらう。

第二節　活用形の用法

動詞の活用は、これに屬する動詞の語彙數と使用頻度とにかなりの差があつて、活用の種類により、頻用されるものとさうでないものとがある。また、動詞の機能は、未然・連用・終止・連體・已然・命令の六種の活用形を通して、分業的に發動するが、各活用形の用法にも廣狹の差があつて、やはり、頻用されるものとさうでないものとがある。

例へば、左記の資料について、動詞の延べ語數を、活用の種類と活用形との二點から調べて見ると、「表一」「表二」

の通りである。

和文資料

『源氏物語』（桐壺・帚木）、『更級日記』

訓點資料

西大寺本『金光明最勝王經』平安初期點（巻一・二）、龍光院本『妙法蓮華經』平安末期點（巻一・二）、毛利本・東北大學本『史記』延久點（呂后本紀・孝文本紀）、神田本『白氏文集』天永點（巻三・四）

備考　(1)　未然形には、サ行變格活用に完了の助動詞リの付いたもの、四段・ラ行變格活用に接尾語クの付いたもの、四段・下二段・サ行變格活用に接尾語マクの付いたものを含む。

(2)　終止形には、四段・上二段・下二段・サ行變格活用に接尾語ラクの付いたものを含む。

(3)　命令形には、四段活用に完了の助動詞リの付いたものを含む。

概して言へば、活用の種類から見た場合の使用頻度は、和文では

四段、下二段、ラ變、サ變、上一段、上二段、カ變、ナ變

訓讀文では

四段、サ變、下二段、ラ變、上一段、上二段、ナ變、カ變

の順であつて、訓讀文では、サ行變格活用の使用頻度が高く、下二段の上に來てゐる點が特徴である。

活用形から見た場合の使用頻度は、和文では

表一　活用種類別使用頻度比較

	四段	上二段	下二段	上一段	ナ變	ラ變	カ變	サ變	計
源氏	1645	56	723	127	1	289	10	161	3012
	55	2	24	4		10		5	
更級	1440	46	526	128	0	184	41	138	2503
	58	2	21	5		7	2	6	
最勝王經	946	18	284	50	0	215	1	790	2304
	41	1	12	2		9		34	
法華經	1006	31	403	95	3	136	0	803	2477
	41	1	16	4		6		32	
史記	895	34	290	33	5	70	0	547	1874
	48	2	16	2		4		29	
文集	1358	60	448	88	20	123	2	363	2462
	55	2	18	4	1	5		15	
和文	3085	102	1249	255	1	473	51	299	5515
	56	2	23	5		9	1	5	
訓讀文	4205	143	1425	266	28	544	3	2503	9117
	46	2	16	3		6		28	

（備考）　上段の數字は延べ語數，下段はその％

連用、未然、連體、終止、已然、命令

訓讀文では

連用、未然、終止、連體、命令、已然

の順であつて、訓讀文では、終止形が連體形の上に、命令形が已然形の上に來てゐるのが特徴である。もつとも、命令形が多いのは、四段活用に完了の助動詞リの付く形が多いことにも原因がある。(注1)

1　各活用形の用法

(1)　未然形

未然形は、獨立性の乏しい活用形で、奈良時代以來、單獨で用ゐられたことはなく、常に助詞・助

表二　活用形別使用頻度比較

	未然	連用	終止	連體	已然	命令	計
源氏	509 20	1312 52	226 9	328 13	90 4	77 3	2542
更級	343 17	1100 52	161 8	401 19	71 3	42 2	2118
最勝王經	498 22	912 41	309 14	438 20	9	49 2	2215
法華經	426 18	1360 58	229 10	234 10	27 1	68 3	2344
史記	422 23	690 37	468 25	158 9	9	101 5	1848
文集	446 19	890 38	529 22	290 12	39 2	171 7	2365
和文	852 18	2412 52	387 8	729 16	161 3	119 13	4660
訓讀文	1792 20	3852 44	1535 17	1120 13	84 1	389 4	8772

（備考）　上段の數字は延べ語數，下段の數字はその％

動詞・接尾語を伴つて用ゐられてゐる。

①　助詞を伴ふ場合

奈良時代には、接續助詞バ、終助詞ナ（希望）・ナム・ナモ・ニ・ネ（要求）などを、平安時代には、接續助詞バ、終助詞バヤ（希望）・ナム（要求）などを伴つたが、訓讀文では、接續助詞バしか伴はなかつた。

②　助動詞を伴ふ場合

奈良時代には、使役のシム、受身のル・ラユ・ユ、否定のズ・ザリ、否定推量のジ、推量のム・マシ、尊敬のス（四段）などを、平安時代には、使役のス・サス・（シム）、受身のル・ラル、尊敬のス・サス・（シム）・ル・ラル、否定のズ・ザリ、否定推量のジ、推量のム・マシの他、連語のムズ・ウズ（推量）、マホシ（願望）・マウシ（嫌惡）などを伴つた。訓讀文では、使役のシム、受身のル・ラル・（ラユ）、尊敬のル・ラル、否定のズ・ザリ、否定推量のジ、推量のム・マシなどの他、サ變に限り、過去の助動詞キの連體形シ・已然形シカ、完了の助動詞リを伴つた。

③　接尾語を伴ふ場合

奈良時代には、ク・ナク・マクなどを伴つて、體言化、または副詞化する用法があつたが、平安時代に入ると、和歌を除いて、一般の和文では用ゐなくなつた。訓讀文では、ク・マクだけを踏襲して、ナクは用ゐなかつた。

動詞が活用し、その活用形が單獨で用ゐられるのは、詞が辭（陳述）を兼ねるといふことであるが、未然形の場合、單獨で用ゐられず、しかも、機能上、辭たる助動詞よりも、むしろ詞たる接尾語と見なされるべき、使役・受身・尊敬のシム・ス・サス、ユ・ラユ・ル・ラルなどを伴ふことは、未然形が極めて詞的な存在で、辭的な機能の乏しいことを示してゐる。また、未然形の伴ふ助詞が、假定・希望・要求を表はし、助動詞が、否定・推量を表はすものに限られてゐることは、未然形の表現するものが、いまだ現實的に存在しない事がらであることを示すものであらう。未然形の持つ、かうした特徴は、訓讀文の場合も全く同樣であるが、希望・要求を表はす終助詞ナ・ナム・ナモ・ニ・ネ・バヤ、願望・嫌惡を表はす連語マホシ・マウシなどを伴はないのは、訓讀文における未然形の機能が、奈良時代や平安時代の和歌・和文に比べて、それだけ狹いといふことである。助詞・助動詞・接尾語を伴ふ場合の具體的な用法については、それぞれの項で述べる。以下各活用形についても同樣である。

(2)　連用形

①　單獨で用ゐられる場合

連用形が單獨で用ゐられるのは、中止法である。中止法は、文字通り、表現を中止して言ひさすもので、奈良時代から平安時代を通じて用ゐられ、訓讀文においても同樣であつた。

狹井河よ雲立ちわたり、畝火山木の葉さやぎぬ（記歌謠　二一）音に聞き、目にはいまだ見ず（萬葉　八八三）人の心をのみ動かし、恨みを負ふつもりにやありけむ（源氏　一ノ二七）

（一）得ニ人身一を、諸根《(音)》具足し、得レ値《ラ》（ふ）こと佛法一に、能く別《ワキマ》ニフル好醜一を、是を爲ニ（す）甚（だ）難一（し）と。（東・成實論天長點　二一 4/24－25）

（二）親友は懷ニキ瞋恨一を、眷屬は悉ク分レ離レ、彼レ此レ共に乖キ違（ひ）て、（西・金光明最勝王經初期點　一 4/6）

（三）食罷《ワハ》ル（て）之時に、或（る）い（は）以レ（て）器《ツキ》を承ケ、或（る）い（は）在《オ》ニキ屏《カク》レたる處一に、或（る）い（は）向ニふ渠竇《キヨトウ》一に。（天・南海寄歸傳末期點　二 5/22）

（四）象ハ生《イ》キ、犀ハ死（に）て、何ゾ足レラむ言《イ》フに。（神・白氏文集天永點　三 複 18ウ）

なほ、同じ動詞を繰り返す場合、和文では

(ア) 中間に格助詞ニ・トを挾んで、「明けに明く」「退けに退く」「ありとある」「生きと生く」のやうな形を取る。

(イ) 「絶え〲」「枯れ〲に」のやうに副詞化して用ゐる。

のいづれかの形を取るが、訓讀文では、動詞をそのまま反復することが多く、(ア)(イ)のやうな例は却て求めがたい。

笞撻ウチウタムトス（石・金剛波若經集驗記初期點）　塵黷ケガシケガして　慚恧ハヂハヅ（知・玄奘法師表啓初期點）　勉厲ハゲミハゲミて（石・大智度論天安點）　履踐フミフミて（石・瑜伽師地論初期點）　縱放ユルシユルス　展轉ツタヘ、、テ　不觀看みみされ（京・蘇悉

地羯羅經延喜點） 符會《カナヒカナヒぬ》（石・妙法蓮華經玄贊中期點） 遷徙《ウツリウツリテ》 整齊《ト、ノヘト、ノヘテ》 揆度《ハカリハカリ》 埶下《クダリクダリテ》（興聖・大唐西域記中期點） 奔馳《ハシリハシリて》 縈纏《マツヒマツフて》 篡奪《ムバヒムバ、ム》（石・守護國界守陀羅尼經中期點） 愧恥《ハヂハヅルこと》 傷悼《イタミイタムで》 霑汙《ケガシケガせり》（春・金光明最勝王經中期點） 彰著《アラハレアラハル》 虧缺《カケカケたる》 旋轉《メグラシメグラセバ》（國・大毗盧遮那成佛經治安點） 繼嗣《ツイツギに》（毛・史記延久點） 藏竄《カクれカクル》 切責《セメセメ》 踐蹋《フミフム》（龍・妙法蓮華經末期點） 齎持《モチモチ》 安置《オきオカム》 戰慄《オソリオソル》 惻量《ハカリハカルコト》 馳騁《ハセハス》 債索《モトメモトム》 佷悷《モトリモトリて》 淋漏《モリモル》（東・大般涅槃經末期點） 亘絶《ワタリワタルこと》 棄捐《ステステツ》（神・白氏文集天永點）

『源氏物語』にも、「すてすてつ」の例があるが、

「胡の地の妻兒をば、むなしく、棄てゝつ」と誦じたるを（二ノ三四一）

それは、『白氏文集』を引用したところであつて、右に擧げた「棄捐《ステステツ》」と同じものである。

②　助詞を伴ふ場合

奈良時代には、格助詞ニ（目的・反復）、接續助詞テ・ツツ・ナガラ・ガテラ（ガテリ）、係助詞ハ・モ・ゾ・ヤ・カモ、副助詞ノミ、終助詞コソ（要求）、ソ（禁止）、シガ・テシガ・ニシガ（願望）、間投助詞シなどを、平安時代には、格助詞ニ（目的・反復）・ト（反復）、接續助詞テ・ツツ・ナガラ・ガテラ（ガテリ）、係助詞ハ・モ・ゾ・カ・ヤ・ナム、副助詞ナド・ダニ・ノミ、終助詞ソ（禁止）、間投助詞シなどを伴つたが、訓讀文では、接續助詞テ・ツツ・ナガラしか伴はなかつた。格助詞や接續助詞は、文の論理的構造を示すために必要であるが、係助詞・副助詞・終助詞・間投助詞などは、情意の表現に役立つものである。訓讀文では、目的を示すためには、ニよりもタメニを用ゐ、反復には、ニ・トを用ゐるより連用法によることが多かつたから、訓讀文では、一般に格助詞ニ・トは用ゐず、論理的な關

係は、もつぱら接續助詞によつて表はした。動詞の連用形が係助詞・副助詞・終助詞・間投助詞を伴ふのは、終助詞ソ（禁止）を除いて、本來、次の動詞に續いて連用法を構成すべき場合に、その中間に割りこむ形である。

行くもとまるも、みな泣きなどす。（更級　四八二）ゆゝしきさまに思ひだによらむやは。（同　五三二）ありもつかず、いみじうものさはがしけれども、（同　四九〇）あか月になりやしぬらむと思（ふ）ほどに、（同　五〇一）いとかう思ひな入り給ひそ。（源氏　一ノ二三一）

しかるに、訓讀文では、禁止にはコトナ、コトマナ、コトナカレ、ザレなどを用ゐて、ナ――ソは、特種な資料を除いて、一般に用ゐなかつたし、また、動詞が動詞に續く場合には、直接に續いて、兩者の間に、係助詞・副助詞・終助詞・間投助詞などを挾まないのが普通であつた。このことは、訓讀文における動詞連用形の用法がそれだけ狹いこと、また、訓讀文が情意表現に乏しいことを示してゐる。

③　助動詞を伴ふ場合

奈良時代には、過去のキ・ケリ、過去推量のケム・ケラシ、完了のツ・ヌ・タリなどを用ゐ、平安時代も全く同様であつた。訓讀文では、過去のキ・ケリ、完了のツ・ヌ・タリを用ゐたが、過去推量のケムは初期の資料にまれに見え、ケラシは院政期以後になつて現はれて來る。[注2]連用形の伴ふ助動詞が過去・完了・過去推量を表すものに限られてゐることは、連用形の表現するものが、既存の事實に關連するものの多いことを示してゐる。連用形の伴ふ助詞の內、使用例のもつとも多いのは接續助詞テであつて、和文では二六パーセント、訓讀文では五二パーセントぐらゐを占めてゐるが、このことは、助動詞について見られるところと矛盾しない。テは、完了の助動詞ツから出て、「上接の叙述を確認的に云い定める機能をもつている」[注3]からである。

④　敬語の補助動詞を伴ふ場合

奈良時代には尊敬のタマフ・タブ・マス、謙譲のマツル、丁寧のタマフルなどを、平安時代には、尊敬のタマフ・オハス・タブ、謙譲のタテマツル・マヰラス・キコユ・マウス、丁寧のタマフル・ハベリなどを伴つたが、訓讀文では、尊敬のタマフ・タブ、謙譲のタテマツル、丁寧のタマフルなどを伴つた。訓讀文の待遇表現は簡單であつて、オハス・マヰラス・キコユは全く用ゐず、マウスは動詞として頻用し、ハベリはやはり動詞として、それもきはめてまれに用ゐた。

(3)　終止形

①　單獨で用ゐられる場合

終止形が單獨で用ゐられるのは、通常の形で文を終止する場合であつて、これを第一終止法と呼ぶことにする。終止形を第一終止法として用ゐることは、奈良時代から平安時代を通じて變らないが、その使用頻度は、資料によつてかなりの違ひがある。「表一」「表二」と同じ資料について、終止形の用法を調べてみると、「表三」のごとくである。

和文・訓讀文を通じて、第一終止法がもつとも多いが、特に訓讀文の場合、第一終止法が終止形の全用例數の大部分を占めてゐるのは、それだけ助詞や助動詞を伴ふ場合が少く、文の構造が簡單で、表現が單純だといふことである。和文の内、『源氏物語』と『更級日記』とでは、第一終止法の使用頻度に二七パーセントの差があり、兩者の文體の相違を見ることができる。訓讀文でも、『史記』延久點と『白氏文集』天永點とでは、第一終止法の使用頻度に一四パーセントの差があり、兩者の訓法の相違が窺はれる。同じ漢籍の中でも、史書の讀み方は單調であるが、文學書の讀み方は比較的變化に富み、和文寄りといふことができる。

表三　終止形使用頻度比較

	終止形總數	第1終止法	助詞を伴ふもの	助動詞を伴ふもの
源氏	226	102 46	23 10	101 45
更級	161	118 73	6 4	37 23
最勝王經	224	195 87	10 5	19 9
法華經	460	432 94	2	26 6
史記	520	495 95	7 1	18 4
文集	159	129 81	3 2	27 17
和文	387	220 57	29 8	138 36
訓讀文	1363	1251 92	22 2	90 7

② 助詞を伴ふ場合

奈良時代には、接續助詞トモ、係助詞モ・ヤ・ナ（禁止）、副助詞ガニ・バカリ、間投助詞ナ（感動）などを伴つた。平安時代の和文では、接續助詞ト・トモ、係助詞ヤ・ナ（禁止）、副助詞バカリ、終助詞カシ、間投助詞ヤ・ヨなどを伴つたが、訓讀文では、接續助詞トモ、係助詞ヤの他、引用句を受ける格助詞のトしか伴はず、終止形接續の助詞の使用ははなはだ少い。

③ 助動詞を伴ふ場合

奈良時代には、否定推量のマシジ、推量のラム・ラシ・ベシ・ベカリ・ナリ（傳聞）を、平安時代の和文では、否定推量のマジ、推量のラム・ベシ・ベカリ・メリ・ナリ（傳聞）を伴つた。マジはマシジの變化したもの。メリは、『萬葉集』に問題の例があるが、確實な例は平安時代になつて現はれる。ラシは、和歌を除いて、和文では用ゐられなくなつた。訓讀文では、否定推量のマジ、推量のベシ・ベカリを伴つた他、ラム・ラシ・ベケム・ナリ・ベラナリをまれに伴ふことがあつた。ベラナリは、平安時代になつて新たに加はつた助動詞で、『古今和歌集』前後の和歌に多く、和文では用ゐられなかつた。終止形につく助動詞は、もつぱら推量表現に關するものである。

(4) 連體形

① 單獨で用ゐられる場合

連體形が單獨で用ゐられるのには、第二終止法・詠歎終止法・連體法・準體法がある。

第二終止法は、係助詞ゾ・ナム・ナモ・ヤ・カなどの係りを受けて、連體形で文を結ぶものを、わたくしに呼ぶ。奈良時代から平安時代を通じて行はれ、訓讀文でも同様であつた。ただし、訓讀文では、係助詞ナム・ナモは用ゐられなかつたから、これらの助詞を受けた第二終止法の例はない。

（五）四(は)者、於ニに諸の衆生一の起ニせるなり慈—無量一をサへ。是をゾ謂《い》レふ爲《す》レとは四と。（西・金光明最勝王經初期點　三　4/6）

（六）菩薩摩訶薩の行ニしたまふ般若波羅蜜多一を時には、能く………攝ニしたまふ諸の有情一を。是のみぞ爲ニ甚—希—有之法一とはいふ・といゐり。（高・觀彌勒上生經贊初期點（朱）19/10）

（七）是の心云何ぞ得レルル住ニ(する)こと一處一に。（東・成實論天長點　一七　12/13）

（八）疑レ(ふ)といふは法を者、佛法をや爲《す》レる勝と、違陀等をや爲《す》レる勝と邪といふぞ。（東・成實論天長點　一五　9/18）

（九）王子は今何《いづこ》にか在《いま》す。今者爲存してヤいます、亡《うせ》たまひてヤある。（西・金光明最勝王經初期點　一〇　8/10—11）

（一〇）但一切の教は、從レ(り)一生スレバや是の故に歸レすとはいふ一に。亦一切衆生は、從レ(り)一生スレバや以て歸レすとはいふ一に邪。（石・法華義疏長保點　二　3/24—25）

(一一) 依ニ止(し)て何の定一に斷ニする何の煩惱一をか。(東・成實論天長點　一五　13/10)

(一二) 何許の有ニ(り)テカ好く甘き菓、泉の水一有《ア》ニル可レき止《と》ど(まる)處一は邪。(石・佛說太子須陀拏經中期點　7/15)

(一三) 猿《(さ)る》の聲幾《イツ》レノ處にか催《モヨホ》ス。(書・文鏡秘府論保延移點　天　12オ)

詠歎終止法は、係助詞ゾ・ナム・ナモ・カ・ヤなどがない場合に、連體形で文を終止し、感動の意味を表はすものを、わたくしに呼ぶ。

　いかにある布勢の浦ぞも、ここだくに君が見せむと我れをとどむる。(萬葉　四〇三六)　局の人〳〵「怪しき物かな。御前にかゝる物をさし入れて去ぬる。」とて見れば、(宇津保　三ノ一五四)

詠歎終止法は、奈良時代以來用ゐられてゐるが、訓讀文には例がない。訓讀文は、元來感動表現に乏しいのである。

連體法は、體言に續いてその修飾語となる用法である。連體形といふ名稱のよつて生ずる所以であるが、連體形全體に占める連體法の使用頻度は、資料によつてかなりの相違がある。「表一・二・三」と同じ資料について、連體形の用法を見ると、「表四」の通りである。連體法は、訓讀文の方が、和文に比べて二・六倍多いが、助動詞の付くものは、逆に和文の方が壓倒的に多い。

(一四) 如ニし人の依レれルときに王に、責《ハタ》ル主の不《ぬ》レが惱(まさ)。(東・成實論天長點　一三　12/7)

(一五) 師子王の吼《ホ》ユル聲一(た)ビ發るときに、一切の禽獸悉皆驚き怖(り)て、(東・地藏十輪經元慶點　八　3/7)

(一六) 玉女亡《(な)》レ(し)所レ眺《ミ》ニル其(の)清慮一を兮。(上・漢書揚雄傳天曆點　248)

(一七) 少ニシ背《ア》へて封一疆に死《シ》一ヌルコトこと。(神・白氏文集天永點　三　複　8オ)

表四　連體形使用頻度比較

	第二終止法	準體法	連體法	助詞の付くもの	助動詞の付くもの	計
源氏	9	1	187	439	368	1004
	1		19	44	37	
更級	11	1	184	170	35	401
	3		46	42	9	
最勝王經	18	1	289	128	2	438
	4		66	29	1	
法華經	5	3	146	78	2	234
	2	1	62	33	1	
史記	3	1	121	26	4	155
	2		78	17	3	
文集	12	8	200	68	2	290
	4	3	76	23	1	
和文	20	2	371	609	403	1405
	1		26	43	29	
訓讀文	38	13	756	300	10	1117
	3	1	68	27	1	

準體法は、連體形をそのままスルコト・スルモノの意味で、體言と同様に用ゐる用法である。奈良時代以來用ゐられてゐるが、平安時代に入つて頻用されるやうになつた。ただし、助詞を伴ふことが多く、動詞單獨の例は少い。

藤波の咲き行く見れば（萬葉　四〇四二）防人に行くは誰がせと問ふ人を（同　四四二五）よろしき聞えあるを思ひての給ふにや（源氏　一ノ六二）「それか、かれか」など問ふ中に、言ひあつるもあり。（同　一ノ五七）

訓讀文では、和文に比べてその例が少い。準體法は一種の省略であるが、訓讀文は、知的な理解を旨として、論理的な訓法を取るものであるから、必要な語――ヒト・トキ・モノ・コトなど――は補讀して省略しなかつたため、自然準體法の用ゐられる機會が少くなつたのであらう。ただし、和文にはほとんど例のない、提示語法における提示語に、比較的多くの例を見出すのであつて、このことは、漢文訓讀文の特徴として注目すべきである。

(一八) 歡適といは有ニ(り)二義一。一は暢《の》ニ(ぶ)る十方の佛心一を、如ニきなり今我喜无畏一といふが。二は稱ニ悅する根性一に、如ニきぞ……人の得レて益を歡喜一するが。(石・法華義疏長保點　二　21/27) 暢ブルコト・稱悅スルコト

(一九) 是の戒に五種の清淨(あり)。………四は以ニて憶念一を守護する、五は廻ニ向する涅槃一に。能(く)如レキ是(の)齊いニハ則(ち)四大の寶藏も不《ず》レ及ニ(ば)其(の)一分一に。(東・成實論天長點　一二　5/6―9) 守護スルコト・廻向スルコト

(二〇) 是(の)諸の衆生の從レ(ひ)て佛に聞レく法を、究竟(し)て皆得《う》ニ一切種智一を。(龍・妙法蓮華經末期點　一　23/8) 聞クヒトハ

(二一) 祿山ガ胡―旋スル、迷《マドハ》ニス君の眼一を。(神・白氏文集天永點　三　複　10ウ) 胡旋スルコトハ

(二二) 兼《カ》ネテ問フ、「致レス折(れ)タルコトヲ、ことを何《ナ》ニの因―緣ゾ。」(同　11オ) 致スコトハ

(二三) 五心縛といふは、若人不《ぬ》レが離ニ(れ)身欲一を故に貪ニ著すると身一に、不《ぬ》レが離ニ(れ)五欲一を故に貪ニ著すると欲一に、又與ニ在家・出家の人一と和合すると、於ニて聖語義一に心に不《ぬ》ニと喜樂一せ、得ニて少利の事一を自(ら)以て爲《する》レとなり足(り)ぬと。(東・成實論天長點　一五　5/6―9) 貪著スルコト・和合スルコト・爲《ス》ルコト

(二四) 〔得《ウ》レ値ニ(ふ)こと佛法一に、能く別《ワ》ニキマフル好醜一を〕、是を爲ニ(す)甚深一と。(同　二一　4/25) 別キマフルコト

(二五) 菩薩に有ニ(り)二種の身一。一は如意珠王身。〔能(く)與ニ(ふ)ル一切の藥一を〕、依レ(り)て此に立レ(て)たり名を。故に云《い》ニふ寶掌一と也。二(は)藥樹王身。〔見聞の之者《人》との无レき不ニといふこと苦として滅一(せ)〕、依レ(り)て此に立レつ名を。稱ニす藥王一

と也。（石・法華義疏長保點　一　20/21―22）（注　）與フルモノ・无キモノ

（二六）〔汝ガ言《い》ニふ小兒は无レケれども欲、亦有ニりと貪使ニ〕、是（の）事不レ（ず）然（にはあら）。（東・成實論天長點　一五　6/24）言フコト

（二七）見レヨトは有レ（る）を用ニ（ゐる）こと鳥肥《ヒ》魯食一を者、〔以ニ（て）前の加引弭迦食一を倍加（し）て置く〕、是（れ）也。（光・蘇悉地羯羅經承保點　上　28/21―22）置クコト

（二八）〔若（し）心が迷沒する〕、爾の時には應レ（し）有レ（る）睡。（東・成實論天長點　一五　9/10）迷沒スルトキ

（二四）～（二八）で、〔　〕の中が提示語、その下の波線を引いた語が、上の提示語を受ける代名詞である。なほ、提示語法については、「文論」の項（八五七―八七五頁）で詳述する。

② 助詞を伴ふ場合

奈良時代には、格助詞イ・ガ・カラ・ニ・ヨ・ヨリ・ヲ、接續助詞ニ・ヲ・モノヲ・カラニ・ナベ・ナベニ・モノカラ・モノユヱ、係助詞ハ・モ・ゾ、副助詞スラ・バカリ・マデ、終助詞カ・カモ・ガネ・モノカ、間投助詞ヤ・ヨなどを伴つた。平安時代の和文では、格助詞ガ・ト・ニ・ヨリ・ヲ、接續助詞ニ・ヲ・モノヲ・モノカラ・カラニ、係助詞ハ・モ・ゾ・ナム・コソ、副助詞サヘ・ダニ・バカリ・マデ、終助詞カナ・モノカ・カ・ヲヤ、間投助詞ヤ・ヨ、並列助詞トなどを伴つたが、訓讀文では、格助詞イ・ガ・ニ・ヨリ・ヲ、接續助詞ニ・ヲ・モノヲ、係助詞ハ・モ・ゾ・ヤ、副助詞スラ・ダニ・ノミ・バカリ・マデ・サヘ、終助詞カナ・カ・ヲヤ、並列助詞トなどを伴つた。連體形に付く助詞は、和文と訓讀文とで、さう大して變らない。

③ 助動詞を伴ふ場合

奈良時代には、連體形に付く助動詞はなかつたが、平安時代に入つて、和文では、指定のナリ、比況のヤウナリ（まれにゴトシ）に接續するやうになつた。訓讀文では、指定のナリ、比況のゴトシに續くが、後者の場合は、格助詞ガを挾むことが多い。

(5)　已然形

①　單獨で用ゐられる場合

已然形が單獨で用ゐられるのは、第三終止法と特殊接續法とである。第三終止法とは、係助詞コソに對して已然形で文を結ぶものを、わたくしに呼ぶ。奈良時代から平安時代を通じて廣く行はれたが、訓讀文では、係助詞コソを用ゐることがまれであつたため、コソを受けて文を終止する例は少い。

此は諸聖等、天神地祇の現はし給ひ、悟し給ふにこ゚そ゚あれ。（續紀宣命　四四）

（二九）千箱之蓄モ爲ニコソアレ現在の生活一（の）、不レ（じ）爲三（にはあら）持二（ち）往（く）於三途一ニ。（東大寺諷誦文稿　321—322）

（三〇）譬ニ如ク………金の體ヲは清淨なりとにコソアレニアラシメムトニコソアレ、非レ（ず）といふが謂レ（はむとには）無レ（く）したり（と）金、（西・金光明最勝王經初期點　二　6/15）

（三一）與ニ喜樂受一ト相應ルス法ハ暫時ソニコ喜樂スレ、彼ガ壞ルス時ハニ必（ず）生レ（するが）苦ヲ故（に）云三（ふ）壞苦一（と）。（東・法華論義草　1046）

（三二）且（く）依二（り）てコソ此の士一に説二け名句文をは依レ（り）て聲に假立一すと、非レ（ず）謂二（はむ）とには一切一と。（石・成唯識論寛仁點　二　2/20）

（三三）外《ウト》キ人には不《じ》レ見（え）、見《ミ》エバ應レ〔モ〕コソスレ〈別訓ナム〉笑《ワラ》ヒモ〈別訓レ〉。（神・白氏文集天永點　三　複　9ウ）

特殊接續法とは、動詞の已然形だけで、接續助詞バを添へた形と同樣に、順態の確定條件を表はす用法をいふ。この用法は奈良時代に廣く用ゐられたが、平安時代に入ると、衰滅して一般に用ゐられなくなつた。しかるに、初期の訓讀文の中には、なほこれを傳へたものがあり、中期の資料にもまれに用ゐられることがあつた。今日から見ると、奇異に感じられ、バを省略したやうに思はれるが、省略したのではなく、本來必要としなかつたのである。ただし、動詞單獨よりも、カ・ゾ等の係助詞を伴ふ例が多い。

萬機密く多くして御身あへたまはずあれ、法のまにまに天つ日嗣高御座の業は朕が子王に授けたまふ。（續紀宣命　一四）
吾妹子がいかに思へか、ぬばたまの一夜も落ちず夢にし見ゆる。（萬葉　三六四七）さ百合花ゆりも會はむと思へこそ、今のまさかもうるはしみすれ。（同　四〇八八）時々の花は咲けども、何すれそ母とふ花の咲き出來ずけむ。（同　四三二三）

（三四）若謂ニ法い實有にあれ、遮レして彼を說（き）て爲レすといはば空と、應ニ四論は皆眞一なるべし。（急・大乘廣百論釋論承和點　4/5）

（三五）離ニ（れ）て此の婬心一に、更（に）有ニれか何にの法一、名（づけ）て爲《す》レる婬と也。（東・成實論天長點　一二　15/22）

（三六）更に有ニレか何の法一、止（め）ム不《ジ》レトハのたまひシ說（か）邪。（石・妙法蓮華經玄贊中期點　三　21/17）

（三七）若色等の法い眞に離ニ（れて）あらば有無一に、復（た）有《あ》ニれぞソ何（の）緣一而言ニ俗におきて有ニ（り）といふべき因果不レして斷（せ）生死に輪廻一すること。（東急・大乘廣百論釋論承和點　4/26）

（三八）何─爲《ナズレ》ソ不レヤ能ニ（は）長劫を爲《す》ニること短時一と邪。（石・法華義疏長保點　二　25/30）

ナズレソは、ナニスレソの撥音便形で、先に擧げた萬葉集の「なにすれそ」と同じもの。他の形が亡んでしまつた後までも、特殊な熟語として、長く後世に傳へられた。本項については、別に述べたものがあるから、詳しくはそれを參

照されたい。(注4)

② 助詞を伴ふ場合

奈良時代には、係助詞カ・コソ・ゾ・ヤ、接續助詞ドモ・ド・バなどを伴つたが、平安時代には、係助詞を伴ふことはなく、接續助詞ド・ドモ・バだけを伴ふやうになつた。訓讀文では、上記のバのない順態の確定條件句に、係助詞カ・ゾを伴ふ他は、一般に、接續助詞ドモ・バに限られた。

③ 助動詞を伴ふ場合

已然形が助動詞を伴ふことはない。本書では、完了の助動詞リは、命令形に付くと考へる。

(6) 命令形

① 單獨で用ゐられる場合

命令形は、單獨で文字通り命令を表はす他、許容・放任を表はすことがある。前者を命令法、後者を放任法と呼ぶ。

命令法は、奈良時代から平安時代を通じて用ゐられ、訓讀文でも同樣であつた。

(三九) 佛言(はく)、「聽す、以ニて濕《ウル》ヘラム皮一を覆《オホ》へ。若蟲嚙《カ》ミ穿《ウガ》チタラ(ば)、以レて泥(を)泥《ヌ》レ。」(小・願經四分律初期點　甲　13—6—7)

(四〇) 應下(し)以ニ(て)右の手一を作中(る)金剛拳一に。當レ(てて)心に握《ニギ》ニレ於左の手の頭指《シ》一を。(石・守護國界主陀羅尼經中期點　二　1—23)

(四一) 宋昌(人名)が曰(はく)、「所レ言《マウ》サム公《オホヤケ》はナラバ、公《アラハ》にニ言《マウ》せセ之。所レ言(さむ)私《ワタクシ》ナラバ、王ー者は不レと・云受レ(け)私を。」(東北・史記延久點　孝文本紀　複　5)

(四二) 新なる人、新(なる)人、聽ニケ我が語《コト》一を。洛陽に無レキ限《カギリ》紅|樓(の)女《(む)スメ》(訓)アリ。(神・白氏文集天永點 四 複 11オ)

放任法は、命令法から轉じて、「たとひ……であつても、かまはない」「Aでも Bでも、どちらでもよい」などといつた意味を表はすものである。奈良時代にも

愛《うるは》しと さ寢しさ寢ては 刈薦《かりこも》の 亂れば亂れ さ寢しさ寢ては(記歌謠 八一)

のやうな例があるが、確實な例を見るのは、平安時代になつてからであり、それも、アリの命令形アレ、及びアリの敬語オハスの命令形オハセヨに限られる傾向があつた。

ありとある限り、御子にもおはせよ、上﨟にもあれ、面やは見え給へる。(宇津保 三ノ一六五) まらうどにもあれ、御せうとの君だちにても、そこちかくゐて物などうちいひたる(枕 四六)

——モ・アレは、融合して——マレとも言つた。

とまれ、かうまれ、とくやりてん。(土佐 五九) あからさまにまれ、渡り給へ。……これよりまれ出で立ち給へ。京におはせん限りは見奉らむ。(落窪 二三四)

訓讀文でも、放任法は、ほとんどモアレ・マレに限られてゐるが、和文に比べて、用例は多く、また、用法は廣い。訓讀文におけるモアレ・マレの用法を、後に續く助詞の有無によつて分類すると、次のごとくである。

A 單獨で用ゐられる場合

a 接續助詞テに付くもの——テモアレ・テマレ

b 複合の助詞ヲモテに付くもの——ヲモテマレ

c 指定の助動詞ナリの連用形ニに付くもの——ニモアレ・ニマレ

d　否定の助動詞ズの連用形＋接續助詞シテに付くもの――ズシテマレ
e　指定の助動詞ナリの連用形ニ＋接續助詞テに付くもの――ニテマレ
f　否定の助動詞ズの連用形ズに付くもの――ズモアレ・ズマレ
g　否定の助動詞ズの連體形ヌ＋指定の助動詞ナリの連用形ニに付くもの――ヌニマレ
h　格助詞ニに付くもの――ニマレ

B　後に助詞を伴つて用ゐられる場合

a　指定の助動詞ナリの連用形ニに付いて、格助詞ノを伴ふもの――ニマレノ
b　指定の助動詞ナリの連用形ニに付いて、並立助詞トを伴ふもの――ニマレト
c　指定の助動詞ナリの連用形ニに付いて、係助詞ゾを伴ふもの――ニマレゾ

その例

(四三)　如レく是(の)於ニてあれ何の心の中一に、未レが得ニ除レ(く)使を藥一を故に、名(づけて)爲ニ(す)不斷一と。(東・成實論天長點　一二　7/2)

(四四)　或(は)在ニ(り)てもアレ寺內一に、或(は)阿蘭若(に)〔も〕マレ、或は於ニ山泉の間一(に)、………於レ彼《カシコ》に(し)て應ニシ當(に)念誦一す。(石・金剛頂瑜伽經中略念誦法中期點　一)Aa

(四五)　若(し)得ニテマレ其の物一を、或(は)得ニ(て)マレ替(り)の物一を、卽(ち)護ニ(り)其の物一を、兼(ね)て及護身(せ)よ。(光・蘇悉地羯羅經承保點　中　22/24)Aa

(四六)　以ニてマレ何の衣一を、作(り)て聽レす畜すること。(小・願經四分律初期點　甲　16/13)Ab

(四七) 於下歸ニして我ガ法一に而出家セラム者《人》の、若(し)是レ法器にもアレ、若(し)非法器にもアレ、諸の弟子の所上に(し)て、惱亂し呵罵し………乃至斷《タ》レ、ム命を。(東・地藏十輪經元慶點 四 8/14—16) Ac

(四八) 諸法の若シ體にマレ、若シ相にマレ。畢《ヒ》竟シて空なるが故に。(石・守護國界主陀羅尼經中期點 七 4/21) Ac

(四九) 若(し)諸(の)如來出現(し)たまふにてまレ、不《ず》レしてまレ出(でたまは)、諸法は法爾にして如レく是(の)住す。(西・大日經長保點 二) Ae・Ad

(五〇) 若(し)有るひと成ニ就せるいは信現觀一を者、或は是れ異生にも(あ)れ、或は非ニずも(あ)れ異生一に、………不《ず》ミ妄(り)て稱ニ(せ)………餘の僧は正行一すといふことを。(石・瑜伽師地論初期點 七一 2/21—23) Af

(五一) 爾(の)時は、彼の染汗等の法、若し現行にマレ、若(し)不《ず》ニマレ現行一セ、皆說(き)て名ニ(づく)るが成就一と故(に)。(同 五二 7/26) Af

(五二) 若(し)具ニし諸結一、或は不《ぬ》レにマレ具レセ結、從ニ(ひ)て彼彼の有情聚一に、………諸の蘊の續(き)て生するを名ニ(づ)ク相續生一と。(同 五二 5/12—14) Ag

(五三) 退菩提心ニモアレ、非ニ(ぬ)ニモアレ退菩提心一(に)、諸(の)不定性トシアルガ已(に)破ニ(り)分段一(を)、當レ破ニヲ(ら)ムトスル變易一(を)、名ニ(づけ)て大功勳一(と)、(東・七喩三平等无上義初期點 551—552) Ac・Ag

(五四) 衆生の於ニ此の瞻部の內一にマレ、或は於ニ他方世界の中一にマレありて、所レの作レル種種の勝(れ)たる福因には、我レ今悉ク生ニす隨喜一を。(西・金光明最勝王經初期點 二 14/26—15/1) Ah

(五五) 不レ應下(から)持ニ(ち)て革屣一を在レ(き)て前に睡上(る)。應下以レ(て)革を履ニヒ若兩の底一を、相ヒ合(せ)て置中ケ尼師壇の下上にマレ。(小・願經四分律初期點 甲 4/4—5) Ah

(五六) 世尊、是の金光明最勝王經を、若(し)現在世に(ま)レ、若(し)未來世に(ま)レ、若(し)在(ら)ム城邑に(ま)レ、聚落に(ま)レ、王宮の樓觀に(ま)レ、及阿蘭若に(ま)レ、山澤に(ま)レ、空林に(ま)レして、有二(ら)む此の經王を流布一すること之處には、世尊、我レ當に往二詣して其の所一に、供養し恭敬し擁護し流通(せ)む。(西・金光明最勝王經初期點　八　6/24―27)Ah

(五七) 世尊、此の金光明最勝王經、若(し)現在世に(ま)レ、及未來世に(ま)レ、所在の宣揚の流布(せ)む之處たる、若(し)於二城邑に(ま)レ、聚落に(ま)レ、山澤に(ま)レ、空林に(ま)レ、或は王の宮殿に(ま)レ、或は僧の住處一ニマレシテセムときには、世尊、我レ僧愼爾邪藥叉大將と幷(せ)て與二二十八部の藥叉諸神一と、詣二(り)て其の所一に、………令下メむ離二レ衰惱一を常に受中(け)安樂上を。(同　八　9/29―10/5)Ah

(五八) 若(し)有ル男子(にま)レ、及女人(にま)レ、婆羅門等の諸の勝族にマレの、合レセ掌を一レに(し)て心を讚二歎(し)たてまつるいは佛一を、生生に常に憶二するものゾ宿世の事一を。(西・金光明最勝王經初期點　二　15/6―7)Ba

(五九) 是レ佛のみ親《まのあた》リ證下(し)たまひたり我(が)知《シ》二ルヲモテ諸法一を、我が曉《サト》二ルをもて一切の法一を、隨―所有の一切の法に(ま)レ、如―所有の一切の法にマレノ、諸法の種類と體性との差別上することをば。(同　八　10/10―12)Ba

(六〇) 復(た)於二(に)現在の十方世界の一切の諸佛應正遍知一の、………哀二愍し勸三化して一切の衆生一を、咸ク令二メ信受一セ、皆蒙二(らし)メ法施一を悉ク得二(し)メ充足一すること、無盡安樂にアラしめたまふニマレト、又復(た)所レル有(ら)菩薩・聲聞・獨覺の功德として積集せる善根にマレ、若(し)有ル衆生の未《ヌ》レ具二セ如レキ是(の)諸の功德一者に、悉ク令二むるにマレトヲ具足一(せ)、我レ皆隨喜す。(同　三　5/2―8)Bb

(六一) 和上、阿闍梨い應レし敎二(ふ)受戒(の)時節一を。應レし作二(す)如レ(き)是(の)敎一を。冬(に)マレ、若(し)春(に)マ(れ)、若(し)夏(に)マレぞ。(小・願經四分律初期點　乙　23/23―24)Bc

右の内、Aは、モアレ・マレを持つ文節が、形式的には孤立して、一種の獨立語と見做されるものが多いが、hだけは、ニが格助詞であるため、――ニマレを持つ文節が孤立せず、下の動詞アリ・オク・ス（シテの意味はアリテに同じ）に係る連用修飾語の働きをしてゐる。かういふマレは、もはや動詞としての機能を失つて、許容放任から、同位並列または選擇接續を示す一種の助詞に轉成したものといはなければならない。Bは、マレの下に、格助詞ノ、並立助詞ト、係助詞（終助詞）ゾが付くことによつて、助詞としての性格が一層明確になつてゐる。格助詞ノを持つ例の內、（五八）の「勝族にマレの」は、「稱歎（し）奉るいは」に係る主語、（五九）の「法にマレノ」は、「諸法」に係る連體修飾語である。また、並立助詞トを持つ（六〇）の「安樂にアラしめたまふニマレト」「具足（せ）令むるにマレトヲ」は、共に「隨喜す」に係る連用修飾語である。先に擧げた『落窪物語』の第二例「これよりまれ出で立ち給へ」は、マレが格助詞ヨりに付いてゐて、「これよりまれ」が「出で立ち給へ」に係る連用修飾語であることは明かであり、Ahに類する用法と見られるが、Bのやうに、マレの後に助詞の來る例は和文には求められない。Bの用法は、訓讀文にだけ存する特殊なものであつて、恐らく翻譯文法の一種であらう。

② 助詞を伴ふ場合

命令形は、四段・ナ變・ラ變を除き、ヨを取るのが普通であるが、奈良時代には、タテ（立）・ムケ（向）・トメ（停）・コ（來）などのやうに、ヨを取らない形もあり、平安時代に入つても、コ（來）はそのままであつた。訓點語では、「來」はキタレ（四段活用）といつて、コとはいはなかつたし、その他の動詞も、ヨのない形は用ゐなかつた。

（六一）　遣レ（し）て人を語（り）て言（は）ク、「汝往ニ（き）て道―路街―巷ーに、見ニては出家の人ーを、將て來レ・といふ。」（斯・願經四分律初期點　19/22―23）　キタレ（四段）

(六三)　審に可二し思慮(し)て而乃ち行レす之を。敬(し)て而畏レりよ之を。(石・大聖妙吉祥論天暦點　12ウ)オソリヨ(上二段)

(六四)　縱ヒ無二(く)シて智一力一未レとも能レ(は)收(むる)こと、忍《シノ》下ビヨ取二(り)て西涼一を弄《モテアソ》(び)て爲《ス》ヤルに戯と。(神・白氏文集天永點　四　複　4オ)シノビヨ(上二段)「忍」には別にヤの假名あり。

(六五)　若(し)洗浴し訖(りな)ば、其の洗浴の湯及壇場の中の供養飲食をは、棄《ス》二テヨ河池の內一に。(西・金光明最勝王經初期點　七　8/7)ステヨ(下二段)

(六六)　仰(ぎ)て規《ノット》二リテ忉利之果一ヲに、副《タス》二ケヨ此(の)罔《バウ》極之懷《オモ》一ヒヲ。(興・大慈恩寺三藏法師傳承德點　七　3/15)タスケヨ(下二段)

(六七)　後王何を以(て)か鑒二(み)る(とな)レば《トナレバ・又トナラバ》前ノ王一を、請(ふ)、看ヨ、隋堤の亡國の樹《キ》《ウエキ》を。(神・白氏文集天永點　四　複　19オ)ミヨ(上一段)

(六八)　清淨に洗浴して、著《キ》二ヨ鮮潔の衣一を。(西・金光明最勝王經初期點　五　5/13)キヨ(上一段)

(六九)　次(に)於二闇室一にしてセヨ。莊二嚴セヨ道場一を。黑月一日ヨリセヨ。(同　五　5/12)セヨ(サ變)

(七〇)　其レ封昌(人名)を(し)て爲《セ》二ヨ壯武侯一と。(東北・史記延久點　孝文本紀　複　14)セヨ(サ變)

ヨの他、命令形に付く助詞は、奈良時代にはなく、平安時代には、間投助詞カシ・ナ・ヤなどを用ゐたが、訓點語では、ヨ以外の助詞は用ゐなかつた。西大寺本『金光明最勝王經』平安初期點の例

(七一)　當に須下し獨リ處二して淨室一に、燒レ(き)て香を而臥《こや》上ル。可丁し於二床の邊一には置二(き)て一の香篋一を、每レに至二らむ天の曉一に、觀丙ヨ其の篋の中に獲乙たりヤト所求の物甲。(六　11/21―22)「可」「觀」「獲」の左、それぞれ返點「三」「二」「一」あり。

の「可し」を、春日政治博士のやうに、カシと讀むものとすれば、(注5) 訓讀文でも、命令形に間投助詞カシを添へること

が、まれにはあつたといふことになる。

③　助動詞を伴ふ場合

命令形に付く助動詞は、完了のリだけである。平安時代には、四段活用の已然形と命令形とは全く同形であるため、リは已然形に付くとも見られるが、奈良時代には、特殊假名遣上、已然形のケ・ヘ・メは乙類、命令形のケ・ヘ・メは甲類であつて、兩者は形體を異にし、しかも、リが付くのは甲類のケ・ヘ・メであるため、リは命令形に付くとしなければならない。奈良時代に命令形だつたとすれば、平安時代もそのまま命令形と認めるべきであり、命令形から已然形に移動したとする理由はない。ただし、命令形に完了のリが付くのは不合理であるとして、連用形にアリが付いて音韻變化したものとする說もある。

（注1）築島裕博士『平安時代の漢文訓讀語につきての研究』（五四一―五四三頁）に、興福寺本『大慈恩寺三藏法師傳』院政期點と、『源氏物語』とについて、動詞の異なり語數が活用の種類別に示されてゐる。

（注2）公子遂(に)如《ゆ》レ(く)齊に。至レ(りて)黄に乃(ち)復《かへ》る。

(注)无レ(し)傳。蓋(し)有レ(りて)疾而還リケラシ也。（東洋・春秋經傳集解保延點　一〇　複　15オ）

公謂《カタ》ニラク行父一に、「徵舒似レたり汝に。」對(へて)曰(はく)、「亦似レたり・といふ君に。」徵舒病(み)ぬ之。

(注)……蓋(し)以ニ(て)の夏姬が淫―放一なるを故に、謂ニ(ひて)其(の)子の多(く)似一たることを、爲《し》レケラシ戲(ぶるる)ことを之也。（同　23ウ）

右のやうな例が、初期以來實際に行はれた訓法を正確に傳へたものであるかどうか、疑はしい。

（注3）山崎良幸博士『日本語の文法機能に關する體系的研究』（風間書房　昭和四〇　五五四―五五五頁）

（注4）本項に關しては、大坪併治『訓點語の研究』所收「平安初期の訓點語に傳へられた上代の文法四、接續助詞バを持たない確定の條件句」に詳述してゐる。

（注5）春日政治博士『西大寺本金光明最勝王經古點の國語學的研究　研究篇』に
可字はベシと訓ずることは勿論であるが、又カシといふ助詞に用ゐることがある。
〔於〕牀の邊には一の香の篋を置《オ》キて、天の曉《アケ》に至ラむ毎に、其の篋の中に所求の物獲たりヤト觀ヨ可《(か)》し。一一二ノ一六
〔於〕月の八日マで或は十五日マでにスベシ可《(か)》し。一一三ノ五
これらはシを送つてあるのみで、別に假名づけてはないが、ベシとは讀まれないのであつて、カシと讀むのが最も妥當である。（四二頁）
とある。

第三節　ス（爲）の特殊な用法

訓點語では、漢語を音讀し、それに動詞のス（爲）を添へて、複合動詞を作つた。その範圍は極めて廣く、ほとんどすべての漢語をサ變動詞とすることができた。

その他、訓點語におけるスの用法として特に注意すべきものに、次のやうな用法がある。

――トス、コト（ヲ）ス、――テス、――ヲモテス、――トシテス、――マデニス、――ゴトクス、――ベクス、名詞ヲ・ノス、――シテなど。

1　――トス

動詞・助動詞の終止形・命令形などを、格助詞トで受けて、これにスを添へたものであつて、トから上が連用修飾語

になつて、スに係かる形式である。奈良時代から廣く用ゐられた。訓點語では、推量の助動詞ムを伴つて——ムトスといふことが多く、動詞だけのものや、他の助動詞を伴ふものは少い。——ムトスは、原文の「爲・欲・將・且・將欲・擬」などを讀む。

木の葉さやぎぬ、風吹かむとす（記歌謡　二一）よしゑやし戀ひじとすれど（萬葉　二三〇一）敢ふましじとして辭び申しつらく、（續紀宣命　二六）酒幣の物賜はれとして御物給はく、（同　四六）まかでなむとし給ふを、暇さらに許させ給はず。（源氏　一ノ三〇）

（一）如來の明慧眼は不《ず》㆑としキ見㆓たまは一法の相㆒をも。………不《ず》㆑生㆓すともシタマハ於一法㆒を。亦は不《ず》㆑住㆓(し)たまは涅槃㆒にも。（西・金光明最勝王經初期點　四　11/25—26）

（二）我㆑皆當に爲に授㆓クとして於阿耨多羅三藐三菩提の記㆒を、說㆓ク其の名號㆒を。（東・金剛般若經贊述仁和點　九　16/1）

（三）煩惱未㆑(ずし)て斷(え)无明に所㆑て纏(は)、尙し寢㆓(ね)て生死㆒に雖㆑(も)愚㆓なりと佛法㆒に、猶(し)名㆓(づく)醉臥㆒(と)也。不㆑言㆘(ふには)无明(と)與㆓善心㆒相應セリトシテ醉臥㆖(と)也。（東・七喩三平等无上義初期點　479）

（四）我れ醉㆓ヒ无相の酒㆒に、持㆓(ち)て空三味瓶㆒を觀㆓て一切の外物㆒を、視㆑(る)こと之(を)如㆓しとす涕唾㆒の。（東・成實論天長點　二一　9/16—17）

（五）一心に(し)て頂に戴きて虔恭深(き)が故に。憍慢久を除きて爲㆑顯㆓(さ)むとする成㆑る佛と尊—貴の因㆒を故に。（高・觀彌勒上生經贊初期點（朱）1/12）

（六）爲《す》㆑るガ除㆓せむト如㆑キ是(の)增上慢㆒を故(に)、第二周の說あり。（東・金剛般若經贊述仁和點　6/23）

（七）　表レ(は)ス欲下入二(り)て正法の大域一に食中はムトストいふことヲ无相の食上を也。（東急・百論天安點　6/3−4）

（八）　或《あ》る時能く信する者《人》は、當(に)知れ、垂《今也》欲《す》レるなり受レけむと記を。（石・大智度論天安點　六七　11/12−13）

（九）　九(は)者、爲レ(に)彼(が)守護して、令下欲レ終《ヲ》ハラムトせむ時には、得ヰしめよ見二(る)こと一切の諸佛の色像一を。（東・地藏十輪經元慶點　一〇　14/24）

（一〇）　於二婇女の中一より捉レ(へ)て王を將《す》レ去(ら)ムと。（同　四　10/21）

（一一）　卽(ち)將《す》レることは說レ(か)むと法を、顯二す作—吉—祥一といふことを。（高・觀彌勒上生經賛初期點（朱）　14/16）

（一二）　大法の明き燈將《す》レること滅(し)なむと不《あ》レらじ久(しく)。（石・大般涅槃經初期點　一九）

（一三）　今又、矜《ホコ》二(り)其(の)功一に、受二(け)て上賞一を處《ヲ》二リ尊—位一に。禍且レむ(と)す及《トス》レ(び)ナムト(バム)身に。（東北・史記延久點　孝文本紀　復　16）

（一四）　今發心し已《ぬ》ルをもて、於《(うへ)》二に此の衆生一の皆擬《ス》二濟—拔攝受一せむト。（東・金剛般若經賛述仁和點　15/6−7）「擬」の左、「爲也」がある。

（一五）　若し作二り曼荼羅一を、及び擬《せ》三むに成二就せむと諸の事一を、得《え》二ば諸の境界一を者、（京・蘇悉地羯羅經延喜點　31/19−20）

（一六）　將三欲證二せむトするときは其(の)无相一を、先(づ)起二ス四の親近の行一を。（東・金剛般若經賛述仁和點　22/4）

（一七）　將二欲《す》る終一セムと時に、先づ告二(げ)て門—人一に曰(は)く、（京博・南海寄歸傳末期點　四　2/4）

「將欲」は、「將」をマサニ、「欲」を——ムトスと讀むことが多い。

（一八）　見二て餓(ゑ)たる虎の初に生して、將に欲《す》レるを食二(は)むと其の子一を、（西・金光明最勝王經初期點　一〇　8/25）

（一九）告二(げ)て守―門の人一に曰(はく)、「阿難尊者在二(り)門の外一に。將に欲《す》二るが涅槃一しなむと故(に)、來(り)相ヒ別《ワ》カる・とまうせ・といふ。」（東・百法顯幽抄中期點　33/28）

「將」は、それ自身をマサニと讀んで、下にムトスを添へたり、マサニ―ムトスと再讀したりすることが多いが、別にナナムトスと讀むこともある。ナナムはナリナムの撥音化したナンナムの零表記である。

（二〇）又經將に訖(り)なむとするをもて、佛說二(きたまへど)も深空一を、凡夫と聖人との所レ不《ぬ》レ能レ(は)行すること、所レなり不《ぬ》レ能レ(は)到(る)こと。（天・大智度論天安點　九六　12/18―19）

（二一）夙夜に惟念すらく、「死ぬる時將に至(り)なむとす。………庫藏(の)諸物を當(に)如之何《いか》にかせむ・と。」（天・南海寄歸傳末期點　二　31/7）

（二二）譬(へば)如二(く)燃燈の膏油既く盡(き)て、不レ(し)て久(しから)將にマするが滅せむと、老も亦如レ(し)是(の)。（史・大乘理趣六波羅蜜經永保移點　14オ）

（二三）顏色如レク花の、命ハ如レシ葉の。命(の)如二(き)葉の薄《ウ(す)》一(き)が將にする二奈何《いか》一(に)かセム(と)。（神・白氏文集天永點　四　複　13ウ）

（二四）日既(に)將《ナ》レ、ムトするに午に、施―主白《マウ》シて言《マウ》二す時至一(り)ヌと。（天・南海寄歸傳末期點　一　11/11）

（二五）曲終リ聲盡《ツ》キて、欲《ナ》二、ムトス半―日一に。（神・白氏文集天永點　三　複　19ウ）

「欲」「垂」も、ナナムトスと讀むことがある。

（二六）然も、聖―教東流して、年垂《ナ》二ナムトス〈黑點　ナンナムトス〉七百一に。（天・南海寄歸傳末期點　一　4/7）

（二七）初メ尊者ノの爲《タ》二シトキ梵師一也、年垂《ナ》二、ムトシ八十一ニ、捨レて家(を)染レム衣を。（石・大唐西域記長寬移點　二）

ムトスは、原文にこれに相當する文字のない場合にも、文意によつて補讀することがある。

（二八）已に受ニ（け）て我ガ請一を、於ニ舍衞國一に（して）夏居（し）たまはムとす。（小・願經四分律初期點　乙 10/18）

（二九）若（し）无ニく妄語と苦言一と、亦不ニ（し）て別離一せしめむとせ、但（だ）非時（に）語し、无益語し、（東・成實論天長點　一二 10/13）

（三〇）證ニ（せ）ムトシテ此（の）理一ヲ、修行（し）テ顯《スル》ニガ四諦等之戒一ヲ故（に）。（東・法華論義草 144）

ムトスは、和文では、やがて音韻變化によつてムズとなつたが、訓點語では、後世に至るまでムトスを用ゐてムズとはいはなかつた。『枕の草子』にもいつてゐるやうに、ムズは崩れた形で、教養人には好まれない俗語であつたから、保守性の強い訓讀文の中に入り込んで、ムトスに代つて用ゐられるやうにはならなかつたのであらう。訓讀文にも、まれにムスの形が見えるが、そのままムズの例とするよりも、ムトスのトの省記と見て、トを補つて讀む方が穩當であらう。

なに事をいひても、「そのことさせんとす」「いはんとす」「なにとせんとす」といふ「と」文字をうしなひて、ただ「いはむずる」「里へいでんずる」などいへば、やがていとわろし。まいて文にかいてはいふべきにもあらず。（枕　二四一）

（三一）如下（し）行レ（する）善（を）者《ひと》い將ニ命終一せむする時に生ニ（する）ときは邪見一を、則（ち）墮中（つるが）地獄上に。（東・成實論天長點　一二 16/13—14）命終せむする――命終セムトスル

（三二）如下きなり菩薩の爲ニの餓（ゑ）たる虎の欲レするが食レ（は）ム子を故（に）、以レて身を施上ししが之。（石・大智度論天安點　八七 13/25—26）食はむする――食ハムトスル

（三三）如《たと》下（へ）ば天帝釋（と）與ニ阿素陪一と將に欲レ戰（は）ムする時に、天の軍圍《（訓）》―繞して………諸の阿素洛驚き怖き退《（し）ソ》き散《アカ》上レヌ・といふがごとし。（東・地藏十輪經元慶點　八 3/10—11）戰はむする――戰ハムトスル

(三四) 三に立者不《ぬ》レ行(せ)之相ゾ。待ニ(ち)て機の熟一するを而垂《せむ》レす濟(ふ)こと(を)。故に不ニ即行一(せ)。(石・妙法蓮華經玄贊中期點　六　8/5) せむす――セムトス

(三五) 其(の)水將《な》レむするに盡《ツ》キ………有ニ(り)き衆の魚一。(春・金光明最勝王經中期點　一〇) 盡きなむするに――盡キナムトスル

ニ

2　コト（ヲ）ス

單にスといつても濟みさうな場合に、一度スルコトと讀んだ上、さらにスを添へたもので、スルコトは、次のスに係かる連用修飾語である。コトの下には、格助詞ヲを伴ふのが普通であるが、そのヲを省略したり、ヲに係助詞ハ・モを添へたり、ヲの代りに係助詞ハ、副助詞サヘを用ゐることもある。また、これを受ける述語は、スの代りにナス（四段活用）といふこともある。ス・ナスは、(A)原文に「爲・作」があつてこれを讀む場合と、(B)原文に「爲・作」の文字がなく、下の語に讀み添へる場合とがある。

(一) 於ニて五欲の中一に見レル有ニりと利樂一、是を名ニ(づく)欲覺一(と)。爲《す》ニる衰惱一することを、是を名ニ(づく)瞋覺惱覺一と。(東・成實論天長點　一二　5/8—9) A

(二) 彼の人王は應レし作ニす如レク是(の)尊ニ重することを正法一を。(西・金光明最勝王經初期點　六　8/4) A

(三) 是れ善業にして爲《す》ニるが利ニ益することを衆生一を故(に)、名(づけ)て爲《す》レ慈と。(石・大智度論天安點　八一　3/10—11) A

(四) 三支の道―理且《マ》タ已に皎―然なり。況(や)復(た)金口に自《み(づから)》言たまへり。何ぞ勞(し)く更に爲《せ》ニむ穿―鑿一することを。(天・南海寄歸傳末期點　二　3/22—23) A

（五）　勿ニれ法に有レ(ら)しむること闕。乃至事事まで廣ク爲ニ開ニ釋することをせよ諸行の因緣一を。（京・蘇悉地羯羅經延喜點　上　9/5）Ａ

（六）　執金剛作ニすに如レく是(の)勸ニ請することを。佛一を、佛還(り)て以ニ(て)此の印一を印レして之(を)、而して後に演說(し)たまふ。（東急・大日經義釋延久・承保點　三　3オ）Ａ

（七）　若(し)言下如ニキには幻の象馬等の相一の、無レ(き)をもて有ニ(る)こと他の實の象馬等の性一、說(き)て名(づけ)て爲《す》セすといはば空とは、眼等(も)亦爾(なり)。無ニ(き)が他の性一故に、立(て)て爲《す》レといふ事ヲハ。セリ空と者。（根・大乘掌珍論承和・嘉祥點　7/4―6）Ａ

（八）　畫《エカ》ニキ衣―冠一に、異《コト》ニにシテ章服一を、以て爲《す》レ戮スルコトヲ。（東北・史記延久點　孝文本紀　複　34/6）Ａ

（九）　欲《ホ》ニス爲レシ省《ハブ》クことを。毋レ(から)むことを煩レ(は)すこと民を。（同　34/6）Ａ

（一〇）　然して後に爲《せ》レよ受ニ(く)ることをは。三世無障㝵智の戒一を。（東急・大日經義釋延久・保延點　四　20オ）Ａ

（一一）　譬(へば)如下(くあ)らむ………以ニて諸の華香・寶幢・幡蓋一を常に爲《せ》中むが供養上すること。（西・金光明最勝王經初期點　三　8/19―25）Ａ

（一二）　衆生は未《ネ》三ども成ニ就(せ)自利一を、則(ち)爲《し》ニッ具足一すること。（石・大智度論天安點　九六　6/22―23）Ａ

（一三）　旣に作ニし如レク斯(の)布―置一すること已(り)て、然(し)て後に誦レ(し)て呪を結ニセヨ其の壇一を。（同　七　7/26）Ａ

（一四）　所レ(の)謂(ふ)此の言は、或は爲《ナ》レせり增レすること果を、或は爲《ナ》レせるゾ增レすること因に。（知・瑜伽師地論初期點　八一　12/14）Ａ

（一五）　當に以ニ(て)惠方便の手一を方に爲《せ》ニよ擇ニ出すること如レ(き)是(の)諸の障一を也。（築・大毗盧遮那成佛經疏院政期點　四

8オ4―5）A

（一六）瞿摩をもて爲《つく》レレ壇《ダン》□に。燒二(き)て旃檀香一を而爲二供養一することサヘセヨ。（西・金光明最勝王經初期點　八　6/5―6）A

（一七）若し知相アラば、不《ず》レ應レ（から）生レすることをス念(を)。（東急・百論天安點　17/2）B

（一八）善男子、汝當に坐二(し)て金剛の之座一に、………能(く)令下(め)むとノタマハム・トのたまフ無量百千萬億那庾多の有情を(して)度二(らし)むル事ト於無涯の可畏の大海一を、解二脫(せし)むル事と生死の無レキ際リ輪廻一を、値中遇セシむル事とをセシ無量百千萬那庾多の佛上に。（西・金光明最勝王經初期點　六　6/28―7/5）B

（一九）復(た)用二て一切如來の虛空に所レル成(れ)大摩尼寶一を、以《これをもて》―爲灌頂スルコトヲシタマフ。（石・金剛頂瑜伽經中略念誦法中期點　一　11/13―14）B

（二〇）此の金光明最勝王經は、希有にして難レし量(り)。初モ中モ後モ善ナリ〈別訓　初の時キト中の時キト後の時キトヲ善にあらしめたまふ〉。文と義と究竟(し)たまひたり。皆能く成二就スル事ヲサヘシタマヒタリ〈別訓　成就（し)たまひたり〉一切の佛法一を。（飯・金光明最勝王經註釋初期點　四　222―224）B

（二一）終に不三貪ヨ求せ現と非現との果一を。亦は不《せ》丁ずなりぬ愛ヨ樂すとして現―事と當との果一を、親乙近し供丙養することヲモ所―愛の有―德の種―種の天神甲に。（根・大乘掌珍論承和・嘉祥點　15/3―4）B

（二二）若(し)有(ら)む人王、於二其の國土一に雖レ(も)有《いま》二すと此(の)經一、………亦不二らむ供養し尊重し讚歎一することはセ。（西・金光明最勝王經初期點　六　7/25―27）B

コト（ヲ）スは、A類のやうに、動詞の上に「爲・作」を持つ構文において、合せて一つの動詞に讀めばよい――例へば、（一）の「衰惱することを爲《す》る」は「衰惱する」、（三）の「尊重することを作《な》す應し」は「尊重す應し」といふやうに——場合に、原文に引かれて逐語譯した結果生じた翻譯文法であつて、國語としては無用な重言である。だから、和文には一般に用ゐられないが、まれに、これに類する表現を用ゐた例があるのは、訓點語の影響なのであらうか。

おとこは女にあふことをす、女は男にあふ事をす。その後なむ門ひろくもなり侍る。（竹取　三二）

3　——テス

原文に示されてゐる文字を、そのまま動詞に讀めばよささうに思はれる場合に、動詞を連用形に讀んで、接續助詞テを添へ、さらにスを加へたもので、——テがスの連用修飾語となつた形である。この複雜な讀み方は、前項と違つて、原文の構造に引かれた翻譯文法ではなく、加點者が、原文の意味を深く考へた上で、これを訓讀に表はさうとした結果であらうが、今日では、なぜそのやうな複雜な讀み方をしたのか、理解に苦しむ例が多い。

（一）若（し）行者《（音）》の深心をもて不《ず》レ樂《（ねが）》レ（は）爲《（つくら）》レむと惡（を）、非《ぬ》レを畏二りてせ後世の及惡名等一を、名二（づ）く淨持戒一と。（東・成實論　天長點　二一　2/13—14）畏リテス

（二）我れ以二て佛眼觀一を見二れば六道の衆生一を、……深く着二ケる（こと）〔リ〕於五欲一に、如二し猫と牛の愛レシテスルガ〈別訓　するが〉尾を。（山・妙法蓮華經初期點　8/27）愛シテス

（三）我れ始メ坐二シテシ給テ〈別訓　て〉道場一に、觀レし樹を亦經行したまふ。（同　8/30）坐シテス

（四）是の諸の衆生ノ從二（ひ）たてまつりて諸佛一に聞レ（き）てセリシハ〈別訓　キ、テセリシリシヲハ〉法を、究竟シテハ皆得二キ一切種智一を。（同　4/26）聞キテセリキ

（五）如レキ是（の）天神等い幷（せ）て將《（ゐ）》二て其（の）眷屬一を皆來（り）て護二ルこと是の人一を、晝夜に常に不《ず》レしてセム離（れ）。（西・金光

明最勝王經初期點　一　4/14）離レズシテス

（六）其の名をは曰下といふ無二(く)して障礙一轉ニする法輪一を菩薩、………不《ず》ニしてする休息一セ菩薩、………觀してするに自在なる菩薩、………大辨に莊嚴(せ)ラレてするに王たる菩薩、………地にして藏(し)てする菩薩、虚空を藏(し)てする菩薩、寶を手ヨリしてするに自在なる菩薩、金剛の手の如クスル菩薩、………大の法をしてする力ある菩薩、………大雲破レする譬を菩薩上と。（同一　2/1―19）休息セズシテス、觀シテス、莊嚴セラレテス、藏シテス、手ヨリシテス、法ヲシテス

（七）十波羅蜜の中は持戒偏に多シ。餘をも非レず不《ヌ》レハ行(せ)。但(だ)隨レヒ力に隨レ(ひ)てのみす分に。（石・大方廣佛華嚴經初期點二種　三五　6/1―2）隨ヒテノミス

（八）此の菩薩は………十波羅蜜の中に精進偏に多シ。餘をも非レず不《ヌ》レは修(せ)。但(だ)隨レヒ力に隨レ(ひ)てのみす分に。（同三六　4/10―11）同

（九）親り證(せ)らにて〈別訓シテ〉離レ(れ)たり說(に)。展轉してするときには可言なり。親證するを爲レして先と、後に方(に)起レす說を。（東急・大乘廣百論釋論承和點　15/25）展轉シテス

（一〇）汝は執ニシテシッ此の言は表―彰を爲《す》レと勝(れ)たりと。我は說ニく此の言は遮―止を爲《す》レと勝(れ)たりと。（根・大乘掌珍論承和・嘉祥點　5/25―26）執シテス

（一一）外曰(はく)、云何ゾ除レ(し)てせむや・といふ神を。修妬路若(し)除レ(し)てセバ神を、云何ゾ但し意のみ知ニ(ら)む・といふことぞ諸塵一を。（東急・百論天安點　16/13―14）除シテス

（一二）自も作し、教レしても他を見てもし聞(き)て(も)し、隨喜をしてもせル、由ニ(り)て此の遠離虚誑語輪一に、………不《ず》レなりヌ受ニ(け)果報一を。（東・地藏十輪經元慶點　八　10/14―15）見テモス、聞キテモス、隨喜ヲシテモス

(一三) 因レ(り)てか何に發心する。一者《は》見ニ聞してス佛等の功德の神力一を。二(は)者聞レ(き)てス說ニ(く)を菩薩藏の教一(を)。三(は)者見ニ聞して佛法の將《す》レるを滅(せむ)と念言(す)ラく、「法住して能ク滅ニシナムトオモテス大苦一を。」(東・金剛般若經贊述仁和點 13/15―17) 見聞シテス、聞キテス、滅シナムト思ヒテス

普通ならば、(一)は畏リヌヲ、(二)は愛スルガ、(三)は坐シ給ヒテ、(四)は聞ケリシハ、(五)は離レズアラム、(六)は休息セヌ、觀スルニ、莊嚴セラルルニ、藏スル、手ヨリスルニ、法ヲスル、(七)(八)は隨ハクノミ、(九)は展轉ストキニハ、(一〇)は執シツ、(一一)は除セムヤ、除セバ、(一二)は見、聞キ、隨喜セル、(一三)は見聞ス、聞ク、滅シナムトオモフと讀むところである。これらの內、(二)の「愛シテスルガ」のスは着ク、(五)の「離(れ)ずしてセム」のスは護ル、(七)の「隨(ひ)てのみす」のスは行ス、(八)の「隨(ひ)てのみす」のスは修ス、(一〇)の「執シテシツ」のスは言フ、(一三)の「見聞してス」、「聞(き)てス」、「滅シナムトオモテス」のスは共に發心スの意味かと考へられるが、その他の例は何を意味してゐるのかわからない。(注1)

(注1) 春日政治博士は『西大寺本金光明最勝王經古點の國語學的研究 研究篇』の中で、(六)などの例を擧げて

これらのスルは一見不必要にも感ずるが、これがないと、テ以上のことが主になる恐れがあるからである。テ以上はむしろ副格のものであつて、その下にする行爲を主要視して訓じたのが、この讀方であつて、このスルは佛道的に行爲することをいふのであらう。(一三五頁)

と說明してゐられる。

4 ―ヲモテス

原文の「以」を讀む他、文意によつて補讀する。「以」は「用」に通じ、動詞にしてモチキルと讀む他、手段・方法を表はす格助詞にしてモテと讀み、轉じて順接の接續詞、原因・理由を表はす接續助詞などにも用ゐる。――ヲモテスは、形からいへば、格助詞のモテにスを添へたものとなるが、モチキテの意味でモテといつたものとすれば、前項の――テスと同じ構造といふことになる。奈良時代には、手段・方法を表はす格助詞としてはモチ・モテの二形があり、平安時代の和文には、少數ながらモチテの例が見える。(注1)

ま袖もち涙を拭《のご》ひ（萬葉　四三九八）何物もてか命繼がまし（同　三七三三）歩み疾うする馬をもちて走らせ（む）（竹取　四二）世界の榮花にのみたはぶれ給ふべき御身をもちて、窓の螢をむつび、（源氏　二ノ二八〇）河内本「もて」、別本系國多本「を」

訓點語には、モチテの假名書き例がなく、モテは、モチテの促音化したもので、後世のやうに、モッテといつたのではないかとも考へられるが、確證がない。――ヲモテスは、觀智院本『類聚名義抄』にも、「以・須」をモテスと讀んでゐて、訓讀文に頻用されたことがわかるが、意味は――ヲモチキルといふのと同じである。

（一）施レするに衆に以二てし明眼一を、決二了（せ）しめたまフ諸（の）疑惑一を。（岩・願經四分律初期點　14/3）

（二）若（し）不《(ぬ)》レいは以二てせ結使《(音)》の濁《(音)》心一を、雖二（も）復（た）口言一すと、亦不レ得レ罪を。（東・成實論天長點　一二　9/20―21）

（三）供二養するに般若一を以二てする人華香・妓樂・幡蓋の之具一を、得レ（る）こと福を甚（だ）多（し）。（石・大智度論天安點　六二　6/26―27）

（四）玄奘稟《ウ》レケ（たること）質《身》を愚―魯（に）して、昧《クラ》ニシ於緝―實一に。望（ま）クは頒《ワ》ニカチて之右―筆一を、餝ルに以二てセム左―言一を。

（知・三藏玄奘法師表啓初期點　50）

（五）若(し)諸の有情の宜《かな》下(ふ)をは修二(め)て不淨一を除中するに煩惱の病上を、即便(ち)授(くる)に以レ修二せしむるヲモテスベシ〈別訓　するをもて〉不淨の藥一を。（東・地藏十輪經元慶點　二　15/17）

（六）若(し)我(れ)遇二(ひ)て衆生一に、盡く教(ふる)に以二(て)せば佛道一を、無智の者《もの》は錯亂し迷惑(し)て不《じ》レ受レ(け)教を。（龍・妙法蓮華經末期點　一　26/13—14）

（七）供二養(せ)む是の經一を者は、如レク前の澡二浴して身一を、飲食及香華をもてセシメ、恒に起二(さ)しメヨ慈悲の意一を。（西・金光明最勝王經初期點　一　4/20）

（八）其の聲清ク徹リて甚(だ)微妙にして、……八種の微妙ありて應二するが群機一に、超二勝せるをもてシタマフ迦陵頻伽の等《こと》一キヨリも。（同　一〇　10/9—10）

（九）沃《ウル(ほ)》(す)〈白點　ソ、ク〉に以二てし如來の正教の酥一を〈白點　をもてし〉、又扇く〈白點〉に因明の廣大(の)風をもてす。（東急・大乘廣百論釋論承和點　17/3—4）

（一〇）時に有る人作《(つ)く》三(り)て小《チヒサ》く圓《マロ》なる羅《ミツフルヒ》の纔(か)に受二(く)るを一升兩合一(を)、生《ナマ》シく疎《ス》キたる薄き絹をもてして、元より不レ觀《み》レ蟲を。（天・南海寄歸傳末期點　一　9/6—7）

——ヲモテスは、その連用形に、さらに前項の——テスを添へて、——ヲモテシテスといふことがある。ただし、複雜過ぎて、その意味は不明である。

（一一）彼の人の善根熟して諸佛の之所讚たるい、方に得レるをもてシテす聞ニクこと是の經及以懺悔の法一をは。（西・金光明最勝王經初期點　一　4/23）

（注1）平安時代の和文では、モテは、モテアソブ・イヒモテユクなどのやうに用ゐられ、手段・方法を表はす格助詞としては用ゐないのが普通である。『竹取』『源氏』の例も、各一例づつしかなく、きはめて珍しい例である。『竹取』の文體に訓點語の影響があることは、すでに指摘されてゐるが、『源氏』の例も、夕霧が初めて漢學を學ぶ場面であって、漢文的な表現を取つたのではないかと考へられる。

5　――トシテス

(1)の――トスの連用形に、さらに(3)の――テスを添へた形である。――トがシテの連用修飾語、――トシテがさらにスの連用修飾語といふ構造であるが、文意は知りがたい。(1)～(4)に比べて、さすがに用例は少く、初期の資料にまれに見えるだけである。

（一）應下し在二(り)て世尊の形像の前一に、一レにして心を正レして念を而安坐してシ、即得《ウ》二妙智と三摩地一とを、幷(せ)て獲中むとしてす最勝の陀羅尼上を。（西・金光明最勝王經初期點　七　11/13―14）獲ムトシテス

（二）說二(き)たまはむ(が)佛の知慧一を故に、諸佛は出二(で)たまふ於世一に。唯(だ)此の一事のみ實にして、餘の二は即(ち)非《ぬ》レをもてなり眞に。終(に)不《(あら)ず》下以二て小乘一を濟中度(し)たまはむとしてには〈別訓　たまはムトシテハシたま〈ハズ〉〉於衆生上を。（山・妙法蓮華經初期點　6/20―21）濟度シ給ハムトシテハシ給フ

（三）如來(は)慈悲(いまし)たまひて、方便をもて爲に說二(き)て諸法は唯識一のみなりと、………便(ち)證二せむとしてシたまふ涅槃一を。（東急・大乘廣百論釋論承和點　15/7―8）證セムトシテシ給フ

（四）寧(ろ)倶に有レ(ら)しむとも過をは、勿《じ》二空論者の所立の量をは成一(ら)しめ。謗二する勝義諦一を過失大なるが故(にと)いはムトシテセ

リ。（根・大乘掌珍論承和・嘉祥點　5/23—24）言ハムトシテス

6　——マデニス

平安初期の訓點語では、副助詞のマデは、もつぱらマデニといひ、ニのないマデは、初期も末頃から次第に多くなるが、このマデニ・マデに、スを添へて、——マデニス、——マデスといふことが多かつた。マデニ・マデとスとの間には、係助詞ハ・モを挾むこともある。スはすべて文意による補讀である。

（一）如レ（く）是（の）轉滅すること乃至須臾マでにす。（東・成實論天長點　二一　7/9）

（二）於ニて此の經王一に廣宣し流布して、令下（め）むとするをもてなり・とのたまふ不ニして斷絶一（せ）利ニ益（せし）むルこと有情一を盡中すマでにセシ未來際上を。（西・金光明最勝王經初期點　六　9/28—29）

（三）於ニテ此の經王一に廣く宣（べ）流布（し）て、不《（ず）》ニあらしめ斷絶一せ、利ニ益すること有情一を盡ニ（す）マでにするをもて・とのたまふ未來際一（を）。（飯・金光明最勝王經註釋初期點　六　193—194）

（四）夢の中に修ニ行し般若波羅蜜一を、………乃至レ（るま）でにすと見ム坐ニするに於道場一に。（石・大智度論天安點　六七　8/20—29）

（五）一一の輪の中にして所レ壓《オ》サル、麻の油の數は滿ニテラム千斛一に。如レく是（の）相續して至レ（る）までにせむ滿ニツルに千年一に。（東・地藏十輪經元慶點　四　16/9—10）

（六）復（た）應下（し）更《サラ》（に）從ニ初首一ヨり（して）而作《ツク》上ル。乃至七遍マデニセヨ。（石・求聞持法中期點　99）

（七）護摩シ念誦（せ）よ。乃至日の出デムトキマデニせよ。（光・蘇悉地羯羅經承保點　下　10/3）

(八) 任運に濟度し示し教へ利シ喜アラシメ、盡ニ(す)マデにして未來際一を、無レキ有ニ(る)こと窮盡ニ、是(れ)如來(の)行(なり)。(同一 12/21―22)

上記の例を見ると、――マデニスのスは、すべて上の動詞を繰り返してゐる。(一)の「須臾マでにす」は「須臾までに轉滅す」、(二)の「盡すマでにセシ令(め)む」は「盡すまでに利益せしめむ」、(八)の「盡(す)マデにして」は「盡すまでに濟度し………利し喜あらしめて」、(三)の「盡(す)マでにするをもて」は「盡すまでに利益するをもて」、(四)の「至(るま)でにす」は「至るまでに修行す」、(五)の「至(る)までにせむ」は「至るまでに相續せむ」、(六)の「七遍マデニセヨ」は「七遍までに作れ」、(七)の「出デムトキマデニせよ」は「出でむ時までに護摩し念佛せよ」の意味である。

7 ――ゴトクス

單に――ゴトシと讀めばよささうな場合に、連用形に――ゴトクといつて、さらにスを添へたもので、――ゴトクがスの連用修飾語になつてゐる。

(一) 舍利弗、我も今亦復(た)如レし是(の)。………而も爲に說レ(き)たまひき法を。舍利弗、如《ごと》レくすることは此(の)皆爲レの得ニしめむが一佛乘・一切種智一を故になり。(山・妙法蓮華經初期點 5/7―10)

(二) 我レ今隨レ(ひ)て力に稱ニ讚(し)たてまつること如來の少分の功德一を、猶(し)如ニクしつ蚊の子の飲ニむが大海の水一を。(西・金光明最勝王經初期點 一〇 13/8―9)

(三) 此は若《汝也》が………方―便をもて顯ニ(さ)むとなり因に………或は不―成の過一ありと。如《ごと》ニくせるぞ(朱)〈白點 ことくそ〉………如―

何ぞ是(れ)常なるをしといひて而も非一一切トいはムトのたまへルガ此れ不レといへルが應レせず理に。（根・大乘掌珍論承和・嘉祥點 2/1—5）

（四） 如レキ是(の)之人に乃し爲ニ端《タヾ》しく視(る)こと如レくス飢渇一せるが。（東・金剛般若經贊述仁和點 12/8—9）

（五） 常に隨ニ(へ)むこと其(の)身一に如ニくスベシ鳥の二の翼《ハネ》一の。（東急・梵網經中期點 9/17—18）

（六） 覆ニ藏すること諸惡一を如ニくせむセム龜の藏《カク》レスが六を。（東・大般涅槃經末期點 四 2）

（七） 或(るいは)可ニ(し)……作《(つ)く》ニる刮《カ》レク舌を之箄《ヘラ》一に。或(るいは)……片《カタツカタ》ハ如ニくせよ小指の面許一りの。（天・南海寄歸傳末期點 一 9/19）

——ゴトクスのスは、上の動詞を繰り返すのが普通である。上記の例でいへば、㈠の「此（の）如《ごと》くする」は「かくのごとく法を説く」、㈡の「飲むが如クしつ」は「飲むがごとく稱讚しつ」、㈣の「飢渇せるが如くス」は「飢渇せるが如く視る」、㈤の「二の翼《ハネ》の如くスベシ」は「二の翼の如く隨ふべし」、㈥の「藏《カク》スガ如くせむ」は「藏すが如く覆藏せむ」、㈦の「面《オモ》許りの如くせよ」は「面ばかりの如く作れ」の意である。ただし、㈢の「理に應せずといヘルが如くせるぞ」は、白點に「如くぞ」といひ、小川本『大乘掌珍論』天暦點には「説（く）が如ク」とあり、何を指してゐるのかわからない。

8　——ベクス

單に——ベシと讀めばよささうな場合に、——ベクと連用形にし、さらにスを添へたもので、前項と同じ構成である。

（一）於二无量億劫一に行ニヒ此の諸の道一を已《を》（へ）たまゑるをもて、道場にして得レて成レ（す）こと果（を）、我れ已に悉く知見（し）たまひたり〈別訓　スベクセシヲもてナリ〉。（山・妙法蓮華經初期點　1/22）

（二）准ニヘ度ればば近遠一を、可《アルベ》ニクシて十里餘一（り）、將（に）有ニ（り）人家一、擬ニ捉《入也》（りて）作レ食せむとす。（石・金剛波若經集驗記初期點　一　複　16）

（三）唯（だ）一人ノミ用スベクシて不《ず》レ可レ（から）分（かつ）者は、輸刀等是（れ）なり。（光・蘇悉地羯羅經承保點　中　23/15）

（四）有レ（り）て物可レクシテ爲《つく》（る）而不レシテ作レ（ら）之（を）、以レて心を作らば、不《ず》ニ如法一ナラ也。（史・大毗盧遮那經疏康和點　二〇　5オ）

㈣のやうな――ベクシテは、今日でも、言フベクシテ行ハレナイなどの形で用ゐられるが、訓點資料では、院政期以後多くなる。

（五）可レクシ越《ス》グ而《て》終《ツ（ひ）》に不《ザ》レル可レ（から）及ブ者、此（れ）君子（なり）也。（書・群書治要鎌倉期點　一〇　151）

（六）非ニ（ず）可《ベ》レクシテ刑す而《て》不《ザ》レルニハ刑《音》セ。民莫《ナ》レケレバナリ犯レ（す）コト禁ヲ也。非ニ（ず）可《ベ》レクシ賞す而《て》不レ（る）ニハ賞セ。民莫《ナ》レケレバナリ不レ（る）コト仁（に）アラ也。（同　四二　171）

（七）故ニ可ニクシ以て從一フ而《て》不《ザ》レルは從（は）、是（れ）不—子ナリ也。未《ズ》レシ可ニカラ以て從一ガフ而從《て》フは、是（れ）不—衷《チウ》ナリ也。（同　三八　458）

9　名詞ノ・ヲス

原文では名詞と見られる語に、格助詞ノ・ヲなどを添へ、さらにスを加へたもので、名詞ノはスに對する主語、名詞ヲはスに係かる連用修飾語である。

(一) 宗ノスル自性空なるが故にそといはば、應レ言二(ふ)べし無生い 無性なるが故に 空一なりと。(根・大乗掌珍論承和・嘉祥點 10/15)

(二) 過去の 无數劫に 无量に 滅度したまふ佛、百千萬億種をしたまひて不《ず》レキ 可レ(から)〈別訓 アリシカドモシたまヒキ〉量(る)。(山・妙法蓮華經初期點 7/12)

(三) 普く 觀二たまひて衆生一を、愛するに無二キこと偏黨一如二(く)いますモノならば羅怙羅一をしたまふが、唯し 願フ、世尊、施二(し)たまへ・とまうす我に 一の 願一(を)。(西・金光明最勝王經初期點 一 8/17—18)

(四) 由二(るが)少(しの)因縁一に 故に、疑レ(ひ)て空を 謂二ヘルをは不空一と、依二(り)て前の 諸品の 中一に、理をし教をしツルニ應二重(ね)て 遣一(る)べし。(東急・大乗廣百論釋論承和點 1/5)

(五) 二一りの宗と 共に 許(すと)のたまふ。不レし(て)顯二(はさ)差—別一をしも、總—相して法門をするときニスルものナリ〈別訓 法門ナリ〉。(根・大乗掌珍論承和・嘉祥點 6/17—18)

(六) 此が 中には、且く 依二(り)て色ヲスル覺一に〈別訓 色—覺に〉觀—察せむ。謂(はく)、諸(の)色ヲする覺ハ〈別訓 色—覺は〉非二(ずある)べし縁—所顯一に。(同 8/15—16)

(七) 此が 中に 且(く)依二(り)て色—覺一に 觀察(す)べし。謂(はく)、諸の 色《(音)》をする覺は 非二(ずある)べし縁—所顯一に。(小・大乗掌珍論天暦點 8/24—25)

(八) 又依三(る)が世—間共—知の 同喩は 有二(る)に所—作一をモスルこと故に、成二りて相違—因一に 能(く)立ニツルが………自—性有一(なる)べしといふこと(を)故に。(同 2/15—16)

(一)は「宗の說く」意味か。小川本『大乗掌珍論』天暦點では「宗い自性空なるが故に」と讀んでゐる。(二)は文意不明、龍光院本『妙法蓮華經』末期點では「百千萬億種に（し）て」と讀んでゐる。㈢は「羅怙羅を愛するが如く」の意味。㈣の二例は共に文意不明。㈤も不明。小川本では「總相の法門をもて正理に明（か）なる者」と讀んでゐる。㈥の二例は、共に「色を生する覺」の意味であらう。㈦の小川本では、初のは二字音讀し、後のは根津本と同樣に讀んでゐる。㈧は單に「所作すること」といふのに同じか。小川本では「所作有（る）が故（に）」と讀んでゐる。上記の諸例、すべて加點者の苦心の訓法と思はれるが、今日のわれわれには理解しがたいものが多い。

上記九類のスの內、(1)類を除く八類は、奈良時代にも平安時代の和文にも一般に用ゐられず、訓點語にのみ見られる特殊な用法である。

10 ——シテ

スは、連用形に接續助詞テが付いてシテとなり、動詞本來の用法の他に、助動詞または助詞に近い用法を示すことがある。訓點語に用ゐられるシテを分類すると、次のごとくである。

a　形容詞の連用形を受けるもの、——クシテ
b　比況の助動詞ゴトシの連用形を受けるもの、——ゴトクシテ
c　副詞シカク・カク・シカなどを受けるもの、シカクシテ、カクシテ、シカシテ（接續詞に轉成）
d　否定の助動詞ズの連用形を受けるもの、——ズシテ
e　形容動詞ナリ活用、タリ活用の連用形を受けるもの、——ニシテ、——トシテ
f　名詞を受けるもの、人シテ

g　格助詞ヲを挟んで名詞を受けるもの、――ヲシテ

h　格助詞ニを挟んで名詞を受けるもの、――ニシテ（場所時間など）

i　指定の助動詞ナリの連用形を受けるもの、――ニシテ

j　格助詞トを挟んで名詞を受けるもの、――トシテ

k　格助詞ヨリを挟んで名詞を受けるもの、――ヨリシテ

aの例

（一）男―子女―人(の)年少《ワカ》クして浄《イサ(ぎ)ヨ》―潔(ク)荘―嚴セルあり。（斯・願經四分律初期點　4/2）

（二）齒は白キこと齊《(ひと)》(し)ク密《キビ》クして猶ニし珂と雪一との。（西・金光明最勝王經初期點　六　13/24）

（三）智の量り疎カに拙《ツタナ》くして、欣レフいは生ニ(れ)むと報土一に、（高・觀彌勒上生經贊初期點（朱）　12/7）

（四）鐵の口猛く毅《コハ》くクして、破ニ碎す人の筋骨一を。（石・大智度論三種點　一六　8/13）

（五）淑《ヨミ》ニす周・楚之豐烈一を兮。超《トホ》ウシテ(黑)既(に)離《イ》ニル(黑)虙皇波一に(黑)。（上・漢書揚雄傳天曆點　5）

（六）佛性は雄《タケ》―猛クシテ難レし可ニ(き)こと沮壞一す。（石・大般涅槃經治安點　七　14）

（七）洲《ス》香《カ(う)バ》シクシテハ、ては杜《カ》―若《イツバタ》抽《ヌキイ》レデて心《ナカコ》を長《ソビ》エタリ(左)。（神・白氏文集天永點　三　複　15オ）

bの例

（八）身の色は金の光の如クシテ淨(く)して無レし垢。（西・金光明最勝王經初期點　二　12/13）

（九）有(ら)む菩薩の如レくして言の取レ(り)て義を不レ(あ)らむ求ニ(め)如來の所説の意趣一を、（東急・大乘廣百論釋論承和點　13/3）

(一〇) 如二くして所念一の可レ(し)や得不や。(石・大智度論天安點 六二 6/7)

(一一) 狀は如二くして昴星一の滅二除す一切の鬱蒸(の)結縛一を。(東・地藏十輪經元慶點 一〇 11/13—14)

(一二) 雖レども知下れりと身性は猶シ如二くシて虛空一の、本より無中シと搖《エウ》動上(すること)、(石・守護國界主陀羅尼經中期點 七 5/17)

(一三) 如下(し)觸等が上の似《ゴト》二クして眼根等一の、非中(ぬ)が識が所依上に。(石・成唯識論寛仁點 三 4/3)

(一四) 豈(に)容《ベ(け)》丁むや……罪若《(ごと)》二くして河沙之巨量一の、妄(り)に道《イ》丙フ已れ證乙せりト於菩提甲を。(天・南海寄歸傳末期點 一 16/9—10)

c の例

(一五) 佛は曾し親二近したまヒ百千萬億无數の諸佛一に、……精進に(し)たまヒ、カクシテ、名稱普く聞(え)たまひたるをもてなり。(山・妙法蓮華經初期點 1/5—6)

(一六) シカスル時には、得レルこと福を無量なり。應二し作《カク》—是シテ言《い》一ふ、「……我レ今悉ク深ク生二す隨喜一を。……亦皆至レ(し)て心を隨喜し讃歎す・といふべシ。」(西・金光明最勝王經初期點 三 4/22)

(一七) 以二て福德一を薫レし心に、然くして後に受二(く)べシ・といふことぞ涅槃の道に染一すること。(東急・百論天安點 8/22)

(一八) 今先より有二(り)て諸物一、然くして後に燈イ能く照—了す。(同 22/25)

(一九) 伽藍三所、僧徒數千、然くシて皆遵二ヒ習フ大衆部法一を。(興聖・大唐西域記中期點 一二 6/17)

(二〇) 乃(ち)擊二(つ)に楗—稚一を、其(の)聲纔(か)に振フ。而くシて此の羅漢豁《活》—然として高く視《ミ》ル。(興聖・大唐西域記中期點 一二 8/25—26)

(二一) 身創《キズ》二ツキ於策《ムチ》一に、吻《クチワキ》傷《キズ》二ツク於銜《クツバミ》一に。而《シカ》ウシて求二(む)ルこと其(の)無レ(か)ランコトヲ失《(音)》、何ゾ可レキ得也。(書・群書治要

鎌倉期點　四二　174）

（二二）　章皇周流（して）出二（し）入（る）日月一を。天與レ地杳《エウ》たり。爾《シカ》シて廼（ち）虎二路（すれ）ば三宴一を以て爲二す司馬一と。（上・漢書揚雄傳天曆點　417－419）

（二三）　爾《シカ》クして乃ち暫《シバラ》く蘇息して、（春・金光明最勝王經中期點　一〇）

dの例

（二四）　心不《あら》レずして實に於三千萬億劫一に不《マ》レじ聞二（く）佛の名字一をダも。（山・妙法蓮華經初期點　7/5）

（二五）　或る一人の雖三（も）樂二欲すト聞一（か）むト、非二ずシて威儀一に住せるゾ。（石・瑜伽師地論初期點　七一　10/17）

（二六）　亦は不《ず》レして依二（ら）諸の有一にも、護二持す清淨の戒一を。（東・地藏十輪經元慶點　九　12/3）

（二七）　未《ア》レ明ケズシテ而行（き）て、長く驅《ハ》セ掩《オホ》ヒ襲《オソ》フ。（興聖・大唐西域記中期點　一二　12/21）

（二八）　夫《ソ》レ、馴（音訓）一道不レ純《モハラ》ナラズシ而て、愚民陷《オ》チル焉。（東北・史記延久點　孝文本紀　複　26）

（二九）　或は但（だ）失レ（ひて）物をノミ、不《ズ》レシテモアラバ見二偸者一をは、于レ時に不レ擇二（は）日宿一を。（光・蘇悉地羯羅經承保點　中　19/11）

eの例

（三〇）　比丘路《アラハ》（露）レにして身を往二（きて）佛の〔に〕所一に、（岩・願經四分律初期點　13/17）

（三一）　史曠《フミヒトオキロ》二にして前良一に、事絶二（え）たり故一府一に。（知・三藏玄奘法師表啓初期點　39）

（三二）　顏容は常に小《ワカ》ヤカにして（白）不《ず》レ老イたまは（白）。（高・觀彌勒上生經贊初期點（白）18/23）

（三三）　好二（み）て學藝一を多二シ（黑）伎一術一。聰（音）にシて而不《ズ》レ明ナラ。（興聖・大唐西域記中期點　1/14）

(三四) 文相歷《アラハナリ》—然にして、不《ず》レ應三(から)更(に)有二る 異—釋一。(石・法華義疏長保點 四 1/16)

(三五) 權實有无皎然とアキラカニシテ可《ゐ》レし信(す)。(同 四 4/8)

(三六) 有—虞氏之時ニハ、畫《エカ》ニキ衣—冠一に異《コト》ニ(に)シテ章服一を、以て爲レす戮スル ことを コトヲ。(東北・史記延久點 孝文本紀 複 26)

(三七) 上天之縡 杳《コ(と)エウ》と(し)て旭卉たり兮。(上・漢書揚雄傳天暦點 275)

(三八) 登—降剡《リ》—掜《イ》と(し)て單《メグ》(り)て埯坦たり。(同 271)

(三九) 孑《ケチ》—然として獨り 坐(し)て、執レ(り)て箒《ハ、キ》を 而終(り)たり。(京博・南海寄歸傳末期點 四 2/7)(天)孑居烈反

(四〇) 義—心若レ(く)シて石の 矻《キツ》と(し)て不《ズ》レ轉《マロ》バ。(神・白氏文集天永點 四 2ウ)

f の例

(四一) 衆中にして定問《(音)》するときにスルヲモ名(づけ)て爲二(す)妄語一(と)。乃至一人して問(ふ)時にスルヲモ亦名ニ(づ)く妄語一と。(東・成實論天長點 一二 8/26—9/1) A

(四二) 闍王聞(き)已(り)て、卽(ち)嚴《(かざ)》レり 駕を 四(り)の兵して往く。(東・百法顯幽抄中期點 34/8) A

(四三) 昔者《(むかし)》東國の 軍—師百—萬シて西を 伐《ウ》ッ。(興聖・大唐西域記中期點 15/4) A

(四四) 此の 岸《キシ》は 深ク 峻《△サカ、、》シ。設ひ 百千人をして時《(と)キ》 經ニとても三月一を、亦未《じ》レ能レ(は)斷《ヲ》フルこと。我レ一身のみ。。して而も 堪(へ)て濟《ナ》シ辨《ハタ》サムヤ・とおもふ。(西・金光明最勝王經初期點 九 11/28—29) A

(四五) 如—今如何ぞ 獨り 自ら 一身ノミシテ。。來れる。(東・百法顯幽抄中期點 36/8) A

(四六) 我(れ)今於ニに 此の 經一の、及男女眷屬サヘ。。して、皆一レに(し)て心を 擁護して、令レ(め)む得ニ廣ク 流通一すること。(西・金光明最勝王經初期點 一〇 14/7) A

(四七)　我等四王と。各(の)有せる五百の藥叉眷屬として、常に當に處處にして擁二護(せ)む是の經及說法の師一を。(同　六　15/14)

A

(四八)　是の人(は)空の言のみして無レし・といふ〈別訓　といゑり〉實は。(東急・百論天安點　9/5)　B

(四九)　譬(へ)ば如三く火の無二きガ熱のみして(と)不熱の相一は、神も亦如レく是の不《(な)》三し・といふことぞ應(不讀)有二(る)こと遍のみして不遍の相一は。(同　10/7)

(五〇)　我(れ)說三(き)たまふ一諦のみして更(に)无二シト第二一。(石・瑜伽師地論初期點　七三)　B

(五一)　有漏にも亦應下(し)法一爾に有レ(り)て種、由レ(り)ては熏に增長することのみシテ、不中(ある)別に熏ヨリは生上(せ)。(石・成唯識論寛仁點　二　8/3)　B

g の例

(五二)　彼レ聞下(き)て瓶沙王有二(り)て好キ醫一、善能(く)治中(す)と病を、卽(ち)遣二使をして白レ(さ)しむ王に。(岩・願經四分律初期點　3/7―8)

(五三)　二者、法施は能ク令《シ》三む衆生をして出二で於三界一より。(西・金光明最勝王經初期點　三　6/12)

(五四)　莫下れ於二て汝が身の上一に令中(む)ること般若をして斷絕上せ。(石・大智度論天安點　一〇〇　12/11―12)

(五五)　由二(り)て此の定力一に、令四彼の佛土の一切の有情をして……恭三敬し供三養せしめム諸佛世尊一を。(東・地藏十輪經元慶點　一　9/10―12)

(五六)　輕安ト定ト捨ト(の)三ハ、令《シ》二ム惠ヲシテ離染一(せ)。(東・法華論義草　460)

(五七)　又多二(く)して風雨一、雷電霧露使《し》二む人の毛をして竪《(た)》一た。(石・佛說太子須陀拏經中期點　5/2)

(五八) 其の那爛陀寺の法は………遂(に)使下僧—徒をして數(かず)(訓)出サシメ二千一に、封(音)—邑(音)をして則(ち)村(訓)餘《アマ》中ラシム二百上に。(天・南海寄歸傳末期點　二　6/22—23)

(五九) 丞相陳平(人名)・太尉周勃(人名)等、使三人を(し)て迎《ムカ》二ヘシム代王一を。(東北・史記延久點　孝文本紀　複　1)

(六〇) 問曰、「三昧は何(の)等(こと)キ相かある。」答曰、「心をして住《トヾ》二ムル一處一に、是(れ)三昧相なり。」(東・成實論天長點　一七　12/12—13)

hの例

(六一) 於二衆人の前一にして、如レ(く)して法(の)來れル者、不レ名二(つけ)邪婬一(と)。(東・成實論天長點　一二　8/22) 場所

(六二) 覩下たまひ……於二十方界の恒河沙に等キ諸佛世尊一の所ニシテ現中するを神變上を已《ナ》む。(西・金光明最勝王經初期點　六　6/12) 同

(六三) 若し持戒して、求下む天上にして與二天女一と娯樂し、若し人中にして受中(け)むと五欲(の)樂上を。(東急・百論天安點　6/14) 同

(六四) 得下ムトおもはム相應上好之處ニシテモ、於二破壞雜穢之處一ニシテモ、亦須中(ゐる)こと作法上。(石・蘇悉地羯羅經略疏天暦點　四　16/7) 同

(六五) 當下きに於二何れの所一にしてか得中奴婢上をは邪。(石・佛說太子須陀拏經中期點　9/1) 同

(六六) 於二寺の外一にして造二る限量の小房一を。(東急・大日經義釋承保點　三　29ウ) 同

(六七) 七年は於嬰—兒にマシマシキ。八年は作《マシマ》二シキ童子一に。………二十五にして出家し、三十五にして成道したまふ。(東・金剛般若經贊述仁和點　26/1—2) 時間

(六八) 小乘は前に得二て有餘一を後に得二といふ无餘一を。大乘は一時にして而得といふ。(石・法華義疏長保點　二　26/21—22) 同

（六九）藏識と染法とは互(ひ)に爲《ナ》ニルこと因緣一と、猶(し)如ニ(し)とイヘリ束蘆の俱時にして而有一(る)が。（石・成唯識論寛仁點　四　7/18—19）同

iの例

（七〇）二種の說は似の不成の過にして、非ニず眞の不成一に。（根・大乘掌珍論承和・嘉祥點　6/25）

（七一）般若は是(れ)諸佛の本母にして、能く出ニ生スルに諸佛一を、（東・金剛般若經贊述仁和點　33/18）

（七二）行(く)こと三百餘里にして、至ニル(黑)屈浪拏國一に。（興聖・大唐西域記中期點　4/5）

（七三）若(し)法い始終一類にして相續して、能(く)持ニ(つ)い習氣一を、乃(ち)是(れ)所熏なり。（石・成唯識論寛仁點　二　11/27—28）

（七四）當下マシに死ニ(し)て瀘一水の頭《ホ(とり)》一に、身ハ沒シ魂《タ(ましひ)》ハ孤《ヒトリ》ニシテ、骨不《ザ》セラ〈別訓　ズシテ〉沒マラ〈別訓　ヲサマラザラマシ〉。（神・白氏文集　天永點　複　12オ）

jの例

（七五）定業の報として今當に受レク之を。（岩・願經四分律初期點　27/15）

（七六）若(し)慳ニ悋するひとは法一を得ニ盲等の罪一を。………三世佛法の諸佛の怨賊として往ニ來す生死一に。（東・成實論天長點　一五　3/24—26）

（七七）佛は是れ其の親族として尊重にいます。（石・大智度論天安點　一〇〇　11/14—15）

（七八）非法の器として退ニ失し聖法一を、穢ニ雜し淸衆一を、（東・地藏十輪經元慶點　四　7/1—2）

（七九）神《(か)ミ》として而妄り(に)言(ひ)て、當ニ必(ず)痊差《イ》一エヌ𠆢し・といふ。（興聖・大唐西域記中期點　5/6）

（八〇）文殊は爲ニして燃燈の之師一と、得レたり聞ニ(く)こと身權身實の經一を。（石・法華義疏長保點　二　10/13）

（八一）又不レ見レ有三りとは法として能（く）作ニ（す）こと自體一（を）。（東・成實論天長點　一七 5/19）

（八二）不《ず》レ見《み》下一一衆生として可ニキ成熟一す者《人》上アリとは。（西・金光明最勝王經初期點　四 13/2）

（八三）不レして得下一法としても實に可ニき以て入レる心に者《もの》上を、（石・大智度論天安點　一 9/26）

（八四）如レ（き）斯（の）罪人は、永（に）不《じ》レ見ニ（たてまつら）佛の衆聖之王として說レ（き）て法を教化一（し）たまふを。（龍・妙法蓮華經末期點　二 21/15）

（八五）離ニ（るる）が善人一を故（に）、无ニし惡として不レといふこと起（さ）。（東・成實論天長點　一五 3/27）

（八六）无レし有ニ（る）こと少法として生一すること。亦无ニし少法としても滅一することも。（東急・大乘廣百論釋論承和點 12/1）

（八七）无レし有三（る）こと定法として得ニたまふこと菩提一を。（東・金剛般若經贊述仁和點 26/10）

（八八）眞如は无ニ（きが）所として不レといふこと遍（せ）故（に）云ニ（ふ）遍義一（と）也。（東・法華論義草 1190）

（八九）无ニ（き）をもて處として不レといふこと生（せ）而生（れ）たまふ・といゑり　（石・法華義疏長保點　一 18/5）

（九〇）此（の）眞如は二空に所レて顯（はさ）、无レ（き）が有ニ（る）こと一法としても而不レは在（ら）故に。（石・成唯識論寛仁點　一〇 2/9—10）

（九一）是の好き良藥を今留（め）て在《を》レく此（こ）に。汝可ニし取（り）て服一（す）。勿ニけむ憂として不レ（といふこと）差《（い）》（え）。（龍・妙法蓮華經末期點　六 5/16）

（九二）累として无レきを不レといふこと盡（き）爲レ（す）淨と。德として无レきを不レといふこと員（圓）に（あら）稱レす身と。（石・法華義疏長保點　二 26/15—16）

（九三）今は明ニす道理として无レ（し）といふことを有ニ（る）こと餘乘一の。（同　四 1/12）

（九四）　豈(に)有下(ら)むや人として於二賊陣の中一にして而當に睡寐《(音)》上すること。（東・成實論天長點　二一　4/20―21）

（九五）　誰かは言二(は)む他として是れ依一(る)べきものありと。（根・大乘掌珍論承和・嘉祥點　4/13）

（九六）　寧ぞ有三(ら)むや實の識として離二(れ)たること所取の境一に。（石・成唯識論寛仁點　九　5/13）

kの例

（九七）　多聞天王從レ座よりして而起(ち)て白レ(して)佛(に)言(さく)、（飯・金光明最勝王經註釋初期點　六　195）

（九八）　無量の智慧い三昧ヨリして光リ明(か)にして、不《ず》レ可二(から)傾動一す。（西・金光明最勝王經初期點　四　6/9）

（九九）　諸の天子は於二妙―天宮一ヨリして捨二(て)たり五欲の樂一を。（同　九　7/29）

（一〇〇）　地藏菩薩摩訶薩從レ座よりして而起(ち)、整《ト(と)ノ》三理へ衣服一を、頂をもて禮二(し)たてまつり佛足一を、（東・地藏十輪經元慶點　二　1/2）

（一〇一）　從二過去の我一よりして而至二ル現在一に。（東・金剛般若經贊述仁和點　23/20）

（一〇二）　一手をもて捉リて下《ト》ヨリシテ授《サツ》レケよ之を。（石・沙彌威儀經中期點（角筆）　6/3―4）

以上の内、fはやや複雑で、A類は、手段・方法を表はす格助詞のデに相當し、B類は、指定の助動詞ダの連用形デに相當する。（四七）の「眷屬として」の「と」は、上の「四王と」の「と」と呼應する並列の助詞であって、格助詞ではない。gは使役の及ぶ對象を示し、kはほとんど無意味に近く、他はすべて存在・指定を表はすアリと置き換へることのできるものである。ただし、cは接續詞に、a・b・d・e・iは接續助詞に、f・g・h・j・kは格助詞に轉成したものとも見られるから、それぞれの項で、重ねて觸れるつもりである。

奈良時代には、『萬葉集』にa・c・d・e・f・h・iの七種があり、『續日本紀』の宣命にさらにjがあって、計八種が求められる。

紐解かば誰かも結はむ家遠くして。(萬葉　三七一五) a　かくして。や荒し男すらに嘆き伏せらむ (同　三九六二) c　夜の紐だに解き放《さ》けずして (同　三九三八) d　あな息づかし見ず久にして (同　三五四七) e　一人して我は解き見じ (同　二九一九) f　七人のみして闕に入れむとも謀りけり。(續紀宣命　二九) f　A家にして見れど飽かぬを (同　六三四) h　心盡くすな大夫にして (同　四二一六) i　それ人として己が先祖の名を興し繼ぎ廣めむと念はずあるは在らず。(續紀宣命　二八) j

平安時代の和文では、――シテの用例の大半はf―Aで、他にa・j・kなどもあるが、その例は少く、aはテを用ゐて――クテ、dはズテの融合した――デ、h・i・jはテを用ゐて――ニテといふのが普通であつた。

をかしきさまなる櫛・扇多くして。(源氏　一ノ一七四) a　おぼし出づること多くて。(同　一ノ三四) a′　とかうして。護身まゐらせ給ふ。(同　一ノ一九六) c　かくてもいと御覽ぜまほしけれど (同　一ノ三二) c′　ちからをもいれずしてあめつちをうごかし (古今序) d　まつのはのちりうせずして、まさきのかづらながくつたはり (同) d　見たてまつらでしばしもあらむは (源氏　一ノ三九) d′　うたのもじもさだまらずすなほにして (古今序) e　ことばかすかにして、はじめをはりたしかならず。(同) e　みたりしていみじき事どもを聞え (源氏　一ノ三八六) fA　ひさかたのあめにしては、したてるひめにはじまり (古今序) h　十二にて御元服したまふ。(源氏　一ノ四七) h′　春宮の御元服南殿にてありし儀式の (同　一ノ四七) h′　一の御子は、右大臣の女御の御腹にてよせおもく (同　一ノ二八) i′　一事としておろそかに輕み申し給ふべきに侍らねば (同　三ノ二三五) j　宮の御使にて參り來つるぞ。(同　一ノ二二五) j′　國の司にてしおきけることなれば (同　一ノ一八一) j′　一の巻よりしてみな見せ給へ。(更級　四九二) k

『古今和歌集』の序文に、d・e・hを――デ、――ニテと言はないで、――ズシテ、――ニシテと言つた例があるのは、訓點語の影響と見てよからう。

なほ、和文には、訓點語には見られない――ヤウナリの連用形ヤウニにシテを添へた――ヤウニシテや、擬聲語（擬態語を含む）にトシテを添へた「なよなよとして」「やせやせとして」の他、活用する語の連用形にナドシテを添へた「やんごとなくなどして」「心にかなひがたくなどして」「卑下せずなどして」「あやまちすまじくなどして」などの言ひ方がある。ただし、全體として見れば、和文ではシテを用ゐることが少い。逆にいへば、訓點語ではシテを頻用したといふことになる。

第四節　アリ（有・在）の特殊な用法

アリを存在・指定の意に用ゐることは、訓點語も一般と同樣であるが、その他注意すべきものに、次のやうな用法があつた。

アル――、アラム――、アラユル――、アラルル――、アラエム――、アルガ、アルイハ、アルハ、アルニなど。

アルハを除き、和文には見られない、訓讀文特有の用語である。

1　アル――、アラム――

アリの連體形アル、または、未然形のアラに推量の助動詞ムの連體形を添へたアラムを、アルヒト・アラムヒトのやうに、名詞の連體修飾語とする形である。原文の「或・有・或有」などを讀むのが普通で、下に名詞を表はす文字のない時は、形式名詞のヒト・トキ・トコロなどを補つて、アルヒト・アラムヒト、アルトキ・アラムトキ、アルトコロ・

アラムトコロなどと讀むことがある。後世は、下から返つて――アリと讀むのが普通であるが、初期の間は、アル――、アラム――の形を取ることが多く、アラム――は未來に關する記述に用ゐられ、下の述語は、これに應じて推量形を取ることが多い。

(一) 有《ある》人は爲レの除ニせむが此の蓋一を故に、說ニく是は善なり、是は不善一なり(と)。(東・成實論天長點 一五 2/13―14)

(二) 若(し)有《ある》衆生類の、値ニ(ひ)マ(つり)て諸の過去の佛一に……精進し禪をし智をせしが等《こと》キと、(山・妙法蓮華經初期點 7/17―18)

(三) 或有ル菩薩は如レく是(の)修習すること漸漸(に)退轉して、(東・地藏十輪經元慶點 二 8/23)

(四) 假使ヒ日月は墜《クツガヘ》ニリ墮《お》チ于地一に、或(は)可《あ》ニりぬ(べ)し大地は有《ある》時に移轉一することも。(飯・金光明最勝王經註釋初期點 六 306)

(五) 所相は或《ある》時には是れ相となる。(石・大智度論天安點 七〇 10/4)

(六) 汝が子或《ある》時には呑ニむ諸(の)瓦石草木一を。(石・大智度論第三種點 三七 14/25)

(七) 有る處には解り、有る處には不レ解(ら)。(石・大智度論天安點 八三 12/6)

(八) 有《ある》國は大寒なり、有《ある》國は大熱なり。(東・成實論天長點 二一 6/9―10)

(九) 有《ある》人答レ(へ)て佛に言《まう》す、「我は不レ保《タノ》ニ(ま)七歲一を。……」(同 二一 7/8)

(一〇) 有る人威神と呪術と藥力とをもて……誑ニ惑す愚夫一を。(小・大乘掌珍論天曆點 2/23―24)

(一一) 或《マタ》有る人斯(れ)を亦不レ知ら。非レ(ず)在ニるに論する限一りに。(天・南海寄歸傳末期點 一 10/16)

(一二) 或《ある》ときは但(だ)以レてのみ慈を利す。(東・成實論天長點 一二 18/7)

（一三）　或（る）いは苦練木を、或（る）ときは取二れ燒屍の殘火の槽木一を。或（る）ときは白旃檀の木、或（る）いは紫檀の木を、隨二取（し）て一の木一を、刻二み作れ三股の金剛杵一に。（京・蘇悉地羯羅經延喜點　16/11－13）

（一四）　或（る）ときは有二（り）所得一。或（る）ときは無二（し）所得一。（龍・妙法蓮華經末期點　二　31/10）

（一五）　亦は有る所に説二ケども七等一を、不レ過二（ぎ）此の五一には。（石・妙法蓮華經玄贊中期點　三　31/16）

（一六）　或《（あ）るトコロ》－可ハ共二に餘の人戸一（と）、咸く並に六－分して抽《ヌキイ》レヅ一を。（天・南海寄歸傳末期點　二　4/18）

（一七）　或《（ある）トコロ△》－可ハ分－數量レ（り）て時を斟－酌す。………或有は《（ある）トコロ△》ハ貪－婪（に）して不レ爲《ナ》二サ分－數一を。（同　4/20－21）

（一八）　若（し）有（ら）む人の能（く）受二持し讀三誦（し）たてまつらむいは是の經王一を者、誦二せむ此の呪一を時に、………法速く成就せむ。（飯・金光明最勝王經註釋初期點　六　308－310）

（一九）　若（し）有（ら）む善男子・善女人の………伎樂をもて供養せむも亦得二む・とのたまふ今の世後の世の功德一を。（石・大智度論天安點　六〇　6/4）

（二〇）　未－來に有らむ菩薩の備二（へ）ムいは三の德一者、………能く生二（さ）ムをもて實想一を、亦不《（あら）》二ズ・といふ空説一（し）たまふには也。（東・金剛般若經贊述仁和點　21/17）

アリは動詞であるが、意味内容が漠然としてゐるため、單獨で他語の修飾語とはなりにくい語である。奈良時代には、『萬葉集』の左注に「或人・或本・或歌」などの文字が頻用され、アルヒト・アルホン・アルウタと讀み慣はしてゐるが、和歌では

ある人（或人）は　音にも泣きつつ　語り繼ぎ　偲ひ繼ぎ來る（萬葉　一八〇一）

が問題になるだけで、他にアル――、アラム――の確實な例は求められない。この歌の「或人」は、舊本には「惑人」

とあつてワビヒトと讀み、『代匠記』初稿本書入や『古義』にサトビトと讀んでゐたのを、『新考』『新訓』『新校』などが『藍紙本』によつて「或人」に改め、アルヒトと讀んだものであつて、ソノ中ノアル人ハ（古典文學大系本頭注）の意味に解釋されてゐる。左注の「或人」をアルヒトと讀むことが許されるならば、和歌の「或人」もアルヒトと讀んで差支へないわけであるが、假りにさうだとしても、左注に比べて、和歌にその例が極めて少いのは、この表現が國語本來のものではなくて、漢文の訓讀から生まれた翻譯文法だからであらうか。もつとも、平安時代の和文を見ると、『古今和歌集』の詞書や『土佐日記』に、アルヒト・アルトキなどがいくらも用ゐられてゐるから、訓點語から出たものとすれば、早い時期に一般化したのであらう。

ある人のいはく、さきのおほきおほいまうちぎみの歌也。（古今　七）あるときには、「あるものと………」といひけるあひだに（土佐　二九）ある上人來あひて、この車にあひ乘りて侍れば（源氏　一ノ七五）

アル――は、廣く用ゐられて、長く後世に傳へられたが、アラム――は、訓點語の世界に留まつて、一般化しなかつた。訓點語も、初期の資料に限られ、中期以後のものには見當らない。

なほ、平安時代の和文では、アリの連用形に過去の助動詞キ、または、完了の助動詞ツの連體形を添へたアリシ・アリツルを、例ノ・サツキノ・イツカノなどの意味に用ゐたが、訓讀文には、その例がない。

かの、ありし中納言の子は、得させてんや（源氏　一ノ一〇〇）ありつる子の聲にて、「ものけ給はる。いづくにおはしますぞ」と………　いへば（同　一ノ九三）

2　アラユル――、アラルル――、アラエム――、アラレム――

アリの未然形アラに、可能の助動詞ユ・ルの連體形ユル・ルル、または、その未然形エ・レに推量の助動詞ムの連體形を添へて、名詞の修飾語とする形式である。原文の「所有」を讀むことが多く、まれに「所在・凡所・有」などを讀むこともある。アラユル・アラルルは、本來アリウルといふ意味で、轉じてスベテの義を表はすが、單に前項のアル――と同義に用ゐることもある。

（二一）種種の天の樂、出二(し)て妙なる音聲一を、令《シ》二む瞻部洲に有(ら)ユル睡眠せる者《人》を、皆悉く覺―悟一せ。（西・金光明最勝王經初期點　九　15/2―3）

（二二）衆生の宿《(訓)》の惡業と刀兵と病と飢―饉と、隨二(ひ)て所《アラユル》レ在惱害一に、皆能(く)令二解脱一せしむ。（東・地藏十輪經元慶點　一　23/1）

（二三）諸佛に所有ル凡所威儀進止は无レし非二(ず)といふこと佛事一に也。（東・金剛般若經贊述仁和點　4/14）

（二四）當に先ヅ抖《ア》ゲ擻《フル》フて、去《サ》二ケよ中に所《ユ》レル物を有《ア》ラ。（石・沙彌威儀經中期點（角筆））

（二五）以レて要を言レハヾ之を、所《ユ》レル有(ら)逼切身心の苦惱及見二(る)をもて惡夢一を、由レ(り)て此に證知せむ(べし)。（西・不空羂索神呪心經寛德點　4/9）

（二六）於二十方世界一に有ラル、無量百千萬億の諸の菩薩衆い、各從二本土一ヨリ詣二づ鷲峯山一に。（西・金光明最勝王經初期點　一〇　10/1―2）

（二七）又は此の大地に凡《オホヨソ》有ラル、所須の百千の事業、悉ク皆周ク備《ソナ》ハラむ。（同　八　7/10）

(二八)〔從〕今より以—往は永に復作（ら）不《ず》して當—來に有（ら）所《エ》ム（イ、有（ら）所る）罪障を防護せむ。（正・地藏十輪經元慶點　七　212）中田祝夫博士による。

(二九) 當ニ佛ト成ルコト得テ、所《エム》レ有功德ハ、此ノ數等ヲモチテ（之）校量スベキ所ニ非ズ。（正・金剛般若經贊述嘉祥點）春日政治博士による。

(三〇) 國土に所《エ》レム有（ら）一切衆生に得ニしめ壽命長一（き）こと、（東・大般涅槃經末期點　二四　8/21）

(三一) 其の王に所《レ》レむ有（ら）自利の善根をは、亦以ニて福分一を施ニし及セ我等一に。（西・金光明最勝王經初期點　六　5/15）

(三二) 彼の人に所レむ有（ら）レ惡星の災變と與ニ……呪術をもて起せる屍《シ反》一と、如レキ是（の）諸の惡をもて爲《（つ）ク》ニル障—難一（を）。（同　七　6/17—20）

(三二) の「佛」の右下に書きつけられた「所有ル」は、本來その下の「凡所」に加へらるべきもので、アラユルと讀んだものと推定される。奈良時代には、受身・可能・自發を表はす助動詞としては、ユが一般に用ゐられ、ルの勢力はいまだ微弱であつたが、平安時代に入ると、ユは衰滅し、ルがこれに代つて廣く用ゐられるやうになつた。從つて、アラユル・アラエムは、イハユルと共に、ユを構成要素としてゐる點で奈良時代の成立と推定され、アラルル・アラレムは、ルを構成要素としてゐる點で、アラユル・アラエムよりは新しい形と考へられる。ただし、新しい形は少數の資料に限つて用ゐられ、古い形の方がかへつて廣く用ゐられて後世に傳はつた。これは、古い形がすでに一般化してゐて、新しい形の伸びる余地がなかつたためであらう。そして、古い形の中では、アラユルが一般に用ゐられて後世に及び、アラエムは、初期の資料にもまれにしか現はれず、中期以後はほとんど用ゐられなくなつた。(三〇) はきはめて珍しい例である。

なほ、(二一)(二三)(二四)(二六)(二七)のやうに、アラユル・アラルルの前に——ニといふ連用修飾語を取つてゐるものは、今日ならば——ノと連體修飾語にいふところである。——ニといつたのは、——ニアリウル(スベテノ)といふ意味で、アラユル・アラルルに係かるからであり、アリが動詞としての機能をなほ保つてゐることを示してゐる。これに對して、——ノといふのは、アラユルのアリが動詞の機能を失ひ、アラユル全體が連體詞になつたため、アラユルを越えて、下の名詞に係からざるを得なくなつた結果である。ただし、訓讀文で——ニから——ノへの變化がいつ起つたかについては、まだ調べてゐない。

なほ、現在形のアラユル・アラルル、推量形のアラエム・アラレムに對して、過去形にアラエシといふことがあつた。

(三三)　迦葉佛の時に所《え》レし有(ら)衆生は、貪欲微く薄くして智慧滋く多(かり)き。(東・大般涅槃經末期點　一八　11/18)

また、「所言」をイハユルの他イフトコロノとも讀むやうに、「所有」をアルトコロノと讀むことがあつた。

(三四)　我が之所レの有ル衆の善業をもて、願フ、得三む速(か)に成二ルこと無上尊一と。(西・金光明最勝王經初期點　一二　13/4)

(三五)　通二達(し)て一切外道に所レの有る經論一を修二シ寂滅行一を、(石・大般涅槃經初期點　一四　12/6)

3　アルガ

アリの連體形に格助詞ガを添へて、アルヒトガの意味で主語とする形式である。原文の「有・或・或有」などを讀み、文意によつて補讀することはない。初期から中期の資料に見られる。

(三六)　有るが說(かく)、「大千と百億とは是(れ)屬—對なり。亦无二(し)といふ別《(音)》の義一は。」(東・百法顯幽抄中期點　14/27)

(三七) 若(し)有るが少(し)施(し)て起二(さ)む貢高一を者《もの》には、亦令レ(め)むと得レ見下(る)ことを我が爲二に一偈一の捨二(て)タること此の身命一を如サくすること(を)棄二(つ)るが草木一を。(石・大般涅槃經初期點　一四　16/21)

(三八) 若(し)有るが說(き)て言二ふ是の人得《う》レと罪を、(同　治安點　七)

(三九) 故(に)或《あ》るが言(は)く、「上下は有レ(り)邊。八方は无レ(し)といふ邊。」(石・大智度論天安點　七〇　5/17―18)

(四〇) 或《ア》ルが言(く)、「萬物は〔是〕大自在等の諸天の所生なりといふ。」或《ア》ルが言(く)、「萬物は〔從〕世性より生ずと。」或《ア》ルが言(く)、「微塵と和合との故に生ずと。」(正・成實論天長點　一六) 鈴木一男氏による。

(四一) 或る有が起二し石廟と………泥と土との等一(き)を、若(し)………聚レ(め)て沙を爲《し》二たりし佛の塔一と、如レ(き)是(の)諸の人等皆《も》已に成二(し)キ佛道一を。(山・妙法蓮華經初期點　7/22―24)

(四二) 或有ルガ言(はく)、「大姓より出家セル者を、とまうす。」或有ルガ言(はく)、「顏貌端政なる者を、とまうす。」(小・願經四分律初期點　乙　11/19―20)

次のやうに、單にガしか送つてゐないものも、同様にアルガと讀むのであらう。

(四三) 復(た)有が說(き)て言(はく)、「………眼―等は非二(ず)といふ實に性空《(音)》一なるものには。」(根・大乘掌珍論承和・嘉祥點　14/6―8)

(四四) 外の有が疑して曰(は)く、「………何故(ぞ)………定光の復(た)爲に說(き)しヤ・トイフ邪。」(東・金剛般若經贊述仁和點　30/4)

(四五) 古き人の有が解(か)ク、「………但(だ)依二(り)て眞如一に以を(も)て爲二す三の事一と。そゑに名《い》二ふ大涅槃一(と)。」(石・妙法蓮華經玄贊中期點　三　38/29―39/1)

(四四)(四五)の二例は、上に「外の」「古き人の」といふ連體修飾語がある。アルガのアルがアルヒトの意味で、名詞同様に扱はれてゐるのである。

アルガと、次項に述べるアルイハとは、主語に用ゐられる點は共通であるが、他の面では、いくつかの相違點を持つてゐる。(注1)

1　本來の意味(アルヒトハ・アルモノハ、アルコトハなど)のアルイハは、初期點本のほとんどすべてに亙つて見られ、その數も多いが、アルガは、ある種の點本(論・疏の類)に限られる傾向があり、その數も少い。

2　アルイハは、これを受ける述語が種々であるのに對し、アルガは、「言・說言・釋言・難言・問言」など、「言」に係かることが多く、「說・解・曰」などに係かるものがこれに次ぎ、その他のものは、例外的にしか用ゐられてゐない。

3　アルイハは、主文・從屬文いづれにも用ゐられ、述語の結びに特定の約束を持たないが、アルガは、言ハク、解カクのやうな――クで受けることが多く、その他の場合も、活用語の連體形で受けるのが常であつて、從屬文としてしか用ゐられず、主文の主語となることはない。これは、助詞のイとガとの相違から來るのであらう。要するに、アルイハの範圍は廣く、アルガの用途は狹いといふことができる。

4　アルイハ

アリの連體形に、格助詞イと係助詞ハとを添へて、アルヒトハ・アルモノハ・アルコトハなどの意味で、主語とする形式である。これも、原文の「有・或・或有」などを讀むことが多い。初期・中期を通じて廣く用ゐられたが、初期末から、後述するアルハとの間に混亂が生じ、アルイハをアルハと同樣に、選擇の接續詞として用ゐるやうになつた。これは、同じ「有・或・或有」が、主語にも選擇の接續詞にも用ゐられたのと、イの使用が衰へて、その原義が忘れられたこととによるやうである。

(四六) 多(く)擔《も》レ(ち)て衣を、有(る)いは頭上に戴(き)たり。(岩・願經四分律初期點 15/18)

(四七) 諸(の)有二(る)いは所作一とし、常に爲二なり一事一の。(山・妙法蓮華經初期點 4/20)

(四八) 有《ア》ルいは得《ウ》二勝(れ)たる總持と安忍と及靜慮一とを、有(る)イは永ク盡二(し)て諸漏一を應—供の世間の尊△たり。(東・地藏十輪經元慶點 一 7/19)

(四九) 諸の有二(る)いは所行一、皆離二(れ)たり明慧一を。(小・大乘掌珍論天曆點 1/4)

(五〇) 或《ある》いは有下り不善心と與二不善信一と倶上なること。或《ある》いは有二(り)て不善心一は而无レし信は。(東・成實論天長點 一五 9/7)

(五一) 是の戒をは凡夫の人は或《あ》るいは一日受く。或《あ》るいは一世、或《あ》るいは百千萬世なり。(石・大智度論天安點 六〇 8/1—2)

(五二) 或有る色聚は唯し有二り堅のみ生一すること、或(る)いは唯し有レ(り)溼のみ。或(る)いは唯し有レ(り)煗のみ。或(る)いは和合して生す。(石・瑜伽師地論初期點 五四 8/6—7)

(五三) 諸天(と)及非天と、或(る)いは斷二(た)れ支節一を、或(る)いは破二らる其(の)身一を。(石・妙法蓮華經玄贊中期點 六 16/10)

(五四) 有(る)人の應レせる可レ(き)に度す者い、或(る)いは墮二(ち)二邊一に、或(る)いは以二(ての)无智一を故(に)但(だ)求二(め)身の樂一(を)、或有(る)いは爲レの道の故に修二行(す)苦行一を。(石・大智度論天安點 一 4/21—22)

(五五) 或有(る)いは食し已(り)て令三ム心をして遲鈍にして不二(あら)速に得レ定を。或有(る)いは食し已(り)て令三ム入出息をして來二往セ艱難一に。或有(る)いは食し已(り)て令下ム數《(しばし)》ば爲二に惛沈睡眠一の之所中レ纏擾上(せ)。(石・瑜伽師地論初期點 二三)

10/25―27）

アルイハをアルハの意味に用ゐた例は、年代明白な資料としては、東大寺本『地藏十輪經』元慶點に始まり、京大本『蘇悉地羯羅經』延喜點になると、アルイハは全くアルハと混同されてしまつてゐる。

（五六）　諸の苾芻、或《ア》(る)イハ苾芻尼・鄔波索迦・鄔波斯迦、或《又》復(た)淨信の諸の善男子、或(る)は善女人ィ善根微―弱なり。

（東・地藏十輪經元慶點　二　9/4―6）

（五七）　金剛の諸の事には、應レ用二い(る)ゐし天火・燒木、或(る)いは苦練木一を。或(る)ときは取二れ燒屍の殘火の槽木一を。或(る)ときは白旃檀の木、或(る)いは紫檀の木を、隨(ひ)て取二(り)て一の木一を、刻二み作れ三股の金剛杵一に。（京・蘇悉地羯羅經延喜點　16/11―13）

（五八）　又た諸の香しき草の根《ね》・花・菓・葉等を和して爲二りて塗香一に、金剛部に用(ゐ)よ。或《(ま)》た有二(り)塗香一。………香氣勝(れ)たる者《もの》亦通二す三部一に。或(る)いは唯し沈水香に和二して少(し)の龍腦香一を、………佛部に供養せよ。或(る)いは唯し白檀香を和二して少(し)の龍腦香一に、………蓮華部に用(ゐ)よ。（同　22/22―26）

年代不明ながら、兩資料の中間に位置すると推定される石山寺本『大般涅槃經』初期點（丙）にも、同じ例が見られる。

（五九）　捨レ(つ)る命を之時に、雖下(も)有二(り)て親族一取二り其の屍骸一を、或(る)いは以レて火を燒き、或(る)いは投二げ大(な)る水一に、或(る)いは棄二て塚間一に、狐禽獸競ひ共に食噉上すと、然も心意識は卽ち生二しぬ善道一に。（一一　8/25―27）

5　アルハ

アリの連體形に、係助詞ハを添へ、マタハ・モシクハ・アルトキニハなどの意味を表はす選擇の接續詞とする形式である。原文の「或」を讀むことが多い。アルイハによく似た構造であるが、アルイハはイによつて主格を示し、アルハは、アルトキハ・アルトコロハなどのトキ・トコロを省略した形として、選擇の意味を表はすのであらう。ただし、アルハは、初期の末頃からアルイハに取つて代られ、次第に衰へて行つた。

(六〇) 若(し)人爲二(の)財利一の故に起二す不善の業一を。如下(き)なり爲二に金錢一の殘中(音)殺するが衆生上を。或(るは)以レての瞋を故にす、如レ(き)なり殺二(す)が怨賊一を。或有《ある》は不レ爲二にもせ財利一の、不二(し)て瞋恚一をもせ、但(だ)以二て癡の力一を不《ぬ》レが識二(ら)好醜一を故に殺二(す)衆生一を。(東・成實論天長點　一二　11/1—4)

(六一) 佛は雖三(も)處處に說二(き)たまふと般若波羅蜜一を、或は說二(き)たまヒ空との等一く、或は說レ(き)たまヒ有と、或は說二(きたまひ)果報一と、或は說二(き)たまふ罪福一と。(石・大智度論天安點　七〇　8/19—20)

(六二) 二は无著の所造、或は一卷、或は兩卷に成せり。(東・金剛般若經贊述仁和點　2/24)

(六三) 若(し)於二て法界一に、或は執二し雜染一と、或は執二するを清淨一と、各爲二す一邊一と。(石・辨中邊論延長點　下　10/10)

「或」にハだけを送つたものが多いが、アルハと讀んだものと見てま違ひあるまい。

アルハは、奈良時代には確實な例がないが、平安時代の和文には早くから現はれてゐる。

あるは花をそふ(戀フか)とて、たよりなきところにまどひ、あるは月をおもふとて、しるべなきやみにたどれるこゝろごころをみたまひて(古今　序)天の羽衣入れり。又あるは不死の藥入れり。(竹取　六五)あるは遠き所よりいますする人あり。あるはこゝながらそのいたづきかぎりなし。(大和　三一二)

アルハは、訓點語から出た翻譯語ではないかと考へられるが、假りにさうであつても、早い時期に一般化したものと推定される。

なほ、アルイハとアルハとの混同から、アルイハがアルハの領域を犯したことについては前述したが、混亂期には、逆にアルハがアルイハの意味で用ゐられることもあつたらしい。

(六四)　爾の時に、彼の佛……普く告ニ(げて)一切(の)菩薩衆一に言(はく)、「汝大衆の中にシテ誰《タ》れカ能く……於ニ我が總集せる百倶胝の難一に、能く於ニ幾《イクバ(く)》の時一に、一一(の)難の中に、各以ニて百千倶胝の法門一を而解釋せムもの｜・トノタマヒキ者。」時に此の會の中に、或《又》有ニリ菩薩一。前《ス(すみ)》て曰レ(し)て佛に言(さく)、「我レ於ニ一日一に當に能(く)解釋セム。」或る菩薩の言(さ)く、「七日(の)夜に當に能く解釋(せむ)トマシキき。」或るは言《イ》ニヒき半一月一に(せむと)。或るは言《イ》ニヒき一月一に(せむ)ト。或るは言《イヒ》ニき六月一に(せむ)ト。或るは言(白補)「一年に當ニスベキモノナリ・トマシキ解釋一者。」(石・守護國界主陀羅尼經初期點　(白)　八)

右の「或るは」は、前後の文脈から考へて、いづれも「或る菩薩は」の意味と見なければならない。

6　アルニ

アリの連體形に、格助詞ニを添へ、アル本ニの意味で、連用修飾語とする形式である。原文の「有・或有」を讀む。『日本書紀』の古訓には、「一云」の「一」を、アル本、アル説の意味でアルニと讀んでゐる。ただし、奈良時代には、アルニの確實な例はなく、訓點資料も、中期のある種のもの(論・疏の類)に限つて見られる。

(六五)　由ニ(り)て此(の)經本一に、｜有(る)に作レレリ鼬に。(石・妙法蓮華經玄贊中期點　六　3/3)

(六六)　｜有(る)に作レ(れる)は宛に、於哀反、玉篇には小き孔ゾ也。(同　21/11)

(六七)　｜或有(る)に爲レレルは貌に、不《ず》レ知ニ(ら)所説一(を)。(同　1/22)

（六八）｜有（る）に作ニレリ䵑の字ーに。玉篇（に）力奚反、黑也。老也。字林には黑黄なるゾ・といゑり也。………｜或（る）に作ニレリ黎の字ーに。亦は色の斑駮《シラマダラ》ナルゾ也。（同 20/33―34）

訓點資料の例は、右のやうに、いづれも「有・或・或有」などにニを送つたものだけで、確かにアルニと讀んだとは言ひ切れないが、『書紀』古訓に従つて、アルニと讀んだものと見てま違ひあるまい。

｜一《アルニ》云《ク》、以《テ》ニ無《マ》目堅間《ナシカタマツ》一爲《ツクテ》ニ浮木《ウケキニ》一、（寛文板本日本書紀 二 26ウ）｜一《アルニ》云《ク》、豐玉姬之侍者《マカダチ》、以《テ》ニ玉瓶《タマノツルベ》一汲《クム》レ水《ヲ》。（同 二 27オ）

（注1） アルガについて、はじめて注意されたのは、春日政治博士である。「成實論天長點續貂」（『古訓點の研究』所收）の中で、アルガ・アルイハ兩種の例を引き、「アルガとアルイハとは同義のやうに見える。」（七四頁）といつてゐられる。

第四章　形　容　詞

漢文訓讀文に用ゐられる形容詞の數は少い。築島裕博士によれば、異なり語數で、『源氏物語』の八三六語に對し、興福寺本『大慈恩寺三藏法師傳』承德・永久點一〇巻は九二語に過ぎず、動詞では、『源氏』が約五・六倍多いのに對し、形容詞では、『源氏』が約九・一倍多い。訓點資料といつても、經・論疏・文學書によつて事情は異なるが、『三藏法師傳』古點の場合が、大體にして平均値を示すものであらうといふ。(注1)『三藏法師傳』古點と比較的加點年代の近い資料について みると、龍光院本『妙法蓮華經』末期點七巻は、本文の長さは、『三藏法師傳』古點の〇・七六倍であるが、形容詞は五〇語で、〇・五四倍。毛利本・東北大學本『史記』延久點二巻は、本文の長さは『三藏法師傳』古點の〇・一三倍であるが、形容詞は一六語で、〇・一七倍。神田本『白氏文集』天永點二巻は、本文の長さは、『三藏法師傳』古點の〇・一四倍で、形容詞は六四語で、〇・七〇倍である。形容詞の使用率から見ると、經は、『三藏法師傳』よりも少く、史書はやや多く、文學書は、五倍も多いのである。これは、本文の文體の相違にもより、訓讀の態度にもよるのであらう。

(注1)　築島裕博士『平安時代の漢文訓讀語につきての研究』(六二〇頁)

第一節　活用の形式

形容詞の活用には、ク活用とシク活用とがあり、ク活用がシク活用より多い。『三藏法師傳』古點一〇卷では、ク活用五四語に對して、シク活用三八語。西大寺本『金光明最勝王經』初期點一〇卷では、ク活用四〇語、シク活用一九語。龍光院本『妙法蓮華經』末期點七卷では、ク活用三五語、シク活用一五語。毛利本・東北大學本『史記』延久點二卷では、ク活用一三語、シク活用三語。神田本『白氏文集』天永點二卷では、ク活用四〇語、シク活用二四語であつて、大體にして、二對一ぐらゐの割合で、ク活用がシク活用より多い。

形容詞の中には、ク活用からシク活用へ、活用の仕方を變へるものがある。キビシ・カマビスシ・イチジルシなどがそれである。これについては、すでに先學の研究がある。(注1)

1　未然形

形容詞には、未然形を認めないのが通説であるが、奈良時代には、未然形と推定される――ケの形があつて、――ケム、――ケバ、――ケクと言ひ、已然形にも――ケレの他、――ケの形があつて、――ケバ、――ケドと言つた。平安時代に入ると、兩種の――ケは、和文では用ゐられなくなつたが、訓點語では、なほしばらく――ケムの形を留めた。ただし、ナケム（無）を中心とする若干の語に限られる傾向がある。

韋名部の工匠《タクミ》繋けし墨縄、しが無けば、誰か繋けむよ（書紀歌謡　八〇）　天地も憎みたまはず、君も捨てたまはずして、福を蒙り身も安けむ。（續紀宣命　四五詔）　世間の憂けく辛けく、いとのきて痛き傷には、辛鹽を注くちふがごとく（萬葉　八九七）　玉桙の道の遠けば、間使ひも遣るよしを無み（萬葉　三九六九）　倉椅山《クラハシ》は嶮しけど、妹と登れば嶮しくもあらず（記歌謡　七一）

（一）若(し)如レ(く)しアラば是(の)、无レケむ所レは損する。（小・願經四分律初期點　21/13）

（二）如ニ(く)穢食一の、無《ナ》レケム所レ堪レ(ふ)る用に。（光・蘇悉地羯羅經承保點　中　18/27）

（三）若(し)有三(ら)む聽ニ聞すること如レキ是(の)經一を者の　所獲の　功德は、其の　量リ　甚ダ多ケむ。（西・金光明最勝王經初期點　六　6/15—16）

（四）所レの　獲(む)功德だにも其(の)量り　甚(だ)多けむ。（春・金光明最勝王經中期點　六）

（五）並に　悉ク　細ク　末して作ニして微塵一と、隨レ(ひ)て處に　積集して量リ難レケむ知リ。（西・金光明最勝王經初期點　五　7/25—26）

（六）病は　者難レけむ可ニ(き)こと療治一(す)。（石・大般涅槃經初期點　二〇　4/9）

（七）如レキハ此(の)則太后心安ケム。（毛・史記延久點　呂后本紀　複　3ウ）

（八）太子擧《カ》ニゲ(て)其(の)衣一ヲ而謂(ひて)曰(は)ク、「欲ニフ　相ヒ貿ー易一セムト。」願(はく)ハ見《レ》ニヨ□從《シタガ》一ハ。」獵人ノ　曰ク、「善《ヨ》ケム。」（石・大唐西域記長寛移點　六　284）

（九）擧ニ(ぐ)トモ葱嶺之山一ヲ、方レレバ恩ニ、豈ニ重ニケムヤ懸釜一(よりも)。（興・三藏法師傳古點　一　16/1）

2　連用形

連用形の――クは、初期末から動詞ス、接續助詞シテに續く時、ウ音便によつて――ウとなるものが現はれ、中期に入つて一般化した。

(一〇) 深微クハシウス (宇多天皇宸翰周易抄、寛平年間書寫)

(一一) 爾雅に云(はく)、「猶は如レ(くし)て麑《ムサヽビ》の善(く)登レ(る)といへり木に。」郭璞云(はく)、「健《タケ》ウ(し)て上レるものゾ・トいふ樹に也。」

(石・妙法蓮華經玄贊中期點　三　27/28)

(一二) 正《タヾ》ニシウシ皇天之清則一を兮、度《ノ》ニトル后土之方貞一に。(上・漢書揚雄傳天曆點　16)

(一三) 淑《ヨ》ニミス周・楚之豐烈一を兮。超《トホ》ウシテ既(に)離《イ》ニル虖皇波一に。(同　5)

(一四) 一は貧《マヅ》シウして畏《ヲ》レヂて不レラム(ことを)活《カチ》(せ)而作ニル沙門一と。(石・守護國界主陀羅尼經中期點　一〇　3/24)

(一五) 內は虛《ムナ》シウして不《ザ》レルこと實(ら)如ニし蘆葦《ヰ》一の。(同　一〇　6/10)

(一六) 汝《ナ》勿レウシて瞬《マジロ》レクこと目、諦(か)に觀《ミ》ニ我(が)身一を、(同　七　8/24)

(一七) 禮―官議シて毋ニレ諱《イ》ムて以て勞《イタハ》レシウスルこと朕を。(東北・史記延久點　孝文本紀　複　30)

(一八) 垂レレ手を齊《ヒト》レシウシて聲を、嗚―咽シて歌《ウ(た)》(ふ)。(神・白氏文集天永點　三　複　22ウ)

後には、――シテの代りに、單に――テといふ場合にも、――ウといふやうになつた。

(一九) 上陽人苦ビ最モ多シ。少《ワカ》ウテモ亦苦ブ。老(い)テモ亦苦ブ。少カウテノ苦ビ、老(い)テノ苦ビ、兩(つなが)ラ如―何。(神・白氏文集天永點　三　複　9ウ)

3　連體形

連體形は、體言に係かる時、または、他語と結合して複合語を作る時、イ音便によつて――イとなることがあつた。連用形のウ音便化よりも早く、平安初期から現はれ、次第に一般化した。

（二〇）戈は異二(に)して馬鳴一に、深ク愧《は》二ヂ瀉―瓶之敏《ト》一イことを、（知・三藏玄奘法師表啓初期點　104）

（二一）智慧の之刀銛《ト》イこと逾《す》二ぎたり切―玉一を。（同　90―91）

（二二）二者、身(の)熱《アツ》イこと如レくアル火の。（石・守護國界主陀羅尼經中期點　一〇　8/7）

（二三）煩惱繁《シゲ》ク茂《モ》イコト喩(へ)ば如二(し)稠林一の。（石・大般涅槃經治安點　八　9）

（二四）至二(りて)五月己巳《キシ》一に、微《スコ》シ加二フ頭痛《(かし)ライタ》一イことヲ。（興・三藏法師傳古點　七　9/12）

（二五）心に憂二(へ)て炭の賤《ヤス》一イコトを、願二フ天の寒一(い)ことを。（神・白氏文集天永點　四　複　10オ）

（二六）三は入レ(り)て心に敬愛(せ)しむル、四は諦《サヤ》カに了《ワイ》ワイシ(くし)て易レ(く)あらしむル解(り)。（石・妙法蓮華經玄贊中期點　三　21/6）

（二七）隨レ(ひ)て意に昇レ(り)テ空に至二ラバ衆ノ仙ノ所一ニ、无レシ懷二(く)こと輕《カロ》ミ蔑《ナイガ》シロニスルこと等(ら)一ヲ。（石・蘇悉地羯羅經略疏天曆點　五　7/11―12）

（二六）のワイワイシは、『東大寺諷誦文稿』に

（二八）然(れども)、每レ(に)物了《ワキ、、》々(しく)樂レ見《ミ》ガホシク、雅《ミサワ》ニ次《ツギテ》、、、シク（282）

とあるワキワキシのイ音便、（二七）は、『大言海』に「無キガ代」の變化と說いてゐるやうに、ナキのイ音便によつて生じた形と考へられる。

なほ、アヤシ（怪）、カナシ（悲）が終助詞カナに續く時、アヤシキカナがアヤシカナ、カナシキカナがカナシカナとなり、ホシ（欲）が形式名詞ママに續く時、ホシキママがホシママとなることがあるのは、イ音便によつてアヤシイカナ、カナシイカナ、ホシイママとなつた後、連續した二つのイが縮約されて、一つのイとなつた結果であらう。

（二九）奇《アヤ》シ哉《カナ》、世尊、離二(れ)たまひたり一切の行一を。恠《アヤ》シ哉《カナ》、如來、入二(り)たまふ般涅槃一に。（石・大般涅槃經治安點　八10/20）

（三〇）哀《カナ》シ哉《カナ》、衆生、於二無なる事の中一に、横《ヨ》(こさま)に生二すこと煩惱一を。（石・守護國界主陀羅尼經中期點　五17/11）

（三一）哀《カナ》シ哉《カナ》、此の虎は產《ウ》マハリしてより來(このか)た七日、（春・金光明最勝王經中期點　一〇）

（三二）嗚呼《アア》、哀《カナ》シ哉《カヤヤ》、………龜―甲乍レラ新《アタラ》シ託《ホロ》ニビヌ於東岸《トウガン》一ニ。（揚・將門記古點　複45/3）

（三三）回猋肆《ホシ》マ、に(し)て其(れ)碭《ス》ギ駭《ウゴ》ク兮。（上・漢書揚雄傳天曆點　205）

（三四）下は至二レ一肘一に。過レ(ぎ)ても此に亦任ホシマ、ニセヨ。（石・求聞持法中期點　30）

（三五）居―處毋《ナ》レク度、出―入擬ニス天子一に。檀《ホシ》マ、に爲《ツク》ニル法―令一を。（東北・史記延久點　孝文本紀　複24）

（注1）春日政治博士『西大寺本金光明最勝王經古點の國語學的研究　研究篇』（一四五頁）築島裕博士『平安時代の漢文訓讀語につきての研究』（六二三―六二五頁）參照。

第二節　活用形の用法

1　連用形

①　單獨で用ゐられる場合

連用形は、單獨で文を中止し、また、用言に係つて連用修飾語となる。共に、奈良時代から平安時代を通じて行はれ、漢文訓讀文でも同様であつた。

A　文を中止するもの

父母を見れば貴く、妻子見ればかなしく愛《めぐ》し。（萬葉　四一〇六）貶《おと》しめきずを求め給ふ人はおほく、わが身はかよわく、物はかなきありさまにて、（源氏　一ノ二九）

（一）惡風起ルこと無レク恒においで、暴《アラ》キ雨非時に下シ、（西・金光明最勝王經初期點　八　13/16）

（二）身（の）內堅く勁《ツヨ》く、走ること疾きこと如レく風の、（石・大智度論第三種點　一六　2/1―2）

（三）德―厚侔《ヒト》ニシク天地一に、利澤施《ホ(どこ)》ニす四海一に。（東北・史記延久點　孝文本紀　複　42）

（四）有レ（り）て人、色美《ウルハ》シく、髪《(か)ミ》黑（く）、年二十五なる、（龍・妙法蓮華經末期點　五　32/15）

（五）曲淡《アハ》ク、節稀《マレ》ラに（し）て、聲不レ多《オホ》カラ。（神・白氏文集天永點　三　複　19ウ）

B　連用修飾語となるもの

湊風《ミナトカゼ》寒く吹くらし。（萬葉　四〇一八）雁などのつらねたるが、いとちひさくみゆるはいとをかし。（枕　四三）

（六）遍《アマネ》ク歴《ヘ》ニ殊の方一に、遠ク頼《ヨ》ニて皇威一に、所《(とこ)ロ》レ期セ(る)咸ク濟(し)たり。（知・三藏玄奘法師表啓初期點　56）

（七）於ニて諸の破戒の惡行の苾芻一に、終に不ニ輕—然(として)輒《タヤス》ク相ヒ檢問一セシ。（東・地藏十輪經元慶點　四　5/26）

（八）嚴《イック》シク勅ニシて關—防一を、無レシ令ニ(むる)こと桒—蠢の種《(た)ネ》を出一(さ)〔こと〕也。（興聖・大唐西域記中期點　13/28）

（九）是(の)故(に)彼が言は唯し矯《カタマ》しく避《サ》レラムトなり過を。（石・成唯識論寛仁點　一　8/25）

（一〇）今縱(ひ)不《ズ》レ能下(は)博《ヒロ》ク求ニ(め)て天—下ノ賢—聖・有—德之人一を而禪《ユツ》中ルこと天下上を焉、（東北・史記延久點　孝文本紀　復　12）

（一一）胡旋女、莫ニレ空《ムナ》シク舞《マ》一フこと。（神・白氏文集天永點　三　復　10ウ）

なほ、和文では、次のやうに、連用形で言ひさして文を終止することがあるが、漢文訓讀文にはその例がない。

「………かくておはしますも、いま〳〵しうかたじけなく」などのたまふ。（源氏　一ノ三六）　母后「………桐壺の更衣の、あらはにはかなくもてなされし例もゆゝしう」と思しつゝみて（同　一ノ四六）

② 助詞を伴ふ場合

奈良時代には、接續助詞シテ・トモ、係助詞ハ・モなどを伴つた他、まれに格助詞ノを伴ふことがあつた。平安時代の和文では、接續助詞テ・シテ・トモ、係助詞コソ・ゾ・ハ・モ・ヤ、副助詞サヘ・ダニ・ノミなどを伴つた他、まれに格助詞ノ・ヨリを伴つた。漢文訓讀文では、接續助詞シテ・トモ、係助詞ハ・モなどを伴つた他、まれに格助詞ノ・ヨリを伴ふことがあつた。假定條件を表はす——クハは、連用形に係助詞ハの付いたものと認め、未然形に接續助詞バの付いたものとは考へない。

（一二）若(し)疑《ウタガ》(は)シくは、當に自ラ巡ニ按セヨ一切の囹圄一を。（石・守護國界主陀羅尼經中期點　一〇　2/17）

（一三）所執の實我は既(に)常にして无レくは變る(こと)、後に應二(し)如レくあり前のが、是(の)事非レ(ずある)有に。（石・成唯識論寛仁點　一　4/12—13）

（一四）諸物の量少クハ、應レ(し)加二ふ其の數一を。（光・蘇悉地羯羅經承保點　下　30/3）

2　終止形

①　單獨で用ゐられる場合

終止形は單獨で文を終止する。奈良時代から平安時代を通じて行はれ、漢文訓讀文でも同様であった。

（一五）風病には服二(せ)ヨ油《(あぶ)ラ(つ)》膩一ケルものを。患レするには熱を痢するを爲《す》レ良《ヨ》シと。（西・金光明最勝王經初期點　九　9/23）

（一六）如下(し)服二して藥苦一を當一時に雖レ(も)苦《ニガ》しと、後に得ャるが除レすること患を。（石・大智度論天安點　六七　12/33—13/1）

（一七）輕(き)こと先二(し)疾一雷一に而駁《ト》ニシ遺風一より。（上・漢書揚雄傳天曆點　139）

（一八）前の佛は出二(で)たまひ好世一に、紹《ツ》ニグコト父が業一を濃《アツ》シ。今の佛(は)出二(で)たまひ惡世一に、子の紹《ツ》レグこと義を薄シ。（石・法華義疏長保點　四　23/24—25）

（一九）雖二食(ども)復(た)餓《ヤワ》レシと腹《(は)ら》、終《ヨモスカラ》—宵詎(れ)か免二れむ非時之過一を。（天・南海寄歸傳末期點　一　15/6）ヨモスカラのモスカ三字は推讀

（二〇）香—火滅《キ》エて兮、盃—盤冷《スサマ》ジ。肉《シヽ》は堆《ウヅタカ》ニシ潭—畔ノ石一に。酒(は)潑《ソヽ》ニク廟—前の草一に。（神・白氏文集天永點　四　複21オ）

② 助詞を伴ふ場合

奈良時代には、係助詞モ（モヨ）、間投助詞ユ（ユヤ）などを、平安時代の和文では、終助詞カシ、間投助詞ヤなどを伴つたが、訓讀文では、係助詞ヤを伴つた例しかない。

3 連體形

① 單獨で用ゐられる場合

連體形が單獨で用ゐられるのは、第二終止法・連體法・準體法などである。

第二終止法は、係助詞ゾ・ナム・ヤ・カなどの係りを受けて、連體形で文を結ぶものである。奈良時代には、ゾ・ヤ・カに對して連體形で結んだ他、コソの係りに對しても連體形で結んだ。奈良時代には、形容詞の已然形がまだ十分發達してゐなかつたからである。平安時代の和文では、ナムが加はつて、ゾ・ナム・ヤ・カに對して連體形で結び、コソに對しては、別に已然形で結ぶやうになつた。

訓點語では、ナムは用ゐず、ヤはほとんど文末に置かれ、文中にあつて係りに用ゐられることはまれであつたから、第二終止法は、カ・ゾを受けて連體形で結ぶものに限られ、その例も多くはない。

(二二) 諸の浄土の中には、何の事か易レく得、何の事か難レき・とまうす得。（知・瑜伽師地論初期點　七八　22/17）

(二三) 何の因縁(に)か………波羅蜜多も亦无レき・とまうす有レ(る)こと盡(くる)こと。（同　七八　11/4―5）

(二三) 菩提は無レく身も菩提は無レシ爲も。云何(なる)をか無レき身。（石・守護國界主陀羅尼經中期點　四　3/22）

(二四) 是の故に説(き)て名二(づ)く如來の所レ(る)有(ら)三摩呬多と三昧とは無レシと滅(する)こと。何を以てか無レき滅(する)こと。（同

六　11/25―26）

（二五）何ゾ懷レケルコトの固(き)コトヲ之甚シキ也。（興・三藏法師傳承德點　七　15/1）

（二六）遠キ民は何ゾ踈《ウト》ク、近キは何ゾ親《シタ》シキ。（神・白氏文集天永點　三　複　15オ）

連體法は、連體形を體言に續けて、その連體修飾語とするものである。奈良時代から平安時代を通じて行はれ、訓讀文においても同様であつた。

（二七）無常は鹹《カラ》キ味なり。無我は苦《ニガ》キ味なり。樂をは爲ニす恬《アマ》キ味一と。我をは爲ニす辛(き)味一と。（白・大般涅槃經集解初期點　4/1）

（二八）春の時に陳《フル》キ葉洛（落）(ち)て、更に生ニす新葉一を。（石・大智度論天安點　六七　12/8―9）

（二九）憑《たの》ニみ恃《た(の)》みて國―威一を、遠(く)尋《タヅ》ニネ靈《アヤ》しき跡一を、往《ユ》きて在ニリ西―域一(に)。（知・三藏玄奘法師表啓初期點　18）

（三〇）越《コ》ニエ踐《フ》メリ畏《オソロ》シキ途《道也》一(を)。薄《コ、》ニ言《我也》(れ)旋《メグ》レラシ軔を、載《即也》(ち)馳(せ)て歸レス駕を。（興聖・大唐西域記中期點　一二　18/27）

（三一）如ニ(く)極(め)て穢《ケガラ》ハシき物一の、自(ら)をも穢し穢レす他をも。（石・成唯識論寛仁點　六　1/19―20）

（三二）道州の民多《(訓)》ニシ侏―儒一。長《タケタカ》キ者《モノ》ハ不レ過ニ(ぎ)三―尺一餘一に。（神・白氏文集天永點　三　複　17オ）

なほ、和文では、上に特定の係助詞がないのに連體形で結ぶ詠歎終止法や、連體形をそのまま體言同様に用ゐる準體法などがあるが、訓讀文にはそのやうな用法は見られない。

かかる御前をこそたづねまゐるべかりけれと、うつし心をばひきたがへ、たとしへなくよろづ忘るるにも、かつはあやしき。（紫式部　四四三、頭注　不可解なことよ）　猫は、上のかぎりくろくて、腹いとしろき。（枕　九九）

②　助詞を伴ふ場合

連體形に付く助詞は、奈良時代には、格助詞ガ・ニ・ヲ、接續助詞ヲ、係助詞ハ、間投助詞ヤなどであり、平安時代の和文では、格助詞ガ・ト・ニ・ヨリ・ヲ、接續助詞ニ・ヲ、係助詞カ・コソ・ゾ・ナム・ハ・モ・ヤ、副助詞ダニ・ナド・ノミコソ・バカリ・マデ、終助詞カナ、間投助詞ヤ・ヨ、並列助詞トなど、その種類も數も多い。漢文訓讀文では、格助詞イ・ガ・ニ・ヨリ・ヲ、接續助詞ニ・ヲ、係助詞ゾ・ハ・モ、終助詞ヲヤなどに限られてゐる。

③ 助動詞を伴ふ場合

連體形には、和文では、指定の助動詞ナリが付くが、訓讀文には、その例が見當らない。

行事する者のいとあしきなり。(枕 二九一)

4 已然形

已然形は、單獨で用ゐられることはない。平安時代の和文では、係助詞コソを受けて文を終止するきまりであるが、訓讀文にはその例がない。

例はさしもさるもの目ちかからぬ所に、もてさわぎたるこそをかしけれ。(枕 四四) この君は………うちつけにも言ひかけ給はず、つれなし顔なるしもこそいたけれ。(源氏 五ノ一八一)

已然形に付く助詞は、接續助詞だけである。奈良時代には、已然形はまだ十分發達してゐなかったが、バ・ドモの付いた例があり、平安時代の和文では、バ・ド・ドモが、漢文訓讀文では、バ・ドモが付いた。ただし、訓讀文では、已然形そのものの例が少いから、バ・ドモの付いた例も、ナシ(無)を中心とするオホシ(多)・ツタナシ(拙)・キヨシ（淨）・アシ（惡）・タダシ（正）など、若干の語彙に限られてゐる。

5　語根の用法

形容詞の語根は、動詞の語根に比べて獨立性が高く、いろいろな用法を持つてゐる。まづ、形容詞の語根は、奈良時代から、上に感動詞を置き、これを受けて文を結ぶ、感動文の述語となることができ、平安時代の和文も同様であつたが、訓讀文にはその例がない。

あはれ、あなおもしろ、あなたのし、あなさやけ、おけ。（古語拾遺）　あなわづらはし、出でなんよ。（源氏　一ノ二九四）

形容詞の語根は、接尾語サを伴つて名詞となり、文末に置かれて感動文を構成することがある。奈良時代には、確實な例としては、後者だけであるが、平安時代には、前者の例も多くなる。ただし、訓讀文には、前者の例が若干あるだけで、後者の例はない。

かくのみからに慕ひ來し妹が心のすべもすべなさ（萬葉　七九六）　今さらに逢ふべきよしの無きがさぶしさ（同　三七三四）　家のあたり晝の明さにも過ぎて光りわたり、望月の明さを十あはせたるばかりにて（竹取　六二）「こゝに使はるゝ人にもなきに、願を叶ふることのうれしさ」とのたまひて（同　五一）　頭注　ことのうれしさよの意　何事も飽かぬことはあらじとおぼゆる身の程に、さはた後の世をさへたどり給ふらむがありがたさ。（源氏　三ノ三〇八）　頭注　寄特で珍しい事よ

（三三）　令三大地に深サ十六萬八千踰繕那ヨリして、至二（らし）メたる金剛輪際一マでに、（西・金光明最勝王經初期點　八　7/2―3）

（三四）　此の地の厚《アッサ》六十八億瑜繕那ヨリ、及至《（い）た》二るに金剛際《マで》一に、地の味を皆令レメむ上（ら）。（同　九　5/26）

(三五) 厚サ〈白　アッサ〉十四旬といふは〈白　なることは〉者、禦《フセ》二ぎ摧くが十四不可記の事一を故に。(高・彌勒上生經贊初期點 (朱) 6/20)

(三六) 沙—磧の中の鼠は、大《(お)ホ(き)》サ如㆑シ蜎(の)。(興聖・大唐西域記中期點 一二 12/13)

(三七) 當(に)視二(て)日の早晩《ハ(や)サオソ》一(さ)を、可二疾《ハヤ》ク還㆑し師を、若(し)は道に止一(まる)ベシ。(石・沙彌威儀經中期點 (角筆) 7/16)

(三八) 南北の廣サ四五里、狹キは則不㆑踰《コ》二エ一—里一ヲ。(同 4/13)

(三九) 長さは十—二—指、短さは不㆑減《オト》二サ八指一に。(天・南海寄歸傳末期點 一 9/15)

(四〇) 鳥ノ大《オホ》キサ如㆑シ人ノ。飛二ビ集ル舟(の)上一ニ。(觀・唐大和上東征傳院政期點 複 15ウ)

形容詞の語根は、接尾語ミを伴つて、原因・理由を表はす條件句を作る。奈良時代には、『萬葉集』に多くの例があり、『續日本紀』の宣命にも用ゐられてゐるが、平安時代に入つて衰へ、和歌にしか用ゐられなくなつた。漢文訓讀文では、初期の間なほこれを用ゐたが、ナシ(無)・スクナシ(少)など、少數の語に限られる傾向がある。

梯立ての倉椅山を嶮しみと、岩懸きかねて我が手取らすも (記歌謠 七〇) 堀江漕ぐ伊豆手の舟の梶つくめ音しば立ちぬ、水脈速みかも (萬葉 四四六〇) 朕が大臣の仕へ奉る狀も、勞《いとほ》しみ重《いか》しみ、太政大臣の位に上げ賜ひ授け賜ふ時に (續紀宣命 五二詔)

(四一) 空處には无二ミ色等の相一、煩惱易㆑し斷(ち)。(東・成實論天長點 二一 10/9)

(四二) 昔時に衆生い習二ヒ腥穢一を來(れる)こと久(し)ミ、不㆑キ得二頓に制一すること。(白・大般涅槃經集解初期點 6/2—3)

(四三) 阿濕婆と阿槃提との國は、少二ミ比丘一、受二(くる)こと大戒一を難し。(小・願經四分律初期點 甲 1/9)

(四四) 斯の人は尠二み福德一、不《ず》㆑堪㆑(へ)受二(く)るに是の法一を。(唐・妙法蓮華經初期點 3/7)

(四五)　若(し)有ル(は)比丘の實に得ニたるい阿羅漢一を、若(し)不《ず》レといふことは信ニせ此(の)法一を、无レみをもてなり有ニること是の處一《ことわり》。(同　2/27—28)

(四六)　諸法にオきて莫レみ〈白ミ〉先(き)たつこと〈白立つ事〉、名ニ(づ)く无上一と。(高・彌勒上生經贊初期點(朱)　2/23)

(四七)　一切の諸佛の不共の之法を、能ク攝し持するが故に、衆生無レみ盡(く)ルこと、用も亦無レし盡(く)ルこと。(西・金光明最勝王經初期點　三　4/3—4)

(四八)　七の子に圍遶(せ)ラレて、無ニみ暇として求レむベキこと食を、飢渇に所《レ》レて逼(め)、必(ず)還(り)て噉レ(ま)むものゾ・といふ子を。(同一〇　2/28—3/1)

(四九)　眞は卽(ち)无レみ過、皆應レ(し)可レあるべし宗ニ。(東急・大乘廣百論釋論承和點　4/9)

(五〇)　自(ら)出すに无レみ能、矯(し)く作ニ(さ)く是の說一を、(同　5/25)

(五一)　如下といふことぞ空の无ニみ底足一、不ヰがごとし可レ(から)依(る)。(同　16/26—27)

(五二)　牟尼の所言は定て無ニみ虛妄一、自身既に生(れ)たまひたるをもて亦應レ歸レ(し)たまふべし死に。(根・大乘掌珍論承和・嘉祥點　4/18)

(五三)　如下く尺蠖《護反》の……更に无レみ所ニ依止一する、還(り)て歸中するが本處上に、(石・大智度論天安點　六七　4/12—14)

(五四)　智慧自在にして无ニミ所着一、不《ず》レ生ニ(せ)於我と佛と國との想一を。(石・大方廣佛華嚴經初期點　三七　8/27)

(五五)　良《(まこと)》に由ニ(り)てなり所レの附《ツ》クる者《もの》高み、則チ微—物は不《ず》レ能レ(は)累ナ(る)こと。所レの憑《ヨ》ル者《もの(き)》淨《ヨ》み、則(ち)濁《ニゴ》レる類《(た)グヒ》ハ不《ヌ》レ能レ《に》(は)沾《(う)ルホ》すこと。(石・說无垢稱經初期點　一　2/21—22)

(五六)　言ニ本无一といふは者、无ニミ般若波羅蜜一、以レ(て)の无ニ(き)を般若波羅蜜一故に、現在に具に有ニり諸の煩惱の結一。(石・

大般涅槃經初期點　一七　5/15—17）

末期の資料でも、まれにこれを用ゐてゐるものがある。

（五七）　持律の者《もの》頗《スクナ》レミ識ニ（る）こと分彊《キヤウ》一を、流學の者《もの》雷ニ同す一概《ガイ》一に。（石・南海寄歸傳末期點　一　4/25）

奈良時代の例では、意味の上で——ミの主語に相當する語は、助詞ヲを持つ場合と持たない場合とがあるが、訓讀文では、ヲを持たないものばかりで、ヲを持つ確實な例は見當らない。（注1）

また、奈良時代の例では、——ミの後に格助詞ト、係助詞カ・カモなどを添へることがあるが、訓讀文には、その例がない。一方、（四五）のやうに、——ミの後に、ヲモテを添へることは、奈良時代にはなかつた用法である。

形容詞の語根に接尾語ミを添へ、さらに動詞ス（爲）に續けて、一種の複合動詞として用ゐることがある。奈良時代には、ワビシミセム・イブカシミスル・ナツカシミセヨ・ウルハシミスレなどの例があつて、廣く用ゐられたが、平安時代に入ると、和文では、——ミスは一般に用ゐられなくなり、これに代つて、連用形から動詞スに續ける——クスの形が用ゐられるやうになつた。

絕ゆと言はばわびしみせむと（萬葉　六四一）　我が思ふ君をなつかしみせよ（同　四〇〇九）　君よりも我そまさりていぶかしみする（同　三一〇六）　さ百合花ゆりも逢はむと思へこそ、今のまさかもうるはしみすれ（同　四〇〇八）　歩み疾うする馬をもちて走らせ（竹取　四二）　ひとつ子にさへありければ、いとかなしうし給ひけり。（伊勢　一六一）

漢文訓讀文では、——クスと共に、古形の——ミスも用ゐられ、やがて撥音化して——ムズとなつた。アマミス（甘）→アマムズ、オモミス（重）→オモムズ、カロミス（輕）→カロムズ、カタミス（固）→カタムズ、ヤスミス（安）→ヤスムズなどのやうに。ただし、ナミス（無）・ヨミス（嘉）などのやうに、撥音化しないで、元の形を殘してゐるものもある。

（五八）三者、輕レみし財を重レみして法を、不レ求二(め)世の利一を。（西・金光明最勝王經初期點　三　12/2）

（五九）陿《サ》ニミシ三王之阨薜《アイヘキ》一を、嶠《ケウ》と(し)て高(く)擧(りて)而大(い)に興(る)。（上・漢書揚雄傳天曆點　404）

（六〇）我れ甘《アマ》ニムシて此の苦一を、終《ツヒ》ニ不《ジ》レ捨二(て)於菩提の之心一を。（石・守護國界主陀羅尼經中期點　七　9/23）

（六一）呂后(人名)年長(し)て常に留—守す。希《マレナリ》レ見《マミ》ユルこと。上益(ますます)す疏《ウト》ムス。（毛・史記延久點　呂后本紀　複　1オ）

（六二）當—今之時、世咸(く)に嘉《ヨミ》レシ生(音)を而て惡レ(む)死を。（東北・史記延久點　孝文本紀　複　36）

（六三）雪—嶺寒鄕は、欲《ス》レル遣《シ》ニメムト若《イ》—爲《カ》ニシテカ存—濟し、身をして安《ヤス》ムし業をして進一マ。（天・南海寄歸傳末期點　二　8/20—21）

（六四）人の情重レムシて今を、多(く)賤レ(しく)す古を。（神・白氏文集天永點　三　複　19ウ）

（六五）各握《ト》ニリて强—兵一を、固《カタ》ニムス〈正訓　カタム〉恩—澤一を。（同　三　複　16ウ）

（六六）人の心ノ好—惡《ヲ》苦《ハナハダ》ダ不《ズ》レ常《ツネ》ナラ。好《ヨミ》スルトキ〈別訓　コノムトキ〉と(き)は生《ナ》ニシ毛—羽一を、惡《ニクミ》スルと(き)は〈別訓　ニクム〉生《ナ》レス瘡《キ(ず)》を。（同　四　複　12ウ）

（六七）悲二(し)ビ落葉を於勁《ケイ》—秋一に、嘉《ヨミ》ニス柔條を於芳—春一に。（書・文鏡秘府論保延移點　南　46オ）

（六八）遊二(び)文章之林—府一に、嘉《ヨミ》ニす藻—麗之彬《ヒン》—々一(たる)を。（同　46ウ）

（六九）稱レすることは字(を)、時の君の所レなり嘉《ヨミ》スル。（東洋・春秋經傳集解保延點　一〇　複　19オ）

（七〇）釋種覩《ミ》ニて龍之形一を、心に常に畏(り)て惡《ウトム》ムシテて乃(し)欲二(す)辭《イ》ナビ〈別訓　サリ〉出一(で)ナム(と)。（石・大唐西域記長寬移點　三　144）

（七一）　龍王心《(こゝ)ロ》欣《(よろ)コ》ニビて人趣一を、情に重ニムす聖－族一を。（同　三　139）

（七二）　復（た）能ク輕レムシ生を、詞中ニシテ斷レツトキハ命を、受ニク天の福－樂一を。（同　五　350）

（七三）　釋種鄙ニシミテ其（の）非レ（ざる）を類《(とも)ガラ》ニ、謬《タガ》へて以ニ（て）家人の之子一を、重《アツ》レムシて禮を娉《(め)アハ》ス焉。（同　六　188）

（七四）　王善《ヨ》ニミシテ其の言一を、廻レ（し）て駕《ミコシ》を而返ル。（同　七　67）

（七五）　心ニ善《ヨ》ニミシテ家令（の）言一ヲ、賜ニフ金五百斤一ヲ。（觀・世俗諺文鎌倉初期點　複　9ウ）

（七六）　子ノ曰ク、父－子不レ同レ（じくせ）位ヲ。以テ厚《アツ》レムスルナリ敬ヲ也。（同　18ウ）

（七七）　所《(とこ)ロ》レは望（む）天－文秘－思シ、與《(とも)》ニ（に）して日－月一（と）齊《ヒト》レシクシ明（かなる）こと（を）、（知・三藏玄奘法師表啓初期點　61）

（七八）　或は以ニて言教一を苦《タシナ》ク切《タシナ》クし呵責す。（東・地藏十輪經元慶點　二　10/14）

（七九）　正《タヾ》ニシウシ皇天之清則一を兮、度《ノ》ニトル后土之方貞一に。（上・漢書揚雄傳天暦點　16）

（八〇）　相ヒ坐シ々シ收《ト》ラフルコトハ、所下以なり累《ワヅラ》ニハシ其（の）心一を、使ヒ重《オモ》レクセシムル犯レ（す）ことを法を。（東北・史記延久點　孝文本紀　複　11）

（八一）　閱《ミ》レレば此れを、則（ち）不レして勞《(いたは)》ニしくせ尺歩一を、可レ（し）踐ニ（み）つ五天を於短階一に。（天・南海歸寄傳末期點　一　2/4）

（八二）　冬の月居《キ》レては房に、炭－火隨レふ時に。詎《(たれ)》か勞《(いたは)》ニ（し）クセム多服一を。（同　二　9/10）

（八三）　條帶之頭《ハシ》、不レ合《ベ》ニ（から）紺《カザ》リ綵《ウルワ》一シくす。（同　二　12/15）

（八四）　或（るいは）復（た）與レ俗（と）同レ（じ）くするを哀《カナ》シビを將《(も)》て爲ニす孝子一と。（同　二　15/5－6）

（注1）（四七）（四八）の二例を、春日政治博士『西大寺本金光明最勝王經古點の國語學的研究　本文篇』には、それぞれ「衆生盡

（く）ルを無み」「食を求むベキを無み」と讀まれてゐるが、この資料のヲコト點は、ヲとコトとが同一の點で示されてゐるから、（四五）（四六）の例に従つて、――コト無ミと讀む方がよからう。

第三節　カリ活用（補助活用）

形容詞の補助活用として取り扱はれてゐるカリ活用は、形容詞の連用形――クに、動詞アリが結合してできたもので、その成立は早く、奈良時代に、すでに未然・連用・連體の三形が見られる他、ナカリ（無）に限つて、終止・已然の二形も用ゐられた。平安時代の和文では、未然・連用・連體の三形に、命令形が加はつたが、終止・已然の二形は、オホカリ（多）にしか用ゐられなかつた。

山がらや見がほしからむ（萬葉　三九八五）いよよますます悲しかりけり（同　七九三）我妹子に戀ひすべなかり（同　三〇三四）戀ひしくの多かる我は（同　四四七五）天地の神は無かれや、愛しき我が妻離る（同　四二三六）はしたなめ煩はせ給ふ時もおほかり（源氏　一ノ二九）いとはしたなきこと多かれど、……まじらひたまふ。（同　一ノ二七）「人を惡しかれ」など思ふ心もなけれど（同　一ノ三三二）

訓讀文では、初期の間は、――クアリと――カリとを併用したが、中期以後は、次第に――カリに統一された。未然・連用・連體・命令の四形を用ゐたが、命令形はナカレ一語に限られ、もつぱら禁止表現に用ゐられた。和文に見られるやうな、オホカリの終止形と已然形との例は、求められない。

未然形

(一) 耆婆自ラ念はク、「我(れ)今當に學ニ(び)てカ何の術一を現在に得ニて大財富一を而少《ナ》レクアラム事。」(小・願經四分律初期點 甲 20/7—8)

(二) 復(た)白レ(し)て王に言(さく)、「若(し)須ニ(ゐ)ムとナラば貴—藥一を、當に得ニ(む)急《ト》キ乘—騎《ノり馬》一(を)。願フ、王、聽《(ゆる)》レセ給ニ(ふ)こと疾《ト》カラムもの(を)者。」(岩・願經四分律初期點 3/19)

(三) 願フ、我が身の光は等ニ(し)からむ諸佛一に。………威力も自在も無ニクアラシメむ倫匹一。(西・金光明最勝王經初期點 五 3/16—17)

(四) 若(し)使ヨメテセバ我が兒に重《マタ》ニクアラシメ壽命一を、縱ひ我が身は亡(せ)ヌとも、不《ザ》レラマシ・とのたまふ爲《セ》レ苦とは。(同 一〇 6/6)

(五) 恐(るら)くは子の命は不《じ》レか・と全から。願フ、爲に速ク求覓(し)たまへ。(同 一〇 8/5)

(六) 不ニラム過ぎて太《い(と)》長く、太《い(と)》短く、太《い(と)》肥え、太《い(と)》麁《フトカ》一から。(京・蘇悉地羯羅經延喜點 8/4)

(七) 佛語の不《ぬ》レを鬧《サハガ》シカラ爲レ(す)淨と。(石・法華義疏長保點 二 13/3)

(八) 一—人出(で)タマフ〈別訓 イテマス〉こと不ニ容《タヤ》—易《ス》一カラ。(神・白氏文集天永點 四 複 1オ)

連用形

(九) 受(け)たる性聰《ト》ク敏《サカ》シカリキ。妙に閑《サト》ニリて諸の論と書と畫と算と印一とを、無レ(か)リキ不《ず》ニといふこと通達一セ。(西・金光明最勝王經初期點 九 8/17—18)

(一〇) 法身は性において常住なりケリ。修行も無ニかりケリ差別一。(同 一 9/26)

(一一) 深ク生ニ(し)テ隨—喜一ヲ、資給豐ニ厚カリキ。(興・三藏法師傳永久點 五 12/5)

(一二) 大帝幼《ワカ、》リシ時《△》、從レ(ひ)テ其レニ受ケ學《マナ》ビキ〈別訓 ナラヒキ〉。(同 八 15/1)

連體形

（一三）復（た）有下（ら）む……穀稼諸の果實の滋《コ》キ味ひ皆損減すると、於二其の國土の中一にある衆生多中かることト疾―病上。（西・金光明最勝王經初期點　八　14/3）

（一四）若（し）起レセ瞋を者《ば》、即（ち）失二（ひ）てむ神驗一を。常に可二し護レリ心を勿レかる令二むルこと瞋恚一セ。（同　六　11/26）

（一五）雖レ（も）違二へりと舊疏一には、尋レネ文を究レむるに理を、亦應レし无レカルるをし謬（る）こと。（同・彌勒上生經贊初期點（朱）20/23―24）

（一六）攀戀之情、當レしに難レカル可レ（きこと）處（る）。（興・三藏法師傳承德點　七　14/1―2）

（一七）其（の）中《ナカ》ノ一《ヒト》リノ虜語《カタ》ニラク諸《カタヘ》ノ虜一に、「爾《ナ（むぢ）》が苦ハ非二（ず）多一カルに。我が苦は多シ。」（神・白氏文集天永點　三　複22ウ）

命令形

（一八）我（れ）欲二フ三―月靜（か）に坐（し）て思―惟一セムと。无レ（か）レ使二（むる）こと外の人を入一（れ）。（岩・願經四分律初期點　23/22）

（一九）但し……住二して阿練若一に、自ラ現レせり有レ（り）といふことを德。愼《ツヽ》（し）みて莫《ナカ》二レ・といふ供養し恭敬し承事一すること。（東・地藏十輪經元慶點　四　3/12―13）

（二〇）作二すベシ如レき是（の）言一を、「汝莫《ナカ》二レ苦惱一すること。我れは爲《た》二り汝が主一。當に救二護せむ・といひて汝一を、………」（石・守護國界主陀羅尼經中期點　一〇　1/23）

（二一）是（れ）遍にしても恒に續しても、異熟果なるが故（に）、无二カレ勞《イタハ》シく別に執レすること有二（り）と實の命根一。（石・成唯識論寛仁點　一　12/25―26）

（三）　八駿一面、君莫レレ〈別訓　マナ〉愛すること。（神・白氏文集天永點　四　複　5ウ）

訓讀文には、オホカリ（多）の例はない。總じて訓讀文におけるカリ活用は、和文に比べて用例が少い。これは、前述したやうに、訓讀文では、形容詞そのものの使用が、和文よりも少いことと一致してゐる。

第五章　形容動詞

形容動詞には、ナリ活用とタリ活用とがある。

第一節　ナリ活用

ナリ活用には、和語と漢語と二つの系統がある。和語のナリ活用は、『萬葉集』にサカリナリ・ヒサナリ・トキハナリ・ツネナリ、正倉院文書中の宣命にオホキナリなどの例があつて、奈良時代の成立であるが、漢語のナリ活用は、いつの成立かわからない。平安時代の和文では、兩者は共に用ゐられ、命令形を除く五種の活用があつた。『源氏物語』について見ると、異り語數で、和語のナリ活用は六五二語、漢語のナリ活用は三一語で、約二一對一の比で、和語の方が多い。

君が目を見ず久ならば、すべなかるべし（萬葉　三九三四）つぼすみれこの春の雨に盛りなりけり（同　一四四四）ときはなる松のさ枝を（同　四五〇一）面痩せ給へるかげの、われながらいとあてに淸らなれば（源氏　二ノ二〇）品あてに艶ならん女を願はゞ（同　五ノ一三七）にはかにかく掲焉《けちえむ》に光れるに（同　二ノ四二三）ものゝ音どもたえ〴〵聞えたる、いと艶なり。（同　一ノ三六八）中門など、まして形もなくなりて、いり給ふにつけても、いと無德なるを（同　二ノ一五六）

訓讀文でも、兩者を併用し、カリ活用・ナリ活用・タリ活用の中では、ナリ活用がもつとも多く、命令形を除く五種の活用を持つてゐた。ただし、——ニ・アリの原形も殘つてゐて、ナリ活用と並んで用ゐられ、同じ語をナリ活用にも——ニアリにも讀むことがある。神田本『白氏文集』天永點二卷について見ると、異なり語數で、和語のナリ活用は四五語、漢語のナリ活用は七九語で、約一・八對一で、『源氏物語』とは反對に、漢語の方が多い。

1　未然形

未然形の例は少い。否定の助動詞ズ、推量の助動詞ム、使役の助動詞シムなどを伴つた例が少數見える程度である。

（一）王聞二(きて)此の語一を、驚怖シ毛竪《ケイヨダ》(ち)テ、而も心未《ず》レ決《ヤスラ》カナラ。（石・守護國界主陀羅尼經中期點　一〇　3/14）

（二）故に夫《ソレ》、馴一道不レ純《モハラ》ナラズシテ、而愚氏陷《オ》チル焉。（東北・史記延久點　孝文本紀　複　26）

（三）汝等當に信(す)べし、佛の之所説は、言《こと》不二と虛妄一にあら。（山・妙法蓮華經初期點　4/9）

（四）法師慙レ(ぢ)テ荷二(ふ)コトヲ聖慈一ヲ、不二敢(へ)テ空然一ナラ。（興・三藏法師傳承德點　九　4/5）

（五）若(し)有ル人い願下ひ生二(れ)て富樂の之家一に、多中ク饒《ユタカ》ナラむと財寶上に、復(た)欲三(は)ば發レ(し)て意を修二習(せ)むと大乘一を、（西・金光明最勝王經初期點　三　3/9）

（六）足《ユタ》ニカ(な)ラシメムと財寶一に、（春・金光明最勝王經中期點　七）

（七）佛欲レすが使二(め)ムト是の事をして明了一にあら故(に)、（石・大智度論天安點　七〇　10/12—13）

2　連用形

連用形には、ナリとニと二つの形があり、前者は、過去の助動詞キに續き、後者は、單獨で、または接續助詞シテを伴つて、文を中止し、または用言に係つて連用修飾語となる。

（八）　為ニに年―少の比丘尼一の剃レル髪を。覺ニして細《ヤハラ》カに滑《コマヤ》一カなること、欲―意起(り)て欲レ(す)犯ニして(むと)比丘尼一を。（斯・願經四分律初期點　15/20）

（九）　偶《タマサカ》に得ニて一ツ片《カタサ》一を、自ラ繫ニ(け)ツ其の頸一に。（東・地藏十輪經元慶點　四　9/12）

（一〇）　良醫懃《ネムゴロ》ニ教ニふ其の子に醫法の根本一を。（石・大般涅槃經治安點　八　19/8）

（一一）　史《文ミ人ト》曠《オギロ》ニにして前良一に、事絕ニ(え)たり故府一に。（知・三藏玄奘法師表啓初期點　39）

（一二）　顏容は常に小《ワカヤ》カにして(白)不レ老《ず》イたまは(白)。（高・彌勒上生經贊初期點　18/23）

（一三）　持水長者い唯(だ)有ニ(り)キ一(り)の子一。名をは曰ニ流水一といひキ。顏容端正なりキ。（西・金光明最勝王經初期點　九　8/17）

（一四）　我れ昔の智慧及辯才、總持光照、皆微劣《ミレム》なりき。（石・守護國界主陀羅尼經中期點　七　10/20）

（一五）　其の花柔軟に、光淨細滑《サイカム》なり。（同　一　4/14）

（一六）　微細《ミサイ》に觀ニ察シ深法の性一を已て、默《モク》然シて而住(したま)𛀁り。（同　一　6/10）

（一七）　氣―序寒―勁《ケイ反》ニして、人ノ性獷《クワウ反》―烈ナリ。（興聖・大唐西域記中期點（黑）　一二　1/29）

（一八）　是の人多―能にして、巧に為《ナ》ニして衆の事一を、（石・大智度論天安點　九〇　7/8）

（一九）　八功德水湛然にして盈滿せり。（石・大方廣佛華嚴經初期點（二種）　六四　1/20）

（二〇）　佛卽(ち)慰勞して言(は)ク、「住止安樂にありツヤ不ヤ・と。」（小・願經四分律初期點　甲　2/12）

（二一）　優婆塞は我慢なり〈別訓　ニモあり〉、優婆夷は不信なり〈別訓　ニモあり〉。（山・妙法蓮華經初期點　5/28）

3　終止形

終止形は、單獨に文を終止する。また、接續助詞トモを伴ふ。

(二二)　世尊の身の文《フシ》は、潤ヒ滑《ナビラ》カに(し)て、柔軟に(し)て、光り悅《ウレシ》ラなり。(高・彌勒上生經贊初期點(朱)　16/27)

(二三)　原《タヅ》レネ始を要レするに終を、罕《マレ》ニナリ能く正(し)く說一(く)こと。(興聖・大唐西域記中期點　一二　17/1)

(二四)　蜀郡の褥《ショク》薄(く)シて、錦華冷《ヒヤカ》ナリ。(神・白氏文集天永點　四　復　8オ)

(二五)　冒《ワカ》ニし犯《ワカ》シて威—嚴一を、敢(へ)て希《ネガ》ニフ題目一を。宸—睠沖—邈《カク》なり。(知・三藏玄奘法師表啓初期點　79)

(二六)　右丞相の馬ノ蹄、踏レ(み)て沙を雖ニ(も)淨《セイ》—潔一なりと、牛の頸《クビ》牽レ(き)て沙を欲レす流レシテムと血を。(神・白氏文集天永點　四　復　17ウ)

(二七)　設(ひ)告(ぐ)ること慇《ネムゴロ》懃ナリトモ、誰(れ)か能く見レれむ用ひ。(天・南海寄歸傳末期點　二　12/25)

4　連體形

連體形は、單獨で體言に係つて、連體修飾語となる他、係助詞ゾ・ヤ・カを受けて文を終止することがある。

(二八)　儀ヒ雅《マサカ》なること猶如《ごと》ニし鵝王一の。(高・彌勒上生經贊初期點(白)　16/22—23)

(二九)　若《モ》シ比ニブレば人の心一に、是レハ安《シヅカ》ナル流なり。(神・白氏文集天永點　三　復　12ウ)

(三〇)　一切の諸天は、於ニ虛空の中一にシて奏ニするに諸天の樂一を、清雅寥亮《ラウレウ》なる微妙の音聲にシて、以て爲ニす供養一すること。(石

・守護國界主陀羅尼經中期點　7/9—10）

（三一）石—竹・金—錢何ゾ細—碎ナル〈別訓　クタ、、シキ〉。（神・白氏文集天永點　四　複　6ウ）

連體形に付く助詞は、格助詞イ・ガ・ニ・ヨリ・ヲ、並列助詞ト、終助詞カナ、副助詞ノミ、格助詞及び接續助詞相當のヲモテなどである。

（三二）或有る樂欲は、最勝廣大なるイ、後には漸く減少(し)て、得ニす不可意ーを。（石・守護國界主陀羅尼經中期點　五　5/15）

（三三）從レ(り)微至レ(り)て著《アラハ》ナルニ、次第に相(ひ)釋す。（石・法華義疏長保點　二　20/26）

（三四）巒子朝………來レレリ自ニ嶲—州の道路の遙ー(か)ナルヨリ。（神・白氏文集天永點　三　複　20オ）

（三五）上に聖人は以ニて无爲ーを差別なるが故(に)无レシトイテキ取。（東・金剛般若經贊述仁和點　30/4）

（三六）方言には筐の員《マドカ》(圓)なるを曰レ(ふ)筥と。（京・蘇悉地羯羅經略疏寛平點　七　16/11）

（三七）衆生は諸根の鈍なるのみにアラムヤ。着レキ樂に癡に所レたることもあり盲され。（山・妙法蓮華經初期點　9/1）

（三八）盛ナルカナ乎、法炬《コ》、傳ニ(へ)ム諸(を)未來ー(に)。（興・三藏法師傳承德點　九　3/20）

（三九）諸根猛利なると智慧明了なるをもて、聞ニ(き)たま(へ)ては佛の諸說ーを、則(ち)能(く)敬信(し)ぬベキをもてなり・とまうす。（山・妙法蓮華經初期點　3/12）

和文では、推量の助動詞ベシ・ラム、否定推量の助動詞マジなどが付くが、訓點語にはその例が見當らない。

5　已然形

已然形は、和文では、係助詞コソを受けて文を終止するが、訓讀文にはその例がない。接續助詞バ・ドモを伴つて、順逆の確定條件句を作る。

(四〇)　既(に)して而殊レに方、異レ(な)れば處、寒燠《イク》不レ同(じか)ら。(天・南海寄歸傳末期點　一　3/15)

(四一)　翠―娥髣《ホ》二髴《ノカ》ナレドモ〈別訓　タレトモ〉平生の皃《カホ》一に、不レ似二昭―陽に寢《フ》レセシ病に時一に。(神・白氏文集天永點　四　13オ)

(四二)　有行の遲鈍《チド(ン)》ナレども、漸く澄淸なると、復(た)有が遲鈍ナレども、頓《ト(み)》に淸淨なると、(石・守護國界主陀羅尼經中期點　五　11/2)

なほ、連用形は、動詞スに續いて――ニスの形を取り、アキラカニス・ツマビラカニス・コトニス・アタ、カニス・アラハニス・サダカニスなどといひ、複合動詞と同樣に用ゐられた。

(四三)　爾時に、比丘路《アラハ》レ(露)にして身を、往二(きて)佛(の)〔に〕所一(に)、(岩・願經四分律初期點　20/4)

(四四)　依レ(り)て夏に受レケムイハ請を、盜の過容レ(し)生(す)。故に應二し詳《ツバヒラカ》―審一ニス。理(り)無二(か)れ疎略一にすること。(天・南海寄歸傳末期點　一　3/6―7)

(四五)　多く貯《イ》二レて綿―絮《ソ》一(を)、事須二(ら)(べし)くは厚く暖《アタ、カ》一ニス。(同　二　9/1)

(四六)　露《アラハ》レニするは脛《ハギ》を無レ(し)傷《イタ》ミ。(同　二　12/20)

(四七)　然(れど)も、其(の)十―數(は)不レ能二(は)的《アキラカ》に委《サダカ》一にすること。(同　二　2/20)

第二節　タリ活用

タリ活用は、情態性を表はす漢語を音讀して格助詞トを添へ、これに動詞アリを續けて――ト・アリと言ひ、これが音韻變化によつてさらに――タリとなつたものである。したがつて、タリ活用は、漢語にだけあつて、和語にはない。

タリ活用は、ナリ活用に比べて發生が遲く、平安初期も後半になつて初めて現はれるが、その勢力は弱く、一般化するのは末期に入つてからのことである。これには二つの原因が考へられる。一つは、前述したやうに、ナリ活用が早く成立して一般化してゐたため、後世はタリ活用をする漢語も、初めはナリ活用に讀まれてゐたことである。例へば

（一）是の說法の師にも令レ（め）む得《ウ》ニ利益と安樂一とを、無レクして障リ身意泰然にアラシメむ。（西・金光明最勝王經初期點　四 13/14）

（二）爾（の）時に、寶積大法師は、………端然にして不レして動（か）身心樂にあり（き）〔して〕。（同　九　1/20）

（三）爲レの聽レ（かむ）が法を故に、卽（ち）於ニ佛前一にして儼《ゲム》─然にして而生せり。（東・地藏十輪經元慶點　一 8/7）

（四）至ニ（り）て相ヒ見（る）ベキ處一に、從容にして而住し、（石・瑜伽師地論初期點　七一 10/9—10）

（五）紛と（し）て被麗《レイ》に（し）て其（れ）亡レ（し）鄂《カギリ》。（上・漢書揚雄傳天暦點　152）

（六）令ニムる心を歡喜一（せ）聲、熙怡《キイ》にシて先導する聲、（石・守護國界主陀羅尼經中期點　六 14/20）

「泰然に」「端然に」「儼然に」「從容に」「被麗に」「熙怡に」は、後世ならば、いづれも「泰然と」「端然と」「儼然と」「從容と」「被麗と」「熙怡と」と言ふところである。もう一つは、文選讀みが早くから行はれ、後世タリ活用する語も、文選讀みにされる傾向があつたことである。既に述べたやうに、文選讀みは、漢語を音讀して格助詞ト（名詞の場合はノ）で受けた後、さらに訓讀して、形容詞、形容動詞ナリ活用、動詞（まれに名詞）などとする訓法である。例へば

（七）汝始（めて）發レして心を出家せば、功不《ジ》ニ唐─捐一とムナシクは（あら）。（斯・願經四分律初期點 12/15—16）

（八）鳳─篆龜─文既に葳《キ》ニ蕤《スイ》トサカナリ於東観一に。（知・三藏玄奘法師表啓初期點　12）

（九）世尊の行き歩ブこと直に進（み）て、庠—約とヨソ、、（な）るコト〈白 ヨソ、、ニして〉如二し龍象王一の。（高・彌勒上生經賛初期點（朱） 16/20）

（一〇）能く正（し）く呑咽《の》ミたまふニ、津—液とウルヒテ通ヒ流る。（同 16/5）

「唐—捐とムナシクは（あら）ジ」「威蕤トサカリナリ」「庠—約とヨソ、、（な）るコト」「津—液とウルヒテ」は、後世ならば、簡單に「唐捐たらじ」「威蕤たり」「庠約たること」「津液として」と讀むところであり、さう讀めばタリ活用になる。タリ活用は、トの後に直接アリを續けることによつて成立するものであるのに、アリの代りに形容詞・形容動詞ナリ活用・動詞などを讀み添へてゐたのでは、タリ活用の發達する余地はない。

なほ、今一つ考へ合せるべきことは、名詞に付く指定の助動詞ナリ・タリの內、ナリが早く現はれ、タリの發生の遲れたこととも關係があるであらう。

タリ活用は、命令形を除く五つの活用形を持つてゐるが、初は——タリと共に、原形の——トアリを併用した。

（一一）於二（に）其の大乘の補特伽羅一の、得レ无二（きこと）誤失一、常に能（く）熾二然と（あら）しめム三寶種姓一を。（東・地藏十輪經元慶點 八 1/22）

（一二）凡夫の人は、聞レ（き）て是を當レ（り）て時に雖レ（も）不二と喜樂一セ、久久とありて滅二し（て）諸の煩惱一を得二（む）こと安隱の樂一を、（石・大智度論天安點 六七 12/33—13/1）

（一三）降—生の故き基は與二（に）シて川—原一（と）而膴《フ》—々トアリ。（興聖・大唐西域記中期點 一二 18/7—8）

（一四）研二キ覈《明也》（かに）スルニ粤—旨一を、文闕—焉《延反》—如トアリ。（同 17/3）

1　未然形

未然形は、單獨では用ゐられず、推量の助動詞ムを伴つた例がまれに見える。

（一五）　所レは願フ、皇陛《ヘイ》納―祐《イウ》シテ、玉扆《イ》延和タラム。（興・三藏法師傳承德點　九　12/14）

2　連用形

連用形は、トのみでタリはない。トは一般にシテを伴つて――トシテと言ひ、文を中止し、または、用言に係つてその連用修飾語となる。

（一六）　芳《カ(んばしきこと)》　酷烈と(し)て而莫レ(し)聞《カ、》ユること兮。（上・漢書揚雄傳天曆點　39）

（一七）　欣然として而も　咲(み)て語(り)て言(は)く、（石・大般涅槃經治安點　八　6/3）

（一八）　身意決然として得ニっ　未曾有一なること。（龍・妙法蓮華經末期點　一　5/14）

（一九）　凛《リン》―々トシテ鄉《ムカ》下ヘリ改ニ(め)正―朔一を　封―禪上スルに矣。（東北・史記延久點　孝文本紀　複　44）

3　終止形

終止形は、單獨で文を終止する。助詞・助動詞を伴ふことはない。加點年代明了な資料では、終止形は、東大寺本『地藏十輪經』元慶點に初めて現はれる。

（二〇）　威儀は　雖ニ(も)寂靜一たりといふトモ、而懷ニケリ毒惡の　心一を。（東・地藏十輪經元慶點　四　7/25）

(二一) 雷鬱ニ律と(して)於巖突《エウ》一に兮、電倏《シク》ニ忽《コム》たり於牆藩一(に)。(上・漢書揚雄傳天暦點 179―180)

(二二) 俯(し)て臨ニ(み)て清―澗《カニ》一(に)、蕭ニ條《テウ》たり白楊之下《モト》一に。(京博・南海寄歸傳末期點 四 2/6)

4 連體形

連體形は、單獨で、名詞に係つて連體修飾語となる。係助詞ゾ・カ・ヤを受けて、文を終止する例は見當らない。格助詞ニ・ヲ、係助詞ハを伴ふことがある。助動詞を伴つた例はない。加點年代明了な資料で、連體形は、東大寺本『地藏十輪經』元慶點に始まるが、加點年代不明な資料では、これよりも古いと推定されるものに、すでに例がある。タリ活用は、連體形が最初に發生したやうである。指定の助動詞タリも、連體形が最初に現はれるのであつて、兩者の間には、發生的な關係があるのであらうか。

(二三) 區々たる梵―衆、獨《ヒ(と)》リ荷《にな》ニヒ恩の榮一を、蠢―々たる迷―生、方に超《コ》ニユルのみ(に)なら(む)ヤ塵累一を而已。(知・三藏玄奘法師表啓初期點 83)

(二四) 涓《化ン》―々たる細―流は、足《た》ニりて巨―壑《ワク》一に、而成レセリ大なることヲは。(同 28)

(二五) 濯《ソ、》クに以ニテして大悲の水一を、脱レ(し)て苦を得ニしめたまふ蕭然一たることを。(東・地藏十輕經元慶點 一〇 8/11)

(二六) 鷺上(り)下(り)砰礚《(カイ)》たること、聲若ニ(し)雷霆一(の)。(上・漢書揚雄傳天暦點 514)

(二七) 由ニ(り)て傳受訛謬《クワビウ》し、軌則參《シム》差一たるに、積習して生レすに常を、有下(り)乖ニける綱致一に者《もの》上。(天・南海寄歸傳末期點 一 1/19)

(二八) 崇《タカ》ニム丘陵之駭騒《ハアガア》一たるを兮。深溝嶔《カム》巖と(して)而爲《ゼ》レり谷を。(上・漢書揚雄傳天暦點 154―155)

（二九）　若（し）持犯呞《ヘイ》然たるは、律（に）有ニ（り）成則一。（天・南海寄歸傳末期點　二　1/15）

5　已然形

係助詞コソを受けて、文を終止する例は見當らない。接續助詞ドモを伴つた例がまれに見える。

（三〇）　祇園之路麗迤たれドも空（し）ク存シ、王舍之基《オ（きつ）チ》（は）婆陀とアレドも可レ陟《アヨ》（む）ベシ。（知・三藏玄奘法師表啓初期點　45）

タリ活用は、ナリ活用と違つて、和文では用ゐられなかつた。タリ活用が訓點語を出て一般に用ゐられるやうになるのは、院政期に入つて、和漢混淆文が成立して後のことである。

第六章　副　　詞

副詞には、狀態の副詞、程度の副詞、陳述の副詞の三種がある。この內、文法に關係が深いのは陳述の副詞であるから、今は陳述の副詞に限つて述べる。

陳述の副詞は、種類が多いが、肯定・否定を含め、大別して、「述語に斷定的要素を要するもの」と、「述語に疑惑・假定の要素を要するもの」の二つとし、前者をさらに、

肯定・否定いづれにも用ゐられるもの

常に否定に用ゐられるもの

當然に用ゐられるもの

願望に用ゐられるもの

比況に用ゐられるもの

の五つに分け、後者をさらに

假定に用ゐられるもの

推測に用ゐられるもの

疑問に用ゐられるもの

反語に用ゐられるもの

第一節　肯定・否定いづれにも用ゐられるもの

その他

の五つに分けて取り扱ふ。

第一節　肯定・否定いづれにも用ゐられるもの

奈良時代には、カナラズ・ユメを用ゐた。ただし、カナラズは、『日本書紀』の古訓や『萬葉集』で、「必」の字を讀んでゐるだけで、假名書きの例はない。ユメは、用言の連用修飾語としてではなく、獨立して用ゐられることもあつた。平安時代の和文では、一般にカナラズを用ゐ、ユメは否定に限つて用ゐられるやうになり、繰り返してユメユメともいつた。また、ユメニ・ユメバカリなどの形もあり、「夢」との間に交錯を生じた。

その他、新たにタエテ・ツユを用ゐ出した。タエテは、下二段活用動詞タユ（絶）の連用形に接續助詞テの付いた複合語を、副詞として用ゐたもので、否定に用ゐられることが多いが、まれに肯定にも用ゐられた。ツユは、名詞のツユ（露）を副詞に轉用したもので、チツトモの意である。ただし、ツユノ・ツユニテモ・ツユバカリなどの形を取り、肯定に用ゐられることもあつた。また、ツユと同じやうに量の小いチリ（塵）を、チリバカリの形で、同じくチツトモの意味で副詞に用ゐることもあつた。

後もかならず（必）逢はむとぞ思ふ（萬葉　三〇七三）　君いかならず（必）逢はざらめやも（同　三二八七）　我が背子を安《や》眠《すい》な寝しめ、ゆめ、心あれ（同　四一七九）　人の中言聞きこすな、ゆめ（同　六六〇）　宮づかへの本意かならず遂げさせたてまつれ。（源氏　一ノ三七）　その方を取り出でん選びに、かならず漏るまじきは、いと難しや。（同　一ノ五八）　ゆめ、をこがましう僻わざすまじくを（同　五ノ一八六）もらし給ふなよ、ゆめ〳〵。（同　二ノ二六三）君は夢にもしり給はず（同　二ノ一二〇）過ぎにし方の事は、絶えて忘れ侍りにしを（同　五ノ四〇八）親子の契りは絶えてやまぬものなり。（同　二ノ三六一）思はずなることの紛れ、つゆにてもあらば（同　四ノ三五九）つゆまどろまれず、明かしかねさせ給ふ。（同　一ノ三一）露ばかりなれど、いとあはれにかたじけなく思えて（同　二ノ一二〇）露ばかりの湯をだに參らず。（同　五ノ三五六）「たゞ塵ばかりこの花びらに」と聞ゆるを（同　一ノ二八五）つゆ心おかれたてまつることなく、塵ばかりへだてなくてならひたるに（同　五ノ二七八）

訓讀文では、カナラズ・ユメの他、新たにサダメテを用ゐた。カナラズは、原文の「必・要・須・應・會・必須」などを讀み、これに應ずる述語は、種々な形を取つた。

（一）亦必《カナラ》ズ(地白補)當に證二知せむ眞の三歸の處一(を)。（東・大般涅槃經末期點　七　6/1—2）
（二）我が先に夢みたる惡(し)キ徵《(しる)し》あり。必ず當に失二(ひ)てケむ愛子一をは。（西・金光明最勝王經初期點　一〇　8/3）
（三）如レく是(の)觀察シ、要《カナラ》ず證二し出世の无分智一を、……受二持す大士の戒行一を。（小・大乘掌珍論天暦點　1/9）
（四）要《必要》(ず)得二て定心一を得レ(る)が見二ること本尊一を故(に)、言《い》レふ見と也。（龍・大日經疏康平點　41オ）
（五）適《カナ》レウテ縁に見聞す。不《ず》二須《カナラ》ズ會一(せ)也。（石・法華義疏長保點　四　22/28）
（六）須《カナラ》ズ問レ(ひ)て衆に方(に)用(ゐ)る。（天・南海寄歸傳末期點　二　7/14）
（七）應《必也》ず當(に)知(るべし)、其の有二るいは書し讀し乃至正憶念一すること者、皆是れ十方の佛の力なり・と。（石・大智度論天安點　六七　20/20—21）
（八）會《カナラ》ズトシテ〈左　必也〉須《もち》下(ゐ)る聞二(き)て法華經一を當上(し)といふことを作レ(る)佛(に)。（石・法華義疏長保點　四　6/1）

（九） 人有二れども財物一、不レ可三常に保《タモ》一(つ)。會《カナラ》ズ當に壞れ散《チ》リヌ。（石・佛說太子須陀拏經中期點 4/14）

（一〇） 必—須ず三っ屑《クツ》ヲモテ淨メ揩《ス》リ洗《(あ)ラ》て令レ(め)よ无レ(か)ら膩《アブラ》。（天・南海寄歸傳末期點 一 6/1）

ユメは、原文の「努力・愼・謹・勤・慇懃」などを讀み、ユメユメと反復形を用ゐることもあった。肯定・否定共に命令形を取り、否定の場合は禁止を表はした。

（一一） 愼《由女》（汝忽爲レ我造レ佛寫レ經贖二罪苦一愼々莫レ忘矣。）（興福寺本日本靈異記 上 三〇）

（一二） 愼《ユメ》〈別訓 ツ(つしみ)て〉勿《マナ》二將《モ》レて身を輕《タヤス》ク許《ユル》レスこと人に。（神・白氏文集天永點 四 複 17オ）

（一三） 努力《ユメ、、》〈別訓 ツトメヨ〱〉努力、急《アカラサマ》(に)須《ス(べからく)》應レ(し)斬《キ》ル。（東洋・日本書紀中期點 皇極四年）

（一四） 愼矣愼矣《ユメ、、》、勿レレ令三(むる)こと人を(し)て知一(ら)。（同 ）

（一五） 仁、或(し)ハ是(れ)其(の)宿世ノ善友カ。努力《ユメ》爲レ(よ)去(る)コトヲ。（興・三藏法師傳永久點 五 3/16）

サダメテは、下二段活用動詞サダムの連用形に接續助詞テの付いた複合語を、副詞に轉用したもので、原文の「定・決」などを讀んだ。

（一六） 云何(ぞ)定(め)て知ル、諸法は唯識のみなりといふことを。（東急・大乘廣百論釋論承和點 14/20）

（一七） 我(れ)定(め)て知(り)ぬ、非二(ずと)是(れ)魔の作レ(れる)には佛と。（龍・妙法蓮華經末期點 二 3/12）

（一八） 見レては有二らむを補瑟徵迦の食一者、應レ用二(ゐる)ゐし………室唎吱瑟吒の迦等の食一を。決《サダ》メテ（承暦朱點）能く滿レっ願を。
（京・蘇悉地羯羅經延喜點 30/19—20）

（一九） 苾芻・亡者を觀《シ》二知ニナバ決《(さだめ)》て死一(に)たりと、當—日に舉《アムタ》を向二ゐて燒—處一に………在二りて一邊一に坐す。（天・南海寄歸傳末期點 二 15/15）

まれに、「爲」をサダメテと讀むことがある。

(二〇) 所レの得(たま)ゐる妙法、爲《定也》(め)て欲レ(し)てか說レ(かむ)と此(れ)を、爲《定也》(め)て當に授記(し)たまはむとか。(龍・妙法蓮華經末期點 一 9/12)

(二一) 四衆も龍神も瞻ニ察す仁者一を。爲《定也》て說ニ(き)たまゐ何等一ぞと。(同 一 9/15)

(二二) 我レ今自《ミ(つから)》於レて智に疑惑(し)て不《ず》レ能レ(は)了ルこと。爲《定也》(め)て是レ究竟の法か、爲《定也》(め)て是レ所行の道か。(立・妙法蓮華經寛治移點 一 12/10)

(二三) 若(し)以ニて小乘一を化スルコト乃至於ニてもせば一人一に、我レ則(ち)墮ニ(ち)ナム慳貪一に。此の事は爲《定也》(め)て不可なり。(同 一 16/8) 龍光院本「是也」とあつて、コレと讀む。

(二一)(二二)は、サダメテと讀んでも意味が通じるやうであるが、(二〇)(二三)は、モシと讀んで推測の意味に理解すべき場合である。サダメテを受ける述語が、疑問の係助詞カを伴つてゐることは、サダメテの本義と矛盾するものである。加點者たちは、これらの「爲」を、どういふつもりでサダメテと讀んだのであらうか。(注1)

漢語の「畢定・必定」などを漢語サ變動詞とし、その連用形に接續助詞テを添へ、サダメテと同じやうに用ゐることがあつた。

(二四) 我(れ)今畢定して成ニらむ阿耨多羅三藐三菩提一と。(石・大般涅槃經治安點 七)

(二五) 善男子、必定して當に知(るべし)、佛法は如レく是(の)不可思議なりと。(同)

(注1) 田島毓堂氏は唐の窺規(六三二—六八二)撰述の「法華經爲爲章」に、「爲」の意義に「由・求・當・得・定・被・作・是・名」の九訓ありとしてゐることを指摘し、訓點資料で「爲」をサダメテと讀んでゐるのも、それに從つたものであ

らうと言つてゐられる。(「法華經爲字訓序說」名古屋大學文學部三十周年記念論集所收、昭和五四・三、他)

第二節　常に否定に用ゐられるもの

奈良時代には、カツテ・サネ・ウツタヘニなどを用ゐた。ただし、カツテは、『古事記』『日本書紀』『萬葉集』『風土記』『續日本紀』宣命などの「都」を、『日本書紀』『萬葉集』『風土記』などの「曾」を讀んでゐるだけで、假名書の例はない。カツテ・サネは全部否定で、現代口語のケツシテ・テンデ・ゼンゼンなどに當り、ウツタヘニは部分否定で、現代口語のイチガイニ(一概)と言ふのに近い。また、ウツタヘニは、いはゆる否定の他に、反語を導くこともあつた。平安時代の和文では、カツテ・サネは用ゐず、ウツタヘニをまれに用ゐた。また、新たにサラニ・ヲサヲサ・イサなどを用ゐるやうになつた。サラニは、奈良時代には、ソノウヘ・フタタビなどの意味の狀態副詞であつたが、平安時代の和文では、これをケツシテの意味の陳述の副詞に轉用し、まれに、反復してサラサラニと言ふこともあつた。ヲサヲサは、容易に・メツタニ・ナカナカなどの意味で用ゐられた。イサは、奈良時代からあつたらしく、『萬葉集』に「不知」をイサと讀んだ例があるが、『萬葉集』では、單獨でイサ知ラズの意味を表はしてゐて、イサは感動詞として用ゐられてをり、副詞ではない。平安時代の和文でも、單獨で用ゐられることが多く、イサ――知ラズの形を取つた例は少い。上記の他、奈良時代に、肯定にも否定にも用ゐられてゐたエを、否定に限つて用ゐるやうになつた。エは、本來動詞ウ(得)と關係のある副詞で、可能を表はすが、否定の助動詞と呼應し、ヨウ――デキナイといふ意味で、不可能を表はす場合に限つて用ゐられるやうになつた。その點は、ユメの變遷と同類である。

かつても（都毛）知らぬ戀もするかも（萬葉　六七五）木高くはかつて（曾）木殖ゑじ（同　一九四六）安く寝る夜はさね無きものを（同　三七六〇）うつたへに鳥は喫まねど、繩延へて守らまくほしき梅の花かも（同　一八五八）うつたへに籬《まがき》の姿見まくほり行かむと言へや、君を見にこそ（同　七七八）うつたへにわすれなんとにはあらで（土佐　五一）暇さらに許させ給はず（源氏　一ノ三〇）學問をもあそびをももろともにして、をさ〳〵たち後れず。（同　一ノ五六）さばいさ知らず。な賴まれそ。（枕　二〇二）戀ふといふは、えも名づけたり（萬葉　四〇七八）しかすがに默《もだ》もえあらねば（同　五四三）人の誹りをもえはゞからせ給はず（源氏　一ノ二七）

訓讀文では、カツテを多用し、ウツタヘニはまれに用ゐ、サネは全く用ゐず、また、和文で用ゐられ出したサラニ・ヲサヲサ・イサなども用ゐなかつた。ただし、これらとは別に、イマダ・カナラズシモを用ゐた。

カツテは、原文の「都・曾・嘗」などを讀んだ。「都」は、漢語としてはスベテの意味を表はす副詞であるが、わが國では、これが否定詞に續く場合に限つて、カツテと讀み、全部否定の陳述の副詞として理解した。これに對し、「曾・嘗」は、漢語としては、本來時間の副詞であるから、古くはイムサキ（「書紀」の古訓に限る）・ムカシ・ココロミニなどと讀んだが、否定詞に續く場合に限り、「都」と同樣に、否定を強める陳述の副詞と見て、カツテと讀むことがあつた。しかるに、中期に入ると、肯定の「曾」をもカツテと讀むやうになり、カツテの本義が忘れられて、次第に過去の經驗を表はす狀態の副詞に變つて行つた。そして、それと並行して、「都」は、逆にカツテの訓を忘れて、肯定・否定共にスベテと讀まれるやうになつた。

（一）有（るい）は善友の力に依|止して行ずと雖ども、而（も）復愚|鈍なること猶（し）瘂羊の如くあり。諸の

事業の於（に）は、都《カツ》て分別セ不《ず》（都不二分別一）（正・地藏十輪經元慶點　五　285）中田祝夫博士による

（二）都《カツ》て不レし（て）覺二知（せ）…………何者をか是れ善なり、何者をか是れ惡一なりと（いふ）ことを、（石・守護國界主陀羅尼經中期點　一　12/21—22）

（三）其の無レき（は）信者《（も）の》は、都《カツ》テ無レ（き）こと所レ見ル猶シ如二シ生盲《マウ》の不レが見二日月一を。（同　一　6/18—19）

（四）遽《イソ》フて從レ（り）座起（ち）て走（り）て欲二逃《ニ》ゲ竄《カク》一レムとするに、（悶）絕（し）て擗《タフ》レレて地に都《カツ》て不《ず》二覺知一（せ）。（同　一〇　9/18）

（五）此の二ハ都《（か）つ》て非レるなり釋（にあら）也。（石・法華義疏長保點　四　15/4）

（六）若（し）彌勒都《か（つ）》て不レ（は）知（ら）者、則與二凡夫二乘及下住の菩薩一と更に无レし有レ（る）こと異なること。（同　二　19/25—26）

（七）眞解脫の中には都《カツ》テ无二（し）如レき是（の）滅盡の之事一（は）。（東・大般涅槃經末期點　五　8/12—13）

（八）彼は欣—趣（し）て修するい、都《ス》べて无二シ通果一は。（石・妙法蓮華經玄贊中期點　三　18/26）

（九）都《（す）》べテ以二（て）枳利枳利忿怒ノ眞言一ヲ、持二誦（し）テ香水一ヲ先ヅ灑二ゲ其ノ地一に。（石・蘇悉地羯羅經略疏天曆點　四　14/9—10）

（一〇）端《ナホ》レクシ身を正《タヾ》レシクして念を、都《スベ》テ不二して動搖《エウ》一セ、（書・大乘本生心地觀經末期點）

（一一）中臣の鎌子の連、曾《イムサキ》より善《ウルハ》二シ於輕の皇子一に。（東洋・日本書紀中期點　皇極三年）

（一二）平等意樂（とは）〔者〕、我を〔於〕爾（くある）時に曾（无可（シ））は勝觀如來應正等覺（と）名（づけ）て、〔與〕彼と法身（と）差別無（きが）故。（正・唐寫阿毗達磨雜集論初期點）鈴木一男氏による

（一三）經（の）中（に）但「我れ本《昔也》—曾光明を見《ミ》、亦諸の色を見キ。今光明を失ヒ色をも見不」とのみ說（け）リ。（正・成實論天長點　一八）同

（一四）曾《むか》シ發二（し）きといふは如レキ是（の）願一を、彼レ卽是レ汝が身なり。（西・金光明最勝王經初期點　五　3/22）

（一五）諸天子（の）曾《むか》し見レ（たてまつ）れる佛を者《人》、歡喜し踊躍して作二（して）是の念一を言（は）ク、（石・大智度論天安點　六七　9/30）

（一六）於下て………未二（りし）曾《むか》シより領受一せ諸（の）了義經上に、（石・瑜伽師地論初期點　七九　9/29）

（一七）善哉善哉、善男子、汝が於二過去の殑伽沙等諸佛世界五濁惡の時一に、已に曾し請二問せる殑伽等の諸佛世尊に如レき是の法義一を。（東・地藏十輪經元慶點　二　1/20―22）

（一八）我（れ）數《シバヽヽ》見二（る）に婆羅門一（を）、未三曾《ずコヽロミダニモ》見二是《カヽ》ル輩一をは。（石・佛說太子須陀拏經中期點　10/17）

（一九）堅く愚見（を）守（り）て曾《可ッ弖》捨一心無（く）（曾無二捨心一）、唯（だ）此のみ眞に（し）て餘は並邪妄なりと謂（へり）。（正・唐寫阿毘達磨雜集論初期點）鈴木一男氏による

（二〇）我（れ）自レ昔しより來《このかた》未三ありキ△曾て從レ（ひ）たてまつりて佛に聞二（き）たまへ如レ（き）是（の）說一をは。（山・妙法蓮華經初期點　2/22）

（二一）見二て此の長者一を、心に有レルベラにして所レ希フ、隨一逐して瞻《（ま）は》リ視るに、目未《ず》二曾て捨一ヤ。（西・金光明最勝王經初期點　九　11/20）

（二二）何（ぞ）百（た）ビ離れ（て）而曾《カ（つて）》不二る壹（た）ビ（も）稱《コウ》一せ。（上・漢書揚雄傳天曆點　82）

（二三）從レ（り）生レて已來《このかた》、常に未二キ曾《カツ》て聞レ（か）有二（る）ことをは如レ（く）是（の）苦一（しき）こと。（石・大方便佛報恩經中期點　一　16/2）

（二四）以下（て）如レき是（の）等の無量無邊の曾《カツ》テ未二る受用《ユウ》一（せ）衆寶の供具上を、（石・守護國界主陀羅尼經中期點　一　14/1―2）

（二五）不《ず》レ省下ミ曾《カツ》て以二（て）百姓の膏血《アブラ》一を、用て塗《ヌ》中ることをは象馬上に。（同　一〇　2/12）

（二六）世尊、如二シ佛の所レの言《（の）たま》ふ、諸の惡の衆生は入二ると於地獄一に。云何ゾ得レる知ること。誰の人か曾《カツ》て見たる。（同　一〇　7/18―19）

（二七）螻蛄《ホウイニ》には曾《カツ》て不《ず》レ寄《ヨ》レセ心を。（天・南海寄歸傳末期點　二　3/15）

（二八）先世に已に曾《カツ》テ〈別訓　ムカシ〉親二近（せし）が善知識一に故に、（東急・大日經義釋承保移點　三　21ウ）

（二九）一切如來在《マ》二シ、、シトキ修―行―地一に、皆曾《カツ》テ引導して、初（め）て發《オコ》二サシメたり信心一を。（書・大乘本生心地觀經末期點　1/14）

（三〇）德音日に茂くして、曾《カツ》テ規《カタキ》二トセム〈別訓　ノリトセム〉丕《ヒ》相一を。（興・三藏法師傳承德點　九　13/11）

（三一）未二嘗《コ、ロ》ミニ失レ機。（正・景雲寫羅摩伽經初期點）春日政治博士による

（三二）若（し）有（ら）む人王い於二其の國土一に雖レ（も）有《いま》二す（と）此（の）經一い、未《ず》二嘗《心》ミ（に）も流布一（し）たてまつら。（飯・金光明最勝王經註釋初期點　六　107）

（三三）奉《（つかへ）》二事たてまつるに大王一に、未《ず》二嘗《コ、ロ》ミにも有レ（ら）過。（石・佛說太子須陀拏經中期點　5/19）

（三四）見二（れ）ば佛子一を、未二（し）て嘗《試也》にも睡眠一（せ）、經二行（し）て林の中一に、勤（め）て求二む佛道一を。（龍・妙法蓮華經末期點　一　7/16）

（三五）諸の如來と聖弟子との嘗《ムカシ》於二往昔に所二に遊居一せる………勤（め）て轉二（し）て五欲と諸の蓋纏一とを、一向に深く樂《（ねが）》二へ於法味一を。（龍・大日經天喜點　七　6オ）

（三六）嘗《カツ》テ（黑）與二衆人一乘レ（りて）船（に）渡二（るに）黃河一（を）、（前・冥報記長治點　複　9ウ）

(三七) 嘗(むか)し與レ人同(じく)行二(き)て於路一(を)、忽(ちに)若レし見二(る)が官符(の)者一(を)。(同　複　58オ)

「嘗」は、まれに、ソノカミ・シバラクなどと讀むこともあつた。

(三八) 嘗《ソノカミ》入レ(り)寺(に)見二る佛像の高(さ)與レ身等(しき)者一(を)。(前・冥報記長治點　複　22ウ)

(三九) 嘗《シバラ》ク試《コヽロ》ミに論レして之を曰はく、(天・南海寄歸傳末期點　一　15/9)

カツテについては、別に論じたものがあるから(注1)參照されたい。

ウツタヘニは、原文の「未必――」の「必」に當てて讀んだが、その例は乏しく、左の一例しか知られてゐない。

(四〇) 看シ時には未《ず》三ダ必《ウタガタニモ》《ウツタヘニモ》相ニ看《ミ》ムトヲモハ死《センヲ》一トモ。(醍・遊仙窟鎌倉期點　複　5ウ)

(四一) 看シ時未タ必《ウタガタ》《ウツタヘニモ》ニモ死《センヲ》トモ相看《ミ》ムトヲモハズ。(成簣堂文庫本遊仙窟)平井秀文氏による

(四二) 未三必《ウツタヘニ》シモ由レテ詩に得《エ》一ムトニハ《とには》。(醍・遊仙窟鎌倉期點　複　6ウ)

「未必――」や「不必――」の「必」は、ウツタヘニと讀むよりも、カナラズシモと讀むことが多かつた。ただし、初めは、「必」は單にカナラズと讀み、シモは下の語に添へて讀んでゐたが、中期から「必」自身をカナラズシモと讀むやうになり、後世と同樣になつた。シモのシは强意の間投助詞、モは係助詞で、カナラズシモは、「必不――」のカナラズが全部否定を表はすのに對して、部分否定を表はした。

(四三) 又所立の空は專ら爲レになり遣レ(らむ)が執を。不三(ず)必(ず)對レ(へ)て有に方(に)立二(つ)ルものにしも。於空一を。(東急・大乘廣百論釋論承和點　3/15)

(四四) 若し說レ(く)ときは瓶を、當レし知る、已に攝二(め)ッ有と一一とを。非下ずと說二くときは有と一一とを、必(ず)攝中(む)るものシモ。瓶を。(東急・百論天安點　19/2)

（四五）唯《うけたまは》る、舍利子、不《ず》ニ必ず是の坐一ニシモ(あら)、爲ニす宴坐一と也。（石・說无垢稱經初期點　二　1）

（四六）雖ニ(も)卽(ち)我が師作レると禮を、未ミ必(ず)道德勝ニれてしもあら〈左　スグレテシモ〉於我が師一に也。（東・百法顯幽抄中期點　38/11）

（四七）等无間ニシ有(る)イハ、非ニ(ず)必(ず)開導依一(に)シモ。開導依ニシ有(る)イハ必(ず)等无間緣ニモアリ（東・法華論義草　1152）

（四八）上品の發心なるは未ニ必(ず)シモ退沒一(せ)。（石・妙法蓮華經玄贊中期點　六　33/9）

（四九）以ミて經に並に標ニせりを或といふ字一を、則(ち)知る、修多羅は未ニず必ずシモ在レ(る)ものは前に、伽陀は不ニず必ずシモ在レるもの(は)後に。（石・法華義疏長保點　四　8/23）

（五〇）以レ(て)此を言レ(ふ)に之を、乃(ち)是(れ)秘密の言─詞なり。未《じ》ミ必(ず)しも目《ナ》ニヅケ其(の)善至一と。（天・南海寄歸傳末期點　一　13/7─8）

ウツタヘニとカナラズシモは、同じ構文の同じ文字を讀むのであるから、訓點語としては意味も同じはずであるが、和文で兩者が並用されてゐるのを見ると、多少ニユアンスの違ひがあつたと考へられる。『萬葉集』をはじめ、平安時代の和文に用ゐられたウツタヘニとカナラズシモとの用法を比較すると、次のごとくである。

1　共通點

a　否定または反語の表現を導く陳述副詞である。

b　全部否定ではなくて、部分否定である。

2　相違點

a　「うつたへに」の限定する否定は、外延性（廣がり）の否定であるのに對し、「かならずしも」のそれは、必然性

（確かさ）の否定である。

b　「うつたへに」の限定する否定は、助動詞ズ・ザリ・ジ・デによつて、反語は助詞ヤ・ヤハ・カモで表はされ、「かならずしも」のそれは、助動詞ズ・ザリ・ジ・デ・マジで、反語は、助詞カ（ただし文中）で表はされる。「かならずしも」は助動詞マジを取るが、「うつたへに」はマジを取らない。

ウツタヘニとカナラズシモとについては、別に論じたものがあるから、(注2)詳しくはそれを參照されたい。

イマダは、奈良時代には、肯定・否定共に用ゐられ、平安時代の和文でも同様であつたが、漢文訓讀文では、原文の「未」に當てて讀んだため、イマダ――ズ・ジといふ呼應が成立し、否定に限つて用ゐられるやうになつた。また、奈良時代には、イマダが普通で、マダの確例はないが、平安時代の和文では、マダが普通で、イマダはまれにしか用ゐられなかつた。(注3)マダは、イマダのイが脱落してできた新しい形なのであらう。訓讀文では、古い形のイマダだけを用ゐて、マダは全く用ゐず、その習慣は長く後世まで續いた。もつとも、初期の間は、「未」は單に――ズ・ジと讀まれ、必ずしもイマダ――ズ・ジとは言はなかつた。また、「未」をイマダと讀んでも、ズ・ジは下の語に讀み添へるのが普通であつたが、初期の末頃から、一度イマダと讀んだ上、さらに下から返つて――ズ・ジと再讀するやうになり、中期以後次第に一般化し、いはゆる再讀文字として定着した。

櫻花いまだ含《ふふ》めり、一目見に來《こ》ね（萬葉　四〇七七）大刀が緒も　いまだ解かずて　襲《おすひ》をも　いまだ解かね　孃子《をとめ》の　寢すや板戸を（記歌謠　二）初夜《そや》、いまだ勤め侍らず。すぐして、さぶらはむ。（源氏　若紫　一ノ一九一）北山の僧都が源氏に語るところ。いまだ、かたちはかへ給はずや。俗聖とか、この若き人々のつけたるなる。（同　橋姫　四ノ三〇五）冷泉院が八宮のことを阿闍梨と語るところ　宰相の中將の御うへをいひいでて、『未《いま》だ三十の期《ご》に及ばず』といふ詩を、さらにこと人に似ず誦じ給ひし」などいへば（枕　二一八）「本朝文粹」未ㇾ至三三十期一。命婦は、まだ大殿籠らせ給はざりけるを、あはれに見たてまつる。（源氏　桐壺　一ノ三九）柳などをかしきこそさらなれ。それもまだまゆにこもりたるはをかし。（枕　四六）

（五一）未《ず》四曾て見三不善業い有二りとは大利益一。（東・成實論天長點　一二　13/21）

（五二）汝が言《い》下ふは……有二(る)が縁ㇾ(して)識を住一すること故上(に)と者、亦以ㇾての未《ぬ》ㇾを斷ㇾ(せ)使を故(に)なり。（同　一五　7/4）

（五三）未《ネ》ㇾども得二一切智智一を而先に生二す舍利三昧一を。（石・大智度論天安點　八六　5/24）

（五四）見に成ニセリとも卷—軸一を、未ㇾだ有《ア》ニラず詮—序一すること。（知・三藏玄奘法師表啓初期點　75）

（五五）研《みが》ㇾき思《オ(も)》ヒを淹《ヘダ》ㇾて時《トキ》を、未ㇾだ能ニは(ざり)き惣—畢一すること。（同　22）

（五六）於ニ百千歳一に未《ダ》ニず曾(に)も得ㇾ聞ニ(く)こと漿水之名一をダも。（石・大般涅槃經初期點（丙）　一一　5/11）

（五七）未《ダ》ニ(さ)る降伏一(せ)者《もの》を能く令ニめ降伏一(せ)、（同　一四　8/22）

（五八）未《だ》下ず曾にも經ニて於阿闍梨の處一に而受中け眞言上を。（京・蘇悉地羯羅經延喜點　11/12—13）

（五九）未《だ》三(さ)らむ曾にも經《サ》ニへ入ㇾ曼荼羅一に者《もの》に、亦不ニれ授與一せ。（同　11/16）

（六〇）愚癡異生は未《だ》ㇾず得ニ出世聖慧之眠一を。（春・金光明最勝王經中期點　五）

（注1）大坪併治「都・曾訓義考」（「國語國文」昭和一〇年七月）
同　『「都」と「曾」』（『訓點語の研究』第一部、四「特殊な漢字の訓法」）
（注2）大坪併治「『うつたへに』と『かならずしも』」（「國語國文」昭和五一年二月號）
（注3）『源氏物語』では、マダ二二七例、イマダ二例。『枕の草子』では、マダ三八例、イマダ一例である。『源氏』のイマダ

二例を見ると、一例は、北山の僧都が源氏と語る詞の中に、一例は、冷泉院が宇治の阿闍梨と、八宮のことを語る詞の中に用ゐられてゐる。すなはち、『源氏』では、イマダの數少い例が、すべて僧侶の詞、または僧侶について語る詞に用ゐられてゐるのであつて、イマダが古風で改まつた言葉として取り扱はれてゐることがわかる。また、『枕』のイマダは、宰相中將が、漢詩（本朝文粹）の一節を口吟するところで、漢詩の訓讀に用ゐられたものである。『源氏』と『枕』について見る限り、マダは和文に廣く用ゐられた和文特有語、イマダは和文には一般に用ゐられない訓點特有語であつたらしい。

第三節　當然に用ゐられるもの

奈良時代には、ウベ（シ）をナルホドモツトモダの意味の副詞に用ゐた。また、ウベに接尾語ナを添へて反復し、ウベナウベナと言ふことがあり、指定の助動詞ナリを添へたウベナリを、應諾の副詞として用ゐることもあつた。平安時代の和文では、ウベを同じ意味に用ゐた他、宣命では、スベカラク（ハ）をも用ゐた。

闇ならば　うべも來まさじや（萬葉　一四五二）　うべし　神代ゆ　始めけらしも（同　四三六〇）　うべならうべな　襲《おす》ひの裾に　月立たなむよ（記歌謠　二九）　天照大神曰、諾。〔諾、此云宇毎那利。〕（書紀　神武即位前紀）　むべこそ、親の世になくは思ふらめ。（源氏　一ノ一一一）これかれ見あはせて「耳無草となむいふ」といふ者のあれば、「むべなりけり、聞かぬ顔なるは」とわらふに（枕　一八四）　すべからくは（須波）先づ申し賜ひて、後に施行《おこな》ふべき物なり。（文德實錄宣命　齊衡元年十二月）　すべからくは（須久波）其の由を責勘《せめかんが》へて、法のままに罪なへ給ふべく有れども（三代實錄宣命　貞觀一二年六月）

訓讀文では、ウベシ（ムベシ）・スベカラク（ハ）の他、マサニ・ヨロシクなどを用ゐた。ウベシは、ムベシとも言ひ、ウべまたはムべに、強意の間投助詞シの加はつたもので、原文の「宜」を讀んだ。「宜」をウベシ（ムベシ）と讀むと、下の用言には、推量の助動詞ベシ・ムを添へることが多いが、また用言の命令形で結ぶこともある。「宜」をウベシ（ムベシ）と讀んで、下にベシを添へる例は、初期から現はれ、「宜」一字をウベシ（ムベシ）——ベシと再讀併記するものは、末期になつて登場する。（注1）

（一）白二(して)世尊一(に)言(さく)、「已に爲二に客比丘一(の)敷レ(き)座(を)竟《ヌ》。宜し知(し)メセ。是(れ)時なり・とまうす。」（小・願經四分律初期點　甲　2/16）

（二）互に相ひ謂(ひ)て曰ク、「王子は何《いづこ》に在《いま》すらむ。宜し共に推求(せ)む・といふ。」（西・金光明最勝王經初期點　一〇　5/12）

（三）宜し先ヅは行二すべし布施一を。（石・大智度論天安點　八一　10/3）

（四）華香は清妙なり。宜シ爲二供養一(す)べし。（石・大智度論三種點　一〇　10/6）

（五）以二(て)王の命《ミコト》一を而告二ぐ太子一に、「宜し速(か)に還レ(り)たまへ國に。王思レほす見二たまはむと太子一(を)。」（石・佛説太子須陀拏經中期點　15/18）

（六）宜し離二るべし驚き畏一(るる)こと。（石・大般涅槃經治安點　八　9/23）

（七）大王は高帝(の)長一子ナリ。宜レベシ爲《タ》二ル高一帝の嗣《ツギ》一。願(はく)は、大王、卽二ケ天一子ノ位一に。（東北・史記延久點孝文本紀　複　6）

（八）其ノ奘法師の弟子、及同(じ)キ翻經の僧ノ、先ヨリ非二(さ)ラム玉華寺の僧一に者をは、宜三ベシ各放《ユル》二シ還ス本寺一ニ。（興・三藏法師傳承德點　一〇　7/20）

（九）宜下ベシ早ク發二(し)て大心一を、莊中嚴ス正見上ヲ。勿レレ使三臨終ニ方ニ致二(さしむる)こと嗟《サ》悔一ヲ。（同　七　15/6）

「宜」は、後述する「當・應」と熟語して用ゐられることがある。この場合には、「宜」をウベシ（ムベシ）、「當」をマサニと讀んで、ベシを下の語に補讀する、「宜」をウベシ（ムベシ）、「應」をベシと讀む、「宜」をウベシ（ムベシ）と讀み、「當・應」は不讀にして、下の語にベシを補讀するなど、さまざまな讀み方が行はれた。

（一〇）或（る）いは有ニらば本部の眞言に所レの說け（る）獻食の次第一、宜し當に依レ（る）ヘし之に。（京・蘇悉地羯羅經延喜點 29/24―25）

（一一）我れ今宜し應下し多ク食ニし所食一を、飽（くま）でに食中す所食上を。（石・瑜伽師地論初期點 二三 9/22）

（一二）若（し）欲ミはば成ニ就せむ（と）佛の所說の菩薩の廣大殊勝の行一を、宜シ應ミシ善く住ニす此の廻向一に。（石・大方廣佛華嚴經初期點（二種）三三 12/15）

（一三）爾（の）時には說者い宜シ當ニ默然一すべシ。（石・瑜伽師地論初期點 七一 11/10）

（一四）我等宜し應ミ……令ニ諸（の）衆生に无レ（く）して病安樂一に（あら）しめむ・といふ。（東・地藏十輪經元慶點 二 19/16）

スベカラクは、係助詞ハを伴つてスベカラクハとも言ふが、資料に現はれるところでは、宣命でも訓讀文でも、ハのあるものが、ハのないものよりも、かへつて早く現はれる。もつとも、訓讀文にスベカラクハが現はれるのは、宣命に比べるとかなり遲い。訓讀文では、初期の間は、單にベシと讀む、不讀にして後の語にベシを讀み添へる、動詞にしてモチヰルと讀むなど、いろいろな讀み方をしてゐたのであつて、スベカラク（ハ）と讀み出すのは、管見では、初期末か、または、中期に入つてからのことである。それも、初めは、やはり、「須」は單にスベカラク（ハ）と讀み、ベシは下の語に讀み添へてゐたが、やがてスベカラク（ハ）――ベシと再讀するやうになつた。

（一五）應レ（し）取ニ（る）諸の香一を。所レ謂子息……薫陸なり。皆須ミ等分して和ニ合（す）べし一處一に。（飯・金光明最勝王經註釋初期

點　六　210）

（一六）表下(さ)ムトしてなり還(り)て須中起二(し)て後得智一を、爲レに他の廣く演上(ぶ)ベシといふことを也。（東・金剛般若經贊述仁和點　6/9）

（一七）求二メむ成就一を者《もの》は、須レ解二るべし眞言の上中下の法一を。（京・蘇悉地羯羅經延喜點　上　2/18）

（一八）何ゾ須《(べ)》レキ計下す有二(り)て異生一能(く)生上すと。（石・瑜伽師地論初期點　五二　4/13）

（一九）力堪二(へ)能(ふ)には斷食一するに、必(ず)須《(べ)》二し斷食一(す)。（石・蘇悉地羯羅經略疏天曆點　四）

（二〇）來二至して其が所一に問(ひ)て言(は)マ(く)、「何故ぞ須《(もち)》三(ゐ)ル・といはむ喚二(ぶ)ことを我が父一を。」（飯・金光明最勝王經註釋初期點　六　243）

（二一）可レ(し)や不《(ず)》レなりぬ須《用》下(ゐ)種二(う)ること善根一を等上を。（石・大智度論天安點　八六　2/28）

（二二）事《(音)》須《(すべ)》(からく)は出レ(で)て定を、散一心の中に(し)て死(ぬ)べし也。（東・百法顯幽抄古點　29/2）

（二三）若(し)尊者入二(り)たまはむ涅槃一に時には、事《(音)》須(く)は與レ我(れ)と相ヒ報せよ・と。（同　33/12―13）

（二四）須(く)は作二クルべし護身の手印一を。（石・求聞持法中期點）

（二五）須く藥を消し已(り)て爾乃し與レ(ふ)べし之を。（石・大般涅槃經治安點　七　11/16）

（二六）若(し)是れ地壇ならば、便(ち)須三しくは除剗し掃去して送二る於長流の淨水の之中一に。（石・大聖妙吉藏菩薩說除灾教令法輪天曆點　10オ）

（二七）其の人皆須三シく受レ(けて)戒を極(め)て令二ム清淨一(なら)。（光・蘇悉地羯羅經承保點　中　15/20）

（二八）若し息灾の法ナラバ、五穀の中に須《スベ》三ベシカラクは十倍《バイ》して加《クハ》二フ油麻一を。（仁・金剛頂瑜伽護摩儀軌正曆點（康和移點）13ウ）

（二九）　理須二く具に題二す其の製一を。（天・南海寄歸傳末期點　二　1/12）

（三〇）　須二く受《ウ》ケテモ亦得、不レシテモ受け亦得《ウ》一也。（築・大毗盧遮那成佛經疏保延四年移點）

（三一）　毎《ツネ》に須《スベカラ》《モチヰよ》二ク新淨一なるを。（仁・虚空藏菩薩能滿諸願最勝心陀羅尼延久元年點　5オ）

「宜須」と熟語して用ゐることがある。この場合は、「須」をスベカラクハ、「宜」をベシと讀む。

（三二）　但（だ）推《オシハカ》レリ文を考《カムガ》レフレバ義を、三段最も長せり。宜二し須（く）は用レ（ゐる）之を。（石・法華義疏長保點　一　1/25）

マサニは、奈良時代からあつて、マサシクの意味を表はす狀態の副詞であつたが、平安時代の和文では、これと全く異つて、反語の意味を表はす陳述の副詞として用ゐた。（注2）

直《ただ》に逢ふまでに　まさに逢ふまでに（佛足石歌）今の翁まさにしなむや。（伊勢　一三五）「まさに、さては過ぐし給ひてんや」と、なまねたうあやふがりけり。（源氏　一ノ二四二）

漢文訓讀文のマサニは、

A　「正・的・祇・啻・適」などを讀んで、マサシクの意味を表はすもの

B　「當・應」などを讀んで、當然の意味を表はすもの

C　「將・且」などを讀んで、チヤウド（――ショウトスル）の意味を表はすもの

D　「將非・將無」をマサニ――ニアラズヤ・ニアラズアラムヤ・ニアラザラムヤ、マサニ――ナカラムヤ・ナケムヤなどと讀んで、疑問の裏に反語を含んだ、――デハナイダラウカ、サウナノダラウといふ意味を表はすものなどがあつた。

「當」は、初期には、不讀にして、下の語にベシやムを添へることがあつたが、一方早くからマサニとも讀んだ。

もつとも、「當」をマサニと讀んでも、これを受ける述語は、ベシの他、推量の助動詞ム・マシ・ジ・ムトス・ムトスラシなどを伴つたり、單に用言の命令形や終止形で結ぶなど、呼應の形式はさまざまであつた。中期以後、次第にベシで應ずることが多くなつて行くが、平安時代には、なほ他の形も殘つてゐて、後世のやうに、ベシが獨占的な地位を占めるまでには到らなかつた。「當」は、再讀字の中では、もつとも早く成立し、初期にすでにその例があるが、(注3)一般化するのは、やはり中期に入つてからのことである。

(三三)　行者當念二(ふ)べし一切の衆生の生死に流轉するいは、无レ(し)と非二(ずといふ)こと親里一に。(東・成實論天長點　二一　6/1)

(三四)　汝が說三(く)をば彼《(そ)コ》に无二(し)と覺觀一、後に當說レ(か)ム有りと。(同　一二　7/8)

(三五)　我(れ)當に以レて不《ぬ》レを調せ至レルとおもふべし〈別訓　至ルことヲサヘスベしトおもふべし〉死に。(同　一五　6/1)

(三六)　於二此(の)賢劫一にして、當に得レをし作レ(る)こと佛と。(東・地藏十輪經元慶點　二　5/6)

(三七)　當に陳二說(す)べし所レの闕せる支具一を。(石・蘇悉地羯羅經略疏天曆點　四)

(三八)　汝可レし不《(ず)》レある須二(ゐ)供を設一(くる)こと。我レ當に爲レに汝(が)辨レせむ之。(小・願經四分律初期點　乙　9/22―23)

(三九)　今當に論二せむ三昧一を。(東・成實論天長點　一七　12/12)

(四〇)　所得の悉地不レ(し)て久(しから)當に壞れなむ。(石・蘇悉地羯羅經略疏天曆點　六)

(四一)　若(し)女人不《(ず)》下アラマセ(ば)於二(て)佛―法一に出家上(せ)者、佛法は當に得二マし久(し)ク住すること五百歲一にナリ。(斯・願經四分律初期點　4/13―14)

(四二)　不レズハ〈別訓　マシカバ〉然ラ、當下マシ死二(に)て濾―水の頭《ホ(とり)》一に、身沒シ、魂《タ(ましひ)》孤《ヒトリ》ニシテ、骨不ヤザラ沒マラ〈別訓　ヲサマラザラマ

シ」。(神・白氏文集天永點　三　複　12オ)

(四三) 讀二誦(せ)む是の經一を者は、當に獲二む(と)す斯の功德一を。(西・金光明最勝王經初期點　一　4/18)

(四四) 當に登(ら)ム(と)する之時に、一切の刺鋒をもて向レ(ひ)て下に而刺す。(石・妙法蓮華經玄贊中期點　六　17/24)

(四五) 今當に爲レに子《ナ(む)ヂ》が所《サ》レレナムトス殺。(石・佛說太子須陀拏經中期點　10/1)

(四六) 身心に充遍して生二す歡喜一を。當に獲二むとすラシ・といふ殊勝の諸の功德一を。(同　一〇　2/24)

(四七) 便(ち)當に支體癈缺して、於二多(く)の日夜一に結レりて舌を不《じ》レ言(もの)いは。(東・地藏十輪經元慶點　四　12/27—13/1)

(四八) 或(は)當に驚怖し毀呰し不《じ》レ信(せ)。(石・大智度論天安點　六七　6/14—15)

(四九) 我(れ)當に終日立(ち)て不《じ》レ移レ(さ)處を。(石・大般涅槃經初期點　一六)

(五〇) 受二持して齋戒一を誦二せば此の呪心一を、………不《じ》三復(た)當に墮二(せ)無間地獄一に。(西・不空羂索神呪心經寛德點　4/20)

(五一) 佛言(はく)、「不レ應三自ラは取一(る)。當に擲《ナ》レゲて籌を分(か)て・とのたまフ。」(岩・願經四分律初期點　9/21)

(五二) 我(れ)爲下に供二養(し)たてまつる三寶一を事上の、須二(ゐる)べし財物一を。願ふ、當に施與(せ)しめたまへヨ。(飯・金光明最勝王經初期點　六　245)

(五三) 餘は見二て論文一を自ラ當に決了せよ。(東・金剛般若經贊述仁和點　18/6)

(五四) 深キ心清淨なると、無二きに瑕穢一迴向し發願する福の無邊なるとをもては、當に超二するものゾ惡趣を六十劫一。(西・金光明最勝王經初期點　二　15/4—5)

(五五) 此(の)刹帝利の灌頂大王イ當に獲《ウ》二十種の功德勝利一を。(東・地藏十輪經元慶點　二　18/9)

(五六) 善ク修習し已て、當に般涅槃す。(石・瑜伽師地論初期點　二八　6/1)

第三節　當然に用ゐられるもの

(五七) 四は歸—依するいは不《ず》レ(し)て退せ當に得ニることをいふ度脫一を。(高・彌勒上生經贊初期點（朱） 21/7)
(五八) 一切智は當に於レ何(に)か生スル・とまうす。(石・守護國界主陀羅尼經中期點　一 10/6)
(五九) 世尊は法久(し)くして後に、要《(かなら)》(ず)當に說ニ(き)たまふ眞實一を。(山・妙法蓮華經初期點　2/10)
(六〇) 是(の)故(に)當に因ニ(り)て十使一に而造レ(れ)り論を。(東・成實論天長點　一五　9/9—10)
(六一) 六通をもて照ニ(し)て世間一を、今當に來ニ至せり此《(こ)コ》一に。(東・地藏十輪經元慶點　一　23/18)
(六二) 世尊(は)法を久(しくし)て後に、要ず當に說ニ(き)たまふ眞實一を。(龍・妙法蓮華經初期點　一　18/3—4)
(六三) 五—人白《サク》レして佛に、「我等當レベキ・とまうすに持ニ(つ)何(の)等《(こと)》キ衣一をカ。」(小・願經四分律初期點　甲　14/10—11)
(六四) 大迦葉說ニ(きて)此(の)偈一(を)言(はく)、「………今當ニ(べ)し・といふに布現一す。」(石・大智度論天安點　二　8/3)
(六五) 彌勒い當ニしに圓に證一す。そゑに獨り得ニたり全—名一(を)。〈白點　當に圓かに證せむ〉(高・彌勒上生經贊初期點（朱） 3/2)
(六六) 今此の種姓をは、爲《(も)》し當レキに言レフ細なりとヤ、爲《(も)》し當レキに言レフ麁なりとヤ。(石・瑜伽師地論初期點　二一　1/19—20)
(六七) 三界の苦惱をは誰か當ニきに拔濟一す。(東・百法顯幽抄中期點　34/5)
(六八) 健駄羅國に當レしに有ニる比丘一。(同　34/15)
(六九) 當レきに用ニ(ゐ)る赤き粳米の飯………米粉の餠等一を、是なり也。(京・蘇悉地羯羅經延喜點　30/25—26)
(七〇) 有智の人(は)、今當三きにし遣ニ除(す)明黨の執毒一を。(小・大乘掌珍論天曆點　3/5)
(七一) 彌勒等は當ニきに成佛一(す)菩薩なり。觀音等は是(れ)已に成レ(れる)佛(と)菩薩なり。(石・法華義疏長保點　一　21/10)
(七二) 若(し)有ニ(り)て衆生一造《ツク》ニり諸の重罪一を………當下ベカラムに墮ニ(ち)て無間大地獄の中一に、經ニて無數劫一を受中(く)〔へ〕諸の劇苦上を。(西・不空羂索神呪心經寬德點　3/16—17)

(七三) 一切人天皆獲(え)二勝利一を……悉く皆當レにベカリキ得二阿耨多羅三藐三菩提一を。(書・大乘本生心地觀經院政期點 13/2)

「應」は、「當」に通じて用ゐられ、マサニと讀むが、單にベシと讀まれることが多く、また、マサニと讀んでも、下はかならずしもベシで應ぜず、推量の助動詞ムを用ゐたり、活用語の終止形で結んだりして、その狀態は、平安時代を通じて變らなかつた。「應」は「當」に比べると、用例が少いばかりでなく、マサニ――ベシと呼應する用法も遲れて成立したらしく、中期になつてやうやくその例を見るが、マサニとベシとを再讀併記する例は、さらに遲く、確實な例は末期にならないと現はれない。

(七四) 不レ應二自ラ取レ(る)分(を)は。應二擲レ(げ)て籌を分一(た)しむ應し。(岩・願經四分律初期點 20/12)

(七五) 國王・大臣・諸の在家の者《人》、无レしといヒて有二(る)こと律儀一、不レ應三輕慢し及加二フベカラズ謫罰一を。(東・地藏十輪經元慶點 四 6/27―7/1)

(七六) 若(し)取二ラば本分ノ德一ヲ、應レ云レ(ふ)べし具二セリト七德一。(石・蘇悉地羯羅經略疏天曆點 五 23/23―24)

(七七) 我(れ)若(し)解(さと)レラマシカバ者(は)、便(ち)應下棄二(て)て先の之小一を、待《マ》中タマシ後の之大上ヲハ。(石・法華義疏長保點 五 5/4)

(七八) 散二亂して定心一を、令二(む)應レキを得不《ず》レ得、應レキを證す不レ(あら)證(せ)。(東・成實論天長點 二一 10/6―7)

(七九) 汝等雖二(も)復(た)未レとイフトモ解(か)、但(だ)應レし如二くスベ佛の所レの敎(へたまふ)。(東・金剛般若經贊述仁和點 19/2)

(八〇) 云何ゾ應レキ知二(る)此の異門の義一をは。(石・辨中邊論延長點 上 5/2―3)

(八一) 作二し是の念一を已(り)て、應二し讀誦して言《イ》一フ。(西・不空羂索神呪心經寬德點 7/24)

(八二) 應《マシ》下作《ナ》二リテ雲―南ノ望―鄕の鬼一と、塚の上《ウヘ》ニ哭スルコト呦(いう)―々《イウ》上タラマシ。(神・白氏文集天永點 三 複 12オ)

第三節 當然に用ゐられるもの

(八三) 如ニく石―女の所―發の音聲一の、汝既(に)許レす有ニ(り)と能―立の比―量一。我も亦應《當也》に爾なり。（根・大乘掌珍論承和・嘉祥點　12/16）小川本天暦點「爾る應し」

(八四) 故(に)諸破の言は、皆是(れ)假設なりといふことぞ。立宗も應《當也》に爾なり。（東急・大乘廣百論釋論承和點　2/27）

(八五) 應に問(は)く、「世俗は非ニ(ず)や・とのたまふ〈白ぬをや〉諦實一に邪。」（同　9/4）

(八六) 此の果は應《當也》に若(し)先より有ニ(り)や心の作一は。若(し)先より无ニ(し)や心(の)作一は。（東・成實論天長點　一七　5/25―26）

(八七) 菩薩爾(の)時(に)作ニ(し)て是の念一を言(は)く、「………我(れ)應に救レ(ひ)て之を、令レしめムと得ニ出離一すること。」（石・大方廣佛華嚴經初期點　二三　11/5―7）

(八八) 後の十九頌は、於ニて有智の者一に應に說レ(く)べし・といふことをいふ之(を)。（石・妙法蓮華經玄贊中期點　六　13/17）

(八九) 應に下き以ニ(て)聲聞身一を得セ度を者は、卽(ち)現ニ(し)て聲聞身一を而爲に說レく法を。（龍・妙法蓮華經末期點　八　4/4）

「當・應・須」は、重ねて用ゐることがある。「當應・應當」は、「當」をマサニ、「應」をベシと讀む。「應」を不讀にして、ベシを下の語に讀み添へ、また、「應當」全體を不讀にして、ベシを下の語に讀み添へることもある。

(九〇) 汝―曹比丘不ニは相ヒ看視一(せ)、誰カ當に應レし・とのたまふ看ニ(る)病―者一を。（岩・願經四分律初期點　29/14）

(九一) 於ニ眞言の中一に、當に應ニ分ニ別(す)ゑし三種の成就一を。（京・蘇悉地羯羅經延喜點　2/22―23）

(九二) 若(し)有ニらむは來り乞匃する者《も(の)》一、我(れ)當に應《ヨ》レル(べ)し之に。（石・佛說太子須陀拏經中期點　5/9）

(九二) は、「應」一字をヨルベシと讀んだ珍しい例である。

(九三) 汝等天主も及天衆も、應ニし當に供ニ養す此の經王一を。（西・金光明最勝王經初期點　六　15/26）

(九四) 如レ(き)是(の)等の類をもて、應ニし當に觀ニ察す第四の處非處間の差別の之相一を。（石・瑜伽師地論初期點　五七　3/18）

―19)

(九五)　我等應《ベ》三し當に善く學二す字數一を。（石・大般涅槃經治安點　八　11/24）

(九六)　應下し當に愛二護(し)て是(の)身一を、少時(く)安寢上す。（龍・大日經天喜點　七　56ウ）

(九七)　應下當に結二集して……阿毗曇毗泥一を作中すベし三法藏上と。（石・大智度論天安點　二　4/1）

(九八)　貪二着して名利一に无レし有二(る)こと厭足一。應二當に擯黜一すベし。（東・地藏十輪經元慶點　四　3/10）

(九九)　然して後に、應二當に起首して念誦一(す)ベし。（京・蘇悉地羯羅經延喜點　32/1）

(一〇〇)　或(は)依二(り)て本法に所レに說(け)ル、應二當に用レ(ゐる)ベし之ヲ。（石・蘇悉地羯羅經略疏天曆點　四　14/1―2）

(一〇一)　應當除レ(き)て瞋を修二行(す)ベし忍辱一を。（石・大智度論三種點　一四　18/26）

「當須」は、「當」をマサニ、「須」をベシと讀む、または、「須」は不讀にしてベシを下の語に讀み添へる。「應須」は、「須」をスベカラク、「應」をベシと讀む、または、「應須」を不讀にして、ベシを下の語に讀み添へる。

(一〇二)　當に須下し獨リ處二して淨空一に、燒レ(き)て香を而臥上ル。（西・金光明最勝王經初期點　六　11/21）

(一〇三)　獻二(り)テ諸ノ花蘂及ビ諸ノ飲食一ヲ當に須レシ念レ(す)之ヲ。（石・蘇悉地羯羅經略疏天曆點　六　25/23）

(一〇四)　當に須三誦持して誦二(す)ベし彼の眞言一を。（京・蘇悉地羯羅經延喜點　6/5―6）

(一〇五)　凡(て)の是の諸の菩薩に應三し須く作二る漫茶羅一を。（築・大毗盧遮那成佛經疏保延四年點　16オ）

(一〇六)　但(だ)爲レなり欲《(おもほ)》レすが令下メムト入二る正法一に者《もの》をして應《ベ(から)》中須く依レ(り)て師に而學上す。（同　34ウ）

(一〇七)　若し樂《ね(が)》三はむ成二就せむと眞言(の)法一を者《もの》は、應二須依レるベし制に。（京・蘇悉地羯羅經延喜點　11/21）

まれに、「應可」を――ベクアルベシと讀むことがある。

（一〇八）　應ニク見し覺し知一す、應《べ》レキ可ニクある通達一す、如レキ是（の）一切を、一刹|那の中に悉く皆照了（し）たまひ、（西・金光明最勝王經初期點　三　8/5）

ヨロシクは、本來形容詞ヨロシの連用形であるが、奈良時代のヨロシはヨイ、平安時代のヨロシはカナリの意味であつて、訓點語のヨロシクとは、共に異つてをり、訓點語でこれを當然の意味を表はす陳述の副詞として用ゐるのは、訓點語の特殊な用法である。訓點語のヨロシクは、原文の「宜・應」を讀み、平安初期の末から用ゐられてゐるが、その使用が增大し、再讀の例を見るのは、中期に入つてからのことである。ヨロシクには、ベシで應ずるのが普通であるが、活用語の命令形で結ぶこともある。「宜・應」はまた、續けて「宜應」の形で用ゐられ、「宜」をウベシ（ムベシ）・ヨロシク、「應」をベシと讀むが、「應」を不讀にして、ベシやムを下の語に讀み添へることもある。

（一〇九）　善く知レ（り）て量を、應シく可ニ（し）受用一す。（石・瑜伽師地論初期點　七一　9/12）

（一一〇）　損ニ敗すること身器一を如ニ（し）火の損レ（する）が舍を。應（し）く爲《つくる》ニ\レし屬の字一に。（石・妙法蓮華經玄贊中期點　六　6/8）

（一一一）　因下（りて）なり應（し）ク爲に聞（く）べき者《人》の之二の義と、不《マジ》レキ堪ニ（ふ）爲に聞一（く）に者《ひと》の之退ヰスルに席を。（同　三　29/9）

（一一二）　當（に）得ニて無量の壽《訓》一を、應《ヨロ》シク現ニせむとシタマフなり特殊身一を。（西・大毗盧遮那成佛經長保點　三）

（一一三）　若（し）楚ニ燒するには林木一を、應《ヨロ》シク用ニ（ゐ）るレし使者（の）火一を。（同　六）

（一一四）　隨レ（ひ）て所ニに應（し）く可《宜也》レ（き）度（す）、爲に說ニく種種の法一を。（龍・妙法蓮華經末期點　六　8/4）

「應」をヨロシクと讀むことについては、次のやうな例も參考になる。

（一一五）　此が中に如レク應が〈朱　ヨロシキ〉顯ニ示（す）べし其（の）義一を。（石・辨中邊論延長點　中　8/2）

（一一六）　知（しめ）シ已（り）て、隨レ（ひて）應《ヨロ》シキに而も爲に說法（し）たまふ。（石・守護國界主陀羅尼經中期點　五　6/18）

（一一五）の「應」に加へられた朱點ヨロシキは、萬葉假名で「世呂志寸」と記され、初期もごく初めの、大同年間の加筆かと推定されるものである。

（一一七）　如レ（き）是（の）等（の）好相を、宜（し）く應二し諦（か）に分別一（す）ベし。（西・大毗盧遮那神變加持經長保點　一 16/1）

（一一八）　說レ（く）こと小を應《ベし》レし先に（す）。明レ（す）こと大を宜レベし（し）く後に（す）。（石・法華義疏長保點　五 3/28）

（一一九）　王子は何《イ》カヾ〈別訓　かに〉在《いま》す〈別訓　らむ〉。宜《ヨロ》二シク（べし）・といふ共に推求一す。（春・金光明最勝王經中期點　一〇）

（一二〇）　宜下ベシ（し）く加二（はれる）有情一に身心の罪障（を）、悉く令中む殄滅上せ。（東急・略述金剛頂瑜伽分別聖位修證法門康和移點　24オ）

（一二一）　長者欲二（す）以レ（て）園を施レ（さむと）佛に。汝宜二ベし（し）く速（か）に去一（る）。（同　三 14/5）

（一二二）　皆宜（し）く以二（て）赤土・赤石・研汁一を和レセヨ之に。（天・南海寄歸傳末期點　二 13/5）

「將」は、將然の義、すなはち、事柄がこれから實現することを表はし、推量の助動詞ム・ナム・ムトス・ナムトスなどに當てて讀む他、マサニと讀んで、下はム・ナム・ムトス・ナムトスなどで應ずることが多く、やはり陳述の副詞の一種と見られる。ただし、初めの間は、マサニと讀んでも、下は推量の助動詞ベシ・マジで應じたり、活用語の終止形や命令形を取ることもあつて、マサニ――ム・ナム・ムトス・ナムトスと再讀し、これを併記するやうになるのは、中期以後のことである。

（一二三）　後に將レ死（な）むとする時に、心に悔(なげ)キ憂惱すらく、（東・成實論天長點　二一 6/23）

（一二四）　世界の火災將レ起（ら）ムとして、五の日出（づ）ル時に、（東・地藏十輪經元慶點　一〇 9/26）

（一二五）　崖―隒峥―嶸とサカシクして、將レ崩レナムとして未レ墜《オ》チズ。（興聖・大唐西域記中期點　一二 8/16）

（一二六）見下ッ……其(の)水將《す》レるに盡(き)ナむと、於二此の池の中一に有中リと衆の魚上。（西・金光明最勝王經初期點　九　11/11）

（一二七）於二婇女の中一より捉レ(へ)て生を將《す》レ去(ら)ムと。（石・大智度論天安點　四　10/21）

（一二八）日既(に)將《ナ》レ、ムとするに午に、施主白《マ(う)》(し)て言《マ(う)》二す時至一(り)ヌと。（天・南海寄歸傳末期點　一　11/11）

（一二九）我(れ)今沒二(し)て憂の海一に、趣レ(か)むこと死に將に不《(ま)ジ》レ久(し)クある。（西・金光明最勝王經初期點　一〇　8/5）

（一三〇）或(は)有二り將に成熟一(す)べきこと。（石・瑜伽師地論初期點　二一　11/1—2）

（一三一）由二(り)て身語意一に、將に護二(り)て於他一を令レムルなり无二(くあら)惱—害一。（同　五七　13/22—23）

（一三二）我(れ)今將に獻《たてまつ》る。哀愍して垂レ(れ)よ受(くる)ことを。（京・蘇悉地羯羅經延喜點　25/14—15）

（一三三）庶乞ヒ願ハ祛《ハラ》二シテ蒙—滯一を、將に存二せよ利—喜一を。（興聖・大唐西域記中期點　一二　19/16—17）

（一三四）若(し)說二かば是の事一を、……增上慢の比丘は將に墜二(ち)なむをもてなり・とのたまひき於大(き)なる坑一に。（山・妙法蓮華經初期點　3/16）

（一三五）將に作二(さ)ムトシテ成就一ヲ、更に復(た)滿足ス。（石・蘇悉地羯羅經略疏天曆點　四　6/6—7）

（一三六）四者、將に捨レてむ命を時に、住二(し)て正憶念一に意に無二か(ら)む亂想一。（西・不空羂索神呪心經寬德點　6/17—18）

（一三七）將に出(で)ムトすれば、復(た)聞二く馬の鳴《イナゝ》一クを。（京博・南海寄歸傳末期點　四　3/14）

（一三八）上《カミ》無レ(し)由《ヨシ》レ聞二(く)に過—失一を也。將に何を以てか來二ラシメむ遠—方之賢良一を。（東北・史記延久點　孝文本紀　複19）

（一三九）懿《ヨミ》二す神龍之淵潛《セム》一を兮。竢《マ》二(ちて)慶雲一を而將《に》レす擧(ら)む(と)。（上・漢書揚雄傳天曆點　44）

（一四〇）爲レに日の所《れ》レて曝《サラ》サ、將《に》レなむこと死不《マ》レじ久(し)かる。（春・金光明最勝王經中期點　九）

（一四一）　譬（へば）如二（く）燃燈の膏油既く盡（き）て、不レ（し）て久（しから）將レにするが滅せむと、老も亦如レ（し）是（の）。（東史・大乘理趣六波羅蜜經永保三年移點　14オ）

（一四二）　顏━色（は）如レク花の、命ハ如レシ葉の。命（は）如二（し）葉の薄《ウ（す）》一（き）が。將二にする奈何《（いか）》一（に）かセム（と）。（神・白氏文集天永點　四復　13ウ）

（一四三）　君モ兮臣モ兮、勿二□輕《カロ》ゝ、シク〈別訓　タヤスク〉用一（ゐ）ること。勿二レ輕（しく）用一（ゐる）こと。將二にする何《イ（か）》一如一（にかせ）むと。（同　四　復　17ウ）

「將」は、「欲」と重ねて用ゐられることがあり、この場合には、二字を合せて――ムトスと讀むか、または、「將」をマサニ、「欲」をオモフ、ムトスなどと讀む習慣であつた。

（一四四）　見二て餓（ゑ）たる虎の初に生して、將に欲《す》レるを食二（は）むと其の子一を、（西・金光明最勝王經初期點　一〇　8/25）

（一四五）　若（し）見二ては獄に囚《トラ》ハレテ將に欲レ（む）とするを被《レ》レ戮《コロ》サ、卽（ち）捨二（て）て其の身一を以て代二る彼の命一に。（石・大方廣佛華嚴經初期點（第二種）　二五）

（一四六）　天帝釋與二阿素陪一と將に欲レ戰（は）ム（と）する時に、天の軍《（訓）》圍━繞して、（東・地藏十輪經元慶點　八　3/11）

（一四七）　將に欲《す》二るが涅槃一しなむと故（に）、來（り）て相ヒ別《ワカ》る・とまうせ・といふ。（東・百法顯幽抄中期點　33/28）

（一四八）　將ニ欲《ス》二ルトコロニ園《カコ》ムテ射一（むと）、師子見已（はり）テ、發レ（して）聲（を）瞋吼（す）。（興・三藏法師傳永久點　四　7/24）

（一四九）　我レ將に欲《（おも）》レふに說（か）むと、而も汝復（た）問（ひ）き。（石・大般涅槃經初期點　一九）

（一五〇）　將二欲《する》ときは發レ（さむと）心を、先づ具二し十の德一を、起二す三の妙觀一を。（東・金剛般若經贊述仁和點　13/29）

（一五一）　如《今》有（る）一（りの）ひと將二欲《す》る食一（は）ムと時に、（石・瑜伽師地論初期點　二三　5/21）

(一五二)　將《す》ニ欲る殄一セムと時に、先づ告ニ(げ)て門ー人一に曰(は)ク、(京博・南海寄歸傳末期點　四　2/4)

「將」を「無(无)・非」など、否定を表はす文字と重ねて用ゐる場合に、Cの「將」とは異つた用法を示すことがある。

「將無(无)」の例

(一五三)　爾(の)時(に)、善男子・善女人白レ(して)佛(に)言(さく)、「世尊(呼掛)、如來(は)久(し)ク知ニ(しめせ)リ如レキ是(の)之事一をは。何ゾ不(ぬ)ニ先(だち)て制一(し)たまは。將に無ニ(か)ラムヤ世尊は欲レ(す)ことは令三(め)ムと衆生を入ニレ阿鼻獄一に。……」(白・大般涅槃經集解初期點　一一　12/31―13/1)

(一五四)　佛言(は)ク、「善男子(呼掛)、……如來は視ニ(そなはす)こと諸(の)衆生一を如ニし〈別訓クアリ〉羅睺羅一の。云何(ぞ)難して言(は)ク、『將に無ニ(か)ラムヤ世尊欲レ(す)こと令三(め)む)と衆生を入ニ(れ)於地獄一に。』……我レは於ニに衆生一の有ニリ大慈悲一。何(の)縁をもてゾ當に誑ニして如レしといふ子の想一を者、令レメム入ニラ地獄一に。」(同　13/19―25)

(一五五)　我レ於ニ今の日一に心に甚(だ)驚キ惶ク。於ニ此の林の中一に將に無三けむヤ・といふ猛キ獸ありて損ニ害すること於我一を。
(西・金光明最勝王經初期點　一〇　2/20)

(一五六)　釋提桓因語ニ(ら)く須菩提一(に)、「新發意の菩薩聞ニ(き)て是の事一を將に无ニ(け)ムや驚懼し怖畏一すること。……」
(石・大智度論天安點　六二　12/21―22)

(一五七)　若(し)菩薩摩訶薩(の)行ニする般若波羅蜜一を時(に)、各各に分別して知ニらば諸法一を、將(に)无下(け)むや以ニて色の性一を壞ニし法性一を、乃至一切種智の性をもて壞中すること法性上を邪。(同　九〇　5/11―13)

(一五八)　今菩薩の分別して行ニするは是の法一を、將(に)无レ(け)ムや・とまうす墮ニ(する)こと顚倒の中一に邪。(同　九〇　12/26)

（一五九） 若(し)如レ(く)是(の)分別せば、將に(す)无三(け)ムや色の性をもて壞二すること法の性一を邪。（同 九〇 12/8）

（一六〇） 世尊告二(げたまはく)憍曇彌一に、「何故か憂(は)しき色に(して)而視二たてまつる如來一を。汝心に將に無レ(か)らむ(や)謂《(おも)》丁(ふ)こと我れ不丙と說二(き)て汝が名一を授乙(け)阿耨多羅三藐三菩提の記甲を。」（龍・妙法蓮華經末期點 五 8/8）

（一六一） 世尊告二(げたま)ハク憍曇彌一に、「何が故にか憂《ウレハ》シキ色にして而も視《ミ》二タテマツル如來一を。汝が心に將に無レ(か)ラムヤ謂《オモ》丁ヘルこと我レ不《ず》丙と說二(き)て汝が名一を授《(さ)ヅ》乙ケ阿耨多羅三藐三菩提の記甲を邪。……」（立・妙法蓮華經寛治移點 五 5/14—15）

「將非」の例

（一六二） 今見《ミ》レば、有る人……視覘《ミウカマ》ヒ來(り)て趣《オ(も)ブ》二ク我等一に。將に非二我等ガ命を欲レ盡《ツク》サムトおもひて(するに)アラズアラムヤ〈左訓 スルニアラズアラムヤ〉邪。（東・地藏十輪經元慶點 四 7/14）

（一六三） 何ぞ得下む言三(ひ)初後は非二(ず)と是(れ)正經一に、中段をは乃(ち)爲《(す)》中といふことを宗極上と。將に非下(ず)や秉《ト》二リ執《ト》リテ規矩《キク》一を局《かぎ》(り)て釋中するに大方上を。（石・法華義疏長保點 一 1/7）

（一六四） 我が額の上の珠は乃ち无レ(し)〈別訓 クハ〉去(る)こと〈別訓 サリタルカ〉邪《や》。是の珠今―者爲《せ》二む何の所に在一りと。將に非二ずや幻化一に。（石・大般涅槃經治安點 七）

（一六五） 初(め)て聞二(きたま)へて佛の所說一を、心の中に大(き)に驚疑すらく、「將に非三(ざ)らむ(や)魔の作レ(り)て佛と惱二亂するに我(が)心一を邪。」（龍・妙法蓮華經末期點 二 3/5）

（一六六） 須達聞き已(り)て、尋《(すなは)》ち自(ら)思惟すらく、「將に非レずや欲《す》レるに〈別訓 フ〉請二せむと摩伽王一を邪。爲《(も)》(し)有二婚―姻《エ(ん)》歡樂の會一をスルカト乎。」（東・大般涅槃經末期點 二九 17/28—18/1）

（一六七）　今有ニリ二此ノ相一。将ニ非三ズヤ玉華ノ法師ノ有二(る)ニ無常ノ事一邪。（興・三藏法師傳承德點　一〇　6/7）

上記の諸例を見ると、「將」にはニを、「無（无）・非」にはムヤまたはヤを送つてゐる。「將」に假名を振つた例が見當らないが、マサニと讀んだものと考へられ、「無（无）・非」の方は、——ナカラムヤ、——ナケムヤ、——ニアラズアラムヤ、——ニアラザラムヤ、——ニアラズヤなどと讀んだものと思はれる。ヤは、平安時代の和文では、係助詞として疑問・反語を、間投助詞として感動を、並列助詞として並列を表はすが、訓點語では、もつぱら係助詞として疑問・反語を表はし、間投助詞や並列助詞としては用ゐられないのが普通である（文末に用ゐられるヲヤについては後述する）。從つて、今も、ヤは疑問・反語を表はす係助詞と見るべきであらう。とすれば、「將無（无）・將非」などに與へられた訓は、すべて「——ではないだらうか」といふ疑問か、「——ではないだらうか、さうなのだらう」といふ、疑問の裏に反語を含んだ意味に理解される。（一五七）（一五八）（一五九）（一六一）（一六三）（一六五）（一六六）（一六七）の八例には、文末に「邪」の字があり、他の七例には「邪」の字がないが、今の場合、それによつて意味が違ふといふことはないやうである。

個々の例について言へば、（一五三）は「世尊は衆生を阿毗獄に入れようと思つていらつしやるのではないだらうか（思つていらつしやるだらう）」であり、（一五四）も同樣。（一五五）は「猛獸がゐて、私に危害を加へるのではないだらうか（そんな予感がする）」であり、（一五六）は「驚いたり恐れたりしないだらうか（するだらう）」であり、（一五七）は「色の性を以て法の性を破り、乃至一切種智の性を以て法の性を破ることはないだらうか（破るだらう）」であり、（一五八）は「顚倒の中に落ちることはないだらうか（落ちるだらう）」であり、（一五九）は「色の性を以て法の性を破ることはないだらうか（破るだらう）」であり、（一六〇）は「私（世尊）が、お前の名を説いて、阿耨多羅三藐三菩提を授けないと思つてゐるのではないだらうか（思つてゐるだらう）」であり、（一六一）も同様である。（一六二）は「私たちを殺さうとしてゐるのではないだらうか（殺さうとしてゐるだらう）」であり、（一六三）は「規矩を取つて大方を解釋しようとするのではないだらうか（解釋するだらう）」であり、（一六四）は「幻ではないだらうか（幻なのだらう）」であり、（一六五）は「魔が佛となつて私の心を惱亂するのではないだらうか（惱亂するだらう）」であり、（一六六）は「摩伽王を招くのではないだらうか（招くのだらう）」であり、（一六七）は「玉華宮にゐる三藏法師は亡くなつたのではないだらうか（亡くなつたのだらう）」といふ意味である。すべて、「――ではないだらうか」と疑ひながら、疑ひ放しではなく、その裏に「さうなのだらう」といふ反語の氣持が隱されてゐる表現である。

　このやうな「將」の字の用法は、同じやうにマサニと讀んでゐても、前項のマサニと違つて、チヤウドの意味はなく、むしろ、疑問・反語を導く陳述の副詞の働きをしてゐると見なければならない。もつとも、國語としては、文末を――ナカラムヤ、――ナケムヤ、――ニアラズアラムヤ、――ニアラザラムヤ、――ニアラズヤと讀むことによつて、反語を含んだ疑問の意味は表はされてゐるはずだから、「將」を改めてマサニと讀む必要はあるまいと思はれるのに、實際には、マサニ――ナカラムヤ、マサニ――ナケムヤ、マサニ――アラズアラムヤ、マサニ――ニアラザラムヤ、マサニ――ニアラズヤといふ呼應の形を取つたのは、「將無（无）・將非」の字面に引かれた結果であらう。もちろん、――ナカラムヤ、――ナケムヤ、――ニアラズアラムヤ、――ニアラザラムヤ、――ニアラズヤなどを導くのに適當な陳述の副詞があれば、それに從つたのであらうが、さういふ副詞が求められないまま、「將」の用法としては最も多く用ゐられる、マサニ――ムトスのマサニの訓を借用したのではあるまいか。訓點語には、後述するやうに、疑惑・推測を表はす陳述の副詞としてはモシ（爲）があり、反語を表はす陳述の副詞としてはアニ（豈）があるが、「將無（无）

・將非」の場合は、單純な疑惑でもなければ、單純な反語でもなく、疑惑の裏に反語を含むといつた微妙な表現であるため、モシでもアニでも具合が惡かつたのであらう。それにしても、マサニをこのやうな意味の陳述の副詞として用ゐることは、やはり漢文訓讀の世界に派生した、翻譯文法の一つと言はなければならない。

さて、A―Dの四つのマサニの關係について、わたしは、マサニの本來の意味がAの「正しく、正確に、間違ひなく」であつたとして、訓點語におけるマサニの系譜を次のやうに考へてみた。

A マサニ（正）……（正確に・ま違ひなく）
B マサニ（當）……（當然……べきである）
C マサニ（將）……（ちやうど……しようとする）
D マサニ（將無・將非）……（……ではないだらうか、さうなのだらう）

Dのマサニは、マサニの系譜としては、もつとも新しい用法といふことになるが、これと、和文のマサニ（反語）と結びつけて考へることはできないであらうか。これには、二つの考へ方がある。その一は、訓點語のマサニが、訓點語を出て一般化するに連れ、和文には反語專用の副詞のなかつたことも手傳つて、次第に反語の性格が強くなつていつて、和文のマサニが成立したと考へる。その二は、本來和文にあつて反語の意味を表はしてゐたマサニが、訓點語に影響を與へ、マサニ――ムトスのマサニが廣く用ゐられてゐたことも手傳つて、「將無・將非」の「將」をマサニと讀む訓法を成立させたと考へるのである。訓點語の研究に携はるものとしては、前者の方を取りたいが、それを主張する上で都合の惡いことは、平安時代における變體漢文、例へば、記錄體の公卿日記で、「將無・將非」などの例が容易に求められないばかりでなく、マサニ——ムトスと讀むべき「將」の字さへもほとんど用ゐられてゐないといふことである。——ムトスに相當するものとしては、「欲」を用ゐるのが普通なのである。さればといつて、後者の方を取らうとすると、奈良時代に「正確に・まさ違ひなく」の意味を表はしてゐた狀態副詞が、平安時代に入つて、どうして反語を表はす陳述副詞になつたのか、その説明ができない。兩者の關係については、なほ考究を要するものがある。詳しくは、別に論じたものがあるから、參照されたい。(注4)

(注1) 「宜」にウベシまたはムベシと假名を振つた例はない。しかし、觀智院本『類聚名義抄』に、ムベ・ムベナフ・ムベナリなどの訓を收めてゐるから、平安時代の訓點語で、副詞の「宜」にシを送つたものは、ムベシと讀まれた可能性が十分ある。ムベシは、初期にはウベシであつたかも知れないが、ともかく、本書に擧げたやうな用例については、ウベシまたはムベシの訓しか考へられない。

先學の著書・論文を一應調べてみたが、訓點語の副詞として、ウベシまたはムベシに言及されてゐるものは見つからない。鈴木一男氏の「返讀字の成立について」(『初期點本論攷』所收)では、東大寺本『地藏十輪經』元慶七年點の二例

汝勿懷疑慮、宜應速攝心(四 7/22)

被此法衣人、宜應定歸佛(四 7/25)

の「宜」を「宜トシテ」と讀み、「他の例も同樣に取扱うことができる。」とされてゐるが、この二例は、共に讀み方に問題があつて、「宜トシテ」と讀めるかどうか疑はしい。借りにさう讀めるとしても、他のシしか送られてゐない「宜」を、すべて同樣に「宜トシテ」と讀まうといふのは無理な話である。

築島裕博士の『平安時代の漢文訓讀語につきての研究』には、

宜シ(ク)レベシ爲《タ》ニル高帝の嗣《ツキ》一(孝文本紀延久點 六ノ五)(三六一頁)

宜シベシ各放《ユル》二シ還ス本寺一ニ（慈恩傳卷第十承德點　一六二行）（六三〇頁）
宜シ須二シ屛《シリゾ》キ遠一サカル（同　七一行）（六〇八頁）

など、「宜」にシを送つた例が引かれてゐるが、前のはクを補つて「宜シ（ク）」とあるから、ヨロシクと讀まれたやうであるが、後の二例はそのままなので、ウベシ（ムベシ）と讀まれたか、ヨロシと讀まれたか、わからない。ただし、博士の『興福寺本大慈恩寺三藏法師傳古點の國語學的研究　譯文篇』では、二例とも「宜シ（ク）」となつてゐるから、博士としては、「宜シ」はすべてヨロシクを表はすものと考へられたやうである。

ところで、博士の『索引篇』によつて、「宜」の用例を調べると、

a 訓のないもの　5
b クを送つてゐるもの　13
c シを送つてゐるもの　8
計26

であつて、「宜」にクを送るものとシを送るものとの二つの形式がある。そして、それを卷一―卷六の前半と、卷七―卷一〇の後半とに分けて見ると、上のやうになる。すなはち、前半は一九例中一三例までクの形を取り、後半は七例全部がシの形を取つてゐて、二つの形は漠然と混用されてゐるのではなく、前半と後半とで、はつきり別れてゐるのである。

	a	b	c	計
前半	5	13	1	19
後半	0	0	7	7

これを單に表記の變化と見るか、訓法の變化と見るかによつて、解釋が別れて來る。前者によれば、共にヨロシクを示すことになるが、後者によれば、前半はヨロシクと讀み、後半はそのままウベシ（ムベシ）と讀んだものと考へる。何かの事情で、ヨロシクからウベシ（ムベシ）へ、讀み方が變つたと見てはどうであらう。

（注2）　『源氏物語』の中に、マサニをマサシクの意味に用ゐた例が一つある。

耳かしがましかりし、砧の音をおぼし出づるさへ、戀しくて、「まさに長き夜」と、うち誦じて、臥し給へり。（夕顏一六九頁）

これは、『白氏文集』十九「聞夜砧」の「八月九月正長夜、千聲萬聲無二止時一」を吟誦したもので、和文ではない。マサ

シクの意味のマサニが訓點特有語であることを示してゐる。

（注3） 訓點語における再讀字の成立について述べたものでは、鈴木一男氏の「返讀字の成立について」（『初期點本論攷』所收）と、小林芳規博士の「漢文訓讀史上の一問題」（「國語學」第十六輯）とが勝れた研究である。この中で、「當」を再讀し、兩訓を併記した早い例として、前者は、正倉院本『辨中邊論』天暦八年點と東大寺本『百法顯幽抄』古點とを擧げ、後者は京大本『蘇悉地羯羅經』延喜九年點を引用し、再讀字の成立を中期のこととしてゐられる。管見に入つたものでは、（六三）（六四）（六五）（六六）の四例は、いづれも初期の資料に屬し、「當」を再讀し、これを併記した例として注目すべきものである。もし、「成立」が「廣く行はれるやうになつた狀態」を意味するならば、再讀字の成立は、確かに中期に入つてからのこととしなければならないが、そこに到る準備の段階は、すでに初期に始まつてゐたのであつて、散發的ながら、若干の用例は初期前半から見え始めるのである。

（注4） 大坪併治「『將』字の一用法について」（「訓點語と訓點資料」（六二輯、昭和五四年三月）

なほ、右の拙稿で述べた「將」字の特殊な用法——「將無・將非」は、「……ではないだらうか」といふ疑問の裏に、「さうなのだらう」といふ反語の氣持を含んだ表現であらう——は、拙稿よりも早く、吉川幸次郎博士（「六朝助字小記」）、小島憲之博士（「上代文學と中國文學」）等の先學によつて、漢文の立場から指摘されてゐたことを、後になつて知つた。これについても、右拙稿の「追記」に述べておいた。

第四節　願望に用ゐられるもの

願望を表はす特殊な副詞は、奈良時代にはなく、平安時代の和文では、疑問の副詞イカデをドウカシテの意味に用ゐることがあつた。

いかで……この方も少しよろしくなり、さがなさもやめんと、思ひて（源氏　帚木　一ノ七一頁）世の中に物語といふ物のあんなるを、いかで見ばやと思ひつゝ（更級　四七九）

訓讀文では、イカデは用ゐず、別にネガハクハ・コヒネガハクハ・ノゾマクハ・サイハヒニなどを用ゐた。ネガハクハ・コヒネガハクハ・ノゾマクハは、それぞれ四段活用動詞ネガフ・コヒネガフ・ノゾムの未然形に、接尾語クと係助詞ハとを添へて、ネガフコトハ・コヒネガフコトハ・ノゾムコトハの意味で、副詞的に用ゐたものである。ネガハクハは、原文の「願・欲・唯・庶・希・幸・冀・望」などを、コヒネガハクハは、原文の「庶・冀」などを、ノゾマクハは、原文の「望」を讀んだ。

（一）願(は)くは、垂ニ(れ)たまひて納受一(することを)以(て)除《ユル》ニシたまゐ罪咎一を。（石・佛説太子須陀拏經中期點　16/7）

（二）願(は)くは、成ニシ此の德一を、問ニ(ひ)たてまつラム如來一に。（石・守護國界主陀羅尼經中期點　七　11/1）

（三）願(はく)は、大王、稱レ(して)疾を毋レレ往《ユ》クコト。（東北・史記延久點　孝文本紀　複　2/3）

（四）願(はく)ハ、可—汗ノ憐レバムコト師ヲ如レクスベシ憐レ(ぶ)ガ奴《ト反》ヲ。（興・三藏法師傳延久・承曆頃點　一　14/25）

（五）願(はく)は、………不《ジ》レ令《シ》ニメ夷—夏を(し)て相ヒ交《マジハ》リ侵一(さし)(メ)」。（神・白氏文集天永點　三　複　5ウ）

（六）欲《ネガ》ハクは、令ニメてむ此の最勝經王をも所在の之處にして………不《ず》ニ（あら）速ク隱沒《オイモチ》一（せ）。（西・金光明最勝王經初期點　六　15/17）

（七）唯《ネガ》ハクハ、垂ニ（れ）たまへ尊者の廣く爲に解說一することを。（京・蘇悉地羯羅經延喜點　1/14）

（八）願（はくは）、佛、廣（く）開演（し）たまへ。………唯《願也》（はく）は、大牟尼、說（き）たまへ。（龍・大日經天喜點　一　8オ）

（九）庶《ネガ》ハクハ、諸の鑑徒《カムト》、悟《サト》ニレ夷險之殊徑一を矣。（西・不空羂索神呪心經寬德點　2/1）

（一〇）庶《ネガ》ハクハ、延ニ（べ）テ景福一ヲ式《（も）》テ資ニセム冥助一を。（興・三藏法師傳承德點　八　17/13）

（一一）縱《（たと）》―使ヒ命は淪《シヅ》ニムトモ夕の景一に、希《ネガ》ハクは、成ニ（さ）む一替之功《タイ》一を。（天・南海寄歸傳末期點　一　2/3）

（一二）方（に）冀《ネガ》ハクハ、玆の經を流《（な）ガ》シ施《ホドコ》シて、………與《（とも）》ニ（に）乾―坤一と而永ク（あら）しめム。（石・說无垢稱經初期點　一　2/23）

（一三）冀《ネガ》ハクハ、其レ有レ（り）て靈少し加ニヘヨ軍の力一を。（興聖・大唐西域記中期點　一二　12/18）

（一四）冀ハクハ（黑）、保《ホウ》ニ安して―眉《ヒ》壽一ヲ、式《以也》（て）贊ニセム（朱）ス（黑）〈別訓　タスク〉玄風一ヲ。（興・三藏法師傳承德點　七　13/24）

（一五）幸《ネガ》ハクは、熟《ムマ》ク察レして之を、須レ（し）觀ニる得―失一を。（天・南海寄歸傳末期點　一　4/15）

（一六）幸《ネガ》ハクは、可下（し）看《ミ》ニイて西方の食法一を、擬《オモ》セフ議ニせむと東―川一に。（同　一　15/7）

（一七）望《ネガ》ハクは、死之後に、勿《マナ》レ〈別訓　ナカレ〉使レ（むる）こと勞《イタ（は）》レ（しくあら）人を。（東洋・日本書紀中期點　皇極元年）

（一八）庶《乙願ク》（は）、前の地―志を補《オクノ》ニハム山―經一に。（興・大唐西域記中期點　20/29）

（一九）庶《乙ヒ願ハ》、祛《ハラ》ニシテ蒙―滯一を存ニせよ利―喜一（を）。（同　19/16）

（二〇）庶《コ》ヒネガハクハ、後の之覽《ミ》ム者《もの》、無ニレ或《モシ》ク（は）嗤《アザケ》一ルこと焉。（興・三藏法師傳延久・承曆頃點　一　3/5）

（二一）冀《コヒネガ》ハク（は）、………玉―字銀―鉤將《ト》ニ乾坤一ト等レ（しく）セム固（き）コトヲ。（同　六　6/21）

(二二)　玄奘稟《ウ》レケ(たること)質《身》を愚ー魯(に)して、昧《クラ》ニシ於緝ー實一に。望(ま)クは、頒《ワカ》ニチて之右ー筆一を、餝ルに以ニてセム左ー言一を。(知・三藏玄奘法師表啓初期點　50)

(二三)　望マクハ、申《ノ》ニベて公道一ヲ、以(て)穆《サカ》ニリニセム憲司一ヲ。(興・三藏法師傳承德點　九　19/12)

(二四)　望ミ乞《コ》ハク(は)、天恩聽《ユル》ニシたまへ玄奘ガ葬事了(り)テ還一(らむ)ことを。(同　九　14/24)

上記の文字の上に、「仰・伏・誠・當・幸・唯・惟」などを添へて、願望の意味を強調する場合は、アフギテネガハクハ・フシテネガハクハ・マコトニネガハクハ・マサニネガハクハ・サイハヒニネガハクハ・タダ（シ）ネガハクハなどと讀んだ。

(二五)　仰(ぎ)て願(はく)は、………悉に赦(ゆ)ルシ而勿罪《ナツミ》シたまひソ。(東洋・日本書紀中期點　推古三〇年)

(二六)　仰(ぎ)て唯《ネガ》ハクは、………垂ニ(れて)哀愍一(を)、受ニ(け)たまへ此の閼伽及(び)徵獻の供一を。(光・蘇悉地羯羅經承保點　下　4/3)

(二七)　伏(し)テ願(はく)ハ、皇帝・皇后、富《ト》ニミ衆多之子孫一に、享《ウ》ニケム無疆《キヤウ》之福祚一ヲ。(興・三藏法師傳承德點　九　9/12)

(二八)　伏(し)テ願(はく)ハ、察ニ納して微心一ヲ、不下レ以ニ(て)西遊一ヲ爲セ念ト。(同　一　13/12)

(二九)　誠ニ冀ハクハ、………克《ヨ》ク滋《シ(げ)》ニクセム鼎《テイ》祚一ヲ。(同　七　7/10)

(三〇)　當ニ願(はく)ハ、………萬春表レして壽ヲ等ニ(しく)セム固《カタメ》ヲ南山一ニ。(同　九　10/21)

(三一)　幸に願(はく)は、與ニ(へ)よ我に三分が之一一を。(石・大般涅槃經初期點　一一　11/20)

(三二)　幸に願(は)く(は)、敬ー奉(の)之倫《トモガラ》、無レ(か)ら(まく)のみ輕ニむこと聖教一を耳。(天・南海寄歸傳末期點　一　16/4)

(三三)　唯ダ願(はく)は、大王、勿ニれ爲レに我が説ニ(き)たまふこと不知足の法一を。(石・大般涅槃經治安點　七)

(三四)　唯シ願(はく)ハ、………與《ト》二五山一而永ク久(しか)ラム[ヤ]」。(興・三藏法師傳承德點　七　14/5)

(三五)　惟シ願(はく)ハ、留《ト、》レメヨ聽《キ、》ヲ。(同　八　6/10)

「幸」を願望に用ゐる場合は、ネガフまたはネガハクハと讀むのが本當で、これをサイハヒニと讀むのは、幸福を表はす「幸」と混同したものであるが、「幸願」をサイハヒニネガハクハと讀んだばかりでなく、單獨に用ゐられた「幸」をもサイハヒニと讀んで、ネガハクハと同じ意味に用ゐることがあり、その習慣はそのまま後世に傳へられた。

(三六)　幸に無レ(か)れ嫌二ふこと於直說一を。庶《コヒ》(ねが)(はく)は、有レ(ら)むことを益二於疑途一に。(天・南海寄歸傳末期點　一　16/16)

(三七)　粤《ココ》ニ我ガ同《トモガラ》一儔幸ニ希《ネガ》二ヘ景仰一ヲ、勗《ツト》メヨ哉。(興・三藏法師傳承德點　一〇　13/15)

(三八)　夫人幸に勿二(れ)相(ひ)引一(くこと)。(前・冥報記長治點　73オ)

(三九)　前の言《こと》は戲レナル耳(のみ)。幸に〈別訓　ネガハクハ〉可二し同(じ)ク歸一ル。(石・大唐西域記長寬移點　八　21)

「唯」を願望に用ゐる場合も、やはりネガフまたはネガハクハと讀むべきであるが、「唯願」と續ける場合には、タダ(シ)ネガハクハと讀むことが多かつた。これは、「唯」を限定を表はす副詞としてタダ(シ)と讀むことが多かつたために、今もそれと混同して、その訓をそのまま利用したものであり、シは強意を表はす間投助詞である。ただし、それとは別に、「唯」を單獨で用ゐる場合でも、「唯願」と續けていふ場合でも、ウケタマハル(終止形)、またはウケタマハリ(連用形)と讀むことがあつた。これは、「唯」を應諾の辭として用ゐる場合に、ウケタマハルと讀んだため、その訓をそのまま願望の副詞に當てたもので、タダ(シ)と同樣、本來文意に卽しない訓であるが、謹シンデオ願ヒイタシマスといふほどの意味に理解したのであらう。

(四〇)　爲二の此の衆一の故に、唯シ垂二(れ)たまへ分別し說一(く)ことを。(唐・妙法蓮華經初期點　1/3)

（四一）　唯《タヾ》王悲愍(し)て放《ユル》二セ其の前の過《トガ》一ヲ。（石・大唐西域記長寛移點　一　530）

（四二）　願(ふ)、爲二の此の衆一の故に、唯る、垂二(れ)たまへ分別し説一(き)たまふこと。（山・妙法蓮華經初期點　3/27）

（四三）　世尊、其の座は敷キ訖(り)ヌ。唯ル、聖《(ひじ)》リ、知レせ・とまうす時を。（西・金光明最勝王經初期點　一〇　1/11）

（四四）　唯《ウケタマハ》リ願フ、△如來、神力をもて加被(し)たまへ。（石・守護國界主陀羅尼經中期點　一〇　13/7）

（四五）　唯《ウケタマハ》リ願《コ》フ、尊者、暫(く)住《(とどま)》二(りたま)へ・と於此一ニ。（石・求聞持法中期點）

（四六）　王將《キ》二テ盲(ひ)タル子一を陳二べ告(ぐら)く其の事一を、「唯《ウケタマハ》リ願《コ》フ(らく)は、慈悲(をもて)令レ(めたまへ)・トイフ得《エ》二復明《メア》一クコト。」（石・大唐西域記長寛移點　三　264）

（四七）　我れ問二(ひ)たてまつる………菩薩の正行の法一を。唯リ願フ、慈をもて聽許(し)たまへ・とまうす。（西・金光明最勝王經初期點　五　8/13）

（四八）　我等昔より來《(このかた)》、未《ず》二曾て聞き見《み》一。唯り願フ、爲に説(き)たまゑ。（東・地藏十輪經元慶點　一　8/18）

（四九）　善哉、世尊、唯る願《ネガ》ハクは、爲に説(きたま)へ。我等今者皆希《ホ》二シ・とまうす聽キ受一(けたまはら)マク。（石・説无垢稱經初期點　一　9/1）

（五〇）　世尊、唯る願ふ、説(き)たまゑ之。（山・妙法蓮華經初期點　3/10）

「唯」の訓義については、別に論じたものがあるから、詳しくはそれを參照されたい。（注1）なほ、終止形のネガフをネガハクハの意味に用ゐることがあり、初めは、むしろこの方が普通であつた。このネガフが衰へて、ネガハクハが多用されるやうになるのは、初期も後半からのことである。

（五一）　我(れ)爲下に供二養(し)たてまつる三寶一を事上の、須《(もち)》二(ゐる)ゐし財物一を。願フ、當に施與《(音)》(せ)しめたまへヨ・といへ。（飯・金光明最勝

王經註釋初期點　六　245）

（五二）我レ爲下に供二養（し）たてまつる三寶一を事上の、須《もち》二ゐるべし財物一を。願フ、當に施一與（したま）へ・ト。（唐・金光明最勝王經初期點　3/12）

（五三）現に在《いま》二す十方界一に常住兩足の尊、願フ、以二て大悲の心一を哀愍し憶二念（し）たまへ我一を。（西・金光明最勝王經初期點　二　10/22）

（五四）願フ、世を咸（く）歸レせしめむ寂に。（東急・大乘廣百論釋論承和點　17/1）

（五五）願フ、一切衆生に得二て法智の味一を、了二知（せし）めム一切の諸味の業用一を。（石・大方廣佛華嚴經初期點（第二種）二五）

（五六）世尊、願フ、令三（め）たまへ般若波羅蜜をして久（し）く住二せ閻浮提一に。（石・大智度論天安點　六〇　2/8）

（五七）人の血一肉は甘ク美《ウマ》キモノなり。願フ、母、聽二（し）たまへ我が食一せむといふことを。（東・地藏十輪經元慶點　四　10/5）

この場合にも、「願」の上に「唯・幸・當・常・普・悉・咸・皆・伏・哀愍・世世」などの來ることがあるが、やはり「願」の意味を強めることになるのであらう。

（五八）唯し願フ、天女來《イ》デマシて………聰明に（あらし）メ、足《タ》二ラシメたまへ辨才一に。（同　八　2/10）

（五九）幸に願フ、勿二レ悲哀一（し）たまふこと。（同　一〇　8/22）

（六〇）當に願フ、拔二（き）て衆生一を令レメむ離二レ諸の苦難一を。（西・金光明最勝王經初期點　二　11/10）

（六一）常に願フ、勿《（し）》レメじ處二セ於卑賤一には。（同　二　14/14）

（六二）普ク願フ、衆生に咸ク供二養（せし）メむ十方の一切の最勝尊………菩薩獨覺聲聞衆一とを。（同　二　14/12）

（六三）悉ク願フ、女人をは變して爲レ（さ）しメ男と、勇健聰明にして多二（からし）メむ智慧一。（同　二　14/18）

（六四）至レ（し）て心を皆發露す。咸ク願フ、得ニ（し）メたまへ蠲《化イ》除一すること。（同　二　11/24）

（六五）皆願フ、速ク證ニ（せし）メむ・とまうす菩提の果一を。（同　一〇　10/26）

（六六）世世に願フ、生ニ（れし）メ於我が家一に、共に受ニ（けし）メむ無上菩提の記一を。（同　五　3/5）

（六七）由レ（り）て斯に生ニす苦惱一を。哀愍して願フ、消除（せし）メたまへ。（同　二　11/20）

（六八）伏（し）て願フ、陛下、………表ニ發シタ（ま）へ經の題一（を）。（知・三藏玄奘法師表啓初期點　59―60）

また、「請・願・乞」などをコフと讀み、ネガフと同じやうに用ゐたが、ネガフがネガハクに定着しても、コフはそのままで、コハクとはならず、コフラクをまれに用ゐた。

（六九）行道して發願すらく、「請フ、世尊、付《サツ》ニケたまへ・と樂《ネガ》フ教法一を。」（東・百法顯幽抄中期點　30/4）

（七〇）吾レ無レシ功。請フ、得《エ》レム除《ハラ》レフコトを宮を。（毛・史記延久點　呂后本紀　複　13ウ）

（七一）願《コ》フ、智―者、詳《ツ(ばひらか)》に察して、識ニレ衣服之本儀一を也。（天・南海寄歸傳末期點　二　7/21）

（七二）請フ、書ニシ國―史一に傳《ツ(た)》ニ（へ）む子―孫一に。（神・白氏文集天永點　三　複　21ウ）

（七三）伏（し）て乞フ、成《ナ》ニして玆《コ》ノ具美《ヒ》一ヲ、勒すに以ニてス神筆一ヲ。（興・三藏法師傳承德點　九　2/14―15）

（七四）舟ノ上ニ三十餘人、多（く）ノ日不レ（し）テ飲レ（ま）水ヲ甚大ニ飢渴ス。請《コ》フラクハ、檀越、早（く）取レ（り）テ水（を）來レ。（覩・唐大和尚東征傳院政期點　複　16オ）

また、「願・唯願・誓願」などを音讀してサ變の動詞とし、グワンス・グワンセマク・ユヰグワンスラクハ・ゼイグワンスラクなどと言ひ、ネガハクハと同じ意味に用ゐることがあつた。

（七五）佛及聲聞の衆の清淨なる人ノ所ニシテ、願す、常に普ク濟ニはむ於人天一を。（西・金光明最勝王經初期點　一〇　12/14）

(七六) 願セマク、皆獲二得して如意の之手一を、………妙法辨才において悉ク皆無レ(からし)メむ滯ルこと。(同 三 7/23―25)

(七七) 唯願(す)らくは、世尊、斷二(ち)たまへ我が疑網一を。(石・守護國界主陀羅尼經中期點 一〇 1/6)

(七八) 唯―願(すら)クハ、世尊、………同(じ)く於二て一道一に而得《エ》二シメタマヘ涅槃一(を)。(書・大乘本生心地觀經院政期點 1/7)

(七九) 世尊、我等(も)亦自《ミ(づから)》誓願すらく、於《あ》二りて異(なる)國土一に、廣(く)說二(か)む・と此(の)經一を。(龍・妙法蓮華經末期點 五 7/18)

(八〇) 世尊、願―樂(すらく)は、欲レふ聞(かむ)と。(龍・大日經天喜點 一 5オ)

上記の諸例によつても知られるやうに、願望を表はす陳述の副詞を受ける語は、ほとんど、活用語の命令形か、推量の助動詞ムを伴ふかの二種類で、まれにベシ・ジを伴ふことがあるに過ぎない。前者は、他に對して――シテホシイと要望するもので、ベシもこれに屬する。後者は、自ら――シタイといふ意思を表はし、ジもこれに入る。いづれも、本來は、下から返つて――ト(コトヲ)ネガフ、――ト(コトヲ)コヒネガフ、――ト(コトヲ)ノゾム、――ト(コトヲ)コフと讀むべきものを、原文の語序に引かれて倒置した結果成立した翻譯文法であつて、訓點語特有のものであり、和文には用ゐられなかつた。

(注1) 大坪併治「『唯』訓義考」(「國語國文」三九ノ五、昭和四五年五月)

第五節 比況に用ゐられるもの

奈良時代には、アタカモをマルデ(――ノヤウダ)の意味に用ゐた。平安時代の和文では、アタカモを用ゐず、まれにタトヘバを用ゐた。タトヘバは、下二段活用動詞タトフの未然形に接續助詞バを添へて、タトヘテイハバの意味の副詞としたものである。

あたかも似るか青きぬがさ（萬葉　四二〇四）　たとへば、比叡の山を二十《はたち》ばかり重ねあげたらんほどして、（伊勢　一一七）

たとへば、ゐにかけるをうなをみて、いたづらに心をうごかすがごとし。（古今）

訓讀文では、アタカモをまれに、タトヘバを頻用した。アタカモは、原文の「恰・宛」などを讀み、下は比況の助動詞ゴトシで應ずることが多かつたやうである。また、アタカタモといふことがあつた。

（一）恰安太加太毛（彼氣恰如二天上客一）（興福寺本日本靈異記上　一三）

（二）毎夜寐（ね）て之後に夢にミラク、「敬い郎（ち）來（りて）相ひ親（しむ）こと宛アタカモ（白）アタカタモ（朱）若（こと）ニク・とも見テ平生の」遂（に）覺ニ（し）ぬ懷任一すといふことを。（石・金剛波若經集驗記初期點　複　17オ）

（三）去レラムこと地を恰《アタカモ》須《べ》ニシ四指一ニス。（仁・虛空藏菩薩能滿諸願最勝心陀羅尼延久元年點　4オ）

（四）心肝《キモ》恰《アタカィ》欲（す）レ摧《クダ》ケナムト。（醍・遊仙窟康永點　複　7ウ）

タトヘバは、原文の「譬・喩・如」などを讀み、下にゴトシを補讀し、またはそれ自體をタトヘバ――ゴトシと再讀した。再讀併記の例は、初期から見える。タトヘバとゴトシとの、上下の關係を分類すると次のごとくである。

A　「譬如」の「譬」をタトヘバと讀み、「如」をゴトシと讀むもの。

B　「譬如」の「譬」をタトヘバと讀み、「如」は不讀にして、下にゴトシを補讀するもの。

C　「譬如」の「譬」を不讀にして、「如」をタトヘバと讀み、下にゴトシを補讀するもの。

D 「譬如」の「譬」は不讀にして、「如」をタトヘバ――ゴトシと再讀併記するもの。

E 「譬」をタトヘバ――ゴトシと再讀するもの。

F 「譬猶」の「譬」をタトヘバと讀み、「猶」をゴトシと讀むもの。

G 「喩若」の「喩」をタトヘバと讀み、「若」をゴトシと讀むもの。

H 「喩如」の「喩」をタトヘバと讀み、「如」をゴトシと讀むもの。

I 「如」をタトヘバと讀み、ゴトシを下に補讀するもの。

J 「如」をタトヘバ――ゴトシと再讀するもの。

（五） 世尊、譬《タト》へば如下し有レ(り)て人探《ト》レりて沈を………用て塗《ヌ》二ラム身體一に。然《シカ》も………自然に恒に作《ナ》中スが香(し)き事上を。（西・不空羂索神呪心經寛德點 5/7―10）A

（六） 譬(へ)ば如三くぞ車は轅・軸・輻・輞等和合するが故に有り、无二(き)が別の車一は也。（石・大智度論天安點 一 5/10）A

（七） 譬へバ(白)如二くして青蓮花の葉一の、甚(だ)可二し愛樂一す。（高・彌勒上生經贊初期點（朱） 17/17）A

（八） 譬(へ)ば如三く明淨の眼モ因レ(り)て日に觀《ミ》二(る)が衆色一を、淨心モ亦復(た)然なり。（石・大方廣佛華嚴經初期點 二三 3/22）A

（九） 譬(へ)ば如下く國王の隨レ(ひ)て有二(る)に敎勅一自カラ亦(た)依り行上(ふ)が、此の法も亦(た)爾なり。（京・蘇悉地羯羅經延喜點 5/16―17）A

（一〇） 譬(へ)ば如二きを一條の金の杖一の、分(かち)て爲《ナ》二さむ五段・二十段と等《ら》一。（東・百法顯幽抄中期點 45/19）A

（一一） 譬(へ)ば如下王來(る)ときには、不《ず》レ應二獨り來一(る)をから。必ず有中(る)がごとし侍從上。（石・大智度論天安點 二 15/2）B

（一二）譬(へ)ば如下有る人………不レを能二(は)解脱一すること名(づけ)て爲《す》中るガごとし失壞上と。（石・瑜伽師地論初期點　七三）B

（一三）譬如(へ)ば………能(く)伏二し一切の怨敵善友一を、善く守二護して身一を令レ增二(さ)しむ・(と)イフガごとし壽命一を。（東・地藏十輪經元慶點　二　2/20—4/9）C

（一四）譬如《タトヘバ》ニくなり闇の中ニには有レて(れ)ドモ樹は无レ(き)が影は、（東・大般涅槃經末期點　三　10）D

（一五）譬如ニく(へ)ば虛空界の不《ず》レ生(し)モセ、亦は不レが滅(し)モ(せ)、諸佛の法モ如レシ是(の)。畢竟して无ニシ生(する)ことモ滅一(する)ことモ。（石・大方廣佛華嚴經初期點　二三　4/1—2）D

（一六）譬如下く(へ)ば有る人自(ら)挑ニリて其の目一を、盲《(め)シヒ》にして无レきイシ所レ見る、而も欲《おも》レひて導レ(か)ムと他を、登ニリ上《ノボ》ラムガ大山一に終に无中きが是の處《コトワリ》上、………旃茶羅の人も亦復(た)如レし是(の)。（東・地藏十輪經元慶點　四　8/21—24）D

（一七）譬如下く(へ)ば雖レ(も)知ニれりと竹木に有レ(り)と火、而も若(し)未《(ぬ)》レときに解ニ(ら)鑽取(の)法一を者、火難セ(し)といふが可レ(き)こと得、彼(の)人も亦(た)爾なり。（京・蘇悉地羯羅經略疏寬平點　二　17/7—8）D

（一八）譬如ニし(へ)ば衆鳥の翅羽は初(め)て生するときに未《ぬ》レが能ニ(は)作申一すること。（小・大乘掌珍論天曆點　12/20）D

（一九）譬ミく(へ)ば人王の之內苑を似《に》ニたりといふガ天帝の之《コノ》喜園一に、不《ず》レ(し)て說ニ(か)自然の之報一を、唯(だ)陳ニす他造の之果一を(のみ)。（高・彌勒上生經贊初期點（朱）　3/13—14）E

（二〇）譬(へ)ば猶ニ(く)して谷の響一の、无レシ不レ(といふ)こと應(せ)。（石・大方廣佛華嚴經初期點（二種）三八　11/10）F

（二一）耆一年は欲と恚と慢と已に除せり。其の形喩へば若《如也》ニ(し)紫金の柱一の。（東・百法顯幽抄中期點　30/14）G

（二二）喩《タト》へば如ミく良醫の示ニせるが彼の力士金剛珠一を、（東・大般涅槃經末期點　七　11/12）H

（二三）一味の藥と者《(は)》、喩《タト》へば如ニし佛性一の。（同　七　11/27）H

（二四）生死は可レ（き）こと惡（む）喩（へ）ば如二し於狗一の。（石・妙法蓮華經玄贊中期點　六　5/5）H

（二五）喩へば如下く女人の爲二の其の子一の故（に）、以二（て）苦《ニガ》キ味一（ひ）を塗ナ（れるが）乳を、如來も亦爾なり。（石・大般涅槃經治安點　七）H

（二六）如《タト》ヘバ二（り）の人鬪《タヽカ》フニ、若（し）以二て刀杖一を傷《ヤブ》レ（り）て身を出レす血《ち》を。………業相輕くして而不《ず》レといふがごとし重（から）（石・大般涅槃經治安點　八　19/3）I

（二七）令三懃にして修二（め）しめたまふこと施と戒と忍と進と定と般若一とを、如（へ）ば母の於二に一（り）の子一の慈心をもて而養育するがごとし。（東・地藏十輪經元慶點　一　7/8）I

（二八）如（へ）ば前の所説の十の淫坊の罪のゴトキは、等（ひと）二し一の酒｜坊の所獲の罪業一に。（同　四　16/23）I

（二九）善男子、如（へ）ば轉輪王具二足せり是の七寶一。………普（く）能（く）生二長すといふがごとし一切衆生の身心の安樂一を。菩薩摩訶薩も亦復（た）如レし是（の）。（同　八　2/12―14）I

（三〇）如下く（へ）ば以二て精進の力一を能く盡中（す）が海源底上を、智力も亦（た）如是なり。（石・大方廣佛華嚴經初期點（第二種點）二三　3/23）J

（三一）如二く（へ）ば翳アル眼の所レは覩る、非レず内にモ亦は非レずといふが外にも、世間の見二（たてまつる）ことモ諸佛一を、應レシ知る、亦（た）如是なり。（同　二三　5/3）J

（三二）能く隨レ（ひ）て意に超越すること、如下く（へ）ば人の力あるは超｜躑すること不レ過二（ぎ）丈｜數一より。若（し）以二て二人の力一を超レ（ゆる）ときに之を无中（し）といふが廣遠の之難上い（東大・大智度論天安點　八一　14/30―31）J

（三三）身に无二く所作一、口に无二く所説一、心に无二し所會一。如下く（へ）ば人夢の中に沒二在して大海一に………夢心卽（ち）息上（み）

ぬ・といふが、（同　八一　16/7—8）J

（三四）善男子、如《（た）ト》三きへば利帝利灌頂大王一の、………由二（る）が此の輪一に故に令三自の國土に増二長せしメ安樂一を、能（く）伏二し一切の怨敵・惡友一を、善（く）守二護して身一を、令レ増二せしめたまはムがごとし壽命一を。善男子、如レく是（の）如來も成下就せり善巧に知二（し）メス根機一を智上を。（東・地藏十輪經元慶點　二　10/3—20）J

（三五）善男子、如下く（へ）ば利き劍の輪の纔《タヾヒトタ》一ビ投ゲ擊《オ》クに、能（く）斬《キ》二りて怨敵の首及支節一を、令上无二（くあら）しむるガ勢用一、菩薩摩訶薩も亦復（た）如レ（し）是（の）。（同　八　2/21—23）J

（三六）如二くへば竹の破二（る）ときは初の節一を、餘の節は速（か）に能く破上（るる）が、見道の初に除レ（し）ツルときは障を、餘の障リ速く能く除しぬ。（東・金剛般若經贊述仁和點　13/8—9）J

（三七）如レキ（へ）ば言二フが色・聲・香・味・觸（の）等《（こと）》一く者いは、是れ集レせるなり名を。（同　28/2—3）J

（三八）如二ク（へ）ば水界と金と空一との淨なるが故に許（し）て爲《す》レ淨と。（石・辨中邊論延長點　上　5/13—14）J

（三九）如《タト》二くへバ人斬《キ》レラル（るときは）首（を）則（ち）无レ（きが）有レ（る）こと首、離欲寂滅も亦復（た）如レシ是（の）。（東・大般涅槃經末期點　四　6）J

まれに「縱如」をタトヘバ——ゴトシと讀むことがあつた。

（四〇）萬聲萬紐縱《タト》ヘバ如二し來—言一の。但（し）四聲者《は》譬二（ふ）之を軌—轍一に。（書・文鏡秘府論保延移點　天　28オ）A

後述するやうに、「縱」は假設を表はし、タトヒと讀む文字であつて、タトヘバの訓は異例である。觀智院本『類聚名義抄』にも、「縱」にタトヘバの訓を収めてゐない。ところが、逆に、「譬如」をタトヒバ——ゴトシと讀んだ疑ひのある例がある。

(四一) 贊(し)て曰(は)く、第三に明ニすに往昔一を有レり二。一は生する時節をいふ。譬ヒ〈白 へハ〉如下とく〈白 ことくぞといふ〉壯〈白 サカなる〉士の屈ニ申する□一を項上〈白 あひたノ〉、顯ニす業決一定して生すること〈白 せむイハ〉便(ち)速一疾一なりといふことを〈白 にせむといふことヲ〉。(高・彌勒上生經贊初期點(朱)22/4—5)

「譬」の右のヒは明瞭である。タトヒ——ゴトクといふ讀み方はないから、ハの點はないが、白點にタトヘバと讀んでゐるのを見ると、タトヒバと讀んだのではないかと考へられる。

(四二) 譬ヒは如下シ生盲《マウ》の至ニ(りて)寶洲《ス》一に、取レ(り)て石を棄《ス》中ツルが於如意の寶上を。(石・守護國界主陀羅尼經中期點 一〇6/18)

「譬」の右の假名は不明瞭であるが、へよりはヒに近い。もし、ヒと讀んでま違ひなければ、前例と同じ訓となる。假設を表はすタトヒと、比喩を示すタトヘバとの間に、混同があつたといふのであらうか。

なほ、「如」について、いま一つ注意すべきは、イマと讀む場合のあることである。

(四三) 或時說深(といふは)者、昔(の)敎にも亦有ニリ深淺一。如《今》ニ(く)ゾ十善五戒は是(れ)淺なり。四諦十二緣は是レ深一なるガ也。(白・大般涅槃經集解初期點 11/2—3)

(四四) 深經善義及不淨因緣(といふは)者、體旣(に)非レレ淨(くあら)、能ク作ニス不淨一を。如《今》ニ(く)ゾ非時食の等(き)を皆應レ(き)ガ遮(ふ)也。(同 12/3—4)

(四五) 世尊、如レキ是(の)諸法を我は能ク了し知せり。………我レい於ニ難思の智トか境一をトヲ而能ク通達セリせるをもてなり。世尊、如《今》ニキアリ我は於一切の法を正(し)ク知し、正(し)ク曉し、正(し)ク覺し、能ク正(し)ク觀察一せりせるが。(西・金光明最勝王經初期點 八 10/15—16)

(四六) 於二て清淨一に无二き堪任一性(といふは)者、謂(はく)、如《今》有る一人の本性无レきゾ有二ること般涅槃の法一。(石・瑜伽師地論初期點　一二　3/18)

(四七) 善男子、如《今ハ也》刹帝利灌頂の大王初に登二(り)て王位一に受二ヶ帝職一を已(り)て、觀二察す過去・未來・現在の諸の法道一を。………由二(る)ガ此の輪一に故に、於二自の國土一に得二安樂に住一すること、能(く)伏二し一切の怨敵惡友一を、善(く)守二護して身一(を)、增二せしむ・といふガごとし壽命一を。(東・地藏十輪經元慶點　二　6/7―21)

(四八) 如《今》迦栴延三百年の後に造二れり發智論一を。而して後に有二リ六足の論等一。(東・金剛般若經贊述仁和點　1/9)

(四九) 只如《今》賢劫の千佛之中に已に有二(り)四(はし)ラの佛出一レ(でたま)へること世に。(同　9/12)

(五〇) 或は隨二てテイヘ意樂一に。諸佛之名をマウセ。如《今》二キ釋迦佛一の、初に發二(し)たまひキ希願一を。(同　14/21―22)

(五一) 如《今》人眼をもて見レ(る)とき(は)色を者、眼―根と與レ色と對して、不レ能三(は)了二知(すること)青黃赤白等一を。(阿・大毗盧遮那經義釋初期點　五上　14/5)

(五二) 妙吉祥、有疾の菩薩は、應二(し)自《み(つから)》觀察一す、如《今也》我が此の病は非レ(ず)眞にも非《(ぬ)》レがごとク有にも、一切の有情に所レ(る)有(ら)諸病も亦非レ(ず)眞(にも)非《じ》レ有にも。(石・說无垢稱經初期點　三　5/17)

(五三) 如鏡中像と者は、如《今也》鏡の中の像は非二(ず)鏡の作一に。非二(ず)面の作一に。(石・大智度論第二種點　六　7/17)

(五四) 如《今》佛入二(り)たまひて婆羅城一(に)乞食(したまひ)しに不レき得(たまは)。(知・妙法蓮華經玄贊中期點　一〇　13)

(五五) 有无は異二なり廣略一に也。如《イマ反》長行は略して而偈の中には廣なり。自《み(つから)》に有(る)いは長行には全(ら)无(く)して偈には方に有《あ》り也。(石・法華義疏長保點　二　11/10―11)

(五六) 如《イマ反》三世の佛は欲レしてハ說二(か)むと法花一を說二(き)たまひ无量義經一を入二(り)たまふ无量義定一に。(同　二　23/10)

(五七) 是を以て經(に)云(へ)り、「如《イマ》衆生の心識は、體雖二も是レ有一なりと、而無二し・と長短方圓等の相一。」(西・不空羂索神呪心經寛德點 1|13)

(五八) 諸の緣起支は皆依二(る)トイヘルものを自地一に、有三(り)とイヘル所發の行は依二ること他の無明一に。如《今也》三(く)ぞ下の無明の發二(す)が〔そ〕上地の行一を。(石・成唯識論寛仁點 八 10|9—10)

(五九) 如《イマ》—今鸞鏡(の)中《ウ(ち)》に妾が顏末《カホ(ぬ)》レに改《アラタマ》(ら)、君が心改(まり)ヌ。(神・白氏文集天永點 三 複 13オ)

(六〇) 如《イマ》於二實相の不增不減一なるに、卽(ち)以二(て)此の義一を警二發す一切の地神一を也。(築・大毗盧遮那成佛經疏院政期點 四 21ウ)

上記の諸例でイマと讀まれた「如」の意味を調べて見ると、少くとも、次の二つの用法が認められる。

A 現在を表はす。

B 假りに例を設けて、ある事柄を說明する。

「如今」と熟語した(五九)は明瞭なA、(四五)(四九)もたぶんAであらう。(五六)(五七)(六〇)は、前後の關係が辿れず、AかBかわからない。その他は、ほとんどBのやうである。(四五)も、「如」をイマと讀み、「觀察せり」と結びながら、別訓では、「觀察せるが如キアリ」と讀んでゐて、Bに入る。B類の中で、特に注意すべきは、(四三)(四四)(五〇)(五八)である。(四三)(四四)は、共に「如」に「今」と注し、ソの假名があつて、イマ——ゴトクゾと讀み、(五〇)は、「如」に「今」と注し、キの假名があつて、イマ——ゴトキと讀み、(五八)は、「如」に「今也」と注し、ソのヲコト點があつて、イマ——ゴトクゾと讀んでゐる。つまり、「如」がイマ——ゴトシと再讀併記されてゐるのである。また、(五三)は、「如」に「今也」と注し、下にこれを受けて「有にも非(ぬ)がごとク」と言ひ、(四七)は、「如」に「今ハ反」と注し、いくつかの文を挾んで、最後の文を「増せしむ・といふがごとし」で結んでゐる。このやうに、「如」をイマと讀みながら、ゴトシを併記したり、下の語にゴトシを補つたりする用法は、「如」をタトヘバ――ゴトシと讀む場合に類似し、タトヘバが比喩を表はす陳述の副詞であるのに對して、イマは例示を表はす陳述の副詞としての一面を持つてゐると言はなければならない。ただし、タトヘバの場合は、ほとんどゴトシで應ずるのに對し、イマの場合は、かならずしもさうでなく、種々な形で應ずる點に相違がある。タトヘバとゴトシの結びつきは強く、イマとゴトシとの結びつきは弱い。それだけ、陳述の副詞としての性格が、タトヘバは顯著で、イマは曖昧だといふことになるのであらう。

「如」は、(五九)のやうに、「如今」と熟語にして用ゐるから、「如」にも「今」と同樣現在の義があるはずであるが、劉淇の『助字辨畧』や、王引之の『經傳釋詞』などを見ても、「如猶今也」などといつた說明はない。「如」をなぜ現在の意味に用ゐるのか、わたしにはまだその根據がわからない。いづれにしても、「如」をイマと讀むのは、A類の用法に始まり、次いでB類に及んだのであらう。本來、B類には、A類とは異つた訓が用意されるべきであつたが、適當な訓が思ひつかなかつたため、A類のイマを、そのままB類に當てはめた、その結果、國語のイマにはなかつた新しい用法が派生することになつたのである。例へば、『源氏物語』のイマ（約八五〇例）について、その用法を調べて見ると、

a　現在を表はすもの。
b　オッツケ・ソノウチニ・ヤガテなどの意味を表はすもの。
c　モウ一度・モウ少シなどのモウに當る意味を表はすもの。

の三種に限られ、例示に用ゐたものも、比喩に用ゐたものもない。なほ、「如」をタトヘバ・イマと讀む場合について、

詳しくは、別に論じたものがあるから、参照されたい。(注1)

(注1) 大坪併治「『如』の訓二つ」(「訓點語の研究」所收)

第六節　假定に用ゐられるもの

奈良時代には、『古事記』『日本書紀』『萬葉集』『續日本紀』の宣命などで、「若・或・如・豈」などをモシ、「假使・若使・縱使・設」などをタトヒと讀んでゐるが、共に假名書の例がないので、確かなことはわからない。この他、ヨシ・ヨシヱヤシをタトヒに近い意味で用ゐた。ヨシヱヤシは、ヨシに間投助詞のヱ・ヤ・シが加はつたもので、ママヨの意味の感動詞として用ゐられることもあつた。

君が行きもし(若)久ならば、梅柳誰と共にか我がかづらかむ(萬葉　四二三八)　如《モシ》吾防禦者《ホセカマシカハ》、國內《ノ》諸《ノ》神必當《マサニ》同禦《クホセキテム》。(書・書紀　神代下)　或《モシ》天若日子不レ誤レ命、爲射二惡神一之矢之至者《キツルナラハ》、不《サレ》レ中二天若日子一。或有《モシアラ》二邪心一者《ハ》、天若日子於二此矢一麻《マ》賀《カ》禮《レ》。(記上)　假使《タトヒ》天孫不レ行レ妾而御者《メサマシカハ》、生兒永《トハニ》レ壽有《マタカラマシ》一如磐石之常一存。(書・書紀　神代上)　假令《タトヒ》後に帝と立ちて在る人い、立ちて後に、汝のために禮なくして從はず、なめくあらむ人をば、帝の位に置くことは得じ。(續紀宣命　二九)　人はよし思ひ止むとも、玉かづら影に見えつつ忘らえぬかも(萬葉　一四九)　天の原振り放け見れば夜ぞ更《ふ》けにける、よしゑやし獨り寢る夜は明けば明けぬとも(同　三六六二)

平安時代の和文では、モシ・タトヒを用ゐたが、モシは假定の他に、疑惑を表はすこともあつた。假定のモシは、モシを含む從屬句を、主句に對して順態で接續するのが原則であつたが、まれにタトヒと同樣、逆態で接續することもあつた。タトヒは、四段活用動詞タトフの連用形から副詞に轉じたものと考へられるが、タトフそのものの存在がまだ明かにされてゐない。タトヒは、一般に逆接を表はし、その使用範圍は狹く、特殊な場合にしか用ゐられなかつたやうである。(注1) なほ、ヨシは、間投助詞ヤを伴つてヨシヤと言ひ、また、反復してヨショシとも言つたが、タトヒの意味に用ゐるのはほとんど和歌に限られ、和文では一般にママヨの意味の感動詞として用ゐた。

もし幸に神の救《たすけ》あらば、南の海に吹かれおはしぬべし。(竹取　四七)　もし限り有(り)てとまるべうとも、深き山にさすらへなんとす。(源氏　總角　四六一)　たとひ憂へ侍りとも、何の悔いか侍らん。(同　二ノ二三二) 僧都の詞　雨のふり侍りつれば、さも侍りつらん。よしよし、またおほせられかくる事もぞ侍る。まかりたちなむ。(枕　四九)　よしや、つらさは言ひやるかたなし。こよひだに、物一言きこえさすばかり。(夜の寢覺　一七六)

訓點語では、モシ・タトヒを用ゐ、ヨシ・ヨシヤ・ヨシヱヤシは用ゐなかつた。モシは原文の「若・如・設・脫・望・若如・卽」などを讀んだが「若」の例がもつとも多い。モシは、假設の順態條件句を作るが、これに應ずる從屬句の述語は、活用語の未然形＋バの他、種々な形を取つた。

從屬句の述語

A　活用語の未然形＋バ

B　活用語の連用形＋ハ・テハ・シテハ

C　活用語の終止形＋トイフハ・トイハ・トモ

D　活用語の連體形

E　活用語の連體形＋イ・イハ・ハ・モ・ニ・ニハ・ニオキテ・ヲ・ヲバ・ヲモテ・トキ・トキニ・トキハ・コト

ハ・モノ・モノハ・ヒトハ・トコロニハ

F　活用語の已然形＋バ・ドモ

また、從屬句を受ける主句の述語も、活用語の未然形＋ムの他、いろいろな形を取り、陳述の副詞と言ひながら、呼應の形式はさまざまであつた。

主句の述語

a　活用語の未然形＋ム・ムカ・ムヤ・マシ・ジ

b　活用語の終止形

c　活用語の終止形＋ベシ・マジ

d　活用語の連體形

e　活用語の命令形

f　その他

(一)　若し知二れらば此の事一を、不《じ》レ足(ら)爲レるに難(しと)。(石・大智度論天安點　二　18/5)　A―a

(二)　若し依レらば此に者、所受の眞言速(か)に得二む成就一すること。(京・蘇悉地羯羅經延喜點　6/21)　A―a

(三)　若し但し讃二せば佛乘一をのみ、衆生いは沒二在せれば苦一に、不《マ》レじ能レ(ふ)信二すること是の法一を。(山・妙法蓮華經初期點　9/5)　A―c

(四)　汝知レるや幻を不《いな》や。若し知レらば幻を者、即ち大幻人なり。若(し)不レは知(ら)者、非二ずと一切智一に。(東・大般涅槃經末期點　三五　14/15―17)　A―a

(五)　若し初(め)吉なりといはば、餘は應二し不吉一なる。(東急・百論天安點　4/5)　A—c

(六)　若し諸の衆生の於二て此の法門一に有下………爲レに他の解—說し住二せル正法一(に)者《人》上アラバ、汝當(に)………令下於二長夜一に利益(し)安樂上せしメよ。(東・地藏十輪經元慶點　一〇　14/13—15)　A—e

(七)　若し不二は因レ(り)て請に而說一か、補—處之相未レ尊《じ》カラ。(高・彌勒上生經贊初期點(朱)　1/2—3)　B—a

(八)　若し可レくは斷(つ)者、云何(ぞ)得《え》レむ言二(ふ)こと佛性是(れ)常一なりと。(東・大般涅槃經末期點　二八　15/2—3)　B—a

(九)　若し福は必(ず)捨(つ)るくは、本より不《ず》レ應レ作す。(東急・百論天安點　8/17—18)　B—b

(一〇)　若し依二(り)ては此の法一に、一切の諸の事無レし不二といふこと成就一せ。(京・蘇悉地羯羅經延喜點　5/14—15)　B—b

(一一)　若し以二て鬪諍一を而損減すと者《い》は、我れ從二り今日一更に不《じ》下復(た)與二阿修羅一と戰《(たた)か》上は。(東・大般涅槃經末期點　一九　12/20—21)　C—a

(一二)　若し得二とも良醫(と)好藥と瞻病一とを、及以不《エ》レネども得《え》、悉く皆得《う》レ差(ゆる)こと。(同　二六　8/9)　C—b　F—b

(一三)　若し來(り)て侵害すとも、心不二恚—恨一せ。若し種種に恭敬すとも、亦不《ぬ》二そ喜び悅一び。(石・大智度論第二種點　六　12/5)　C—b　C—d

(一四)　若し念ガ生する、是の時には知す。若し念ガ不《ぬ》レ生(せ)、是の時には不《ず》レといはば知セ、應二し念イ是レ知一なる。(東急・百論天安點　17/2—4)　D—b　D—b

(一五)　若し………心に生二し諦信一を歡喜して樂《ね(が)》レはむ聞かむと、如レき此(の)之人速(か)に得二む成就一すること。(京・蘇悉地羯羅經延喜點　7/15—16)　D—a

(一六)　若し无キものを而言《い》レふイ无し(と)、此レ有二(ら)む何の過一カ。(東急・百論天安點　9/17—18)　E—a

(一七)　若し心不善なるは、恐三怖す他一を。(石・大智度論天安點　二　15/31)　E—b

(一八)　若し人具三足せるは如レき上(の)六想一を、當レ知(るべし)、是の人は能(く)呵二し三界一を、………於二て三界の中一に不《ず》レ生三サ愛着一を。(東・大般涅槃經末期點　三八　10/1)　E—b

(一九)　有罪の憂苦の、若し未《(ぬ)》レをば生(せ)者、遮して令レム不レ(あら)生(せ)。若し已に生(せる)をば者、方便をもて令レむ脱(れ)。(石・瑜伽師地論初期點　五七　13/24—25)　E—b　E—b

(二〇)　若し諸の有情の心に多二クあるをば忿恚一、勸(め)て令二修忍一せしめム。(東・地藏十輪經元慶點　一〇　3/10)　E—a

(二一)　若し瓶は五身あるヲもて、有と一とにも亦應二し五身一ある。若し瓶は有レり形有レるをもて對、有と一にも亦應二し有レり形有レる對。(東急・百論天安點　18/16—17)　E—c

(二二)　若し欲《おも》三はむ成二就せむと藥法一を之時には、須三常に以レ(て)手を而按二スべし其の藥一を。(京・蘇悉地羯羅經延喜點　9/8—9)　E—c

(二三)　豪相若し(白)舒《(の)》(ぶ)るときには、便(ち)長サ无量なり。(高・彌勒上生經贊初期點　(朱)　1/2—3)　E—b

(二四)　若し有る一處には无二(し)といふことは第二の生一、斯レ有二(り)是(の)處《(ことわり)》一。(石・瑜伽師地論初期點　五七　2/8)　E—b

(二五)　若し任《タ》レへたる鬪に者ヲハ、則(ち)現《シメ》二シ聖王一に、若(し)不レる任(へ)者をば、退けて不《[ず]》レ令レメ現《ミ》シメズ。(東・大般涅槃經末期點　一二　14/14—15)　E—b

(二六)　若し有レる瓶ガ處には、必(ず)有二り有と一一と。(東急・百論天安點　19/1)　E—b

(二七)　若し使《し》三めマシカバ我が兒《コ》をして重《マタ》二カラ壽命一を、縱《タト》ひ我が身は亡《ウシナ》フとも、不レ(さら)マシ爲《せ》レ苦とは。(春・金光明最勝王經中期點　一〇)　F—a

（二八）如《モ》シ無二くは此の類の諸の花獻《たてまつ》一ること者、但（だ）用二（ゐ）よ白き粳米一を。（京・蘇悉地羯羅經延喜點　21/10）B—e

（二九）如《モ》シ先ヅ作二（り）て護摩一ヲ而後に食セば者、應二預メ作レ（り）テ食ヲ而出シ置一（く）べし之。（石・蘇悉地羯羅經略疏天曆點　六　25/21—22）A—c

（三〇）如《モ》シ後ニ有レラバ信、請フ、爲《ナ》二セ附ケ來《キタ》一スコトヲ。（興・三藏法師傳承德點　七　14/12）A—e

（三一）如《モ》シ蒙二リナバ一タビ披服一スルコトヲ、方ニ堪レ（ヘ）タリ稱二スルニ福田一ト。（同　七　5/15）A—b

（三二）如《若》し疊は非二（ず）は縷の所一作一に、可二（し）や從レ（ひ）て蒲に作一（る）べ邪。（東大・十二門論初期點　8/4—5）B—c

（三三）如《若》し刀をもて割レる身を、是の時には生レす惱を。若し刀をもて割レるとき身を、神イ亦（た）有レ（り）といはば惱すること者、神も亦（た）應レし斷す。（東急・百論天安點　14/13—14）D—b　A—c

（三四）般若波羅蜜は、甚深なり。无ミし相として可二（き）こと取リ信し受一す。若（し）能く信受せむ、是を爲二す希有一なりと。如《若也》（し）人空の中に種—殖せむ、是を爲二す甚（だ）難一しと。（石・大智度論天安點　六七　3/6—8）D—b

（三五）如《モ》シ行人一縁して住二（する）を於阿字一（に）、即（ち）名二（づく）阿字三昧一（と）。（東急・大日經義釋延久・承保點　五　74ウ）E—(b)

（三六）如《モ》（し）在二（り）て屏《（かく）》（れ）たる房一に祖《アラハ》レニするは膊を、非事なり。（天・南海寄歸傳末期點　二　14/12）E—b

（三七）如し重（ね）て來る者《もの》、至二るに舊《モト》の觸處一に、便（ち）爲《ナ》レる淨と也。（同　二　16/14—15）E—b

（三八）如《若也》（し）以二（て）事相一をもて作レ（りて）壇（を）而修二（する）ときは神足一を、亦於二彼（れが）中一（にして）坐して作（れ）之。（阿・大毗盧遮那經義釋初期點　14/5）E—e

（三九）如《も》（し）求二（むる）ときには出家一を、和レして僧（に）剃《ソ》レル髮を。（天・南海寄歸傳末期點　二　6/14）E—b

(四〇)　如《モ》シ欲《ホ》ニスレば直言一せむと、復(た)恐(る)ラ(く)は聞く者《もの》の見《ヲ》レレムことを怨《ウラ》ミ。(天・南海寄歸傳末期點　二　7/19）F―f

(四一)　設《モ》シ有ニらば餘衣一、長へて搭《カ》ニケヨ肩の上《クハ》一に。(同　二　11/20）A―e

(四二)　佛脱《モ》シ强ヒ抑《オ》シテ勸レ(め)て我を修(せ)しめたまはムものハ、非ニ(ず)・といふことぞ我が所樂一に。(石・妙法蓮華經玄贊中期點　六　28/28）E―b

(四三)　卽《モ》シ立ニテば齊―王一を、則(ち)復(た)爲《タメ》ニンセム〈別訓　タラム〉呂―氏一ノの。(毛・史記延久點　呂后本紀　複　13オ）A―a

(四四)　我(れ)卽《モ》シ崩《シ》ナバ、帝ノ年少《ワカ》シ、大臣の恐(る)ラクは爲《セ》レムコトヲ變を。(同　複　18ウ）A―f

(四五)　望《モ》シ(黑)不《(ず)》レ能レ(は)作すこと(黑)者《ハ》(黑)、猶(ほ)如ニ(し)垢衣の叢染一なるが。(東急・大日經義釋承保點　三　20オ）B―(b)

(四六)　望《モ》シ(黑)六根暗塞の者ヲバ(黑)、名(づけて)爲ニ(ふ)少聞一(と)。(同　三　20ウ）E―(b)

(四七)　儻《モ》シ〈別訓　タマ、、〉不レは遂《ゲ》レ心を、必(ず)起ニ(し)て瞋怒一を、毀《(そこ)ナ》レヒ國ヲモ滅レ(し)テム祀ヲモ。(石・大唐西域記長寛移點　五　36）B―a

(四八)　若如《モシ》自(ら)作ラバ者、想ニ(へ)此(の)□（梵字）阿字(を)於有レ(る)毒之處一(に)。(東急・大日經義釋承保點　九　17ウ）A―(e)

(四九)　或《も》し有レる遇(ふ)こと者《は》、悉く令ニ(め)タマフこと遠ニ離(せ)〔しめ〕一切の諸惡一を、如ニし來今の者一(の)。(東・大般涅槃經末期點　三　5）E―b

(五〇)　或《モ》シ去レ(ること)門(を)遠(くし)て急に須ニ(く)出入一す者《は》、當レ(に)(べし)觀ニす自身一(を)。(東急・大日經義釋延久・承保點　五　11ウ）B―(c)

「若其」「如其」をモシソレと讀んで、假設の副詞として用ゐる場合と、轉換の接續詞として用ゐる場合とがある。

(五一) 若(し)其レ不《ず》レは見《み》二此の天神一を、應三し更に用レ(ゐ)て心を經二てす九日一を。(西・金光明最勝王經初期點 七 12/5)

(五二) 若し其れ斷せば者、今諸の聖人は云何(に)してか得《う》レべき・とまうす有ること。(東・大般涅槃經末期點 三七 7/11―12)

(五三) 此(の)義若(し)是ならば、我(れ)當に受持せむ。如シ其レ非ならば者、我(れ)當に棄捨(す)べし・と。(石・大般涅槃經初期點 一八 15/4)

(五四) 如《も》し〈右 若也〉其れ放逸する者《もの》は、常に趣二く於死路一に。(石・大般涅槃經治安點 八 15/18)

(五五) 燈喩の若し吉(な)らば、我(れ)已に先に引(き)てき。如《も》し其れ不《ず》レは吉《よ》か(ら)、何故(か)後に説(か)む・と。(同初期點 三九 7/12―13)

(五六) 若し有る病人は、得《う》二るときには良醫と藥と及瞻病の者一とを、病ひ則ち易レし差え。如《も》し其れ不レるときには得《え》、則ち不《ず》レ可レから愈(ゆ)。(同 二六 6/16―17)

後者の用法については、接續詞の項で述べる。

なほ、「若・如」に通じてモシの意味に用ゐられるものに、「苟」がある。「苟」は、後にはもつぱらイヤシクモと讀まれるやうになつたが、古くはマコトニと讀み、イヤシクモの確實な例を見るのは、平安末期になつてからのことである。

(五七) 苟《マコト》ニ執二するイ三章一を、過則(ち)多(し)矣。(石・法華義疏長保點 一 1/5)

(五八) 苟《マコトニ》〈左 イヤシクモ〉或有レ(り)て虧(く)ること而得《エ》レバ成二すること菩薩の行一を、无レけむ有二(る)こと是の處《コトハリ》一也。(東急・大日經義釋延久・承保點 四 43オ)

(五九) 苟《(まこと)》に縱ヒ不《ス》レは禁セ、於二て長壽一に何(の)因(か)あらム邪。(白鶴・大般涅槃經集解初期點 一一 5/30)

(六〇) 苟《(まこと)》に伐《キ》レリ本を害レしては根を、枝葉安《イヅク》にカ在(ら)ム邪。(同 一一 6注)

(六一) 苟《(いやしく)》も不《ヌ》レ違レ(は)本(に)、斯を則爲レす善と。(興聖・大唐西域記中期點 一二 19/13)

(六二) 苟《(いやしく)》も將門(は)利帝ノ苗ー裔、三世之末葉《ハチヨウ》也。(眞・將門記承德點 複 16ウ)

(六三) 將門苟《(いやしく)》モ揚二(げ)テ兵ノ名ヲ於坂東一ニ、振二フ合戰ヲ於花夷一ニ。(同 複 20オ)

「苟」をマコトニと讀んだのは、斐學海の『古書虛字集釋』に、「苟」について

「苟」、「誠」也。「苟」、猶レ「若」也。

と言ひ、「誠」について

「誠」、「實」也。「誠」、猶レ「若」也。

と言つてゐるやうに、「若」の義を媒介として、「苟」と「誠」とは相ひ通ずるものがあつたため、「若」の義に用ゐられた「誠」に當てたマコトニの訓を、同じく「若」の義に用ゐられた「苟」に、そのまゝ利用した結果ではあるまいか。楊樹達の『詞詮』に

「誠」……於二假設時一用之。

として、その例に

王誠以一郡上太后爲公主湯沐邑(呂后紀)

を擧げてゐるが、毛利本『史記』延久點には、次のやうに讀んでゐる。

(六四) 王、誠《マコト》に以二(て)一ー郡一を上《タテマ》二(つりて)太后一に、爲《セ》二ヨ公ー主の湯ー沐の邑一ト。太ー后必(ず)喜《(よろ)コ》ビム。(呂后本紀 複 3オ)

ただし、「誠・苟」が「若」の義に用ゐられた場合、なぜモシと讀まないで、誤解されやすいマコトニの訓を選んだのか、その理由がわからない。なほ、「苟」をイヤシクモと讀んだものは、モシよりもカリニモと言つた方がよく當る場合が多いやうである。

假定の「若」をモシと讀むのは普通のことであるが、平安時代の訓點資料の中で、「若」にモシと付訓した確實な例は見當らない。それで、奈良時代との關連から、初期の用例は、モシではなく、ケダシと讀んだものとする説があるが、本書はこれに從はない。(注2) 同じく假定に用ゐられた「如」には、モシと付訓した多くの例があり、(三一)(三二)(三八)のやうな初期の例も、やはりモシと讀んだとしか考へられないが、これらにいづれも「若」の註が加へられてゐるのは、逆に「若」をモシと讀むのが常識だつたことを示すものであらう。(四五)(四六)に、「望」をモシと讀んでゐるのは、きはめて珍しい例であるが、辭書を調べても「望」に假設の意は見當らず、その據るところを知らない。

タトヒは、原文の「設・縦・假・假使・假設・假令・若使・縦使・縦令・正使・政使・設使・設若・設令・寧使」などを讀む。タトヒは、一般に假設の逆態條件句を、まれに順接條件句を構成するが、これに應ずる從屬句の述語は、活用語の終止形＋トモの他、次のやうに、さまざまな形を取つた。

從屬句の述語

A　活用語の未然形＋バ・ム

B　活用語の連用形＋ハ・テハ・トモ

C　活用語の終止形＋トモ・ベシ

D　活用語の連體形＋イ・イハ・ハ・モ・スラ・ニ・ヨリ・ヨリハ・ヲモテ・トキ

E　活用語の已然形＋バ・ドモ

F　名詞＋モ・ヲモテモ

G　その他

また、從屬句を受ける主句の述語も、活用語の未然形＋ムの他、次のやうに、さまざまな形を取った。

主句の述語

a　活用語の未然形＋ム・マシ・ジ

b　活用語の終止形

c　活用語の終止形＋ベシ・マジ

d　活用語の連體形

e　活用語の命令形

f　その他

タトヒをめぐる呼應の形式は、後世のやうにいまだ統一されず、いろいろな形が併用されてゐたのである。

(六五)　設《タト》ヒ爲《ナ》二(す)トモ賢者一ト、比丘の所レは問(ふ)不二(は)具(に)對一(へ)者、不レ應三(から)與(に)受二(く)具足戒一を。(石・沙彌威儀經中期點(角筆)　4/20)　C―(b)

(六六)　設《タト》ヒ能(く)具對して能(く)如レ(く)せば法の者、三師易レ得(やすく)アラク耳《(のみ)》。(同　4/27―5/1)　A―f

(六七)　設《タト》ヒ水少(く)シテ不《(ず)》レは足《タ》ラ、當(に)益《マ》レサシメよ水を。(同　10/8)　B―e

(六八)　設《タト》ヒ訶二罵せ(む)ときには汝《ナム》一チを、不《ジ》レ得二還(りて)語《もの(がた)》一(りする)こと。(同　5/22―23)　D―a

(六九) 設《タト》ヒ未《ネ》ニども轉依一(せ)、无漏をもて伏(せ)しが故(に)、障を不ニ現起一(せしめ)。(石・成唯識論寛仁點　一〇　1/14) E—b

(七〇) 設《(た)と》ひ我が口の中に有ニ(り)て千の舌、經ニて無量の劫一を讚ニ(し)たてまつるとも如來一を、世尊の功德をば不ニ思議一すべカラ。(西・金光明最勝王經初期點　五　2/14) C—b

(七一) 設ヒ苦相も合する者《い》は、一切是レ苦か邪。(石・瑜伽師地論初期點　五七　19/29) D—f

(七二) 設ヒ在《あ》ニれども一處一に、亦念念に滅す。(東・成實論天長點　一七　3/15) E—b

(七三) 設ヒ名レ(づく)れば佛と、何の失かある。(東・百法顯幽抄中期點　3/13) E—d

(七四) 縱《タト》ヒ有ニ(り)とも語言一は、曾て无ニクアム虛誑一。(東・地藏十輪經元慶點　四　5/24—25) C—a

(七五) 縱《タト》ヒ有《ア》ニリトモ五逆の等の極重の罪障一、亦皆銷滅(し)て、法定(め)て成就セム。(石・求聞持法中期點(角筆)　99) C—a

(七六) 縱《タト》ひ我が身は亡《ウシナ》フとも、不レ(ら)マシ爲《せ》レ苦とは。(春・金光明最勝王經中期點　一〇) C—c

(七七) 縱ヒ捨ニッといふトモ多(く)の身本一(を)、非ニズ證レする理を之因一には。(東・金剛般若經贊述仁和點　36/1) C—b

(七八) 縱ひ我が身は亡(せ)ヌとも、不《ザ》レラマシ爲《せ》レ苦とは。(西・金光明最勝王經初期點　一〇　6/7) C—a

(七九) 縱ひ懷ニくとも大なる怒一を、不下れ・・・・幷(せ)て苦《ね(むごろ)》に治罰上せ。(京・蘇悉地羯羅經延喜點　11/10—11) C—e

(八〇) 縱ひ陳ニすれば〈黑　ノブレドモ〉鄉祭一を、神祇不レ受ケ。(天・南海寄歸傳末期點　一　5/5) E—a

(八一) 縱ヒ无レケれども相而愈(よ)有レり相、何ぞ可レキ疑(ふ)。(飯・金光明最勝王經註釋初期點　80注) E—b

(八二) 縱ひ………無レくとも證ニすること悉地一を、終に不レらむ懷《う(だ)》ニ(か)於捨離退心一を。假ひ………逼ニメ惱すとも身心一を、亦(た)不レ應レ捨(つ)べから。(京・蘇悉地羯羅經延喜點　8/21—22) C—a　C—b

(八三) 假《タト》ヒ欲《△ホ》ニすとも存救一せむと、罕《マレ》レラなり識《シ》ニルこと其の儀一を。(天・南海寄歸傳末期點　一　9/4) C—b

(八四) 假ー使ヒ(白)遇ニヘラマシかば衆生一に、便に説ニ(か)マシ・といはむとぞ於一一を也。(石・法華義疏長保點 四 13/5) A—a

(八五) 假使ひ 有る 人………行ニすとも六波羅蜜一を、無レ(か)ラむ有ニ(る)こと方便一。(西・金光明最勝王經初期點 五 12/13) C—a

(八六) 假ー使ひ 日月は 墜ニ墮し 于地一に、或は 可ニクとも大地は 有ル 時に 移轉一す、我ガ 此の 實語は 終《ツヒ》に 不《じ》ニ 虛然一 には(あら)。(同 六 13/8—10) B—a

(八七) 假使ひ 大なる火の 聚《ほむ》ラ 滿ニ(ち)たりとも百踰繕那一に、爲レには聽ニ(か)むが此の 經王一を、直に 過ギて 無ニレ 辭《ハマカ》リ 苦《クル》一シブこと。(同 九 4/3) C—e

(八八) 假ー使ひ 山林野人の 輩も 亦(た)常に 供ニ養す 於天女一を。(同 七 12/26) F—f

(八九) 假使ヒ 梵王及(び)喬尸迦諸ノ 天龍等モ、不レ能レハ 破ニ(する)こと………誓願一ヲハ。(石・蘇悉地羯羅經略疏天暦點 六 4/18—19) F—f

(九〇) 假使ひ 恒河の 沙と ………諸の 山石とをもても、無ミし 能(く)喩ニすべキこと少分一にも。(西・金光明最勝王經初期點 九 3/27) F—f

(九一) 假使ひ 一の 月に 常に 以ニて 衣と 食一とを供ニ養し 恭ミ敬せむよりは一切衆生一に、不《ジ》レ如《(し)》下(か)有レ(り)て人一念も 念レ(し)て佛を 所レの 得む 功德の 十六分が 一上には。(石・大般涅槃經初期點 一九 15) D—a

(九二) 假使ひ 一(り)の人獨り 墮ニ(つ)るときには是の 獄一に、其の 身長く 大に(し)て八萬由旬なり。(同 一九 16/11) D—b

(九三) 假使ヒ 火滿ニて(れ)どモ三千界一に、身從ニして梵世一より而投ゲ 入るには、爲レの 求レ(め む)が法を 故にのみ不《ず》レ爲《(せ)》レ難(しと)。況(や)復(た)人間の 諸の 小苦には。(石・大方廣佛華嚴經初期點 三五 13/17—18) E—b

(九四) 今の 思惟は、假ー設ヒ 受ニ(け)て梵王の 請一を 說ニか 一乘一を 者《ば》、則(ち)有レ(り)て損无レ(け)む・といふことをイフ益也。(石・法

華義疏長保點　四　23/26—27）A—a

(九五)　就レ(きて)文に亦(た)三あり。第一には、明二す假—設ヒ欲レ(ふ)ことを説二か(む)と一乗一を。第二には、明二す无レ(く)して益有レらむといふことを損。三(に)は明二(す)息—化一を。(同　四　23/25—26）G

(九六)　假《タト》令ヒ患《ウレ》への狀の殊(な)らば、先づ須レし療二す其の本一を。(春・金光明最勝王經中期點　九）A—c

(九七)　假—令ひ我が舌を有二(らし)メて百千一讚二歎すとも一佛の一功德一を、於が中に少分をは尚難レけむ知ルことは。(西・金光明最勝王經初期點　五　2/16—17）C—a

(九八)　假—令ヒ………乳《チイ》高くして內に起《タ》テリとも、誠に在レ(り)無レ(き)に過。(天・南海寄歸傳末期點　二　11/20—21）C—(b)

(九九)　假—令ヒ後世に无レく罪不《ヌ》下すら爲二に善人一の所レ(れ)訶(は)、怨家に所《レ》上嫉(ま)、尚し不《ず》レ應三く(あら)故ラに奪二フ他の命一を。(石・大智度論第三種點　一三　7/12—13）D—b

(一〇〇)　假令ヒ三千大千世界に大(な)る火の滿レて(れ)どモ中に、尚シ欲下フ從二於梵天之上一より投レ(げ)て身を而下(り)て親(し)く自ラ受取上せむ(と)。(石・大方廣佛華嚴經初期點　三五　9/24）E—b

(一〇一)　假令ヒ下品ノ眞言(な)レドモ、而能ク成二就ス上品ノ悉地一ヲ。(石・蘇悉地羯羅經略疏天曆點　五　27/7）E—(b)

(一〇二)　若使《タト》ヒ………得二むといふこと安樂に住一することを是れ實語ナラバ者、願(はく)は令三(め)たまへ・トイフ………得二シメ金色の三十二相一を。(春・金光明最勝王經中期點　五）A—e

(一〇三)　若—使ひ………得二たりといふこと安樂に住一すること是レ實語とならば者、願レす令下(めよ)と………得《う》中金色三十二相と………一切の供養を皆悉く具足上セシむルことを。(西・金光明最勝王經初期點　五　9/25）A—b

(一〇四)　若使ひ菩薩是レ世間ならば者、不《じ》レ得三說(き)て言二(ふ)こと………是の菩薩能く知見覺一すと。(石・大般涅槃經初期點

一七　7/11）A―a

（一〇五）若使ひ 如來審に 如レく（の）たまはゞ是（の）者、明當に 選二び 撰（び）て良日吉星一を 然て 後に乃（し）往（く）ベシ。（同　二〇　6）A―c

（一〇六）若使ヒ 是ノ 色ィ 非二（ず）は因縁一に 者、一切の 凡夫不レ應レ（から）生三（す）於見色之相一ヲ。（石・蘇悉地羯羅經略疏天暦點　五　16/24―25）B―b

（一〇七）縦使《タトヒ》（黑）命は 淪《シヅ》ニムトモ夕景一に、希《ネガ》ハクは成二（さ）む一替《タイ》之功一を。（同　一　2/2）C―a

（一〇八）縦 使ひ 元より不《ず》ニとも作法一セ、此の 處を 即（ち）成（訓）ニす 其の 淨一に。（天・南海寄歸傳末期點　二　16/13）C―b

（一〇九）縦 令《タトヒ》（黑）失レゐども夏を、不レれ 退《シリゾ》ニケラレ下《シモ》の 行《ツラ》一に。（同　一　3/7―8）C―e

（一一〇）正使ヒ 水は 濁れりとも、佛有ニセば大神力一、能（く）令ニ 大海濁水を 清淨一（に）あらしめたまハム。（石・大智度論天安點　二　5/17　―18）C―a

（一一一）正使ひ 大（な）る火燒ニけども身首一を、終に 不《ず》三求レ（め）て救（ふ）ことを捨ニ（て）念法の 心一を。（石・大般涅槃經初期點　一八　8）E―b

（一一二）政使（ひ）滿ニ（た）むひとの 十方一に 皆如ニ（く）あらむと舍利弗佛一の ………亦（た）滿ニ（ち）てあらむ（と）い十方刹一に 盡レ（し）て思を 共に 度量すとも、亦復（た）不《じ》レ〈別訓　ス〉能レ（は）知（る）こと。（山・妙法蓮華經初期點　1/30―31）C―a（b）

（一一三）彼ぃ 設ヒ 若問ミはば修ニ行せむ（と）すると何（の）法一をか、答（へ）て言レヘ 除レ（か）しめムトゾ・ト糞を。（石・妙法蓮華經玄贊中期點　六　30/15―16）A―e（注3）

（一一四）設若（ひ）得レテハ睡（る）こと、夢に 見ニ………鴟鵄一ヲミ 或《あ》ル 時には 夢に 見下ム 著ニセル破故ノ 衣一ヲ 不淨之人上ヲ。（石・蘇

第六節　假定に用ゐられるもの

悉地羯羅經略疏天暦點 六 6/2―4) B―a

(一二五) 設使ヒ全ク助成(を)雖レ(も)不ニ(と)受用一(せ)而自(ら)受用セバ、物有ニリ所用一。(同 四 30/7―8) A―b

(一二六) 設―使ヒ遇レ(ふ)とも經に、不レは値ニ(は)解レる義を人一に者、亦(た)不レ得ニ了に分明に解一(る)こと也。(石・法華義疏長保點 四 5/26―27) C―b

(一二七) 設使ヒ諸天等ノ眞言ナレドモ、或(る)ときは爲《シ》ニ扇底迦一ト、……或(る)ときは爲ニス阿毗遮嚕迦一ト。(石・蘇悉地羯羅經略疏天暦點 四 27/9―10) E―b

(一二八) 設令《タト》ヒ有ニ(り)とも違フ者《(も)ノ》、終に不《じ》ニ敢(へ)て覆藏一(せ)。(春・金光明最勝王經中期點 二) C―a

(一二九) 設―令ひ有レらば違フこと者、終に不《じ》ニ敢(へ)て覆―藏一セ。(西・金光明最勝王經初期點 二 11/25) A―a

(一三〇) 設―令ヒ暫く往(く)とも、而も護ニらむ語言《も(の い)》一(ふ)ことを。(東・地藏十輪經元慶點 四 5/23) C―a

(一三一) 寧―使ひ不《ず》レ受(け)不《ず》レ持(た)不《ず》レとも修(め)、不下以ニては毀戒一を受持シ修集上(せ)。(石・大般涅槃經初期點 一七 14/24) C―(b)

A類は、順接の場合が多い。(六六)(八四)(九四)(九六)(一〇二)(一〇三)(一〇四)(一〇五)(一一三)などさうである。ただし、(一二九)は、(一二八)と同文で、逆接の意に解すべき場合である。B類の内、ハ・テハのつくものは、(六七)(一〇六)(一一四)のやうに順接であるが、トモのつくものは、(八六)のやうに逆接である。D類は(六八)(七一)(九二)のやうに順接が多いが、(九一)のやうに、順逆いづれにも取れるものもある。E類の内、ドモの付くものは、(六九)(七二)(八一)(九三)(一〇〇)(一一一)(一二七)のやうに、すべて逆接であるが、バの付くものも、(七三)(八〇)のやうに、逆接と解すべきものがある。F類は、(八八)(八九)(九〇)すべて逆接である。同じタトヒが、逆接の他順接にも用ゐられるのは、前述したモシが順接の他逆接にも用ゐられるのと同樣で、今日から見れば異樣であるが、モシとタトヒとは、單に假定を表はすのが本義で、順逆の區別はもともとなかつたのかも知れない。また、モシ・タトヒの訓が當てられた原文の文字は、大體にして兩者別であるが、「設」のやうに、兩方に用ゐられるものもあるのを見ると、兩者の混同は、あるいは漢字の用法そのものにも原因の一部があるのかも知れない。ただし、「若使」のやうに、「若」を含んだ熟語は、タトヒと讀んでも、意味は順接に限られるものもある。なほ、E類は、形は確定であるが、意味は、(六九)(七二)(七三)(八〇)(八一)(九三)(一〇〇)(一〇一)(一一二)(一一七)のやうに、トモと同じ假定である。それも、モシの場合に見られたところであり、確定形式が假定表現を兼ねるのは、他にも例が多い。

(注1) 例へば、『源氏物語』には、タトヒの例が四つある。

かゝる老法師の身には、たとひ憂へ侍りとも、何の悔いか侍らん。(薄雲 二ノ二三二) たとひあらんにても、かやうにしのびたらん事をば、いかでか傳へ知るやうあらんとする。(同 二ノ二三七) たとひ敢へずして仕うまつりさしつとも、殘りの寶もの、領じ侍る所〴〵、一つにても又取り爭ふべき人なし。(東屋 五ノ一四一) たとひまことに人なりとも、狐・木魂《こだま》やうのものゝ、欺きてとりもて來たるにこそ侍らめ。(手習 五ノ三四三)

第一・第四の二例は、横川の僧都の詞、第三例は、浮舟の父常陸守の詞、第二例は、地の文で、冷泉院が、源氏の子であることを知つて、古書を調べて前例を求めようとするが、容易に見つからないことを述べるところである。少い例がいづれも特殊な場合に用ゐられてゐる。三例は、僧侶とか田舍受領とかいつた、古風で固苦しい男性の詞に用ゐられてをり、一例は、天子が古書に前例を求める、極めて嚴肅で緊張した場面であつて、作者は、タトヒを、特殊な表現効果を狙つて、意圖的に用ゐたものと考へられる。タトヒは、訓點語から出て次第に一般化したが、『源氏物語』成立の當時は、和文では、限られた用法しか與へられない、訓點特有語だつたのである。

第六節 假定に用ゐられるもの

（注2）　小林芳規博士編『訓漢字一覽　第一部　傍訓』（稿）の副詞の項に

頗《若》し一念に業（ヲ）起（シ）次の忿に報を受（クルコト）有（リ）や（耶）（成實論天長點　一一　6）

如《若》………（同　一五　35）

向者如《若》し衆生は〔是〕殺の因緣なり（同　一一　6）

如レ是所言　爲《若》し有二何《の》義一《か》（百論釋論承和點）

如《若》其多《ナラ》者云何而言《い》衆生《の》佛生《も》亦如レ《シ(と)いはムヤ》是耶（西福寺本涅槃經古點）

如《若》其有レ《ラは》盡《こと》一人修《シ》已む時餘《も》則无レ《ラム》分（同）

如《若》し刀をもて割レる身を、是《の》時には生レす惱を（百論天安點）

脫《ケタシ》《若也》聞《て》大乘《を》勵懇深悔《セハ》（知恩院本法華經玄贊古點　一〇）

などの例を擧げ、これらの訓注に用ゐられた「若」はケダシを示すものとされてゐる。博士から直接伺つたところでも、「若」は、初期はケダシ、中期以後はモシと讀んだものと認めるといふことであつた。『萬葉集』には

馬の音のとどともすれば、松陰に出でてぞ見つる、けだし（若）君かと（二六五三）　沖行くや赤ら小舟につと遣らば、けだし（若）人見て開き見むかも（三八六八）

など、「若」をケダシと讀ませた歌があるから、平安初期の訓點資料にも、同じ例があつて差支へないが、少くとも、右の訓注に用ゐられた「若」は、ケダシよりもモシと讀むことを示したものと見る方が穩當ではないか。知恩院本『妙法蓮華經玄贊』卷一〇古點には、新・舊二種の白點があり、舊點は、コに甲・乙兩類の區別を留めた初期前半のもの、新點は中期のものと推定されるが、「脫」の訓ケタシは舊點で「氣太之」とあるから、平安初期前半に「脫」をケダシと讀む場合のあつたことは認められてよい。ただし、訓注の「若也」の方は、他の「爲・如」などに加へられた「若也」と同樣新點の疑ひがあつて、「若」をケダシに充てた確例とはしがたいのである。「脫」はモシと讀まれるのが普通であるから、その注「若也」も、モシと讀ませるつもりで、後から書き加へたものかも知れない。また、「若」の訓注がケダシを示すもの

とすれば、上記の諸例の「如」は、すべてケダシと讀んだことになるが、平安時代の訓點資料で、「如」をケダシと付訓した例を知らない。「若」は、假定の他、推測の副詞、選擇接續の接續詞としても用ゐられるが、本書では、すべてモシと讀むことにした。

（注3）「設ヒ若」のヒの假名は、「設」の右にあるため、中田祝夫博士の『古點本の國語學的研究　譯文篇』には「設ヒ若(し)」(二九四頁)と讀まれてゐるが、本書では、ヒは「設若」二字に加へられたものと見て、二字をタトヒと讀んだ。タトヒとモシとを續けて用ゐることは、他に例がないからである。光明院本『蘇悉地羯羅經』承保點に見える次の例も參考にならう。

假ひ使犯ニ(す)とも〈朱　ヲカセリトモ〉五無間一を、經ニ(て)於九夜一を割レ(き)肉を護摩せば、決定(し)て而來(り)て與ニ(へたま)ハム其の成就一を。(中　27|1—2) c—a

ヒのヲコト點は「假」に加へられてゐるが、「假使」には二字訓合の縦線があるから、二字を合せてタトヒと讀んだものとしか考へやうがない。

〔補説〕

六國史の宣命では、「假令・假使」などを假定の副詞として用ゐてゐるが、その中に、訓點語とは用法の異つたものがある。前に擧げた『續日本紀』の例や、『三代實錄』の次の例

假令世乃禍亂止之天、上件寇賊之事在倍岐物奈利止毛、………未ニ發行ニ之前爾。沮拒却賜倍。(貞觀一一年一二月)

は、タトヒと讀んで、逆態の意味に解すべきものであらうが、右の文に續く次の例

自レ此外爾、假令止之天、夷俘乃逆謀叛亂之事、………疫癘飢饉之事爾至萬天爾、國家乃大禍、百姓乃深憂止毛可レ在良牟乎波、皆悉未然之外爾拂却銷滅賜天、………夜護晝護爾、護幸倍矜奉給倍止、恐美恐美毛申賜久止申。(同)

は、「假令」の下に「止之天」がついてゐて、タトヒトシテと讀んだものと思はれるが、意味は、その前の「假令」と同じである。翌年二月の條にも、ほとんど同じ文が數回出て來るから、誤寫ではあるまい。陳述副詞にトシテの付いた例は他になく、きはめて珍しい語構成であるが、タトヒをタトヘと混同して、名詞的なものと見たのであらうか。また、タトヒとタトヒトシテを對句風に用ゐたのは、兩者の間に意味上の違ひがあつたのであらうか。

次に、「假使」には、同じ『三代實錄』に次のやうな例がある。

假使爾 無レ所レ職久 可レ有久止毛、朕耳目腹心爾 所レ侍奈禮波、特分ニ朕憂一止毛思保須平、（元慶八年六月）

「假使」は逆接を表はしてゐて、タトヒと讀んでよいところであるが、「爾」が送られてゐるため、一般にカリニと讀まれてゐるやうである。『萬葉集』に

三島江の入江の菰をかりに（苅爾）こそ我をば君は思ひたりけれ（二七六五）

のカリニは、菰ヲ苅《カ》リニのカリニにかけて、イイカゲンニ・ナホザリニ・カリソメニの意味を表はすものと說かれてゐる。右の「假使爾」が、もし、カリニと讀んでま違ひなければ、カリニを逆態のタトヒの意味に轉用した最古の例となるであらう。訓點語では、逆態の陳述副詞としては、上述のやうに、タトヒを用ゐて、カリニは用ゐなかつた。訓點語のカリニは、「假・權」などを讀み、『萬葉』の用法に近く、マニアハセニ・ベンポウ（便法）トシテの意味を表はす。

如來の 此の 說は 爲《セ》ニム 是れ 實事一とヤ。爲《セ》下ム・と是れ 虛邪世尊の 具ニ足（して）辯才一を、權《カリ》に 說中（き）たまふとヤ此の 理上を。（石・守護國界主陀羅尼經中期點一〇　9/10）

或《(あ)》可（る）い（は）隨レ（ひ）て時に、權《カリ》に 施《オ》ニイて 蓋一慢一を、讀レミ 經を 浴《アム》レシ像を、（天・南海寄歸傳末期點　二　15/9—10）

昔シ 能仁示ニ現して王宮一ニ、假リニ 歿ニ（し）たまひヌ雙樹一ニ。微言既ニ 暢ビテ（朱）至理亦（た）弘シ。（興・三藏法師傳承德點　八　6/11）

しかも、初期の間は、カリニではなくカリテといつた。

若（し）離ニ（れ）たるを有性无性一を假（り）て名（づけ）て爲ニす平等一と。（石・大智度論天安點　九六　8/10－11）

中期に入つても、カリテを踏襲してゐるものがある。

隨ニ（ひ）て其（の）所應一に、假（り）て說ニク所立と能立と法同一（じ）なりと。假（り）て說レ（き）しが同《（音）》と故に、不《ず》レ可ニ（から）一切の同喩の上の法を、皆難して令レ（む）有《（音）》とナラ。（小・大乘掌珍論天曆點　2/15）

したがつて、訓點語の立場からすれば、「假使爾」をカリニと讀むことには、躊躇せざるを得ない。タトヒトシテの訓から類推して、タトヒニと讀んだのではないかとも考へられるが、どうであらうか。

ちなみに、築島裕博士の『平安時代の漢文訓讀語につきての研究』に「タトヒには又、タトヘバと同じやうな意味での用法がある。」（五三八頁）として、

譬《ヒ》如ニ《く》壯士《の》屈申《する》臂項一《の》、（高・彌勒上生經贊初期點（朱）22/4－5）

假使《ヒ》烏《と》角鵄《と》乃至永《に》入ニ《こと》〔於〕涅槃一等《に（トノコトク）いへり》。（石・妙法連華經玄贊中期點　三　39/3）

第一《には》明ニ《す》假－設《ヒ》欲レ《ことを》說ニ《か（ム）と》一乘一《を》。（石・法華義疏長保點　四　23/25－26）

の例を擧げ、「さて、右のやうな諸例に依つて考へるに、タトヒといふ語は元來動詞タトフの連用形で、或る概念に添へて他のものをそれになぞらへるといふ意味を持つた語であり、廣く實在しない假定上のこと、又は比喩的なことを表はした。」（五三八頁）と說かれてゐる。

第二例は、他書からの引用であるが、出典がわからないため、前後の關係が不明で、「假使」が博士の言はれるやうな意味で用ゐられてゐるかどうか、判斷の手がかりがない。第三例は、本書に擧げた「假設」の用例（九五）と同じもの

である。「假設」を受ける述語は「欲」しかなく、タトヒ——オモフといふ變則な構造である。このタトヒは、タトヘバではなく、むしろ、カリニに近いのではないか。ここは、一乘の法を説かうと思ひながら、衆生が信じないで、三惡道に墜ちることを恐れ、法を説かないで涅槃に入らうかと、世尊が思ひ惱むところを、三段に分けて解説したものである。タトヒは、シバラク・イチオウ（一應）などに相當するやうである。第一例は、わたしの讀み方では

譬ヒ〈白　ヘハ〉如《(こ)と》下く〈白　ごとくぞといふ〉壯士の屈二申する□一を項上の、顯二す業決一定(し)て生すること〈白　せむイハ〉便(ち)速疾一なりといふことを。（高・彌勒上生經贊初期點（朱）22/4—5）□は臂か。

であるが、「譬ヒ」は、白點に「譬ヘハ」とあるやうに、タトヘバの意味と見なければならない。まことに珍しい例であるが、古くは、「譬如」をタトヘバ——ゴトシの意味で、タトヒ——ゴトシと讀むこともあつたといふことになる。なほ、わたしに氣のついた例を追加しよう。

揣《マロガ》二シて此の大地一を、猶《タト》ヒ〈ヲコト点　ひ〉如レく棗《ナツメ》ノ等(し)くして、易レし可二(き)こと窮め盡一(す)。（東・大般涅槃經末期點　二二　11/13）

「猶」にはタトヒの假名とヒのヲコト點とがあつて、「猶如」をタトヒ——ゴトシと讀んでゐるのである。普通ならば「此ノ大地ヲ揣スコト、ナホシ棗ノゴトク等シクシテ」と讀むところであるから、タトヒ——ゴトシを、チヨウド——ノヤウダの意味に用ゐたことになる。「譬如」をタトヒ——ゴトシと讀んだのも、チヨウド——ノヤウダの意味に解したものとすれば、同種の訓と見ることができるであらう。

設《タトヘハ（黑）》ひ〈左　テ〉於二事相之中一に、思惟修習シテ（黑）〈左　ヲ〉、亦(た)成二(らば)世間悉地一、功不《(じ)》二唐捐一(なら)。（東急・大日經義釋延久・承保點（朱）三　55オ）

「設」には、朱でヒのヲコト點と假名のテがあり、黑でタトヘハの假名がある。朱點は、タトヒ――成ラバ――唐捐ナラジと讀んでゐて、この場合のタトヒは、順態でモシの意である。黑點は、「設」をタトヘバと讀みながら、これに應ずるゴトシがなく、タトヘバがタトヒと同義に用ゐられてゐる。築島博士が指摘されたやうに、タトヒとタトヘバとの混同は、平安時代を通じて存在してゐたやうである。

第七節　推測・疑惑に用ゐられるもの

奈良時代には、ケダシ・ケダシクをオソラク・モシヤ・ヒヨツトシタラ・マンイチ（萬一）などの意味に用ゐた。ケダシクは、ケダシに副詞を作る接尾語クの加はつたもので、係助詞モを添へてケダシクモともいつた。ケダシ・ケダシクモは、假名書の他に「蓋・若・蓋雲・若雲」などを讀ませてゐる。

布勢の浦回の　藤波に　けだし（氣太之）來鳴かず　散らしてむかも（萬葉　四〇四三）けだしくも（氣太之久毛）逢ふことありやと　あしひきの　をてもこのもに　鳥網《となみ》張り（同　四〇一一）人目多み　直に逢はずて　けだしくも（蓋雲）わが戀ひ死なば（三一〇五）馬の音のとどもすれば、松陰に出でてぞ見つる、けだし（若）君かと（同　二六五三）

また、ケダシと同じ意味に用ゐられた「若」を、モシと讀んだ例があるが、モシの假名書き例がないので、モシかどうか不確實であり、ケダシと讀ませた疑ひもある。

若《モシ》有レ由哉《リユエヤ》。亦到ニ此間一之由奈何。（古訓古事記　上）吾疑下汝命若與《ナカミコトモシト》ニ墨江中王一同心乎《スミエノナカツミコオヤシコヽロナラムカ》上故、不ニ相言一。（同　下）

平安時代の和文では、ケダシ・ケダシクは用ゐず、もつぱらモシを用ゐた。初期の宣命にはモシクハらしい例があるが、和文では單にモシとだけいひ、下の語には、係助詞（疑問）のカ・ヤを伴ふのが普通であつた。

若久波《モシクハ》御陵内爾犯穢世留《ヲカシケガセル》事毛也在《コトモヤアル》止令ニ巡察一无止爲天奈毛（續日本後紀　嘉祥三年三月）もし見ヌ人戀ふる御病か。（宇津保　一ノ一一四）もし見給へうる事もや侍ると、（源氏一ノ一三〇）只今も死ぬる身なれど、もしやと頼みきこえさせてなむ、（宇津保　一ノ四四八）

訓點語では、ケダシ・モシの他、新たにオソルラクハ・ウタガハクハを用ゐた。ケダシは、原文の「蓋」を讀むことが多く、まれに「儻・脱」を用ゐた。

（一）尋《タヅ》ニヌルに舊—經の之來一ルことを、年代蓋《ケダ》シ久《ヒサ》シ。（東・地藏十輪經元慶點　一 1/20—21）

（二）蓋《(け)だ》し眞如聖教は者、諸法の之玄—宗、衆經の之軌—躅とあり。（石・説无垢稱經初期點　一 3/1）

（三）其（れ）作レる瓶を法、蓋《ケダ》シ（黑）〈朱　フタ〉須ミシ連《トホ》レシ口を頂《イタヾキ》ニ〈朱　に〉出《イダ》ニス（黑）〈朱　す〉尖臺《セム》一を。（天・南海寄歸傳末期點　一 6/20）

（四）昊《好反》天の之恩、蓋し在ニり於此一に。（知・妙法蓮華經玄贊中期點　七 5）

（五）于時に、寶歷《レキ》に創《ハジ》レメて基《モト》ヒを傳《ツタ》レフ匠《タク》ミを。蓋し寡《スクナ》レし致レ（す）こと令ミ（むる）こと（を）………呪の體と能とを倶に存ニ（せ）梵語一を。（西・不空羂索神呪心經寛德點　1/17）

（六）蓋し是（れ）自《み(づから)》習ニ（ひ）て東川一に妄（り）に談ニす（ら）く西國一に耳《のみ》。（天・南海寄歸傳末期點　二 5/25）

（七）蓋（し）彼岸之津涉《セフ》、正覺之梯航《テイカウ》タル者焉《ものカ》。（興・三藏法師傳承德點　七 4/20）

（八）夫人自（ら）念（は）ク、「儻《ケダ》（し）死（ぬ）ルときは遂に不レ（あらむ）かと得ニ經を竟一（ふる）こと。」欲ニフ起（ち）て誦一せむと之。（石・金剛波若經集驗記初期點　20オ）

（九）　儻他郎。徒郎二反上、設也、若也、譬也、偶也、太止比、又介太志（天治本新撰字鏡）

（一〇）　脱《ケダ》シ〈左 若也〉聞ニ（き）て大乗ーを勵懇深悔セバ、亦（た）不《じ》レ（く）アなり被《る》レマ殺（さ）。（知・妙法蓮華經玄贊中期點　一〇 22）ケタシは初期點

ただし、訓點語のケダシと奈良時代のそれとを比較すると、用法はかならずしも同じではない。例へば、『萬葉集』に用ゐられたケダシの用例一八、これに應ずる下の語は

「推量の助動詞ム＋係助詞カモ」を伴ふもの　六例

「係助詞カ」を伴ふもの　四例

「係助詞ヤ」を伴ふもの　四例

活用語の未然形＋接續助詞バ　三例

活用語の終止形＋接續助詞トモ　一例

すなはち、疑問・反語の表現に關するものが三分の二、假設の表現に關するものが三分の一である。しかるに、訓點語では、係助詞カ・ヤを伴ふ疑問・反語の表現が少く、活用語の終止形や、――ク・ラクノミの形を取る、確定表現が多い。『源氏物語』には、ケダシが一例あるが、

「風の力、けだし少なし」とうち誦し給ひて（乙女　二ノ二八九）

それは、『文選』豪士賦序の一節

落葉《ハ》俟ニ《チテ》微風ー《ヲ》以《テ》隕《ツ》、而《シテ》風《ノ》力《ハ》蓋《シ》寡《（すくな）シ》。

を引用したものであつて、やはり形容詞の終止形で結ばれてゐる。つまり、『萬葉集』のケダシは、モシヤ・ヒヨツト

シタラなどの意味に用ゐられることが多かつたのに對し、訓點語のケダシは、オホヨソ・ダイタイ（大體）ニシテの意味に用ゐられることが多かつたのである。そして、國語として、前者がケダシの本義とすれば、後者はその轉義といふことにならう。これは、王引之の『經傳釋詞』に「蓋、疑詞也」とも、「蓋者、大略之詞」ともいつてゐるやうに、「蓋」に兩方の意味があつて、『萬葉集』では、前者によつてケダシに「蓋」を當てたが、漢文訓讀文では、同じケダシを後者の場合にも借用した、その結果、「蓋」の字を繞つて、ケダシの意味が、モシヤ・ヒヨツトシタラからオホヨソ・ダイタイニシテに轉換したのではないか。(注1)

モシは、原文の「爲・頗」を讀むことが多く、まれに「或・莫」などを讀んだ。假定のモシと異つて、假設の條件句を作らず、下の語に疑問詞や係助詞カ・ヤを伴ふのが普通である。呼應の形式を整理すると、次のごとくである。

A　モシの下にヤ・カを伴ふもの

a　ヤが文中にあるもの

b　ヤが文末にあるもの

c　カが文末にあるもの

B　モシの下に疑問詞を伴ふもの

a　カが文中にあるもの

b　ゾが文末にあるもの

（一）　欲三受二持（せむと）するいは此の經一を、爲《モ》シ欲レ（ひ）てか得レ（むと）福を邪。（東・金剛般若經贊述仁和點　28/16）A－c

（二）　佛は於二然燈佛の所一にして智い證二（したまひし）於法一を時には、爲《モ》シ有二リヤ所得一不ヤ・トイフ。（同　30/10）A－b

(一三) 何の位に(し)てか修二習する順決擇分一を。爲《モ》シ五根の位ヵ。五力の位ヵ邪。(石・辨中邊論延長點 中 11/6—7) A—c

(一四) 我が所立の宗は、爲《も》し當に違二害せるべキ自相續の中の所生の現量一にや。爲《も》し當に違二害せるべキ他相續の中の所生の現量一にや。(小・大乘掌珍論天暦點 3/6—7) A—a

(一五) 如是といは爲《モ》シ據二(り)ていふか〈別訓 やいふ〉信の體一に、爲《モ》シ因《ヨ》二セテイフカ信の相一に。(石・法華義疏長保點 一 4/19) A—c

(一六) 諸(の)所執實に有二(り)とイハヾ我の體一、爲《モ》シ有二(り)や思慮一、爲(し)无二(し)や思慮一。(石・成唯識論寛仁點 一 3/8—9) A—b

(一七) 王、可下し・といふ遣二(し)て使幷(せ)て我が二(り)の子一を、往二(き)て彼の池の所一に、驗中(せ)シむ其の虚實たる彼の十千の魚は爲《若》(し)死(に)てヤある、爲し活上(き)てヤあるといふことを。(西・金光明最勝王經初期點 九 15/17—19) A—a

(一八) 有レ(り)て誰ヵ將に欲レ來ラムトすレバカ、現二セル此の神通力一を。爲《若》し是(れ)佛と菩薩とカ、爲《若》し梵と魔と釋天とカ。(東・地藏十輪經元慶點 一 4/29—30) A—c

(一九) 如レき是の所言は、爲《若》し有二ル何の義一か。(東急・大乘廣百論釋論承和點 10/20) B—a

(二〇) 此の魚は頭—數爲《若》(し)有二ル・といふ幾何一か。(西・金光明最勝王經初期點 九 11/17) B—a

(二一) 是の事爲し云何ぞ。願(ふ)。佛、爲に解説(し)たまゑ。(山・妙法蓮華經初期點 3/2) B—b

(二二) 佛法之中には頗《モ》シ有三(り)や孝二養すること父母一に不や邪と。(石・大方便佛報恩經中期點 一 2/23) A—b

(二三) 太子卽(ち)問二(ひ)て道人一に言(は)く、「頗《モ》シ聞二くや葉波國の王の太子須太拏一をば不や。」(石・佛説太子須陀拏經中期點 7/22—23) A—b

(二四) 婆羅門邃に入二(り)て山の中一に逢二ひぬ一(り)の獵者一に。問(ひ)て言(はく)、「汝在二れば山の中一に、頗《モ》シ見二(る)や太子須太拏一(を)不や。」（同 9/23—24）A—b

(二五) 頗《モ》シ有二(り)て因縁一得《う》二や破戒一すること不や。（東・大般涅槃經末期點 一二 2/29）A—b

(二六) 問二(ひ)て彼の諸の大衆一に、「頗《若也》シ有三(り)ヤ・といひキ法師の名は寶積といふが、功德成就して化二する衆生一を。」（西・金光明最勝王經初期點 九 1/17—18）

(二七) 校尉、頗《モ》シ聞丁(け)リヤ涼州ノ人ノ說丙(く)ヲ有二(り)テ僧玄奘一欲乙(すと)向二(ひ)テ婆羅門國一ニ求甲(めむ)ト法ヲ不ヤ。（興・三藏法師傳延久・承曆頃點 一 10/9）A—b

(二八) 頗《若》し有二らば因縁一、得レむ(や)破レ(る)こと戒を不や。（石・大般涅槃經初期點 一一）A—b

(二九) 頗《若也》(し)有レ(り)て人能(く)說二(か)むや此の良醫の妄虛の罪一を不や。（龍・妙法蓮華經末期點 六 6/4）A—b

(三〇) 竊(か)に作二(さ)く是(の)念一を、「此れ或《若也》(し)是(れ)王か、或(し)是(れ)王と等(し)きものか。………若(し)久(しく)住レせば此(こ)に、或《若也》(し)見二れて逼迫一せ、强ひて使二(め)てむか我を(し)て作一(さ)。」（龍・妙法蓮華經末期點 二 26/3—6）A—c

(三一) 訖栗枳王夜作《(よ)るナ》二せり十の夢等《ら》一を。白レ(し)て佛(に)言《まう》さく、「我(れ)作二せり十種の惡(し)き夢一を。有二(ら)む何の災一か也。莫《若也》(し)是(れ)有二(り)て惡人一侵二さむや我が境土一を。」（東・百法顯幽抄中期點 45/23—25）A—b

「爲」を持つ文が二回以上繰り返される場合には、モシと讀まず、サ變動詞スに讀んで、下の語に係助詞ヤを補ひ、

——ヤ——セム、——ヤ——セム。

といふ形を取ることがある。（注2）

(三二) 我(れ)今自(ら)於レて智に疑惑して不《ず》レ能レ(は)了すること。爲《せ》二む是は究竟の法一なりとや、爲《せ》二む是は所行の道一なりとや。（山・

妙法蓮華經初期點　3/3—4）

（三三）汝經—已するに、爲二む白き心の多一しとや、爲二む黑き心多一（し）とや。（東・百法顯幽抄中期點　36/19）

（三四）是の諸の行相を爲《せ》二む一人に具一せりとや、爲《せ》二む當《ハタ》多人に具一せりとや邪。（京・蘇悉地羯羅經略疏寛平點　二　2/19）

（三五）觀二せよ眞言の性爲《せ》レむ喜とや、爲《せ》レむと怒とや。（京・蘇悉地羯羅經延喜點　29/26）

（三六）彼（の）佛といふは者、爲《せ》二む是れ三昧の中に所レの現せる之者《もの》一とや。爲《せ》二むと是れ本の如來一とや邪。（築・大毗盧遮那成佛經疏保延移點　13ウ）

まれに——ヤ——スル、——ヤ——スルの形を取ることがある。

（三七）若（し）謂（は）まく、「爲レ有レ（り）とヤスル生、爲《〔する〕》レ在二りとヤスル一心の中一に、爲《〔する〕》レ在二りとヤスル衆心の中一に。（東大・十二門論初期點　4/12）

（三八）爲《す》二る身の痛一とや耶、爲《す》二る心の痛一とや乎。（東・大般涅槃經末期點　一九　7/26）

また、——トセムカ、——トセムカと讀むこともある。

（三九）爲《せ》二むか身の痛一と耶、爲《せ》二むか心の痛一と乎。（東・大般涅槃經末期點　一九　2/4—5）

「頗」は、一般に程度の副詞としてスコブルと讀むが、初期の訓點資料の中には、モシと讀むべき「頗」をもスコブルと讀んだらしく、ルを送つた例がある。スコブルの原義は不明であるが、スコブルと讀むことが多かつたため、モシの意味の「頗」にも誤つてこの訓を當てたのであらうか。

（四〇）頗る有下（り）や未《ぬ》レ受レ（け）記を菩薩聞二（き）て是の深般若一を、不レ驚（か）不《ぬ》レ怖（り）者《人》上不や。（石・大智度論天安點　六七　11/10—11）

（四一）是の人は|頗る有二（り）て事實一|不《(ず)》二あるをしや空なる者《もの》一にあら|不や。（同　九六　11/15―16）

（三一）のやうに「莫」をモシと讀むのは、何の義に基づくのか知らない。オソルラクハ・ウタガハクハは、訓點語にのみ用ゐられる特殊な副詞である。上二段活用動詞オソルの終止形、四段活用動詞ウタガフの未然形に、接尾語ラク・クと係助詞ハとを添へて、オソレルコトハ・ウタガフコトハの意味で副詞としたものである。本來は

（四二）得し已（り）て|恐レ（るる）が|著レせむかと味に故（に）、（石・大智度論天安點　八七　4/3）

（四三）不《ず》三爲に説二（き）たまハ餘の乘一をは。|恐《オソ》二りてなり聞（き）て而|謗《ソシ》レラムカト法を。（東・地藏十輪經元慶點　九　10/22）

（四四）|恐二（り）て聽（く）こと|不《じ》レかと明にあら、重（ね）て令二む諦聽一（せ）。（高・彌勒上生經贊初期點　2/15）

（四五）異端並に興（る）とき（は）、|疑レ（ふ）|有二（らむ）かと非常の之《(音)》説一也。（石・法華義疏長保點　二　7/29）

のやうに、下から返つて、――カトオソル、――カトウタガフと讀むべきものを、原文の語序に引かれて倒置したために生じた、翻譯文法の一種である。從つて、これに應ずる述語は、係助詞カを伴ふのが普通であるが、カの代りにヤを伴ふものや、コトを伴ふもの、その他種々な場合があつて、呼應の形式はさまざまである。

a　活用語の未然形＋ムカ
b　活用語の未然形＋ジカ
c　活用語の未然形＋ム
d　活用語の終止形
e　活用語の終止形＋ラム

f　活用語の連體形＋ヤ

g　活用語の連體形＋ムコトヲ

h　活用語の連體形＋ムモノゾ

i　名詞＋カ

（四六）懼《オソ》ロラクは、空に踈ニ(に)して於冒《ヲカ》レセリ(し)こと(に)思を、濫リガハシク叨《ムサ》ニブリて殊の禮ーを、慚ニ惡《ハヂハ》ヅ屛營ーに。（知・三藏玄奘法師表啓初期點　92）d

（四七）若(し)不《ず》ニは結ニ集せ三藏の聖教ーを、聖教不レして久(しくあら)即(ち)滅しなむ。恐(る)らくは中《アタ》ニりなむか他の外道の言ーに。（東・百法顯幽抄中期點　36/11―12）a

（四八）恐(る)ラクは、行者只(だ)讃ニ歎(し)テ所讃ーヲ、心不レ(ら)ムカ涉レ(ら)餘に。（石・蘇悉地羯羅經略疏天曆點　六　14/9）a

（四九）我(れ)今沒ニ(り)て憂の海ーに、趣レ(か)むこと死に將に不《(ま)》レじ久(し)クある。恐(るら)くは子の命は不《じ》レかと全から。（西・金光明最勝王經初期點　一〇　8/5）b

（五〇）良ニ恐(るら)クハ、言似(たれ)ドモ而意違ヒ、詞近クして而旨《(む)ネ》遠シ。（興・三藏法師傳承德點　八　12/10）d

（五一）「我レ聞下(き)つ薩埵が作ニ(し)て悲の言ーを、見ニ(れ)ば彼の餓(ゑ)たる虎ーを、身羸レ瘦せて飢(う)ル苦に所《ル》レ纏(は)。恐(るら)くは食ちむヤ・といふことを子をゾ。（西・金光明最勝王經初期點　一〇　5/2―3）f

（五二）未レ有ニ(ら)胤―嗣ー。恐(る)ラく(は)、絕ニ(え)ムことを宗―緒ー。（興聖・大唐西域記中期點　一二　10/25）g

（五三）奉ニ(し)先帝の宮室ーに、常に恐《お(そる)》ラクハ、羞《ハヅ》カシメムコトヲ之。（東北・史記延久點　孝文本紀　複　34）g

（五四）其の前の六といふ字は、應ニし萬といふガ上《(う)へ》に安《オ》ーく。只《タダ》―恐ラくは、梵―本誦せるに有ニるを(も)て參―差の過、澤―家自ラ

成レせる謬《あやマチ》を算か。不《す》レは爾《しか》(い)は便(ち)小《カ》ニケヌ一億五萬歳一。(高・彌勒上生經贊初期點　20/13)i
(五五)　斯の二(つ)の穴より、恐(るら)くは、蟲・塵入《イ》ラムものぞ。(天・南海寄歸傳末期點　一　6/24)h
(五六)　我も今疑(は)くは、弟は捨ニ(てつ)らむ其の身一を。(西・金光明最勝王經初期點　一〇　5/3)e

ウタガハクハは、後にはウタガフラクハともいふやうになつた。

(五七)　竊(か)に疑フラクハ、正—聲之已(に)失セムコトヲ。(書・文鏡秘府論保延點　2オ)g
(五八)　疑(ふ)ラクハ、是ノ度ビ必(ず)得ニテムト渡海一ヲ。(觀・唐大和尚東征傳院政期點　複　14ウ)c

(注1)　山田孝雄博士『漢文の訓讀によりて傳へられたる語法』二〇、「けだし」の項參照。
(注2)　三保忠夫氏「蘇悉地羯羅經古點の訓讀法」(「國語學」一〇二集)によれば、「爲」をモシ——カ(ヤ)と讀むことは、初期古點本に廣く行なはれたが、中期以降は一部に偏在するだけで次第に衰へ、これに代つて——ヤ——セムが一般化するといふ。

第八節　疑問に用ゐられるもの

奈良時代には、イカニ・ナニ・ナゾ・ナドを用ゐた。イカニの用ゐられる場合には、單獨で用ゐられるもの、係助詞カを伴つてイカニカの形で用ゐられるもの、下の語に係助詞カを伴ふものなどがあり、また、サ變動詞ス、形式名詞サマ、接尾語バカリなどと結合して、イカニシテ・イカサマ・イカバカリなどといつた。

春の柳とわが宿の梅の花とをいかにか別《わ》かむ(萬葉　八二六)いかにして戀止まむものそ(同　三三〇六)いかさまに思ほし

めせか（同　一六二）いかばかり戀しくありけむ、松浦さよ姫（同　八七五）

ナニは、代名詞としてよりも、副詞として用ゐられることが多く、その場合には、係助詞カを伴つてナニカの形で用ゐられるもの、係助詞ゾを伴つてナニゾの形で用ゐられるもの、間投助詞シと係助詞カとを伴つて、ナニシカの形で用ゐられるものなどがあり、また、サ變動詞ス、助動詞ム、係助詞ゾ、格助詞ト・ニなどと結合して、ナニストカ・ナニセム・ナニセムニ・ナニスレソなどの複合語を作つた。

ナニスレソは、平安時代ならば、接續助詞バを伴つてナニスレバゾといふべきところであるが、奈良時代には、順態の確定條件句を作るのに、かならずしもバを必要としなかつたので、スの已然形から直ちに係助詞ゾに續けたのである。以上の他、小川本『新釋華嚴經音義私記』には、ナニセムトソの形もある。

ナニセムは、ナニニシヨウの意。ナニストカ・ナニセムニ・ナニスレソは、それぞれニュアンスの違ひはあつても、要するにナンデといふのと同じである。ナニセムニのニを感動の終助詞と見て、ナニセムニがナニニシヨウゾの意味で文を終止する場合のあることを認めようとする說もあるが、本書ではそれに從はない。

ナゾは、ナニソの約、ナドはナニトの約といはれてゐるが、ナニゾ──→ナンゾ──→ナゾ、ナニト──→ナンド──→ナドの過程を經たものとすれば、奈良時代に撥音便のあつたことを認めなければならなくなる。ナゾとナドとを比較すると、兩者の間には若干の相違があり、ナゾは形容詞文の來ることが多く、ナドは下に係助詞カを伴ひ、動詞文の來ることが多かつた。

戀ひ死なむ後はなにせむ（萬葉　五六〇）ほととぎす月立つまでになにか來鳴かぬ（同　三九八三）なにそこの子のここだ戀しき（同　三三七三）なにしかも霧に立つべく嘆きしまさむ（同　三五八一）なにすとか妹に逢はずて我がひとり寢む（同

七三三）なにせむに人目人言言痛み我れせむ（同　七四八）なにすれぞ母とふ花の咲き出來ずけむ（同　四三二三）なにとかもうつくし妹がまだ咲き出來ぬ（書紀歌謠　一一四）汝何所為《奈爾世牟止曾》（小・新釋華嚴經音義私記　下）なぞここばいの寢らえぬも（萬葉　三六八四）山ほととぎすなどか來鳴かぬ（同　四二一〇）

平安時代の和文では、イカニ・イカガ・イカデ・ナゾ・ナドなどを用ゐた。イカガはイカニカの約であるから、疑問の係助詞カがなくても、文末は連體形で結ぶのが例である。イカデは、イカニシテの約と考へられ、疑問の他、既述のやうに願望を表はすこともあつた。ナニは、奈良時代と反對に、不定代名詞として用ゐられることが多く、疑問の副詞として用ゐられることは少くなつた。

かの人もいかに思ふらんと、いとほしけれど（源氏　一ノ一一九）そらにいかゞは推しはかり思ひくたさむ。（同　一ノ五八）いかにしてかゝる事ぞと、後におもひめぐらさむも（同　一ノ一一六）わかき人々はまねをしわらへど、いかでか知らん。（枕　四六）なぞかう暑きに、この格子は下されたる。（源氏　二一〇）數ならぬ身を見も放たで、などかくしも思ふらん。（同　一ノ七〇）なにかめでたからん。いとにくくゆゆしき者にこそあなれ。（枕　八〇）

訓點語では、イカニ・イカガ・イカニゾ・イカニシテ・イカデ・ナニゾ・ナニセム・ナニセムゾ・ナニスレゾ・ナニスレカなどを用ゐ、原文の「何・那・盍・孰・安・寧・焉・云何・如何・奈何・若爲・何爲・若爲」などを讀んだ。ただし、イカデはまれにしか用ゐず、ナニゾ・ナニスレゾ・ナニスレカは、撥音化して、それぞれナンゾ・ナンズレソ・ナンズレカとなつた。ナニセムはナニニシヨウの意。ナニセムゾは、文中ではナンデ、文末ではナニニシヨウゾの意味を表はした。これらの副詞に應ずる述語は、活用語の連體形を用ゐた。

（一）南普賢と者《イ》ハ、何《イカ》ソ也。（東急・大日經義釋延久・承保點　一四　70オ）

(二) 大聰明智惠は无レし那《イカ》ニといふこと。相レ(するに)命(を)全(ら)短(し)といふ。(石・金剛波若經集驗記初期點　複　20)

(三) 菩薩摩訶薩の欲レ(は)む行ニせむと般若波羅蜜一を時には、云何にせむをか名レ(づく)ヘき住ニすとは………檀波羅蜜一に。(石・大智度論天安點　六七　4/3―5)

(四) 雖レも有ニりと良き呪と上妙の好藥一と、无ニし如《イカ(ニ)トスル》―之―何一こと。(東・大般涅槃經末期點　一二　11/22)

(五) 云何《(い)か》にスレバカ身の衰壞し、諸の大の有ニル增―損一すること。(西・金光明最勝王經初期點　九　9/3)

(六) 云何にか教ニ(へ)て新發意の菩薩一を令レ(む)ヘき知ニ(ら)是の性空一を。(石・大智度論天安點　九六　12/13)

(七) 棄《ス》レテ(て)人を用レ(ゐ)る犬を、雖レ(ども)猛《タケ》シト何《イカ》にか爲《せ》む。(東洋・春秋經傳集解保延點　複　7オ)

(八) 喪《ホロ》ニボセリ果を於无量一に。何の苦か如《イカ》ゝアラムヤ之。所以(に)傷歎す也。(石・法華義疏長保點　五　4/7)

(九) 時の衆同レ(じか)らば此(れ)に、欲《イカヾセムトスル》―如之―何。(天・南海寄歸傳末期點　一　4/2)

(一〇) 今日遭レ(ふ)こと苦《ク》ニ　大底《タイテイ》何爲《せ》ム。字書、伊加、世牟也　(眞・將門記承德點　複　17オ)

(一一) 眞の體若(し)無ならば〈白　くは〉、何にの欣あれか修レせむ證することを。〈朱右別訓　何《イカ》ニゾ修證セントㇾ欣《ネガ》ハム〉。(東急・大乘廣百論釋論承和點　7/1)

(一二) 非レ(ず)定(に)非レ(ず)惠に。斯(れ)焉《イカ》ニゾ取レ(らむ)斯(を)。(黑・金剛波若經集驗記初期點　複　26)

(一三) 若《イカ》―爲ぞ譏ニ嫌する式叉摩那一を。豈不《ず》レ(あら)むヤ致レ(さ)〔す〕譏を。(石・大智度論初期點(三種)　一三　24/27―25/1)

(一四) 亡《(な)》ニ(し)春の風之被―離一たる(こと)兮。孰《イカ》ゾ〈朱　イツ〉焉知ニ(ら)む龍之所レを處る。(上・漢書揚雄傳天暦點　45)

(一五) 各亦(た)並レべ(て)時を而得レたり宜(しき)ことを。奚《イカ》ゾ必(ずしも)同レ(じくして)條を而共《トモ》レ(に)せむ貫を。(同　397―398)

(一六) 表既(に)實に无なり。无表い寧《イカ》ムぞ實ナラむ。(石・成唯識論寛仁點　一　11/1)

（一七）盍《イカ》ンゾ得二子春丸之注一ヲ、豈ニ殺二害(せ)ザラム將門等之身一ヲ。（眞・將門記承德點　複　8ウ）

（一八）奈何《イカ》ゾ仍《ナ》ヲ看二て西―涼―伎一を、取レ(り)て笑《エミ》を資《ト》レリて歡を無レキ所レ愧(づ)ル。（神・白氏文集天永點　四　複　4ウ）

（一九）事並に虛謬なり。焉《イカ》ぞ所レ(な)ラムヤ導《ヨ》ル乎。（東急・三敎治道篇保安點　下　7/7）

（二〇）云何《イカ》ニゾ心法染二する貪瞋癡一に。（書・大乘本生心地觀經院政期點　3/3）

（二一）凡夫の二心其の相云何《イカ》ニゾ。（同　7/14）

（二二）何而《イカ》ニシテカ備《ソナヘ》二儲(け)テ如法之供養一(を)、欲レ(へ)ドモ奉二(らむと)三世(の)三寶……菩薩一(に)、（東大寺諷誦文稿初期點　1/29）

（二三）此(こは)去二(ること)泰山一(を)三千餘里(なり)。經レ(ること)途(を)既(に)遠(し)。若爲《イカ》ニシテカ能(く)到(らむ)。（黑・金剛波若經集驗記初期點　複　8）

（二四）若―爲《イカニ》シて〈左　イカテカ〉將《モ》レて苦《ク》を度《ワタ》二ラ(む)〈別訓　ワタサム、左　オクラム〉殘―年一を。（神・白氏文集天永點　三　複　23ウ）

（二五）菩薩は云何にしてか住二する般若波羅蜜一に。（石・大智度論天安點　六七　6/20―21）

（二六）至二(り)なば其の母の所一に、我(れ)當二きに奈―何《イカ(に)シ》テカ得レ之を。（石・佛說太子須陀拏經中期點　11/7）

（二七）傍人那《イカ》デカ得レむ知(る)こと。（德富本文鏡秘府論院政期點　地　9ウ）

（二八）詣《イタ》二ル道―場(に)之夷《タヒラ》カなる路一に、何《ナン》ぞ莫レ(け)む由二(る)もの斯《コ》の之道《ミチ》一ニ也。（西・不空羂索神呪心經寬德點　1/4―5）

（二九）何《ナ》ゾ勞《い(たは)》(し)く更(に)煩《ワヅラ》ハシク學レする律を。（天・南海寄歸傳末期點　一　15/14）

（三〇）那《ナ》ゾ得《え》二(む)や復(た)住《トヾマ》テ布施せむこと七日に促《イタ》一ル(こと)をは。疾く出(で)て去《さ》(り)ね。（石・佛說太子須陀拏經中期點　4/8）

（三一）汝那《ナン》ゾ賣二(り)て我(が)所乘の馬一(を)自(ら)費(す)。（前・冥報記長治點　複　57ウ）

（三二）卿故《キミコトサラ》に遠（く）より來（り）て欲レへり得二（む）と我が男女一（を）。奈｜何《ナソ》不《ざ（ら）》二（む）や相ひ與一（を）。（同　10/14）

（三三）其（れ）奚《ナ》ゾ〈別訓　ナノ〉哀《カナ》シブ志カ之〔か〕有《ア》ラム。（東北・史記延久點　孝文本紀　複　37）

（三四）身は雖二も能く持レ（つと）戒を、心は爲レに欲の所《レ》レたり牽（か）。斯の業は不《（あら）》二ず清淨一に。何用三（ゐ）ること是の戒一を爲《せ》む・といはむとぞ。（東急・百論天安點　6/18）

（三五）大姉（呼掛）、汝は尙（し）年は少し。腋の下に始（め）て有レり毛。何〔そ〕須二キものを便｜爾自ラ毀一（つ）、修二すること梵｜行一を爲《ナニ》セムゾ。不レ如《（じ）シ》カ、及レ（び）て時に五｜欲を（も）て自ラ樂セムには。（斯・願經四分律初期點　21/19―21）「爲」の右「何」あり。

（三六）汝等《ら》が本宗も皆許二せども无二一と、而言三法有一といふ。輒く難すること何爲《せ》むぞ。（東急・大乘廣百論釋論承和點　4/26―27）

（三七）若（し）菩薩い知二らば諸法の實相一を、何用レ（ゐる）こと行二することを布施等一を爲《せ》むぞ。（石・大智度論天安點　九六　5/30）

（三八）无學い既（に）還（り）て受レ（け）たり苦を。何用レ（ゐる）こと修レ（する）ことを道を爲《せ》むゾ。（石・妙法蓮華經玄贊中期點　三　17/7―8）（注1）

（三九）何用三（ゐ）る更に起二すことを解脱道一（を）爲《せ》むぞ。（東・百法顯幽抄中期點　4/17）

（四〇）若（し）有三らば眼見をもて得二（る）こと清淨一を、何せむぞ用二（ゐ）ム智慧功德の寶一を。（石・大智度論天安點　三　16/29）

（四一）由二（り）て是の因緣一に愁憂し焦惱し、拊《ウ》レチ胸《ムネ》を傷《イタ》ミ嘆キ、悲（し）ビ泣キ迷悶して、「何セムゾ乃チ我が功を唐《イタヅラ》｜捐ニして无レ（かり）ツラム果。」（石・瑜伽師地論初期點　二三　6/21―22）

（四二）況や玄匠《上反》の開二（く）い眞一の門一を、何｜爲《ナズ》レソ不レや能三（は）長劫を爲《す》二ること短時一と邪。（石・法華義疏長保點　二　25/29―30）

（四三）若（し）纔（か）に足《タ》ルバカリ而｜已《ノミ》スルコトニ、何｜爲《ナス》レソ不レらむ得。（天・南海寄歸傳末期點　一　13/22）

（四四）當レ（り）て時に問（ひ）て曰（は）く、「斯（れ）非二（ず）聖教一に。何｜爲《（なん）ズ》レソ然ル乎。」（同　二　4/5）

(四五) 謂ニ(ひ)て法師一に曰(はく)、「弟子、先(き)の時に、何ー爲《ナズ》レソ不レ(り)し來(ら)。」(興・三藏法師傳永久點 五 4/20)

(四六) 巡遊禮讃足レレリ像《カタド△》ニルニ平生一ニ。何ー爲《ナズ》レカ至レ(り)テ斯(こ)ニ△而更ニ捨(てむ)也。(同 五 1/19)

ナニスレソは、まれにナンニスレソといふことがあつた。ナニスレソとナンスレソとの混淆であらうか。

(四七) 淨行既に同じ。何ー爲《ナンニス》レゾ見ー拒《フセ》ガル・ト。(石・大唐西域記長寛移點 八 238)

フセカルは、フセカルルとあるべきところ、係り結びの呼應が亂れてゐる。

ナニセムゾを用ゐる文は、構文が二つの型に分かれる。

A ――スルコト・ナニセムゾ

B ナニセムゾ――スル

(三四)(三五)(三六)(三七)(三八)がAに、(三九)(四〇)(四一)がBに屬する。そして、ナニセムゾが兩者で意味を異にし、Aではナニニシヨウゾ、Bではナンゾといふのに當つてゐる。(三五)は、「何」にソのヲコト點と、右に下と呼應する縱線があり、「爲」の右に白墨で「何」を記し、「何ー爲」を弧線で結んでゐる。すなはち、初めは「何ゾ……梵行ヲ修スル」と讀む予定で、「何」にゾのヲコト點を加へたが、文末に「爲」のあることに氣付き、「何ー爲」を呼應させて、「……梵行ヲ修スルコトナニセムゾ」と讀み改めた。そして、ナニセムゾが「何ー爲」の訓であることを明かにするために、「爲」の右に「何」を記し、兩者の間に孤線を引いたものと考へられる。(三八)は、「何」の左に「一」、「爲」の左に「二」の返り點があり、「何」と「爲」とを呼應させて、ナニセムゾと讀むことを示したものである。

ところで、裴學海の『古書虚字集釋』を見ると、

「爲」疑問之詞與ニ「乎」字一同レ義。

とあつて、文末の「爲」に、疑問の「乎」と同じ意味を認め、

荀子成相篇「何疑爲?」國語晉語四、「又何疑焉」、文義同レ此。

漢書張湯傳「何厚葬爲?」史記酷吏傳張湯傳作「何厚葬乎」

などの例を擧げ、「何疑爲」は「何疑焉」に、「何厚葬爲」は「何厚葬乎」と文義同じであると言つてゐる。平安時代の訓法に從へば、「何疑爲」は「疑フコトナニセムゾ」、または、「ナニセムゾ疑ハム」と讀み、「何厚葬爲」は、「厚ク葬ルコトナニセムゾ」、または、「ナニセムゾ厚ク葬ラム」と讀む例である。すなはち、「何—爲」の「爲」は、「何」と應じて疑問の意味を強め、語調を整へる働きをするもので、國語のサ變動詞スに相當するものではないやうである。從つて、「何」一字をナニセムゾと讀み、「爲」は不讀にして差支へなかつたのであるが、逐語譯にして、「何」をナニ、「爲」をセムと讀んだため、兩者の間に他語を挾む結果になつたのであらう。ナニセムゾといふ語形そのものも、奈良時代にあつたナニセムニやナニセムトソから導き出されたものと思はれるが、國語としては不自然な構造であり、和文には全く用ゐられないのを見ても、漢文訓讀のために造られた語ではないかと考へられる。

なほ、「爲」一字をナニセムゾと讀んだらしい例がある。

(四八) 若し分の中に有分具せりといはば者、何故ゾ頭の中に無レきといふ足。本經 若(し)有二(り)といはば身の法、於二足分の中一には、爲せむソ具有といふヤ邪、爲せむソ分有といふ邪《ヤ》。(東急・百論天安點 23|7—8)

これは、「爲」を推測・疑惑の副詞としてモシと讀み、「モシ具有トイフカ、モシ分有トイフカ」、または、「爲」をサ變動詞スに當てて、「具有トヤセム、分有トヤセム」と讀むべきところである。「爲」の訓セムソは、ナニセムゾを表はしたものとしか考へられないが、このやうな「爲」をナニセムゾと讀んだのでは、疑問の意味が強過ぎるであらう。

ナニスレソは、ナニ・スレ・ソで、スレはサ變動詞スの已然形であり、接續助詞バを用ゐないで確定の順態條件を表はす、奈良時代の文法を傳へたものである。これについて動詞の項（一六七頁）を參照されたい。

（注1）中田祝夫博士『古點本の國語學的研究　譯文篇』には
　何（ぞ）道を修（め）しむることを用（ゐる）こと〔之〕（を）爲《せ》む。ソヱニ一―何ゾ乖反せる（と）いふ。（一七七頁）
と讀まれてゐるが、博士がソヱニの略符號と見られた「ソ」は、「爲」の右やや下寄りに、句點の上に記されてゐて、セムゾのソであり、接續詞のソヱニと見ることはできない。

第九節　反語に用ゐられるもの

奈良時代には、アニを用ゐた。アニは、假名書きの他、「豈」を讀み、大別して否定表現に關するものと、反語表現に關するものとの、二つの用法を持つてゐた。

A　否定表現に關するもの
　a　述語が動詞の未然形＋ズの場合
　b　述語が動詞の未然形＋ジカの場合
　c　述語が形容詞ナシ（無）の場合
B　反語表現に關するもの

述語が動詞の未然形＋メヤ・メヤモの場合

Bはいはゆる反語であるが、Aはケツシテの意とするものと、オソラク・タブン（多分）の意とするものとの、兩説があつて判然としない。

閣《かく》み屋《や》たりはあによくもあらず（書紀歌謠　四九）A—a　濱の砂《まなご》も我が戀にあに（豈）まさらじか（不益歟）（萬葉　五九六）A—b　あにも（豈藻）あらぬ（不在）己が身のから人の子の言も盡さじ　我も寄りなむ（萬葉　三七九九）A—a　政を行ふに、あに（豈）障《さは》るべきものにはあらず（不在）。（續紀宣命　二八）A—a　是れあに（豈）敢へて朕が德い、天地の御心を感動《うご》かしまつるべき事はなし（無）となも念ほしめす。（同　四二）A—c　價なき寶と言ふとも、一杯《ひとつき》の濁《にご》れる酒にあに（豈）まさらめや（益目八）（萬葉　三四五）B　夜光る玉といふとも、酒飲みて心を遣るにあに（豈）しかめやも（若目八方）（同　三四六）B

平安時代の和文では、アニは用ゐず、これに代つてマサニを用ゐた。『源氏物語』に、マサニをマサシクの意味に用ゐた例があるが、それは『白氏文集』の一節を引用したところであつて、和文の用法とは別である。

漢文訓讀文では、アニを用ゐ、原文の「豈」を讀んだ。述語は、奈良時代の——メヤ・メヤモと違つて、推量の助動詞ム・マシの終止形＋係助詞ヤで結ぶのが普通であつた。

（一）豈《アニ》非ャ受持金剛波若精誠致感然也。（黒・金剛波若經集驗記初期點　複　32）

（二）爾時に會意菩薩（と）イヒシハ、豈《アニ》（地）異レ（ならむや）人（に）乎。（石・守護國界主陀羅尼經初期點　八）

（三）豈《アニ》自《み(づから)》受用スルノミナラムヤ而已。（東史・大毗盧遮那成佛經疏康和點　二〇）

（四）善男子、豈に唯ダ如來は不《ず》二といふ般涅槃一（し）たまは、是を爲《せ》二むヤ希有一なりと。（西・金光明最勝王經初期點　一　12/14）

(五)　況(や)佛教の幽《ハル》カニ微《クハ》シ(き)をは、豈に能(く)仰《アフ》ギ測《たはか》ラムヤ。(知・三藏玄弉法師表啓初期點　68—69)

(六)　无二くは菩提にして而可レキこと得者、所行无相之福、豈に不二あらむヤ空施一に邪。(東・金剛般若經贊述仁和點　27/15—16)

(七)　豈に與二湯—武一と校《キホ》二ヒ其の優—劣一を、堯—舜と比二せむや其の聖—德一を哉。(石・說无垢稱經初期點　一　3/19)

(八)　如來爾の時に豈に同(じ)く壞れ(む)也《や》。(石・大般涅槃經治安點　八　12/13)

(九)　若(し)我レ得下てとマシときに在二(り)て汝ヨリ前一に亡上(しぬ)ルこと、豈に見二マシヤ・といふ如レキ斯(の)大苦の事一を。(西・金光明最勝王經初期點　一〇　6/23)

ただし、まれに形式名詞モノに終助詞カを伴つた——モノカや、否定の助動詞ジで結ぶことがあり、また、「而・可」などをアニと讀むことがあつた。

(一〇)　豈(に)可二ケム………不レ(る)こと湌せ七日にして、始(め)て符《(か)ナ》レフベ酬《ムク》レユルに惠を者《もの》か乎。(天・南海寄歸傳末期點　二　15/11—12)

(一一)　豈に若《シ》下カじ龍—宮の秘る旨《(む)ネ》、鷲—嶺の微《クハ》シ(き)詞《コト》の、導二ビき群—迷を於沙—界一に、疵《カク》中サムには交—喪を於塵—劫上に。(知・三藏玄弉法師表啓初期點　5—6)

(一二)　於二其の塔の前一(に)して、愁憂して不《ず》レして樂《タノ》シ(び)、而《アニ》も作二(さ)ク是(の)言一を、「我れ雖レども生二メリト是の五百の太子一を、雖二(ども)出家一(すと)、而无三し・トのたまふ一人とシテも能(く)發二セル人ハ菩提之心一を。」(石・大方便佛報恩經中期點　三　14/4—5)

(一三)　若(し)有る人來(り)て問レ(は)ば我に者、而《アニ》も我をば不レとイハム知(ら)。若(し)不レトイハヾ知(ら)者、云何ゾ復(た)名二(づけ)ム・トオモフ一切知—知—見一と。」(同・4/25—26)

（一四）　如レき是(の)衆生、由二(り)て斯の呪力一に尙し現に輕受(し)て、重罪をスラ消除す。況や餘の有情の身心淸淨にして聞二持せむ此の呪一を、而《アニ》も不レ〔む〕や獲《エ》レザラム福を。先世の罪業をも亦(た)得二て消除一すること、現在未來に常に受二(け)む快樂一を。

（西・不空羂索神呪心經寬德點　4/12―13）

（一五）　耆婆自ラ念はク、「我(れ)今當に學二(び)てカ何の術一を現世に得二て大財富一を而少《ナ》レクアラム事。」作二リ是(の)念一(を)已(り)て、我(れ)今寧(ろ)可レし學二(ぶ)醫方一(を)。可《ア》ニ現世に大ク得二(て)財富一を而少レ(くあらむ・とおもふ)事。（小・願經四分律初期點　甲　20/7―9）

（一一）は、吉澤義則博士は「シカ（ムヤ）」と讀まれたが、遠藤嘉基博士・中田祝夫博士・築島裕博士・山田忠雄氏らは、一致して「シカし」と讀んでゐられる。(注1)本書でも同樣に讀んだが、「シカし」はシカジ（不如）なのであらう。ここは、アニを受けて、シカムヤと讀んで差支へないところであるが、反語は、つまるところ、否定に落ち着くから、一足飛びにシカジと言つたのであらうか。

（一三）（一三）（一四）は、共に「而」をアニと讀み、しかも、モを添へて、「豈」の場合には見られない、アニモの形を取つてゐる。（一四）のアニモは、明かに反語であるが、「而」に反語の用法があるのであらうか。斐學海の『古書虛字集釋』を見ると、「而」を

一爲二「豈」字之義一。

として

論語顏淵篇「爲レ仁由レ己、而由レ人乎哉?。」

の例を擧げ、また

として、

漢書韓信傳「信乃仰視、適見ニ滕公一曰『上不ㇾ欲ㇾ就ニ天下一乎?。而斬ニ壯士?一。』」、史記淮陰侯傳作ニ「何爲斬ニ壯士?一。」

一爲ニ「何」字之義一。

などの例を擧げて、

「而」寧也、何也、與ㇾ言ニ「何爲」一同意。

と説いてゐる。すなはち、上擧の例の「而」は、「寧（イカンゾ）・何（ナンゾ）・何爲（ナンズレゾ）」と同じ意味だと言ひ、「而」に反語の用法のあることを認めてゐるのである。これに從へば、（一四）で「而」をアニと讀んだのは、正しい訓といふことになる。（一三）も反語に解してよいかも知れない。ただし、（一二）は、「樂シビズシテ、是ノ言ヲナサク」と讀んでよいところであつて、「而」は反語ではなく、むしろ、順接のソウシテの意に解すべきである。（一五）は、普通ならば、「事少《ナ》クアル可シ」と讀むところであるが、「可」にはニのヲコト點とアニの假名があり、「少事」より「可」に返るべき記號はないから、「可」を助動詞のベシには讀まず、副詞にしてアニと讀んだものと思はれる。ここは、耆婆童子が、その父无畏王子の言に從ひ、どんな生業を學ぶべきかを思案し、「醫學を學ばう、現世で財富を得、幸福に暮すことができるだらうから。」と決心するところであつて、アニは反語ではなく、將來の予想に關する副詞である。しかも、觀智院本『類聚名義抄』を見ると、「可」にアニの訓を收めてゐるから、「可」をアニと讀むことは、院政時代まで知られてゐたはずである。予想の副詞とすれば、サダメシ・オソラク・タブンなどといふのに近いのであらう。

さて、これらの例をすべて認めると、漢文訓讀文のアニには、文字と意味から見て、第五表のやうに四種類の用法があつたことになる。ただし、四種の用法を同じ語源に基づく一語と考へると、どれが原義でどれが轉義なのか不明であり、まして、四種に共通した口語譯を求めることは不可能に近い。「而」を讀んだアニモは、『萬葉集』の「あにもあらぬ」（三七九九）と同形であるが、兩者の間にどんな關係があるのかそれも分らない。識者の教示を仰ぐものである。

第五表

	豈	而	可
反語	○	○	
順接		○	
予想			○

なほ、場所を表はす不定代名詞のイヅク・イヅコ・イドコを、イヅクニゾ・イヅコニゾ・イドコニゾの形で、反語を表はす副詞に轉用した。これについては、すでに代名詞の項（一〇二～一〇四頁）で述べた。

（注1）吉澤義則博士「大唐三藏玄奘法師表啓の訓點」（「國語國文の研究」所收）
遠藤嘉基博士「大唐三藏法師表啓古點について」（「國語國文」二四ノ一一）
中田祝夫博士「古訓點閑談（その一）――知恩院藏本三藏法師表啓の古訓點稿――」（「漢文教室」三〇）
築島裕博士「知恩院藏大唐三藏玄弉法師表啓」（「訓點語と訓點資料」四）
山田忠雄氏「知恩院藏本大唐三藏玄奘法師表啓古點の研究」（「國語學」二九）

第十節　その他

上記の分類に入らないものに、イハムヤ・ムシロ・ハタなどがある。

イハムヤは、奈良時代にはなく、平安時代の訓點語に初めて現はれる。語源は、四段活用動詞イフの未然形に推量の助動詞ムと係助詞ヤの加はつたもので、――トイフニオヨバムヤの意味の反語表現と見られるが、（注1）奈良時代には、反語は――メヤで表はされ、――ムヤとは言はなかつたから、イハムヤは、平安時代に入つて成立した複合語であらう。そして、イハムヤは、本來文末にあつて、――トイハムヤの形で用ゐらるべきものであるから、文頭にあつて、イハムヤ――と副詞的に用ゐられるのは、倒置によつて生じた用法と考へられ、この語の成立が訓讀文にあつたらしいことを示してゐる。ただし、イハムヤの中に隱された「言」の意味は、院政・鎌倉時代までも生きてゐたと見えて、『今昔物語』に「イカニ申シ候ハムヤ」、『寶物集』に「申サムヤ」、長門本『平家物語』に「イカニ申サムヤ」などの例がある。「申サムヤ」「申シ候ハムヤ」は、イハムヤの敬語である。

訓點語のイハムヤは、原文の「況・矧」をイハムヤ、「何況」をイカニイハムヤと讀む。これらを含む文の構造を分析し、整理分類すると、次のごとくである。

	前文		後文
A	主・修・述。	況（何況）	主（修）（述）。
B			（主）修（述）。
C			（主）（修）述。
D			主（修）述。
E			（主）修 述。
F			主 修 述。

備考　(1)「主・修・述」は、後文の主語・連用修飾語・述語が、前文のそれと異なるものであることを示す。

(2)「（主）・（修）・（述）」は、後文の主語・連用修飾語・述語が、前文のそれと同じもので、しかも省略されてゐることを示す。

初期の例

（一）般若の中には无法すら尚无し。何(に)況(や)有法は。（石・大智度論天安點 八六 19/10）A―ハ

（二）犯ニセル性罪一を者《人》スラ尚し應レし如レくアルベシ是(の)。況(や)犯ニセルいは其の餘の諸の小遮の罪一を。（東・地藏十輪經元慶點 四 2/5）A―イハ

（三）小乘の煩惱すら尚无し。何(に)況(や)大乘のは。（石・大智度論天安點 八六 18/8）A―ノハ

（四）諸佛及衆賢聖スラ尚罵ヲ免レタマハズ（不）。………何(に)況(や)我等薄福ノ人ハヤ（邪）。（正・成實論天長點 一三）春日政治博士による A―ハヤ

（五）言ニ(フ)一念一といふは者、非ニず(し)て餘の時の犯一には、唯一―念持戒□初に唯(だ)發願し、一念も持する(が)故に。何に況や多の時にせむをや にせむいは(白)。（高・彌勒上生經贊初期點 22/2―3）A―(白)ムイハ

（六）以レ(て)の有レるを盡(くる)こと故(に)、尚(し)不レ能レ(は)得ニ(る)こと小乘の涅槃一をダ(に)。何(に)況(や)无上道をは。（石・大智度論天安點 六〇 6/11）B―ヲバ

（七）罪法は生時にすラ苦なり。何に況ャ往時には。（東急・百論天安點 7/23―24）B―ニハ

（八）此が中には尚(し)與下………諸(の)外道の欣ニ求して善説一を離ニ(れ)たる慳嫉一を者《ひと》上とすら廣(く)與ニす諍論一を。何(に)況(や)同(じく)趣ニケル一乘一に諸の師とは。（根・大乘掌珍論承和・嘉祥點・10/7）B―トハ

（九）若(し)有レ(ら)む人は造レレルこと罪を、一刹那の中にも不《じ》レ得ニ覆藏一すること。何かに況ャ一日一夜乃至多時にはャ。（西・金光明最勝王經初期點 三 3/4）B―ニハヤ

（一〇）愚癡の人は於ニ(て)すら淺近の法一に猶尚(し)難レし悟(る)こと。何(に)況(や)甚深の因縁をは。（石・大智度論天安點 一

6/20）B―ヲハ（ニオキテハ）

（一一）佛は但（だ）以二てすら如レ（き）是（の）等の世間の法一を尚（し）无二し所畏一。何（に）況（や）出世間の法には。（同　三種點　6/1―2）B―ニハ（ヲモテハ）

（一二）阿闍世王い………其の邊に更（に）作二れり一（つ）の小城一を。………猶―尚し於二諸の城の中一に最大なり。何（に）況（や）本の王舍城よりは。（石・大智度論天安點　三　6/14―15）B―ヨリハ

（一三）得二たるスラ眞知識一を一切種智をは尚（し）難レ（し）得。何（に）況（や）………不レしては得二眞智識一をは。（同　八六　1/4―5）B―シテハ（A　得ヌハ）

（一四）乃至世間（の）悉地すら不レ可レ（くあら）得。何（に）況（や）五通等はや。（阿・大毗盧遮那經義釋初期點　23/16）B―ハヤ（ヲハヤ）

（一五）是（の）漏盡の人は煩惱の根斷せるをもて、尚し不レ起レ（さ）心をダに。況（や）當レ祝せむや邪。（東・成實論天長點　一二　11/23）C―ムヤ

（一六）十方世界の中（に）は尚し无二し二乘一すら。何に況や有レ（ら）むや三の。（山・妙法蓮華經初期點　5/11）D―ムヤ

（一七）聲聞獨覺すラ尚し不《ず》レアルなり能レ（は）知ルこと。何（に）況（や）我等邊鄙《ラ》の之人の智慧微淺なるい而も能ク解了せむヤ。（西・金光明最勝王經初期點　一　9/2―3）D―ムヤ

（一八）時に耆婆童子見已（り）て、心に懷二（く）愁へ惱一（む）こと（を）。「此の少（し）の蘇の不淨なるすラ猶―尚し慳惜す。況（や）能（く）報レセムヤ・とおもふ我に。」（小・願經四分律初期點　甲　21/20―21）E―ムヤ

（一九）如レき是（の）惡人は大乘の名字をスラ尚し難レし得レ聞《ウ》（く）こと。況（や）當に能（く）證二せむや无上佛果一を。（東・地藏十輪經元

　16/3―4）E―ムヤ

（二〇）　說下（き）つ未惡（來）生にダも尙し有二（り）て衆生一能く生《ナ》中（さ）ムト實相上（を）。|況ヤ今現在の菩薩聞レ（き）て說二（く）を般若一（を）而|不二らむヤ進修一（せ）。（東・金剛般若經贊述仁和點　35/18―19）F―ムヤ

（二一）　三劫に行レ（し）てするスラ（白）因を果應二し无量一ナる。|況（や）佛の示二現したまふこと境界一を|難思ナるをや。（高・彌勒上生經贊初期點（朱）11/8）F′―ヲヤ

（二二）　於二に此の經の句一の生二（する）スラ一念の信一を、尙曾し供二養（したてまつ）レルなり无量の諸佛一を。|況ヤ起二し多念一を乃至受持し聽聞し（との）等くせむ者《人》の曾し集二（めし）こと善根一を更に|多し也。（東・金剛般若經贊述仁和點　23/2―4）F′多シ

A類は、イハムヤ・イカニイハムヤを持つ後文が主語しかなく、連用修飾語と述語とが省略され、しかも、その主語が前文の主語と異なつてゐるといふ場合である。例へば、（一）は、前文の述語と同じ述語の「无」が後文で省略され、しかも、後文の主語の「有法」が前文の主語の「无法」と異なつてゐる。意味は、「まして有法は無い」といふことである。B類は、後文で、前文と同じ主語と述語とが省略され、連用修飾語だけが存在し、しかも、それが前文の連用修飾語と異なつてゐるといふ場合である。例へば、（六）は、前文・後文共に共通の主語がなく、後文では、さらに、前文と同じ述語の「不能得」が省略され、連用修飾語の「无上道」だけが存在し、しかも、それが前文の連用修飾語の「小乘涅槃」と異つてゐる。かういふ場合の連用修飾語には、述語の「不得能」がある時と同じやうに、ヲハを添へるのである。意味は「まして无上道をば得ることができない」といふことである。C類は、後文で前文と同じ主語と連用修飾語とが省略されて、述語だけが存在し、しかも、それが前文の述語と異なつてゐるといふ場合である。例へば、（一五）は、後文で前文と同じ主語の「是漏盡人」と、同じ連用修飾語の「煩惱根斷」とが省略されて、前文の述語の「不起心」と

異なる述語の「當祝」だけが存在し、これを反語に表現して、「祝セムヤ」といつたものである。「祝」は「呪」の義。「祝セムヤ」は「まして、人をのろふやうなことをしようか、しない」といふことである。D類は、後文で、前文の連用修飾語と同じ連用修飾語が省略されて、主語と述語とが存在し、しかも、それが前文の主語・述語と異なつてゐるといふ場合である。例へば、(二六)は、後文で、前文の連用修飾語の「十方世界中」と同じ連用修飾語が省略されて、主語の「三乘」と述語の「有」とが存在し、しかも、それが、前文の主語の「二乘」、述語の「无」と異なつてゐて、「有」を反語に表現して、「有ラムヤ」といつたものである。「三ノ有ラムヤ」は、「まして、三乘があらうか、ありはしない」といふことである。E類は、後文で、前文と同じ主語が省略されて、連用修飾語と述語とが存在し、しかも、それが前文の連用修飾語と異なつてゐるといふ場合である。例へば、(一八)は、前文・後文共に共通の主語「長者婦(妻)」が省略されてゐるが、後文では、連用修飾語の「我」と「報」とが存在し、しかも、それが前文の連用修飾語の「此少蘇不淨」、及び述語の「慳惜」と異なつてゐて、「報」を反語にして「報セムヤ」といつたものである。「我ニ報セムヤ」とは、「まして、私に醫療の報酬をくれるものか、くれないだらう」といふ意味である。F類は、後文の主語・連用修飾語・述語のすべてが、前文のそれと異なつてゐるといふ場合である。例へば、(三〇)は、後文の主語の「現在菩薩」と前文の主語の「(未來)衆生」とが、後文の連用修飾語の「聞說般若」と前文の連用修飾語の「實相」とが、後文の述語の「不進修」と前文の述語の「生」とが、すべて異なつてゐて、「不進取」を反語にして、「進取セザラムヤ」といつたものである。「進取セザラムヤ」とは、「まして、進取しないことがあらうか、進取するだらう」といふ意味である。(三二)も、後文の主語・連用修飾語・述語がすべて前文のそれと異なつてゐる場合であるが、後文の述語の「更多」は、「サラニオホシ」と、形容詞の終止形になつてゐる。イハムヤ・イカニイハムヤに應ずる述語は、特殊な形を取ることが多いが、文意によつては、このやうに活用語の終止形で結ぶこともあつたのである。なほ、(二一)も、後文の主語・連用修飾語・述語が、すべて前文のそれと異なつてゐる場合であるが、後文の述語の「難思」の訓「難思ナルヲヤ」には注意を要する。「難思ナリ」ならば、(二三)の「更ニ多シ」と同様、活用語の終止形で結んだ例であるが、今は、これを連體形にしてヲヤを添へてゐる。このヲヤは、反語ではなくて、感動を表はす終助詞ではないか。とすれば、「難思ナルヲヤ」は、「まして、佛が境界を示現なさることは、考へも及ばないことだからな」といふ意味になる。この資料は、コに上代特殊假名遣の區別を殘してゐて、加點年代不明ながら、平安初期も中頃を下らない時代のものと推定されてゐるが、イハムヤの後に感動のヲヤを用ゐた最初の例として注目すべきものである。(注2)

さて、上記諸例を、後文の文末表現を中心に纏めると、次のやうになる。

1　A・B兩類では、前文の主語・連用修飾語の格に合せて、後文の主語・連用修飾語にハまたはハヤを添へる。意味は、前文を引合ひに出して、後文でマシテ――デアルと強調する。

前文	後文
――格助詞のないもの	――ハ・ハヤ
――テ	――テハ・テハヤ
――ト	――トハ・トハヤ
――ニ	――ニハ・ニハヤ
――ノ	――ノハ・ノハヤ
――ヨリ	――ヨリハ・ヨリハヤ

――ヲ　　　――ヲハ・ヲハヤ

2　C～F類では、後文の述語にムヤを添へて反語とすることが多いが、文意によつて、活用語の終止形で結んだり、連體形に感動の終助詞ヲヤを添へることもある。前文を引合ひに出して、後文で强調する點はA・Bと同じである。

右は、平安時代の訓讀文の中、初期のものに見られる一般的事實であり、これが、イハムヤ・イカニイハムヤを持つ文の訓法として本來の姿であつた。しかるに、初期末から中期の初めにかけて、A・B兩類の場合、主語・連用修飾語の格に關係なく、一樣にヲヤを添へる例が現はれ出し、次第に多くなつて、後にはこれが支配的な訓法となつた。

中期以後の例（カッコの中は本來あるべき形）

(二三)　畜生すら見レて佛を猶(し)得三たり破二壞すること畜生の業果一を。況や復(た)人をや邪。（石・大般涅槃經初期末點　一九 13/23）A―ヲヤ（ハ）

(二四)　魔王すら尙(し)於二(して)彼處一不レ然二(せ)其(の)難一を。況(や)餘の諸類をや。（京・蘇悉地羯羅經略疏寬平點　二 15/11）A――ヲヤ（ハ）

(二五)　若(し)內外淨潔ナルハ、所得ノ果報微妙第一なり。況や於二テ諸尊一ニ增二加スルヲヤ供養一ヲ。（石・蘇悉地羯羅經略疏天曆點　四 9/11）A――ヲヤ（ハ）

(二六)　於二諸經の中一に一句一頌をも爲レに人の解說(せ)よ。功德善根尙(し)無二けむ限量一。何(に)況(や)勸三請(し)マツラムヲヤ如來を……莫二れト般涅槃一(した)マフこと。（春・金光明最勝王經中期點　三）A―ムヲヤ（ムハ）西大寺本　勸請(せ)むいは

(二七)　如來は弟子にすら尙(し)有二り如レき是(の)大功德の果一。況や復(た)佛子をや也。（石・大般涅槃經初期末點　一九 14/4）

B——ヲヤ（ニハ）

（二八）於レテダニモ（黒）過に既に耳《シカ》ナリ。況や依レ（り）てをや法に邪。（京・蘇悉地羯羅經延喜點 11/10）B——テヲヤ（テハ）

（二九）菩薩摩訶薩は乃至蟻子を（すら）尚（し）不《ず》二故（ら）に殺一（さ）。況や婆羅門をや。（石・大般涅槃經初期末點 一六 6/21—22）B——ヲヤ（ヲハ）

（三〇）汝は王の名字ダも尚シ不《ず》二自ラ聞一（か）。況（や）於二てをや餘の聲一に。（石・守護國界主陀羅尼經中期點 一〇 1/10）B′——ニオイテヲヤ（ニオイテハ）

（三一）此の心地經は於二ても无量處一に於二ても无量時一に、不《ず》レ可レ（から）得《ウ》レ聞（く）こと。何（に）況（や）得《エ》レ見（る）こと、具足して修習セムヲヤ。（書・大乘本生心地觀經末期點 16/8—9）E——ムヲヤ（ムヤ）

（三二）若（し）不《ず》二（は）先一誦遍滿（し）て念持一せ、所求の下法スラ尚し不レ得レ成（る）こと。況（や）求二（めむ）をや上中の悉地成就一を。（光・蘇悉地羯羅經承保點 下 13/20—21）E——ムヲヤ（ムヤ）

（三三）は、A類であるから、初期の訓法に從へば、前文の「畜生スラ」に合せて、後文は「人ハ」といふべきところ、ハの代りにヲヤを用ゐたもの。この資料は、加點年代不明であるが、大矢透博士によつて、主として假名字體の上から、平安初期のものと推定されてゐる。（注3）ただし、言語內容には、初期と見るべき確證はなく、築島裕博士は、初期といつても延喜に近い頃のものと見てゐられる。（注4）（三四）は、同じA類で、前文の「魔王スラ」に合せて、後文は「諸類ハ」とあるべきところ、やはりハの代りにヲヤを用ゐたもの。この資料は、寛平八年の點を天暦五年に移點したものであるが、「諸類ヲヤ」といふのは、寛平の原點のままではなくて、あるいは、移點の際に天暦の訓法が紛れこんだのかも知れない。（三五）も、同じA類であるから、前文の「內外淨潔ナルハ」に合せて、後文は「供養ヲ增加スルハ」とあるべきところ、ハの代りにヲヤを用ゐたもの。この資料は、他の例も一様にヲヤと讀んでゐる。(二六)も、やはりA類であるから、前文の「功德善根」に合せて、後文は「勸請セムハ」とあるべきところ、ハの代りにヲヤを用ゐたもの。西大寺本初期點では、「勸請(せ)むいは」と讀んでゐる。(二七)は、B類で、前文の「弟子に」に合せて、後文は「佛子ニハ」とあるべきところ、ニハの代りにヲヤを用ゐたもの。(二八)は、同じくB類で、前文の「過に於テ」に合せて、後文は「法ニ依リテハ」とあるべきところ、テハの代りにテヲヤを用ゐたもの。加點年代明白な資料で、ヲヤを格とは無關係に用ゐた例としては、これが最初のものである。(二九)も、同じB類で、前文の「蟻子を」に合せて、後文は「婆羅門ヲハ」とあるべきところ、ヲハの代りにヲヤを用ゐたもの。(三〇)も、同じB類で、前文の「王の名字ダも」に合せて、後文は「餘ノ聲ヲハ」、または「餘ノ聲ニ於テハ」とあるべきところ、ニオイテハの代りに、ニオイテヲヤといつたもの。イハムヤ――ニオイテヲヤは、後には、イハムヤ――ヲヤの代表的な形式になるが、確實な例が現はれるのは意外に遲く、管見では、これが最初の例である。(三一)は、E類で、前文の「聞(く)こと得《ウ》(べから)ず」に對して、後文は、反語にして「具足シテ修習セムヤ」と讀むべきものを、ムヤの代りにムヲヤを用ゐたため、平叙文と紛れやすくなつたもの。(三二)も、これと同樣で、前文の「所求の下法スラ成(る)こと得(ず)」に對して、後文は、反語にして「上中ノ悉地成就ヲ求メムヤ」と讀むべきところ、やはりムヤの代りにムヲヤを用ゐたため、平叙文と誤解されやすくなつたもの。イハムヤ・イカニイハムヤ――ヲヤの呼應が、まづ、A・B兩類に定着し、やがて他類にも及んで、反語文が平叙文と混同される危險を招くに到つたことを、この二例が示してゐる。

さて、A・B兩類において、前文の格に合せて、後文にハ・ハヤを添へてゐた初期の訓法が崩れ、中期以後ヲヤが格と無關係に用ゐられるやうになつたのは、恐らく、ヲヤが單純な感動ではなく、言外にまだ何かを殘してゐる「齒切れの悪い表現」であるため、A・B兩類のやうに、ある事項だけを表現して、他は省略して言外に想像させる――といふ構文に適してゐたのではないかと考へる（終助詞　ヲヤの項、六五八～六六四頁參照）。そして、もう一つ重要なことは、このやうな畫一的な訓法が擇ばれた基盤には、漢學の退潮による解讀力の低下といふ問題があつて、イハムヤ・イカニイハムヤを持つ構文の文意を十分に理解し、それに合せて適當に讀み方を變へるといふことが困難になつて來た。そこで、文意とは無關係に、イハムヤ・イカニイハムヤに對して、機械的にヲヤで結んですませるといふ、安易な方法を取るやうになつたのであらう。

イハムヤは、平安時代の和文にも用ゐられてゐるが、男子の作品と見られるものの內、男子の會話に限られる傾向があり、それも、マシテの意味のものが多く、反語を表はすものはまれである。

文もおさ〳〵しからず、ことばもいひ知らず、いはむや歌はよまざりければ、（伊勢　一七三）　たゞし、この玉たはやすくえ取らじを、いはむや龍の頸の玉はいかゞ取らむ。（竹取　四五）　調べひとつに、手を彈きつくさん事だに、はかりもなき物なゝり。いはむや、多くの調べ、わづらはしき曲おほかるを。（源氏三ノ三五二）　比叡の山に惣持院の十禪師なる大德のいふやう「………佛神おの〳〵與力し給はん。天女と申すとも降りましなん。況ヤ娑〈婆〉の人は、國王と聞ゆとも赴き給ヒなんをや。………」と聞ゆ。（宇津保　一ノ一八〇）　三歸五戒を受くる人すら、三十六天の神祇、十億恒河沙の鬼神護るものなり。況んやまことの出家をや。（榮花　四四三）　院源僧都の詞

ムシロも、奈良時代にはなく、平安時代の訓點語に初めて現はれ、原文の「寧」を讀んだ。もつとも、ムシロと附訓した例は、院政期以後の資料でないと求められないが、平安時代の資料でロを送つたものは、ムシロと讀んだものと見てま違ひないであらう。

（三三）寧《ムシロ》他の妻なりとも非ニじ他の妻に一。（東寺本金剛藥叉念誦法永久二年點）築島裕博士による

（三四）與《ヨリ》ニハ其（れ）害レセン善ヲ、寧《ムシロ》其（れ）利レセヨトイヘリ淫を。（書・群書治要鎌倉期點　四八）

ムシロには、大別して

A　幾つかあるものの中から一つを選ぶことを表はすもの。

B　反語を表はすもの。

の二つの用法があり、Aには、さらに

a　ムシロ――トモ、――。

b　ムシロ――。

の二つの形がある。aは、ムシロを含む從屬文と主文とを對比し、主文よりも從屬文の假設された內容を選ぶべきことを示し、bは、對比されるべきものが文中になく、ムシロを含む文全體を選ぶべきことを示す。この場合、a・b共に、主文の述語は、推量の助動詞ム・マシ・ジ・ベシ、または、否定の助動詞を伴ったベカラズ・ズアレ（ザレ）などを持つことが多い。

（三五）寧ロ捨ニつとも於身命一をは、不レ隨《（したが）》ニは非法の友一には。（西・金光明最勝王經初期點　八　14|26）A―a

（三六）寧（ろ）倶に有レ（ら）しむとも過をは、勿《じ》ニ空論者の所立の量をは成一（ら）しめ。（根・大乘掌珍論承和・嘉祥點　5|23―24）A―a

（三七）寧（ろ）棄ニツとも身壽命一を、心に无レケム有ニ（る）こと悔恨一。（石・大智度論天安點　四　11|8）A―a

（三八）我レ寧（ろ）於ニに父母一が造《ツク》ニルとも身語意の惡一をは、於レに汝が終に无レケム害すること。（東・地藏十輪經元慶點　四　16|11）A―a

(三九) 寧(ろ)言《い》三ふとも以レて索を繫二縛すとは猛き風一を、不《ず》レ可三説(き)て言二(ふ)如來の法滅一すとは。(石・大般涅槃經初期點 一八 13/10) A—a

(四〇) 寧(ろ)於二一日一(に)受二(く)とも三百の櫕《ホコ》一ヲ、不下れ・と於二て父母一に生中サ一念の惡上を。(東・大般涅槃經末期點 一八 6/7—8) A—a

(四一) 彼(の)祇陀王子有二(り)好園一。於二舍衞國一より不レ近(くあら)不レして遠(くあら)、行來し遊觀するに、其(の)地平博なり。………我(れ)今寧(ろ)可下し往二(き)て祇陀王子(の)所一に求索して買上(ふ)之。(小・願經四分律初期點 乙 10/14—17) A—b

(四二) 我(れ)卽(ち)自(ら)思惟したまはく、「若(し)但し讚二せば佛乘一をのみ、衆生は沒二在せれば苦一に、不《マ》レじ能レ(ふ)信二すること是の法一を。………我(れ)寧ロ不レして説レ(き)たまは法をは、疾く入二りたまひナマシ・トおもホシキ於涅槃一にや。」(山・妙法蓮華經初期點 9/5—6) A—b

(四三) 父母若(し)問(ひ)たまふ時には、我等《ラ》如何ゾ答(へ)むヤ。寧ロ可二し同(じ)く捐レつ命を。豈(に)復(た)自《み(つから)》存レ(せ)むヤ・といふ身を。(西・金光明最勝王經初期點 一〇 5/10) A—b

(四四) 惡魔心に念(は)く、「………我(れ)寧(ろ)可下至二(り)て佛の所一に、破中壞すべし・とおもふ其の意上を。」(石・大智度論天安點 六〇 1/29—34) A—b

(四五) 我(れ)寧(ろ)可下(し)や退二(き)て彼の天主一を、卽(ち)往二(き)て其(の)中一に、爲《ナ》中る天主上と不や。(石・大般涅槃經初期點 一二 12) A—b

ムシロは、まれにモシロといふことがあつた。

(四六) 如二きハ迦蘭伽鳥と及命命鳥との其の聲淸妙一なるが、寧《モシ》ロ可レカルベケムヤ同二(じ)於烏鵲の音一に不や・と。(東・大般涅槃經

末期點　五　16/14―15）A―b

ムシロは現代口語でも用ゐられてゐるが、上記の文例では、a・b共に、イツソと譯してよく當るやうである。「寧」をムシロと讀むのは、裴學海の『古書虛字集釋』に

「寧」願詞也。

とある義によるのであるが、別に

「寧」猶「何」也。

とも注してゐるやうに、疑問・反語の副詞として用ゐられることがある。Bはこの「寧」であつて、Aと區別して、ナンゾ・イカンゾなどと讀むべきものを、同じやうにムシロと讀んだものである。ただし、反語であるから、下の述語はムヤを伴ふのが普通である。

(四七) 若(し)有相にして行レするいは施を、尙(し)不《ズ》レ得ニ十王の報一ダも。寧ロ得ニムヤ佛菩薩一を。（東・金剛般若經贊述仁和點　19/14―15）

(四八) 因の義既に无(く)なりぬ。果の義寧ロ有ラム。无レ(く)因も无レ(く)なりぬ果も。豈(に)離ニ(れ)むや斷常一を（東急・成唯識論永久移點）

(四九) 鈎《ツ》レル奇ヲ之客希《マレ》レニシテ世に、間《マヽ》ニ至《イタ》て頗ル存ニ(す)レドモ記―注一ヲ、寧ロ盡《ツク》ニサムヤ物―土之宜一を。（石・大唐西域記長寛移點　序　1/14―15）

「寧」をイカンゾと讀んだ確例は、末期にならないと現はれない。

(五〇) 似レたるを有ニ(る)に表示一假(り)て名ニ(づく)とイフコト語表一と、於レて理に无レ(し)違すること。表(る)既(に)實に无なり。无表い

寧《イカ》ムぞ實ナラむ。（石・成唯識論寛仁點　一　11｜1）

（五一）若（し）謂（は）マく、「………和ー雜して難レし知（り）。故（に）見レ（る）と一と」者《イハ》ゞ、既（に）有ニ（り）三相一。寧《イカ》ムぞ見レ（む）爲《ナ》レ（る）と一と。復（た）如何ぞ知る、三事有レ（り）といふことを異なること。（同　一　5｜19―20）

（五二）諸轉識は有ニ（る）が間轉一すること故（に）。无ミ（し）力として恒ー時に執ニ持すること名色一を。寧ぞ說下（か）むや恒（に）與《（ため）》ニに名色一が爲セ（る）と緣（と）。（同　三　17｜11―12）

また、ムシロは「無乃・无乃」を讀むことがある。「寧」のA・Bいづれとも異なつて疑惑に用ゐられ、文末の「乎・哉」と呼應して――デハナイダラウカといふ意味を表はしてゐるやうである。

（五三）況（や）有下（り）て縈《エイ》コ纒シ八邪之網一ニ、沈中淪（する）コト四倒之流上（に）、而欲《オモ》下ハムコト窺《ウカヾ》ニヒ究メ宗因一ヲ辨《（わき）マヘ》中彰（さ）ムト同ー異上ヲ者《ハ》、無《ムシロ》ー乃妄《ミダ》リナル哉《ヤ》。（興・三藏法師傳承德點　八　5｜3―4）

（五四）今縣レするは陳を貪ニレルナリ其（の）富一を也。以レ（て）討を召《ヨ》ニ（びて）諸侯一を而以レ（て）貪を歸せば之、无《ムシロ》ー乃不可（なら）む乎《か》・といふ。（東洋・春秋經傳集解保延點　複　26オ）

（五五）彼の仲ー君は乃チ能く藏ニし其の氣一を、尸ニとして其の體一と、燗ニレリ其の膚《ハダヘ》一を。出ニ（し）て其の蟲一を、無《ムシロ》ー乃太ダ恠《しカラムヤ》乎。（東急・三敎治道篇保安移點　13｜11）

（五六）國人皆謂《イ》（はく）、陛《キミ》ー下安《カリシタマヒテ》野而好《シシコノムタマフ》レ獸。無《ムシロ》ー乃〈左　寧也〉不ー可《ヨカラザルカ》ー乎〈左　ヨウモアラヌカ〉。（前・日本書紀　雄略五年二月）

ムシロとしては、恐らくAが本義で、Bは、同じ文字のため、ムシロの訓をそのまま利用したものと思はれるが、「寧」とは無關係な「無乃・无乃」を、なぜ同じやうにムシロと讀んだのかわからない。（注5）

ムシロは、和歌・和文では一般に用ゐられなかつた。山田孝雄博士によれば、次の和歌に用ゐられた「むしろ」は、極めて珍しい例であるが、副詞のムシロに「席」のムシロを掛けたものであるといふ。

たたみの中よりきりぎりすのさ月ばかりにいできたれば

きりぎりすむしろいかにかおもふらむたたみの中に秋はきにけり（小馬命婦集）

（注1）本居宣長の『玉勝間』に

況《イハンヤ》は、いはんやはいふにも及ばずといふ意の言也。平ノ康頼入道が寶物集に、申さんや十六文をや、いはんや金銅をやと、大佛のすぐれたるよしをいへり。此申さむやともいへるにて心得べし。（八）

といひ、山田孝雄博士の『漢文の訓讀によりて傳へられたる語法』に

この「況」字の義は助字辨略に「義轉而益進」といへる如くなれば、「いふに及ばんや」といふ意を以て「いはむや」とよみはじめしものなるべし。（三四二頁）

とあり、春日政治博士の「古點の況字をめぐつて」（『古訓點の研究』所收）にも

イハムヤといふ國語は、「言ふに及ばない」といふ反意表現であつて（三四四頁）

とあつて、宣長以來、同じ考へ方が一貫してゐる。

（注2）同じ資料で、イハムヤ――ヲヤと呼應した例に（五）の朱點がある。文意が捉へにくいが、朱點の「多の時にせむをや」が、白點の「多の時にせむいは」と同じ意味を表はしてゐるとすれば、これは主語であるから、ヲヤを格とは無關係に用ゐた最古の例といふことになる。春日政治博士は「格と無關係に用ゐられたヲヤは、中期以後の成立であつて、初期にはその例を見ない。」（『古訓點の研究』所收「古點の況字をめぐつて」）といはれ、わたしも同様に考へて來た。しかし、今この例を認めると、イハムヤ・イカニイハムヤ――ヲヤの形で、格と無關係なヲヤを用ゐることは、個別的な現象であるにしても、すでに初期の中頃には始まつてゐたことになる。ただし、文意が難解で、用例の確實さに問題があるため、斷定は差し控へたいと思ふ。なほ、ヲヤについては、助詞の項（六四四～六六四頁）で詳説する。

（注3）大矢透博士の『假名遣及假名字體沿革史料』所收「假名字體沿革一覽」では、『大智度論』天安二年點の前に置かれてゐる。

（注4）築島裕博士「石山寺經藏の古點本類について」（『佛教藝術』九四　21頁）

（注5）河北景楨の『助辭鵠』（天明六年刊）に

「無乃・毋乃」ナドヲムシロトヨムモ非也。皆「乃」ノ字ハ下文ニ屬ス。「無」ハシカルコト無ランヤ、シカラント云義、「無寧・無念」ト同法ナリ。………「無乃」ハ論語ニ「無ニランカ乃チ大簡ナルコト乎………」是也。

と言ひ、「無乃」をムシロと讀むのは誤りとしてゐるが、古點本では一般にムシロと讀んでゐる。

牛島德次氏の『漢語文法論』（古代篇）「第三章　相對文（その一）　第二節　疑惑第一項　懷疑」の條に、「否定詞＋述語成分＋語氣詞」の構造を持つものとして、「無乃——乎」「毋乃——乎」を擧げ、

無乃廢先王之訓、而王幾頓乎。

の例を「先王の教えを捨て、さらには王御自身もつまずかれることになりはしませんでしょうか」と口譯し、

毋乃不可乎。

の例を「よくないのではなかろうか」と口譯されてゐる。

第七章　接續詞

接續詞を分類して、「並列・添加・選擇・順接・逆接・轉換」の六種とし、このいづれにも入らないものを「その他」とする。

平安時代の訓讀文に用ゐられた接續詞には、次のやうなものがある。

1　並列　マタ・アハセテ・オヨビ・ナラビニ・カツ

2　添加　シカノミナラズ

3　選擇　アルハ・アルイハ・マタハ・モシ・モシハ

4　順接　カレ・ソヱニ・ユヱニ・ユヱヲモテ・コノユヱニ・カルガユヱニ・モテ・コレヲモテ・ココヲモテ・ヨリテ・コレニヨリテ・ココニ・シカシテ・シカク（ウ）シテ

5　逆接　シカレドモ・シカルニ・シカルヲ・シカルモノヲ

6　轉換　ソモソモ・ソレ

7　その他　ナイシ・スナハチ・シカモ・タダシ

奈良時代には、『萬葉集』にマタ・ソコユヱニ・シカスガニ・シカレドモ、正倉院假名文書にシカモ・シカルガユヱニの例があるが、確實なものは少い。

をみなへしまた藤袴朝顔が花（萬葉　一五三八）家離《さか》り年の經ぬれば、うつせみは物思ひ繁し。そこゆゑに心慰《なぐ》さに　ほとと

ぎす鳴く初聲を　橘の玉にあへ貫き（同　四一八九）　月數《よ》めばいまだ多なり、しかすがに霞たなびく、（同　四四九二）
遙々《はろはろ》に思ほゆるかも、しかれども（之可禮杼毛）異《け》しき心を我が思はなくに（同　三五八八）　ふたところの……聞き給へに奉り上ぐ。しかも米《よね》は山田給はずあらむ。（正倉院假名文書　乙）　わがやしなひの代りには、大坐す南の町なる奴を受けよとおほとこが司の人言ふ、しかるがゆゑにそれ受けむ人ら、車持たしめて奉り入れしめたまふ（べし）。（正倉院假名文書　乙）

ただし、接續詞は、一般に散文に多く、韻文に用ゐられることは少いから、奈良時代のやうに、『萬葉集』と『記紀』歌謠以外、讀み方の確實な散文資料に乏しい場合には、接續詞の使用例は當然少くなるのであつて、文獻に現はれないものもかなりあつたと見なければならない。本居宣長の『歴朝詔詞解』では、『續日本紀』の宣命の解讀に

マタ・オヨビ・シカノミニアラズ・カレ・シカレバ・ココヲモチテ・コノユヱニ・シカレドモ・シカアルモノヲ・シカルニ・シカルヲ・ソモソモ・ソレ・スナハチ・サテなど

を用ゐてゐる。この內、

シカノミニアラズ・ココヲモチテ・コレニヨリテ・シカアルモノヲ・ソモソモなど

は、表記法から見て確實なものと考へられるが、そのほかにも、承認されるべきものが多いから、これを加へると、奈良時代の接續詞はかなりの數に上ることになる。

何を以てか知るとならば、志愚かに心善からずして、天下を治むるに足らず。しかのみにあらず（然乃味仁不在）、逆《さかしま》に惡《きたな》き仲末呂と心を同じくして、朝廷を動かし傾けむと謀りてある人にあり。（續紀宣命　三三）　朝廷を動かし傾けむとして兵を備ふる時に、和氣い申してあり、これによりて（此爾依天）官位を昇《あ》げ賜ひ治め賜ひつ。（同　三四）　受け賜はるべき物なりせば、祖父仕へ奉りてまし。しかあるものを（然有物乎）、知る所も無く、怯《つたな》く劣《をぢな》き押勝がえ仕へ奉るべき官に在らず、恐しと申す。（同

二六）　それ、人として己が先つ祖の名を興し繼ぎひろめむと念はずあるはあらず。ここをもて（是以天）、明く淨き心をもちて仕へ奉らむをば、氏氏の門は絶ちたまはず。（同　二八）　其れ、仁孝は百行の基なり。そもそも（曾毛曾毛）、百足の蟲の死ぬるに至りても顚《くつが》へらざる事は、輔《たすけ》を多みとなも聞し食す。（同　五九）

しかし、宣命の接續詞の大部分は、平安時代の訓點語に一致するのであつて、宣命の用語と訓點語との間に密接な關係のあつたことを示してゐる。すでに述べたやうに、奈良時代にも、和歌や日常の口語とは別に、訓點語がある程度成立してゐて、宣命はその影響を受け、訓點語はその多くを平安時代まで保持したことによるのであらう。

平安時代の和文で一般に用ゐられた接續詞は、マタ・アルハ・モシハ・カカレバ・カクテ・サテハ・サラバ・サレバ・カカレド・サリトテ・サリトモ・サリナガラ・サレド・サルハ・サテなどである。

よろこびむつれ、あるは、うへを戀ひたてまつりて、憂へ泣き給ふを（源氏　四ノ一六四）うちも笑まれ、涙もさしぐみ、もしは、あやなきおほやけはらだゝしく（同　一ノ六四）あはれなる人を見つるかな。かゝれば、此のすきものどもは、かゝるありきのみして、（同　一ノ一八七）繪所に上手多かれど、………さらに劣り勝るけぢめ、ふとしも見えわかれず。かゝれど、人の見及ばぬ蓬萊の山………ひときは目驚かして、實には似ざらめど、さてありぬべし。（同　一ノ六八）かくて、大學の君、……進士になり給ひぬ。（同　二ノ三二〇）清げなる大人二人ばかり、さては、童べぞいでいり遊ぶ。（同　一ノ一八四）さりながらも、物に心得給ひて、歎かしき心の中もあきらむばかり（同　五ノ一四）ねびゆかむさまゆかしき人かなと、目とまり給ふ。さるは、かぎりなう心を盡くし聞ゆる人に、いとよう似たてまつれるが、まもらるゝなりけりと、おもふにも（同　一ノ一八五）さて、………らうたげならん人の閉ぢられたらんこそ、かぎりなく珍しくはおぼえめ。（同　一ノ六一）

訓讀文のそれに比較すると、半分にも足りないし、また、兩者の一致するものは、マタ・マタハ・アルハ・モシハなどの數語に過ぎない。訓讀文と和文とでは、接續詞の異なり語數に多少の違ひがあるだけでなく、使用する接續詞そのものが大部分異なつてゐたのである。これは、和文が日常の口語を比較的忠實に反映してゐるのに對し、訓點語は、佛典・漢籍を背景とする讀書言語であり、口語を基盤としながらも、前代の古語と漢文の直譯による翻譯語との加はつた複雑な言語だつたからである。

なほ、和文の接續詞で今日まで用ゐられてゐるものは、マタ・マタハぐらゐであるが、訓點語では、その他

オヨビ・ナラビニ・カツ・シカノミナラズ・アルイハ・モツテ・ユヱニ・ヨツテ・シカルニ・ナイシ・スナハチ・シカモ・ソモソモなど

多くの語彙がある。接續詞に限つていへば、現代語は、和文よりも訓讀文の傳統を多く受け繼いでゐることになる。

ところで、國語の接續詞には、本來のものが少ないといはれるが、訓點語の接續詞も同樣である。

(1) 名詞・代名詞・副詞・動詞などをそのまま轉用したもの

スナハチ・ソレ・マタ・カツ・モシ・オヨビなど。

(2) 名詞・代名詞・副詞・動詞などに、助詞イ・シ・テ・ニ・ハ・モなどを加へて轉用したもの

ユヱニ・ココニ・ソモソモ・タダシ・シカモ・マタハ・モシハ・アルイハ・アハセテ・モテ・ヨリテ・アルハ・ナラビニなど。

(3) 右に連體修飾語・連用修飾語を添へて轉用したもの

カルガユヱニ・コノユヱニ・ソヱニ（?）・ユヱヲモテ・コレヲモテ・ココヲモテ・コレニヨリテなど

(4)　副詞と動詞とを結合させて轉用したもの

カレ（カ・アレ）

(5)　副詞と動詞とを結合させ、さらに助詞テ・ニ・バ・ヲ・モノヲなどを加へて轉用したもの。

シカセバ・シカシテ・シカク（ウ）シテ・シカルニ・シカルヲ・シカルモノヲなど

(6)　副詞に助詞ノミ、助動詞ナリ・ズなどを加へて轉用したもの

シカノミナラズ

(7)　漢語をそのまま音讀したもの

ナイシ（乃至）

すなはち、訓點語の接續詞は、ほとんどすべてが他の品詞またはその複合語の轉用なのである。國語の接續詞に本來のものが少ないのは、接續詞の發達が遲れたためと考へられるが、訓點語の場合は、さらに、漢文のもつ多くの接續詞を譯讀するため、これに對應する語彙を用意する必要から、他語を借用したり、複合語を作つて轉用したりしたことが、その原因となつてゐる。したがつて、訓點語の接續詞には、漢文の影響を受け、漢字に卽して工夫された翻譯語が多く、翻譯しにくいものは、ナイシのやうにそのまま音讀されることになつたのであらう。

訓點語の接續詞を取り扱ふのには、厄介な問題がいろいろあるが、その一は、訓點語の接續詞が他の品詞や複合語の轉用であるため、品詞の認定が困難だといふことである。先に擧げた訓點語の接續詞三〇數語についても、學者によつては、接續詞として取り扱ふことに疑問を懷かれるものもあらうし、また、追加を必要とされるものもあるだらう。本書でいふ接續詞は、嚴密な檢討を經たものではなく、かなり大まかなものである。その二は、ある語の接續詞であるこ

とが認定されても、實際の例に當つて、それが本來の用法か、接續詞に轉用されたものか、兩者の區別がつきにくいということである。本書で引用する例の中にも、本來の意味で用ゐられてゐるのに、誤つて接續詞としたものもあるかも知れない。この點もあらかじめ斷つておきたい。

第一節　並列に用ゐられるもの

マタは、原文の「又・且・復・有・還・亦・或・乍」などを讀む。

（一）諸の草香の根―汁香しき花等の三の物(を)、和して爲《つく》二りて塗香一に佛部に供養せよ。又た諸の香しき樹の皮、及び白栴檀香………煎香等の類、幷せて以二て香菓一を如レく前の分別して………蓮華部に用(ゐ)よ。又た香しき草の根・花・菓・葉等を和して爲二りて塗香一に金剛部に用(ゐ)よ。或た有二(り)塗香一、………香氣勝(れ)たる者《もの》亦(た)通二す三部一に。（京・蘇悉地羯羅經延喜點　22/19―25）

（二）蘇合・沈水・欝金等の香(を)和するを爲二す第一一と。又た加二(ふ)るを白檀・沙糖一(を)爲二す第二の香一と。又た加二(ふ)るを安悉・薫陸一(を)爲二す第三の香一と。………又た地居天等及び護衞には應三………以て和して爲レ香として供二養(す)應し彼れ等一に。（同　24/19―23）

（三）十法行の等《こと》きにオキテ、且タ擧二(げ)て偏に勝一ることを、易二ケ行(ふ)に上首一を有二り此の六の事一。（高・彌勒上生經贊初期點（朱）　21/19）

（四）山多ク川狹《せ》バシ。風《かぜ》フイテ而且《マ》タ〈朱又〉寒《さ》ムシ。（興聖・大唐西域記中期點（黑）　一二　2/17―18）

（五）其ノ人見二テ諸(の)菓樹の赤黄(に)して如レ(く)して金の香(しく)して而且《マタ》大一なるを、乃(し)摘二ミ取ル一顆一ヲ。（興・三藏法師傳永久點　四　1/11）

（六）各各別に踞坐《シリウタゲキ》二ル小き床一に。高さ七寸。………脚圓《アシマロ》にして且《マ》タ輕し。（天・南海寄歸傳末期點　3/22―23）

（七）又此の二結は是(れ)重罪の因縁なり。所以者何、因二(り)て此の二結一に起二(す)が重惡の業一を故(に)。有《又》三毒の中に貪恚は能(く)起二す重罪一を。貪恚盛なるが故に起二(す)此の二結一を。（東・成實論天長點　一五　8/26―9/1）

（八）有《又也》以二(て)の信力一を故(に)得下………爲二に諸佛一の所ヤ(る)こと讃(せ)らる。（石・大智度論天安點　七九　20/12）

（九）卽(ち)食二ヒ半の果一を飲二ヒ半の水一を已(り)ヌ。便(ち)患レ(し)て嗟《シハブ》キすること不三復《又》能レ(は)去(る)こと。（岩・願經四分律初期點　4/15）

（一〇）若し復た有レ(り)て人欲レせば求三メむと攝二伏することを諸の鬼魅、及び阿毘舍等一を、當に用二(ゐ)るべし使者及び制吒迦等の所説の眞言一を。………若し復た有二(り)て異部の眞言、云三はば能く成二就すと一切の事一を者、但(だ)能く成二就す本部の所説一を。（京・蘇悉地羯羅經延喜點　5/24―6/1）

（一一）又探二(り)テ鄙《ヒ》―俚《リ》の訛《火》韻一ヲ、以テ擬《ナソラ》二フ梵本の囀音一に。雖三(も)復タ廣く援《ト》二ル(と)七種一ヲ、而只《タヾ》當二ル彼の一轉一ニ。（興・三藏法師傳承德點　九　11/10―12）

（一二）時得二(れども)薄《少也》雪一(を)、還《又也》不レ稱《(かな)》レ(は)心(に)。（黑・金剛波若經集驗記初期點　一　複　24）

（一三）阿難遂に化二して神通一を而入二(り)ぬ窟の內一に。由《(なほ)》し未二結集一せ。窟の外の諸の大衆・凡聖等は還《復也》結二集す諸の藏一を。（東・百法顯幽抄中期點　31/25）

（一四）能(く)破二裂(して)自他の相續に所レたる起(さ)一切の有―習と无―習との衆苦の根本たる煩惱の羅網一を、亦《又》能(く)爲レ(に)

他の起二(し)て眞の誓願一を、堅固に受二持す大士の戒行一を。(小・大乘掌珍論天曆點　1/11)

(一五)　如レく爲二の一衆生一の、爲二にも一切衆生一の、悉(くに)亦《マタ》如レシ是(の)。(石・守護國界主陀羅尼經中期點　四　11/11)

(一六)　處《(とこ)ロ》レハ用二(ゐる)於諸ノ汎《ヒロ》キ文一ニ亦タ少シ用(ゐ)ル。(興・三藏法師傳永久點　三　18/4)

(一七)　讓《(ゆ)ッ》二り推《(ゆつ)》りてハ先の位一に、示レせり問二(ふ)ことを豪光一(を)。波離不《ず》レ(し)て知ラ(白)乍《モマタ》〈白　又也〉謂レヘり无レき人ナリと定。(高・彌勒上生經贊初期點(朱)　2/10)

(一八)　所以に空―有の之論或(る)いは習レヒて俗に而是非し、大小の之乘乍《亦也》た沿《シタガ》レヒて時に而隆《サカ》エ替《カハ》る。(石・說元垢稱經初期點一　1/20―22)

(一九)　諸の有智の者《人》應下(し)順(ひ)て修學して捨二(て)て彼の生死の輪廻之業一を證中す无上覺上を也。卽(ち)乍《亦也》可三(し)執レすること有を如二くす須彌一の。(東・百法顯幽抄中期點　49/21―22)

(二〇)　自《ミ(づから)》墮せむは乍《マ》タ可二なりとし一身一に、傳―受せむは恐(るらく)は爲《シ》レテむ誤《アヤマ》レツことを衆を。(天・南海寄歸傳末期點　二　9/18)

(二一)　能い非有なるが故に卽(ち)名二(づ)く無能一と。或《又》能と無能とは時分は無レ(けれ)ども異なること、所望の境別なり。(東急・大乘廣百論釋論承和點　9/18―19)

(二二)　所レの被《ら》レれた(ら)む薰え食、或た被レたらむ觸(れ)られ食を、皆不レ應レ(から)食(ふ)。(京・蘇悉地羯羅經延喜點　12/12―13)

(二三)　「云何(なる)をか名(づけ)て爲レに求二(めむ)が勝他一を、故に而も作二ると沙門一と。」「或《マタ》有る衆生は聞三(き)て有(る)某甲の……通二達セムと三藏一を、心に生二(し)熱惱一を、………皆欲レセム勝レレムと彼れに。………」(石・守護國界主陀羅尼經中期點一〇　4/22―23)

(二四)　俗すら亦(た)有レ(り)云ゐること。淸く齊《(つつ)》シムて方に釋奠す。剪《キ》レラムこと爪(を)宜二し侵《ヲカ》レスマデにして肌《カハベ》ヲ捨《ス》レツ塵を。或《マ》タ孔―

顏如レき斯(く)の等《ら》の類、亦(た)是(の)事須ニ(し)清潔一にす。(天理・南海寄歸傳末期點 一 5/9—10)

上記のマタは、原文の文字からいへば、意味は少しづつ異なつてゐるであらう。例へば、「復・還」を讀むものは、フタタビ・モウイチド・カサネテなどに近く、「或・有・乍」を讀むものは、アルイハマタに近いといふふうに。

アハセテは、下二段活用動詞アハスの連用形に接續詞テを添へたもので、原文の「并」を讀んだ。

(二五) 太ー后怨《ウラ》ニミ戚ー夫ー人一を、欲下す召《メ》ニシ趙ー王一を并《アハ》せて誅上セムト之。(毛・史記延久點 呂后本紀 復 2オ)

(二六) 亦は 說ニ(き)たまふ於因緣と 譬喩と 并《アハ》セテ祇夜と 優波提舍經一とを。(立・妙法蓮華經寛治移點 一 15/21)

(二七) 於ニ佛の 前と 及四(はしら)の如來と 并(せ)て二一(り)の大士と 諸の 天子との所一にして、聞レキ 說ニ(き)たまふを釋迦牟尼如來の 壽量の 事一已(り)て、(西・金光明最勝王經初期點 一 10/7—8)

(二八) 世尊の 頷《カバチ》・臆《(むな)サき》 并て 身の 上ー半は 威ー容廣大(な)ること如ニし 師子王一の。(點・彌勒上生經贊初期點(朱) 15/26)

(二九) 殺ニ(し)大王一を、并て 殺ニせり伊梨渠世斯等百八十餘人一を。(東洋・日本書紀中期點 皇極元年)

オヨビは、四段活用動詞オヨブの連用形をそのまま轉用したもので、原文の「及・及與・及以」などを讀んだ。『歴朝詔詞解』では、「及」をオヨビと讀み、その成立を認めてゐるが、訓點資料では、初めはこれらの文字を不讀にして、前後に並列助詞トや係助詞モを補讀することが多く、オヨビが現はれるのは初期末のことであり、中期になつて一般化した。

(三〇) 諸の仙人及聖人皆得ニ善律儀一を。(東・成實論天長點 一二 4/17)

(三一) 七(は)執ニ取シ 於見一を、及謂《おも》ニへども 惠捨一せむト、有ニる 彼(の)雜染一。(石・瑜伽師地論初期點 七一 7/14—15)

(三二) 一切の 調戲シ、及多人の 叢聚せむトコロ、乃至女人は 皆是(れ)散亂の緣(なる)が故(に)。(京・蘇悉地羯羅經略疏寛平點 二

28/2—3）

（三三）又因二（り）て此の戒取一に能（く）謗下す正道と及行二フ正道一を者上とを。（東・成實論天長點　一五　8/14）

（三四）政使（ひ）滿二（た）むひとの十方一に皆如二（く）あらむと舍利弗一の及餘の諸の弟子の亦（た）滿二（ち）てあらむとい十方刹一に、盡レ（し）て思を共に度量すとも、亦復（た）不《じ》レなり能レ（は）知（る）こと。（山・妙法蓮華經初期點　1/28—30）

（三五）勝境に有レ（り）四。謂（はく）、制多と及比丘僧と、若（く）は外天形像と幷（せ）て與二尊者一となり。（京・蘇悉地羯羅經略疏寛平點　二　37/3—4）

（三六）如二く意の到レり（て）も緣に不レ（して）も到レ（ら）緣に、及意識の不《ぬ》レが應レ（から）憶二（す）色等一を、（東・成實論天長點　一七　4/11）

（三七）大地も及諸の山も、一時に皆震ひ動き、江も海も皆騰《アガ》リ躍《ノボ》リ、（西・金光明最勝王經初期點　一〇　7/18）

（三八）師も及弟子も倶に定（め）て趣二向す无間地獄一に。（東・地藏十輪經元慶點　四　2/25）

（三九）有二（る）が遍知も及證得一も故に、從二（ひ）て此の三一に建二立す道諦一を。（石・辨中邊論延長點　中　3/16）

（四〇）願フ、佛及び僧、就二（き）て我が王舍城一に、盡二（く）に刑壽一の受二け衣服・飯食・臥具・醫藥・四事供養一を、給所を當レ可也（き）なり得。（正・大智度論初期點　三　6/8—10）

（四一）如レキ是（の）作意陋小なる故に、及ビ所緣陋小なる故（に）、名二（づ）ク陋小勝解一と。（石・瑜伽師地論初期點　二八　9/24—25）

（四二）不《ず》レ（し）て求三（め）大勢佛と及ビ與二斷レする苦（を）法一とを、深く入二（り）て諸の邪—見一に、（唐・妙法蓮華經初期點　5/27）

（四三）終に不下レ………縛二し他の明王一を、及び生二し損害一を、幷（せ）て苦《ネ（むごろ）》に治罰上せ。（京・蘇悉地羯羅經延喜點　11/11）

（四四） 言四諦理等云等には等二取(す)十二緣起の 理、及ビ 三性三无性の 理一ヲ 也。（東・法華論義草 551）

（四五） 最《モト》モ 怨《ウラ》ニム 戚夫人及ビ 其(の)子趙ー王一ヲ。（毛・史記延久點 呂后本紀 複 2オ）

（四六） 一切實と 一切非實と、及び 一切實亦非實と、一ー切非實非不實と、是を 名二(づ)く・といへり諸法之實相一ト。（正・大智度論初期點 三 11/25—26）

（四七） 已に 說二(き)ッ諸の 煩惱と 及ビ 諸の 所知障一とをば。（石・辨中邊論延長點 上 11/30）

（四八） 謂(は)く、印と 色と 尊位と 及び 住と 幷せて 三昧となり。（築・大毗盧遮那經疏保延點）

（四九） 便(ち)有二(り)き涅槃の 音と 及《オヨビ》 以阿羅漢と 法僧との差別の 名一。（立・妙法蓮華經寛治移點 一 19/4）

（五〇） 不レず 見二一法とら是レ 身、是レ 業、及ー與び 離レ(れ)たりといふことを主に。（石・大般涅槃經初期點 一八）

（五一） 於レて 彼に 便(ち)有二(る)と如レき 前(の)勝境一、及與ビ 先成ノ 仙衆ト 共ニ 住する(と)なり也。（石・蘇悉地羯羅經略疏天曆點 五 8/25）

（五二） 合二(せ)て手ノ 爪指一ヲ 隨二(ひ)て於本方一に 至レ(し)テ誠ヲ 奉請スルト、及以ビ 兩ノ 手ニ 捧二(げ)て諸ノ 閼伽器一を 而請ニ召 スルトナリ之一ヲ。（石・蘇悉地羯羅經略疏天曆點 五 26/16—17）

（五三） 謂(は)く、佛性及ー以び 對法なり。（石・大般涅槃經治安點 八）

ナラビニは、四段活用動詞ナラブの連用形、またはそれの名詞化したものに、助詞または接尾語ニの結合した複合語を轉用したもので、原文の「並・幷」などを讀んだ。初めはミナ・トモニの意味の副詞であつたが、やがて並列の接續詞の用法を派生し、後には前者が忘れられて後者のみとなつた。AトトモニBの意味から、AトBの意味に變はつたのであらう。

(五四)　叢―林果樹並《トモ》〈左　ナラヒ〉に滋《シゲ》ク　榮(え)、所レル　有(ら)苗稼をも咸ク　成就(せし)メむ。(西・金光明最勝王經初期點　八　4/11)

(五五)　餘の　五は　並ビに(白)是レ　耐怨害忍なり。(高・彌勒上生經贊初期點　(朱)　5/10)

(五六)　飢渴並に　至(り)ぬるときは、於二に　諸の　飲食一の　極(め)て生二し　希欲一を、(石・瑜伽師地論初期點　二三　10/9—10)

(五七)　舊(き)人の云二(ふ)は月支等一ト　者、並に　非なり也。(東・金剛般若經贊述仁和點　3/20)

(五八)　以二ての俱に　空一なるを故(に)、所立と　能立と　並に　不二といふ成就一(せ)。(小・大乘掌珍論天曆點　5/15)

(五九)　五天の　四部並に　皆著―用せり。(天・南海寄歸傳末期點　二　3/8)

(六〇)　佛の　身及袈裟並に　赤の　黃なる色なり。(興・三藏法師傳永久點　二　11/24)

(六一)　墮落(といふをは)喩二す　死苦一に。壞二(る)が壽命一を　故に、生と　老と　病と　死とは幷に　柱なり。(石・妙法蓮華經玄贊中期點　六　6/15)

(六二)　有る　義は、地獄は　上《(う)へ》　下《シタ》　重疊レリといふ。略(し)て計二レば无間の　底の　去一(る)ことを、幷に有二(り)といへり十二萬八千由旬一。(同　15/18)

右の諸例は、ミナ・トモニの意味を表はす副詞であらう。

(六三)　請下(ひ)タ(てま)ツ(り)シ大宗文皇帝に　作二(りたまへ)ト經の　序一(を)、幷に　題セ(したまへと)經(に)表。(知・三藏玄奘法師表啓初期點　54)

(六四)　遂に　率二(て)其(の)妃幷に　子―弟等一を、得レ(て)間《ヒトマ》を　逃(げ)出(で)て隱二(れ)たまひヌ膽―駒―山一に。(東洋・日本書紀中期點　皇極元年)

(六五)　嘗《ナ》メ　訖りナバ、洗レひ　手を　漱《スス》レケ　口を。幷に　洗《(あ)ら》二(ひ)て嘗器《ナメツキ》一を、方に　觸二れよ鐺―釜《カナヘ》一ニ。(天・南海寄歸傳末期點　一　5/4)

(六六)　彼の苾芻法長至(り)て蒙レリ問を、并に承ニはる起居康豫一なることを。(興・三藏法師傳承德點　七　13/11)

(六七)　玄奘昔因レ(り)テ問レ(ひ)しに道を得レタリ預ニ(る)コト參承一ニ。并ニ荷《ニナ》ニヘリ指誨《火イ》一ヲ。(同　七　13/23)

(六八)　雖ニゐ(ども)神一跡《セキ》久(し)く湮《ホロ》一ビたりと、而餘一風未《ず》レ殄《ウ》セ。及び親一敎二一師、并に餘の住一持・大一德明一德禪師等、並に可レ(し)謂《い》ふ、(同　四　復　2ウ)

右の諸例は、接續詞の用法であらう。兩者を比較すると、前者では「並」が多く用ゐられ、後者ではもつぱら「并」が用ゐられてゐる。

カツは、本來共存する二つのことがらの一方を示したり、事物の不十分な狀態を示す副詞であつて、『萬葉集』ではその意味で「且」にカツを當ててゐる。

世間《よのなか》し常かくのみとかつ。知れど、痛き心は忍びかねつも(萬葉　四七二)　さ夜は明け　この夜は明けぬ　入りてかつ。(且)寢む　この戶開かせ(同　三三一〇)

しかるに、「且」には「又・或・抑」などの意味を表はす接續詞の用法があつて、この場合にもカツと讀んだため、カツに接續詞の用法が派生した。ただし、その時期は不明であつて、カツが接續詞として一般化するのは、鎌倉時代以後のことらしく、それまではマタと讀まれることが多かつた。カツは、今日、ソノウヘニといふ添加の意味に用ゐられるが、訓點資料では、並列との區別が明らかではない。

(六九)　言ニ心便生疑(との)等《こと》一く(いふは)者、是(れ)且《カ》ッ勸レ(むる)なり作ニれと補助の法一を也。(京・蘇悉地羯羅經略疏寬平點　七)

(七〇)　謂(はく)、淮ニ(へて)支分一に知ニる字の加少一を。及且《タ》ッ勸レ(むる)なり修せよと也。(同　七　9/19)

(七一)　覆沾をば喩ニす皮膚一に。聊(かに)亂(れ)て而且ッ墜(つる)をもて(なり)。(石・妙法蓮華經玄贊中期點　六　1/25)

(七二)　如來の眞身之影ハ億劫ニ難レ(し)逢(ひ)。寧(ぞ)有三(らむ)ヤ至レ(り)て此に不二(る)往(き)て禮拜一(せ)。汝等且ッ漸ク進メ。（興・三藏法師傳永久點　二　11/7）

(七〇)は、原典にカツとあつたのを、天暦の移點の際に寫し誤つたものではないか。平安時代の訓點資料で、「且」をカツと讀んだ例は、管見では右の四例に過ぎず、それも、接續詞として確實なものかどうか疑はしい。

なほ、「且」をカツカツと讀むことがあつた。

(七三)　約《おき》二(て)聞法一(に)有二(り)三ノ品《シナ》一。一(は)以二散動(して)而談笑一(しつつ)且《カ》ッ、、聞(く)、是(れ)下品聞法(なり)。（東大寺諷誦文稿　345）

(七四)　其(の)碑ノ文ハ、朕望(ま)クハ自《ミ(つから)》作ラム。不《ス》レ知(ら)、稱二ヘリヤ師ノ意一ニ不ヤ。且《カツ》、、〈朱　マタ〉令二メヨ相ヒ報一せ。（興・三藏法師傳承德點　八　14/19―20）

(七三)は、不十分な状態を意味する副詞であつて、奈良時代にすでにその例があり、平安時代の和歌にも受け繼がれてゐる。

かつがつもいや先立てる愛《え》をしまかむ（記歌謡　一七）　玉守りに玉は授けて、かつがつも枕とわれはいざ二人寝む（萬葉六五二）　それに、ぞうきのもとより「あひみては別るゝことのなかりせば、かつ〴〵物は思はざらまし」かへし、としこ「いかなればかつ〴〵物を思ふらむ。名殘もなくぞ我は悲しき」となむありける。（大和　二九四）

カツとしては、恐らくこれが本義であり、カツに「且」を當てたのは、王引之の『經傳釋詞』に「且姑且也」とある義に基づくのであらう。ただし、(七四)は、朱點にマタと讀んでゐるのを見ると、接續詞の「且」をカツガツと讀んだことになる。それとも、朱點は接續詞に解してマタと讀み、黑點は副詞に解してカツガツと讀んだのであらうか。

第二節　添加に用ゐられるもの

シカノミナラズは、副詞のシカに、副助詞ノミ、指定の助動詞ナリの未然形、否定の助動詞ズなどの結合した複合語で、ソレバカリデナクの意味から、ソノウヘ・サラニの意味の接續詞に轉じたものである。『續日本紀』の宣命に前掲「然乃味仁不在」（三三詔）の例があり、『歷朝詔詞解』は、これに從つて「加以」を同樣に讀んでゐるから、この語の成立は奈良時代にあつたことになる。訓讀文では、「加以」のほか、「加・加復・又加」などを讀んだが、確實な例はかなり遲れて現はれる。

（一）性《ヒト》、ナリ恬簡《テムカン》ニシテ無㆑し務《ツト》㆓ムルこと榮進㆒を。加《シカ》ノミナラズ屬㆓して隋の政《マツ》リコト衰微㆒なるに、遂に潛《カク》㆓セリ心を憤典㆒に。（興・三藏法師傳延久・承曆頃點　一 3/11）

（二）玄奘庸弊ニして氣力已ニ衰（へ）タリ。又加《シカ》ノミナラズ念㆑ヒ德を欽《ネガ》㆑ヒテ仁ヲ、唯《タ》ヾ豐《ユタ》㆓カニス勞積㆒ヲ。（同　七 14/21）

（三）六十年之年 颯《（と）シサフ》トして焉已ニ至レリ。念㆑（ふ）ニ茲《（こ）》レヲ遄速《センショク》則（ち）生涯《カイ》可㆑シ知（る）。加《シカノミ》復ナラズ少《若也》（く）して因㆓（り）テ求法㆒ニ尋㆓ネ訪フ師友《イウ》㆒ヲ。（同　九 16/5）

（四）豈（に）非㆓ザラム明靈輔《タス》㆑ケ德ヲ、玄天福眷《化ン》㆒スルニ者《モノ》カ焉。加《シカノミ》復ナラズ遊㆓（ば）シメテ心ヲ眞際㆒ニ城㆓塹《セム》タリ五乘㆒ニ。（同　一〇 11/11―12）

（五）貴㆑（ひ）仁ヲ貴㆑（ひ）義ヲ、尙㆑（び）齒ヲ尙㆑ブ賢ヲ。加以ズ識㆓リ洞リ幽徹㆒ニ智與㆑神契レリ。（同　五 2/1）

（六）縱（ひ）此ノ度ビ雖㆑（ども）勝（つ）ト、何ゾ後ノ戰ヲ可㆑ケム忘ル。加以ズ武王ノ有㆑（りし）カバ疾《ヤマ》ヒ、周公代《カハ》㆑ル命ニ。（眞・將

門記承德點　復　24オ)

第三節　選擇に用ゐられるもの

アルハは、ラ變動詞アリの連體形に係助詞ハの結合した複合語で、アルバアヒニハの意味から、マタハの意味の接續詞に轉じたものである。和文でも廣く用ゐられたが、漢文訓讀文では、原文の「或・有・或有」を讀んだ。

(一) 此の三種の慧は、或は皆是(れ)實なり、或は皆顚倒なり。(東・成實論天長點　一二　5/25―26)

(二) 佛は雖三(ども)處處に說二(き)たまふと般若波羅蜜一を、或は說二(き)たまヒ空との等《こと》一く、或は說レ(き)たまヒ有と、或は說二(きたまひ)果報一と、或は說二(き)たまふ罪福一と。(石・大智度論天安點　七〇　8/19―20)

(三) 彼の破戒惡行の苾芻イ……或は奪二(ひ)て所施の四方僧の物一を不《サ》レズ聽《ゆる》三受用一すること。或は閉ニフ牢獄一に。……或は解ニき支節一を、或は斬《キ》ニラム身首一を。(東・地藏十輪經元慶點　四　5/27―6/10)

(四) 若(し)於ニて法界一に、或は執ニシ雜染一と、或は執ニするを淸淨一と、各爲ニす一邊一と。(石・辨中邊論延長點　下　10/10)

(五) 復(た)有ニ(り)四の法、能く爲ニす障礙一を。謂(は)く、以レ(て)の貪《トム》を故に而も行ニす非法一を。或《ア》(る)ハ以レ(て)の瞋を故に而も行ニす非法一を。有ルは以レ(て)の癡を故に而も行ニす非法一を。有ルは以ニ(て)の怖畏一を故(に)而も行ニす非法一を。(石・守護國界主陀羅尼經中期點　六　3/14)

(六) 若(し)人爲ニ(の)財利一の故に起ニす不善の業一を。如下(き)なり爲ニに金錢一の殘中殺するが衆生上を。或(るは)以レての瞋を故にす、如レ(き)なり殺ニ(す)が怨賊一を。或有《ある》は……但(だ)以ニて癡の力一を不《ぬ》レが識ニ(ら)好醜一を故に殺ニ(す)衆生一を。(東・成實論

天長點　一二　11/1―4）

アルイハは、ラ變動詞アリの連體形に、イと係助詞ハの結合した複合語を轉用したもので、原文の「有・或・或有・乍」などを讀んだ。イは、本來特示强調の意味を持つ副助詞、または間投助詞であつたと思はれるが、訓讀文に現はれるものは、ほとんどが主語に添へて用ゐられるもので、アルイハはアルヒトハ・アルモノハの意味に用ゐられることが多かつた。しかるに、初期末からアルハとの間に混用が起こり、アルイハをアルハの意味にも用ゐ始め、選擇の接續詞としての用法が派生した。後にはアルハが衰へ、アルイハの方が傳へられることになつた。

（七）有る外道は但（だ）布施し持戒するをは説二（き）清淨一と、有（る）いは但（だ）布施し禪定するを説二（き）清淨一と、有（る）いは但（だ）布施して求二（むる）を智慧一（を）説二（く）清淨一と。（石・大智度論天安點　三　11/20―22）アルヒトハの意

（八）十三地の藥叉の恒に噉二（ひ）シハ諸の血肉一を、皆捨二（て）て諸の惡業一を速（かに）趣二ク大菩提一に。有《ア》ルイは得二勝《ウ》（れ）たる惱持と安忍と及靜慮一とを、有（る）イは永ク盡二（し）て諸漏一を應―供の世間（の）尊たり。（東・地藏十輪經元慶點　一　7/18―19）

同

（九）是の戒をは、凡夫の人は、或《あ》るいは一日受く、或《あ》るいは一世、或《あ》るいは百千萬世なり。（石・大智度論天安點　六〇　8/1―2）

同

（一〇）有（る）人の應レせる可レ（き）に度す者い、或（る）いは墮二（ち）二邊一に、或（る）いは以二（ての）无智一を故（に）但（だ）求二（め）身の樂一（を）、或有（る）いは爲レの道の故に修二行（す）苦行一を。（同　一　4/21―22）同

（一一）云何（なる）をカ如來の習誦業輪といふ。謂（は）ク、諸の苾芻、或《ア》（る）イハ苾芻尼・鄔波索迦・鄔波斯迦、或《又》復（は）淨信の諸の善男子、或は善女人イ善根微―薄なり。依二（り）て世俗諦一に根―機未レ熟セヌをもてなり。（東・地藏十輪經元慶點　一

9/5―7）マタハの意

（一二）金剛の諸の事には應レ用ニい(る)ベし天火・燒木、或(る)いは苦練木一を。或(る)ときは取ニれ燒屍の殘火の槽木一を。或(る)ときは白栴檀の木、或(る)いは紫檀の木を、隨ニ(ひ)て取(り)て一(つ)の木一を、刻ニみ作れ三股の金剛杵一に。（京・蘇悉地羯羅經延喜點 16/11―13）同

（一三）捨レ(つ)る命を之時に、雖下(ども)有ニ(り)て親族ニ取ニり其の屍骸一を、或(る)いは以レて火を燒き、或(る)いは投ニげ大(きな)る水一に、或(る)いは棄ニ(て)て塚間一に狐狼禽獸競ひ共に食噉上すと、然も心意識は卽ち生ニレぬ善道一に。（石・大般涅槃經初期點 一一 8/25―27）同

（一四）二(は)黑繩の苦―相。謂(は)く、彼の有情は多―分爲ニに彼の所攝の獄卒一の以ニ黑繩一をもて拼《う》(た)る〈蕉點 ウツ〉之。或(るい)は爲ニす四方一にも。或(る)いは爲ニす八方一にも。或(る)いは爲ニ種種に圖畫シ文像一にもナス。（石・妙法蓮華經玄贊中期點 六 16/9―10）同

（一五）根性故の因は若(しは)大造の性か、或(る)いは藥等の性か。（小・大乘掌珍論天曆點 7/8―9）同

（一六）菩薩は心は雖レ(ど)も會《か(な)》レ(ふ)と道に、形は无ニ(し)定方。或(る)いは道、或(るい)は俗なり。（石・法華義疏長保點 一 9/19）

（一七）或《若也》(し)在ニ(り)て須彌の峯一に、爲《被也》ニれらむに人に所ニることを推し墮一(さ)、念ニ(せ)む彼(の)觀音一を力に、如レ(くし)て日の住ニ(し)なむ虛空一に。或(る)いは被《れ》ニて惡人に逐《ヲ》一ハ、墮ニ落せむに金剛山一より、念ニ(せ)む彼(の)觀音一を力に、不レ能《じ》レ(は)損ニ(す)ること一(つ)の毛一をも。（龍・妙法蓮華經末期點 八 6/17―19）

（一八）忽に見(れ)バ有ニリ軍衆。數百隊《タイ》ニして滿ニ(て)リ沙磧ノ間一ニ。作《アル》イハ〈左 マタハ〉行キ作(い)ハ止ル。（興・三藏法師傳延久・承曆頃點 一 9/24）

(一九)　或(るいは)思レ(ひて)今を而染レ(め)墨を、乍《アルイハ》感レ(して)昔を以(て)抽レ(きつ)毫《フムデ》を。(德富・文鏡秘府論古點　地　23オ)

(二〇)　時に看二麋—鹿一を、乍《アルイハ》見二(る)に駒駼《タウト》一を、(同　地　46ウ)

(二一)　大便乍《アルイハ》に難ク、乍《アルイハ》に易ク、時《トキぐ》有二(り)微熱一。(仁・醫心方院政期點　一　6ウ)築島博士による

もつとも、過渡期にあつては逆に、アルハが、アルイハと同樣、アルヒトハの意味に用ゐられることがあつた。また、アルイハが、マタハの用法を派生した後も、本來のアルヒトハの意味で用ゐられることもあつた。

(二二)　又或有《ある》菩薩前《ス(す)》(み)て曰レ(し)て佛に言(さく)、「我れ於二一日一に當に能(く)解釋セム。」或有《(また)》る菩薩の言(さ)く、「七日(の)夜に當に能く解釋(せむ)。」トヨマシキ。す　或るは言《イ》二ヒキ半月一に(と)。或るは言《イ》二ヒキ一月一にト。或るは言《イ》二ヒき六月一中に(と)。或るは言三一年に當二スベキモノなりトマシキ解釋一。(石・守護國界主陀羅尼經初期點　八　7)

(二三)　有(る)いは執下す有二(り)て一リの大自在天一、體實なり、遍せり、常なり、能く生中(す)と諸法上を。彼が執非レ(ず)理に。(石・成唯識論寛仁點　一　7—5—6)

(二四)　欲丁ス歸《カヘ》二シて將の印一を、以レもて兵を屬二(して)大—尉一に、使《シ》丙メムト人ヲシテ報乙セシメムト呂(人名)—産及諸—呂の老—人甲に。或ルイは以《オ(も)》—爲ハク、便《タヨ》リナリト、なりと　或(るい)は曰《イ》レフ不《ず》レナラズと便。計猶—與(し)て未レ有レアラ所レ決する。(毛・史記延久點　呂后本紀　複　11オ)

(二二)の「或るは」は、三例共にその前の「或有菩薩」の省略形であるから、アルヒトハの意味であり、(二三)の「有(る)いは」は、その後の「彼」と同義であるから、同じくアルヒトハの意味であることは明白である。(二四)は、甲論乙駁して、容易に決論の出ない状態を述べたところであつて、二つの「或」は主語のはずであり、『新釋漢文大系』の通釋(吉田賢抗氏)にも、「或る者はそれが便であるといい、或る人は不便だといって」(六一四頁)と口譯してゐる

やうに、「或るいは」は、アルヒトハの意味に用ゐられてゐると見なければならない。

「或・乍」などをアルトキ（二八）・アルトコロ（八）と讀んで、アルハとほとんど同義に用ゐることがあつた。

(二五) 我は是(れ)慶信なり。爲在《イケ》(り)シ之時に、好(み)て作二リ文筆一を、或(る)ときには引二き經典一を、或(る)ときには生二(し)き誹謗一を。以レ(ての)此を之故(に)今受三(く)大罪一を。（石・金剛波若經集驗記初期點　複　25オ）

(二六) 如レく是の一の覺イ隨レ(ひ)て塵に別異なり。或(る)ときは覺レし苦を、或(る)ときハ覺レするガ樂を等キナリ。（東急・百論天安點　12/22）

(二七) 或《あ》るときには問四(ひ)たてまつり世尊(呼掛)、若(し)一切の法空ならば、云何ぞ分三別(し)たまふ・と有二(り)と五道一、或《あ》るときには問下(ひ)たてまつる世尊(呼掛)、有レらば相者、乃至不《じ》レ得二順忍一をダ(に)。云何(ぞ)當(に)觀二し八地一を入中(ら)む・と菩薩位上に。（石・大智度論天安點　八七　3/30―33）

(二八) 阿羅漢の苾芻は、諸漏永―盡せれども、方(に)入二(り)て聚落一に遊―行シ乞食するときは、……或るときに(は)齊二(し)くして雙(つ)の足一を踰《ヲド》二リ(天)越(え)坑塹《ミゾホリキ》一を、或(る)ときには入二(り)て如レき是(の)非法の舍宅一を、爲二に諸(の)母邑一の非理に招引せらる。（石・瑜伽師地論初期點　七九　5/27―6/1）

(二九) 如來は慈三愍(し)たまヒ四―生一を、誘二導(し)たまふとして三―界一を、或(る)とき(には)顯ハレ、或(る)とき(には)隱(れ)ツ、、示レシ生《(音)》を示レス滅《(音)》を。（興聖・大唐西域記中期點　一二　11/9）

(三〇) 若(しは)見《ミ》二最勝の身の威儀の、或(ると)きは出(で)、或(ると)きは處シ、或(ると)きは相好一するを、（石・守護國界主陀羅尼經中期點　六　14/3―4）

(三一) 如來の所レの演(べ)たまふ經典(は)、皆爲《以也》ヨて度二脱するを衆生一を、或(る)ときは説二き己身一と、或(る)ときは説二く他身一と。（龍・

妙法蓮華經末期點　六　3/6—7）

(三二)　覺《サト》二(り)ヌ……或(る)トコロハ斬《カタ》イこと如レし石の。或《ア》ルトコロハ冷《ヒヤ》(か)なること如レし氷《コホ》リの。或ると(ころは)熱(く)して如レし火(の)。或(る)と(ころ)は澁《シブ》イコ(と)如レきを沙の。(東・大般涅槃經末期點　二〇　5/20)

なほ、アルトキ・アルトコロについては、動詞アリ（有）の特殊な用法の項（二一〇—二一二頁）參照。

マタハは、前述したマタに係助詞のハを添へたもので、原文の「亦・或・乍」などを讀んだ。

(三三)　舍の燒(く)る時には、草木等は無常なる故に、亦は燒し、亦は熱す。(東急・百論天安點　15/4)

(三四)　如レくアラバ是の、是の身は无常なる故に、亦は惱し、亦は斷すべし。(同　15/5)

(三五)　譬《(たと)》如二く(へ)ば虚空界の不《ず》レ生(し)モセ、亦は不レが滅(し)モ(せ)、諸佛の法モ如レシ是(の)。(石・大方廣佛華嚴經初期點　一三　4/2)

(三六)　一切國土の中に、普く現二すとモ無量の身一を、而モ身は不《ず》レ在レ(ら)處にモ、亦は不レ住二(ら)於法一にモ。(同　一三　4/18)

(三七)　鳳凰谷ノ陳村《ソン》ヲ亦ハ名二(づ)ク陳堡《ホウ》一ト。(興・三藏法師傳承德點　九　15/19)

(三八)　或《又》は隱二(れ)ナムトイヘドモ林—藪一に、或《又》は造二(ら)むトイヘドモ寶珠一を、或《又》は欲二フとも衆人に愛寵一せられむと、或《又》は求二むとも金銀等の物一を、欲下フとも持二(ちて)諸の呪一を、皆令セ(め)むと有レ(ら)驗、或《又》は欲二フとも神通の壽命長遠なることと、及勝妙の樂一とを、无レクアラしメム不《ず》レといふこと稱レ(は)心に。(唐・金光明最勝王經初期點　5/12—13)

(三九)　作二る燈炷一を法は、白氎の花を(もて)作る。或《(ま)》たは新氎の布を(もて)作る。或(る)いは耨句羅樹の皮の絲を(もて)作る。(京・蘇悉地羯羅經延喜點　25/24)

なほ、(一八)の「乍《マタ》ハ」參照。

モシは、假設の副詞から轉じたもので、一般に「若」を、まれに「或」を讀んだ。「若」に假設の副詞の他、選擇の接續詞としての用法があつたため、前者の訓をそのまま後者に利用した結果、モシに接續詞の用法が派生したといはれてゐる。(注1)和文では、モシハを用ゐてモシを用ゐなかつたが、漢文訓讀文では、初期の間はむしろモシの方が多く、モシハは中期以後盛んになつた。モシハは、アルハ・マタハの類推や、假設・疑惑のモシから區別する必要があつて、モシにハを添へたのであらう。

(四〇) 持戒をは名四(づ)く若し口に語し、若し心に生し、若し受レ(け)て戒を、………不《じ》三といふに復(た)作二(ら)………四種の口の邪行一を。(東急・百論天安點 5/19―21)

(四一) 飯欲《す》レる消せむと時に、受二く若し死し、若し死するに等しき苦一を。(石・大智度論天安點 六二 17/26)

(四二) 同一種類の、若し善不善と、若し善无記と不善无記と、若し苦(と)、若し樂と、倶時に合會(す)といふことは、无レし有二ること)是の事一。(石・瑜伽師地論初期點 五七 2/13―15)

(四三) 誤(り)ても觸へ著する時には、若し自にも若し他にも、皆生三す厭惡一を。(同 二三 6/4―5)

(四四) 爾(の)時の種姓をば、若し種にマレ、若し果にマレ、倶に説(き)て名レ(づ)ク麁と。(同 五七 1/22)

(四五) 若し供養の時、若し持誦の時、若し護摩の時には、應レ著二(く)盃し草鐶一を。(京・蘇悉地羯羅經延喜點 17/22)

(四六) 一切衆生の、若(し)は罪、若(し)は福、乃(ち)是れ自在之所二なり爲作一せる。(石・大般涅槃經初期點 一九 6/33―7/1)

(四七) 若(し)は根、若(し)は境、幷(せ)て相應の法の五蘊の一分い、是は苦々の性なり。(石・妙法蓮華經玄贊中期點 六 34/7)

(四八) 若(し)は取リ、若(し)は除(く)ことハ、皆如二シ色界ノ中に分別一するが。(石・蘇悉地羯羅經略疏天曆點 五 18/19―20)

(四九) 若(し)は井、若(し)は池、若(し)は瓮《(ほ)トキ》、若(し)は鍑《カナヘ》、一切皆な現す。(石・大般涅槃經治安點 八 17)

（五〇）　窮子見二て父が豪貴尊嚴一なるを、謂《おも》二（ひ）て是（れ）國王か、若（し）は是（れ）王と等一（しき）ものなりと、（龍・妙法蓮華經末期點　二 31|16—17）

後世は、選擇接續の接續詞としては、モシハよりもモシクハの方を一般に用ゐるが、モシクハは、副詞の項（三三〇頁）で述べたやうに、『續日本後紀』の宣命（嘉承三年）に

若久波御陵内爾犯穢世留事毛也在止令巡察无止爲天奈毛

の例があつて、その成立は平安初期にあつたと見られるが、訓點資料に現はれるのは遲く、かつ管見に入つた例は少い。

（五一）　復（た）作二（さく）是（の）念一を、「若（し）識非レずは我に、出息と入息と、或《モ》シクハ《しくは》能く是れ我なり・と。」（東・大般涅槃經末期點　一二　2|4—5）

（五二）　庶《コヒネガ》ハクハ後の之覽《ミ》ム者《もの》無二レ或《モシ》ク（は）〈左　アルイハ〉嗤《アザケ》一ルこと焉。（興・三藏法師傳延久・承暦點　一　3|5）

（五三）　舊キ人稱（へ）ラク、「條—支ノ巨ナル〈左　大也〉鷇、或シクハ當レ（るや）此に也。」（同　五　16|20）

（五四）　宜（し）ク先ヅ以二て蘇乳一を灌キ灑イテ、使二（むべし）潤シ霑《ホ》一サ。腠《ソウ》理して然して後ニ擊二（た）バ揵椎一（を）、感して而悟（り）テ之、或シク（は）可レ（しや）起（す）也。（同　五　18|4）

しかも、これらのモシクハは、選擇よりもむしろ疑惑を表はしてゐると解すべきであつて、接續詞のモシクハがいつ成立したか明らかでない。

（注1）　山田孝雄博士『漢文の訓讀によつて傳へられたる語法』（一九五頁）、春日政治博士『西大寺本金光明最勝王經古點の國語學的研究　研究篇』（一八一〜一八二頁）參照。

第四節　順接に用ゐられるもの

カレは、古語の代名詞または副詞のカに、動詞アリの已然形が結合した複合語で、カクアレバの意。奈良時代には、接續助詞のバが無くても、已然形だけで確定條件を表はすことができた、その名殘と見るのが通説である。とすれば、カレは奈良時代以前の成立といふことになるが、奈良時代にカレの存在した證據はない。『日本書紀』の古訓では、文頭の「故」をカレと讀み、本居宣長の『古事記傳』でも、「故・爾」をカレ、「故爾」をカレココニ・カレスナハチ、「故是以」をカレココヲモテ、「故於是・故是」をカレココニ、「故乃」をカレスナハチなどと讀み、『歷朝詔詞解』では、「故」をカレと讀んでゐるが、カレの確實な例は、平安時代の訓讀文に初めて現はれる。訓讀文では、原文の「故・以故」をカレと讀み、まれに文意によつて補讀することがあつた。

（一）令二(め)むとして他に 證知一セ、故《カレ》説二かくのみ種種の 世俗の 名言一を。（西・金光明最勝王經初期點　五　11/12）甲a
（二）依二(り)て大三昧一に、故《カレ》説二ク 於樂一と。依二(り)て於大智一に、故《カレ》説二ク 清淨一と。（同　一　5/5）甲b
（三）佛は 知二し(めせる)をもて彼が 心行一を、故《かれ》爲に 説二(き)たまひしなり大乘一を。（山・妙法蓮華經初期點　6/16）甲c
（四）今は 從二(ひ)て根本一に、故《か》レ 智恵をもて爲《い》レふ 性と。（石・妙法蓮華經玄贊中期點　三　4/15）甲a
（五）欲《し》レて 異二（ならむ）と前の 者一に、故《カレ》以レて 婦を 標せり。（石・法華義疏長保點　一　13/21）甲a
（六）罔《ナ》レキをもて不二といふこと玄《ハル》カに會《カナ》一ヘ、故《カレ》受二(け)たり斯の 目一を。（西・不空羂索神呪心經寛德點　1/8）甲c
（七）以二て 二乘不レを 知(ら)、故レ 皆无二(し)といふ能く 問(へ)る者《人》一。（石・妙法蓮華經玄贊中期點　三　27/20）甲c

（八）言下依他起性も　亦（た）無二み　所有一、|故れ　立（て）て爲《す》ゃといはば空と、（根・大乘掌珍論承和・嘉祥點　10/5）甲f

（九）若（し）少《（わか）》ケレドモ而有レ（る）いは德、|故れ　有二り　大德といふ之名一。（東・金剛般若經贊述仁和點　8/9）甲g

（一〇）此の　无性と　有性とをば、|故レ　別に　立二ッ　二空一と。（石・辨中邊論延長點　上　6/17）甲g

（一一）欣二フ　當に　生一（れむ）と心《（こころ）ロジ》　不レ重カラ。|故レ　放レ（ち）て光を　集レ（め）て衆を　普く　召二す　有緣一を。（高・彌勒上生經贊初期點（朱）1/3）乙

（一二）令二（むる）に他を　信一（せ）有レ（る）と三二ッ、對二治するに障一を　亦（た）三（つ）あるトゾ。|故レ　道支は　成レレリ八に。（石・辨中邊論延長點　中　11/23）乙

（一三）爲レに　破二せむが彼の　言一を、|故レ　説レ（き）て頌を　曰（はく）、（東急・大乘廣百論釋論承和點　5/20）甲d

（一四）阿利斯登子・達率日羅賢《サ（か）》（しくして）而有レ（り）勇。|故レ　眹《カ》欲下（す）與二其人一相|計《タバカリ》上（せむ）ト。（前・日本書紀院政期點　敏達一〇年）乙

（一五）由レ（り）て破三（し）ツルに諸根遍二せりといふを一切の　處一に、|故れ　幻士の　中には無二（し）諸根の體一。（根・大乘掌珍論承和・嘉祥點　9/13）甲b

（一六）緣二（り）て此の　知見一に、|故レ　出二（で）たまふ世間一に。（石・妙法蓮華經玄贊中期點　三　36/5）甲b

（一七）入二口　大乘一に　爲《せ》レむとして本と、|以|故れ　説二（き）キ是の　經一を。（山・妙法蓮華經初期點　6/13）甲a

（一八）欲レして令レ（め）むと悟二（ら）一道一を、|カレ説二（き）たまは（く）一切教一を耳《のみ》。（石・法華義疏長保點　二　3/21）甲a

東洋文庫本『日本書紀』の訓に、文頭の「故」をソレと讀んだものがある。

（一九）上行（ふ）ことは下《（トキハ）》靡《（ナヒク）》ソ。|故レ　承レ（け）ては詔を、必（ず）愼メ。（推古一二年）

（二〇）憾起（るとき）は則違レ（ひて）制に害《ヤブ》レル法を。故《ソ》レ初の章《クダリ》に云（へらく）、上下和《アマナヒ》―諧（すといへる）は、其（れ）亦（た）是（の）情歟《カナ》。（同）

共に墨で書かれてゐるが、初めのはやゝ大きい假名、後のは小さい假名である。吉澤義則博士に従へば、初めのは二度目の訓で院政期以前のもの、後のは三度目の訓で一條兼良のものである。ソレは他に例のない形であるが、カレが古語化して正しい理解が失はれ、その語源を「彼レ」と誤解し、それの連想で「其レ」を考へ出したのであらうか。

また、カレをカレニとも言つたとする説があるが、(注1) 現在のところ、まだ確認される段階に到つてゐない。

ソヱニは、指示代名詞のソ（其）とユヱニとの結合したソユヱニの縮約で、ソレユヱニの意味と考へられるが、ユの脱落がうまく説明できない。『萬葉集』には、ソコユヱニといふ語があつて、文頭に用ゐられ、原因・理由を表はす接續詞の役をしてゐるが、

心には　思ふものから　語りさけ　見さくる人目　乏しみと　思ひし繁し　そこゆゑに　心和ぐやと……石瀬野に　馬だき行きて（萬葉　四一五四）

平安時代に入ると、『續日本後紀』の長歌に

四方の國　隣りの君は　百繼ぎに　繼ぐと言ふとも　何してか　等しくあらむ　所以爾　神も順《うべな》ひ　佛さへ　敬《ゐやま》ひ給ふ。（嘉祥二年）

「所以爾」といふソコユヱニらしい例を殘しただけで、一般には用ゐられなくなつた。訓讀文でも、「所以」はコノユヱニと讀まれることが多く、ソコユヱニと讀まれることはほとんどなかつた。

（二一）曲―學易レみ遵《シタガ》ヒ、邪―正於レ（に）焉《コヽ》ニ紛―糺《マド》ヒス。所以《ソコ（ゆゑ）》に空―有の之論、或（る）いは習レヒて俗に而是非し、大小の之

乘、乍《亦也》沿《シタガ》ヒて時に而隆《サカ》ェ替《カハ》る。（石・說无垢稱經初期點　一　1/21—22）

そのソコユヱニに代るやうにして登場するのがソヱニである。ソヱニは、ソコユヱニの省略形なのであらうか。訓讀文のソヱニは、原文の「故・所以」を讀む他、文意によつて補讀することが多かつた。

(二二)　水ノ中ノ月ノ若シトスルヲゾ、菩提ノ行ヲ行ストハイフ。ソヱニ我モ亦菩提ノ行ヲ行ストハイフ。ソヱニ我モ亦菩提ノ行ヲ行シキ。（西・金光明最勝王經初期點　五　背書）乙

(二三)　以レ（て）の種ニ（うる）を善根一を故に、爲三す諸佛に所ニ（れ）たてまつるト護念一（せ）。ソヱニ名ニ（づく）攝取善知識方便一（と）也。（石・法華義疏長保點　一　18/26）「名」にはソヱニを示すヲコト點も加へられてゐる。乙

(二四)　相ィ於ニ心中一ニ現ス。ソヱニ名（づけ）テ爲ニ（ふ）所緣一（と）。（東・法華論義草　1167）乙

(二五)　貞盛等奉ニハリテ命ヲ於公一（に）、將ニ擊ニ（た）ム件（の）敵一（を）。所《ソヘニ》—以集ニ（め）テ群集一ヲ著《ツ》ニク…………下總（の）之堺一ニ。（眞・將門記承德點　複　24オ）乙

(二六)　汝閻浮提日本國（に）於（て）、行基菩薩（の）〔之〕心（を）嫉惡《ホソミニク》ム（の）〔之〕心有リキ。今、所《ソヘニ》以汝ヲ召セルコトハ其（の）罪（を）懲《イマシ》メムトナリ（今所ニ以召ロ汝者懲ニ其罪ニ）（天・日本極樂往生記應德點）廣濱文雄氏による。乙

(二七)　智者は我(音)を善く調（へ）たるをもて、故《そ(ゑ)》に得ニたりと昇レ（る）天に樂一を。（根・大乘掌珍論承和・嘉祥點　4/13）甲c

(二八)　由下（り）て解い故シ作中レルに證ニする眞宗一を之本上と、そゑに兩（つ）の能を雙（べ）て擧（げ）て、故レ名ニ（づけ）たり信解一と。（石・妙法蓮華經玄贊中期點　六　23/8）甲b

(二九)　是（れ）無相なるが故に、そゑに與ニ勝鬘一同（じ）なり。（知・妙法蓮華經玄贊中期點　一〇）甲e

(三〇) 小兒は婬心すら尚(し)无し。況(や)能(く)婬欲せむや。そゑに亦(た)爲ニに欲使一の所レ(る)をもて使(せ)。(東・成實論天長點 一五 6/15) 乙

(三一) 汝等《ら》が既に知ニり諸佛は世の之師一にいますと、隨レ(ひ)て宜(しき)に方便の事をサヘシツラク。そゑに无ニ(く)なりぬ復(た)諸の疑惑一。(山・妙法蓮華經初期點 10/8) 乙

カレとソヱニは、共に原因・理由を表はし、よく似た接續詞であるが、兩者を比較檢討して見ると、その用法には若干の相違がある。

(1) 平安時代の訓點資料で、カレとソヱニとの兩方の例を持つ一五種の點本について、カレとソヱニとの位置を

甲 文の途中にある場合

乙 文の初にある場合

に分け、さらに、甲では、カレとソヱニとがどんな語の後に來るかを

a 活用語の連用形＋テ

b ——ニヨリテ

c ——ヲモテ

d ——ノ(ガ)タメニ

e ——ノ(ガ)ユヱニ

f 形容詞の語根＋ミ

g その他

に分けて、兩者の用例を調べると、次のやうである。

① カレの用例一二七、ソヱニの用例三七八で、ソヱニがカレの三倍多く用ゐられてゐる。

② カレでは、文の途中にあるものと、文の初にあるものとの比は、九二例對二四例で、前者が後者の四倍近く多い。(注2)

③ ソヱニでは、文の途中にあるものと、文の初にあるものとの比は、一〇例對二七〇例で、後者が前者の二七倍多い。

④ カレが文の途中にある場合、前に來る語は、a・b・c・d・fなどが大部分で、九二例中の八四例、九一パーセントを占めてゐる。(注2)

カレとソヱニとの間に存するこのやうな相違は、何を意味してゐるのであらうか。

まづ、カレの場合、文の初にあるものに對し、文の途中にあるものが四倍近く多いといふことは、カレは、文と文とを繋ぐ接續詞であるよりも、文の中で、文節群と文節群とを繋ぐ接續詞であることを示してゐる。次に、文の途中で用ゐられるものでは、a・b・c・d・fなどを前に持つものが大部分であるが、これらの語は、元來、それ自身後に續いて、原因・理由を表はすことのできるものであつて、カレがなくても意味は通ずるのである。このやうな構文に、主としてカレが用ゐられるといふことは、順態の接續詞として、それだけ獨立性に乏しいといふことであり、原因・理由を表はす機能が不十分であることを示してゐる。なほ、gに屬する（a）（b）では、カレの前に來る語は――イハ、――ヲハなどで、カレを飛び越えて、下の述語に、主語または連用修飾語としてかかつてをり、因果關係はない。このやうな構文では、カレは全く無用な存在である。

次に、ソヱニの場合を見ると、文の初にあるものが、文の途中にあるものに比べて、壓倒的に多い。すなはち、ソヱニは、一つの文が完結した後、改めて次の文を起す時に、その文頭に專ら用ゐられるのであつて、形態上分離した二つの文が、順接の關係にあることを示すものは、ソヱニの存在だけである。このことは、ソヱニが順態の接續詞として、それだけ獨立性に富んでゐるといふことであり、原因・理由を表はす機態が十分であることを示してゐる。

纏めて言へば、カレは、文の途中にあつて、それ自身接續機能を持つ語を受けて、その接續を確かめるといふ消極的な作用をするのに對し、ソヱニは、文の初にあつて、文と文とを繫ぐ積極的な作用をするといふ相違がある。現代の口語の中で、これに類する表現を求めると、カレは

雨が降り出して、それで、運動會は中止になつた。

のソレデに近く、ソヱニは

雨が降り出した。だから、運動會は中止になつた。

のダカラに似てゐようか。ただし、ソヱニは、文の途中に用ゐられることが極めてまれであるが、カレは、文の初にもかなり用ゐられ、二一パーセントの例を持つてゐる。ソヱニの用途が明瞭で狹いのに對し、カレの用途は曖昧で廣いといふことになる。ダカラは文中に用ゐられにくく、

雨が降り出して、だから、運動會は中止になつた。

とは言はないが、ソレデは文の初めにも用ゐられ、

雨が降り出した。それで、運動會は中止になつた。

と言へるのに似てゐる。

(2)　次に、表記形式の上から、カレとソヱニとを比較して見る。まづ

甲　原文の文字を讀むもの

乙　原文に、これに相當する文字がなく、加點者が私意によつて補讀するもの

に分け、さらにそれぞれを

a　假名で表はすもの

b　ヲコト點で表はすもの

c　假名とヲコト點とを併用して表はすもの

d　特殊記號で表はすもの

に分けて、兩者の表記形式を調べると、次のやうである。

①　カレは、原文の「故」を讀むことが多く、原文にこれに相當する文字のない場合に、加點者が私意をもつて補讀することは、極めてまれである。

②　ソヱニは、まれに原文の「故・所以」を讀むこともあるが、大部分は補讀である。

③　カレは、「故」を讀む場合に、假名やヲコト點で表はし、まれに補讀する場合に、假名で記すこともあるが、特殊記號を用ゐることはない。

④　ソヱニは、「故・所以」を讀む場合は、ヲコト點や特殊記號で表はし、補讀する場合は、まれに假名で記すこともあるが、多くはヲコト點または特殊記號を用ゐ、特に特殊記號を頻用する。

さて、カレとソヱニとの間に存する、このやうな表記形式の相違は何によつて生じるのであらうか。

まづ、①②について考へてみよう。漢文を訓讀する場合、接續詞の取り扱ひ方を見ると、原文の文字に卽して讀み、補讀はしないのが普通である。だから、カレを補讀に用ゐないのは、この一般的傾向に從つたものであつて、格別異とするに足りない。問題はソヱニの方である。ソヱニは、カレと反對に、原文の文字を讀むよりも、補讀することが遙かに多い。これは、接續詞は補讀しないといふ一般的傾向に反するものであり、他の接續詞に見られない特徴である。前述したやうに、ソヱニは、文の初にあつて、文と文とを繫ぐ積極的な作用をする接續詞であるから、原文に「故・所以」のない場合に、加點者が二つの文の順接關係を明示するため、自らの判斷においてこれを補讀したのである。漢文の訓讀に當つて、順態の接續詞を補讀して、文相互の因果關係を理解することは、敍事的な文章よりも、論述的な文章において、殊に必要である。一五種の資料中、例へば、西大寺本『金光明最勝王經』初期點と東大寺本『地藏十輪經』元慶點とは、石山寺本『妙法蓮華經玄贊』中期點と石山寺本『成唯識論』寬仁點とに比べると、文章全體の量は、ほぼ同じくらゐであるが、カレ・ソヱニの使用量は、後の二者が三・八倍も多い。しかも、前の二者では、ソヱニはカレの半分に滿たないが、後の二者では、ソヱニはカレの五倍も多い。これは、加點者の相違よりも、「經」と「論」との文體の相違から、必然的に生じた結果であり、論述的な文章で、ソヱニが特に頻用されることを示してゐる。しかしながら、ソヱニの用例が乙に片寄り過ぎ、あたかも補讀專用語の觀を呈してゐるのはどういふことであらう。助詞や助動詞ならば、漢文にこれに相當する文字がないから、補讀する他はないが、接續詞の場合、これに相當する文字があるのに、ことさらこれを避けて讀まず、ひたすら補讀に傾くといふのはをかしい。そこで思ふに、數は少いが、原文の「故・所以」をソヱニと讀んだ例がある（六例）のを見ると、ことさら避けて讀まなかつたのではなく、これらの文字に、單にニを添へただけのものであつても、それが、文の初に用ゐられ、文と文とを繫ぐ接續詞としての働きをしてゐるもの

の中には、補讀の場合と同樣、ソヱニと讀んだものが、相當數あるに違ひないといふ推定である。例へば、次のやうな例

(三二) 壞相といふは卽(ち)是(れ)空なり。空(は)卽(ち)是(れ)聖行なり。故に名二(づく)聖行一と。(東・成實論天長點 二一 17/25)

(三三) 又此は非二(ず)正道一に、非二(ず)淸淨の道一に。そゑに名二(づく)隨苦邊一と。(同 一五 8/10)

(三四) 柱根摧朽といふは者、………業盡(き)て都(て)死ぬ。故に名二(づく)摧朽一(と)。(石・妙法蓮華經玄贊中期點 六 1/15)

(三五) 心慢といふは蔑レ(に)す他を。そゑに名二(づく)鬪諍一と。(同 六 3/33)

において、「故」はユヱニ、補讀はソヱニと讀み分けたと考へるべき何の理由もなく、むしろ、共にソヱニと讀んだと見るのが自然ではないか。

次に、③④について考へる。これも、接續詞の表記法を見ると、假名やヲコト點で記すのが普通であつて、特殊な記號を用ゐることはない。ヲコト點を用ゐる場合も、語の一部だけを示すか、または、幾つかの點を組み合せたり、ヲコト點と假名とを組み合せたりして表はすのが普通であつて、一つの點が一つの接續詞を表はすといふことは、ほとんどないといつてよい。點圖集を見ると、ニトハカ點にアルトキニハ、香隆寺點にシカレドモ、廣隆寺點にユヱニの點を收めてゐるが、筆者は寡聞にして、まだその實例を知らない。カレが、假名またはヲコト點で記されて、特殊記號を持たず、ヲコト點も、カまたはレだけを示すか、カ・レ二つの點を合せ用ゐるか、カはヲコト點、レは假名といふ組み合せで表はすかしてゐるのは、接續詞の一般的表記法に從つたものであつて、特に言ふべきことはない。問題はやはりソヱニである。ソヱニは、假名・ヲコト點の他、特殊記號を使用し、ヲコト點も、ソ・ニ二つの點を組み合せて示す他、ソヱニを示す特定の點を持つてゐる。しかも、假名やヲコト點の組み合せで示される例は極めて少く、大部分は特定のヲ

コト點、または特殊記號で記されてゐる。これも、接續詞の表記法における一般的傾向に反するもので、ソヱニの特徴といふべきであらう。このやうに、ソヱニが特定のヲコト點と特殊記號とを持つてゐるのは、それだけの理由があつたからであらう。つまり、ソヱニは、カレの三倍も多く用ゐられ、使用回數が多いため、自然に記號化が工夫されたと考へるのである。

(3) カレとソヱニについて、なほ、注意すべき點について補足すると、カレやソヱニを持つ資料は、すべて佛書であつて、いはゆる漢籍は一つもない。さう言へば、ソヱニは、十種のヲコト點圖にありながら、博士家の點圖にはそれがない。カレとソヱニとは、佛書には頻用されたが、漢籍では余り用ゐられなかつたものらしい。廣義の訓點資料の中で、ヲコト點がなく假名だけのものや、漢字片假名交り文を調べて見ると、カレはなく、ソヱニが數例求められるだけであるが、その中で東大寺本『法華論義草』、天理大學本『日本極樂往生記』應德點、觀智院本『三寶繪詞』の三種は、直接佛敎に關するものであり、眞福寺本『將門記』は、將門の叛亂を述べた記錄であるが、作者も加點者も共に僧侶と推定される資料である。この内、『法華論義草』と『三寶繪詞』とは、讀んだ資料ではなく書いた資料であり、前者は變體漢文風の、後者は完全な漢字片假名交り文である。從つて、佛敎的な内容を持つ資料や、僧侶の手を經た資料は、漢文も變體漢文も漢字片假名交り文も、カレとソヱニとを、殊にソヱニを多く用ゐたといふことになる。ただし、『日本紀竟宴和歌』の詞書に

もものはなはしばらくのもの、まつのはゝひさしきゝなり。そへに、おもしろし。とのたまへり。(複　下　16ウ)

とあり、また、『古今和歌集』に

そゑにとてとすればかかり、かくすればあな言ひ知らず。逢ふさきるさに(一九　雑體)

『能宣朝臣集』に

つらさをば戀ひてぞ知りぬ。そゑにとて思ひやむべき心ならねば

などとあるのを見ると、ソヱニは、訓點資料以外の和文・和歌にも、まれには用ゐられることがあつたらしい。(注3) 鎌倉時代のものであるが、家隆の『壬二集』にも

そゑにとて頼めし暮もとにかくにいく夜過ぎゆく月日なるらむ（下）

の例がある。これらの「そゑにとて」は、いづれも文頭にあつて、現代口語のダカラトイッテの意味に用ゐられてゐる。なほ、詳しくは、別に述べたものがあるから参照されたい。(注4)

モテは、原文の「以・式・以・以用」などを讀む。「以」は、王引之の『經傳釋詞』に「而也」とあり、單にサウシテと同じ意味でモテといふ。「式」は、同じ『經傳釋詞』に「語詞之用也」といひ、裴學海の『古書虚字集釋』にも「用也」とあつて、「用」に通じてモテと讀むのである。

（三六）重(ね)て|以て 于—祈《ケ》す。伏(し)て乞フ。（知・三藏玄奘法師表啓初期點　81）

（三七）奉㆓獻して新王㆒に|以て 呈《シメ》㆓ス 嘉瑞を 貴族《ゾク》㆒に。（東・地藏十輪經元慶點　二　3/25）

（三八）宣㆓揚(し)て苦行及彼の 涅槃㆒を、|以て 示㆓(す)こと衆生㆒に 如㆑し 令㆑(むる)が失㆑(は)聲を。（石・妙法蓮華經玄賛中期點　六　5/8）

（三九）子—孫弈《重也》㆑(ね)て世を |以て 迄《及》㆓ベリ于今㆒に。（興聖・大唐西域記中期點　一二　7/9）

（四〇）謀《ハカ》㆑リテ爲㆓むことを大逆㆒(を)、欲㆔す |以《も》て 危㆓(くせ)む(と)劉氏の 宗廟㆒を。（東北・史記延久點　孝文本紀　複　1）「もて」は

二つのヲコト點

(四一) 已に飛ニ(ば)シ英でたること(を)曩―代一に、式《も》て徵《の(と)》ニレリ前―典一に。(知・三藏玄奘法師表啓初期點 33) 同

(四二) 環《メグ》リテ建ニテ伽藍一を、式《も》て招ニケリ僧―侶一を。(興聖・大唐西域記中期點 一二 7/22)

(四三) 奉ニ述(して)天旨一ヲ微《スコ》シ表ニス贊楊一ヲ。式《以也》テ命ニして有司一ニ綴《テイ》ニス于終卷一ニ。(興・三藏法師傳承德點 七 5/1)

(四四) 今此ノ沙門形貌淑美ナリ。殺(し)テ用テ祠レ(ら)ム之ヲ。(興・三藏法師傳永久點 三 2/5)

(四五) 以レ(て)灰ヲ塗レ(り)テ體ニ用テ爲レス修レ(す)ト道ヲ。(同 四 16/1)

(四六) 國―人利《引》レ(きて)之を以て用溉《引也》レく田に。(興聖・大唐西域記中期點 一二 14/11)

(四七) 願(は)くは、欲下ふ得ニて大王の宮中の藏の所有の珍寶一を………以―用て布施上せむと。(石・佛說太子須陀拏經中期點 1/4)

モテは、代名詞のコレ・ココ、格助詞ヲと結合して、コレヲモテ・ココヲモテとなり、新しい接續詞を作る。コレヲモテは、原文の「以」を讀む。「以」は、『經傳釋詞』に「此也、指ニ上文一而言也」ともあり、上文を承けて下文に續ける接續代名詞である。假名書きの例はないが、「以」にテを送つて「此」を註したものや、「以」にテ・ヲを送つた多くの例があつて、コレヲモテと讀んだことが推定される。コレヲモテの承ける上の語は、次のやうに種々な形を取る。

a 名詞

b 名詞十ノミヲ

c 名詞十ヲモテ

d 名詞十ノミヲモテ

e 活用語の連體形

f　活用語の連用形＋テ

g　活用語の終止形

その例

（四八）　妙―頗黎の網をもて〈左訓　ノ如シテカヾヤケル〉暎《テラ》ニシて金の軀一を、種種の光明以《此》て嚴飾せり。（西・金光明最勝王經初期點　二　12/20）a

（四九）　如レ（き）是（の）等の雜餝、以《此》て爲《せ》ニり莊嚴一と。（石・大智度論天安點　一〇〇　4/31）a

（五〇）　我我所執、以を（も）て爲《し》ニ其の因一と、業を爲《す》ニ良田一と。（東・地藏十輪經元慶點　二　7/5）a

（五一）　清淨法界、以を（も）て爲ニす眞言一と。（石・蘇悉地羯羅經略疏寛平點　二　6/3）a

（五二）　於ニ此（の）座一に有ニ（り）妙（なる）蓮華一。種種の珍寶以《コレ》を（も）て爲《せ》ニり嚴飾一（する）ことを。（春・金光明最勝王經中期點　一　5/8）a

（五三）　非ニず但（だ）宣説のみを以を（も）て爲《せ》ニ究竟一ト。（石・瑜伽師地論初期點　七九　14/2―3）b

（五四）　无爲涅槃をもて以を（も）て爲ニす其（の）相一と。（同　七三）c

（五五）　此（の）事は用レてカ何を以を（も）て爲《す》ニる自性一ト。（同　七三）c

（五六）　手足をもて以を（も）て爲ニす刼敵の樓櫓一と。（石・妙法蓮華經玄贊中期點　六　2/7）c

（五七）　非ニず讀誦のみをもて以を（も）て爲《せ》ニ究竟一と。（石・瑜伽師地論初期點　七九　14/2―3）d

（五八）　感ニ得（す）ル富饒一ヲ、以を（も）て爲ニス富饒悉地一ト。（石・蘇悉地羯羅經略疏天曆點　五　28/11）e

（五九）　白―檀以《コレ》をもて塗《ヌ》ニリ畫《カ》ク圓―妙の漫荼羅一を。（國・大毗盧遮那成佛經治安點　一　12）a

（六〇）若(し)從レへて他に信する、以を(もて)爲二す其の先一と。或(る)とき(は)觀二する諸法一を、以を(もて)爲二て其(の)先一と、（石・妙法蓮華經玄贊中期點　三　14/29）e

（六一）離レレ異(を)離レ(れ)たる一(を)、以を(もて)爲二す其の相一と。（石・辨中邊論延長點　上　7/8—9）e

（六二）入二(る)に大乘一に爲《是也》れ本なるを、以《是也》を(もて)の故(に)說二く是(の)經一を。（龍・妙法蓮華經末期點　一　25/13）e

（六三）諸法は和合の因緣をもて生す。以《此》(をもて)爲レす有と。（石・大智度論天安點　六七　16/6）g

（六四）能く生二し淨信の心一を、起二す隨順の智一を。以《此》(をもて)爲二ス實想一ト也。（東・金剛般若經贊述仁和點　23/1）g

（六五）此の香六—鉢價直《アタヒアタ》二ル娑婆世界一に。以《コレ》をもて供二養(し)たてまつりき佛一を。（立・妙法蓮華經寛治移點　七　4/26）g

（六六）然(る)に、有二(りて)大なる幸《サチ》二而泊二レリ于聖帝之邊境一に。以を(もて)〈新點　コレヲモテ〉歡喜《ウレ》シブ。（東洋・日本書紀中期點　推古一八年）g

（六七）離レ(れ)て因に別に有二といひて喩の體一あり、以を(もて)例二すといはば諸法(は)是(れ)有に(し)て非レ(ず)と空に、（東急・大乘廣百論釋論承和點　8/6—7）f

（六八）作二(りて)衆(の)伎樂一(を)、以《此》(をもて)樂二(しま)しめ衆人一を、（石・大智度論天安點　九〇　6/29）f

（六九）諸經論の中には多ク說二(き)て涅槃の理性の智慧一を、以を(もて)爲《せ》二り一乘一と。（石・妙法蓮華經玄贊中期點　三　37/23）f

以上の內、aは、上の語を提示語とし、代名詞のコレで受けて下に續ける形式である。b・c・dも同樣に讀まるべき構文であるが、bは上の語にノミヲを、cは上の語にヲモテを、dはノミヲモテを添へ、提示語たるべきものを連用修飾語として、直に下の述語に續けた形式である。從つて、コレヲモテは、國語としては無用の存在となつてゐる。eは、活用語の連體形が體言の働きをしてゐて、aと同種の形式である。f・gは、やや趣きを異にし、コレヲモテは、

fでは、上の語を受けて、サウスルコトニヨツテの意味を表はし、gでは、上文全體を受けて、ソレユヱニの意味を表はしてゐるやうである。

なほ、まれに「是」をコレヲモテと讀むことがある。

(七〇)　以下て　無ニク　去も　來一も、及無中きを所取上も、是レをもて則(ち)法身は不《ず》レ生もセ、不《ず》レ滅もセ、無ニきが生滅一故に、（西・金光明最勝王經初期點　一　11/7―9）

(七一)　次(に)説ニ(き)て欠字一を、卽(ち)言《イ》丁へリ先(づ)應丙(し)と住ニ(し)て此の　字門一に　然(し)て後に　作乙(る)金剛薩埵の　身甲と。是《コレ》ヲモテ知(り)ぬ、未レときには作ニ(ら)金剛薩埵の　身一と、不レ合レ(から)作ニ(る)轉法輪の　印眞言一を　也。（龍・大毗盧遮那經供養次第法義疏康平點　二　20ウ）

(七〇)は、c・dと、(七一)は、gと同種のものである。ココヲモテは、原文の「是以・以是・是用・是」などを讀む。ココといつても、場所を指すのではなく、コノ點の意味である。

(七二)　如レキ是(の)等の　無盡無滅の　諸陀羅尼門を　得ニツル成就一すること故に、是《(こ)》コをもて菩薩摩訶薩は、能ク　於ニ十方の　一切の佛土一に　化ニ作して佛身一を、（西・金光明最勝王經初期點　四　12/27―29）

(七三)　觀下たまひて………執レするは空《(音)》と者、迷ニ(ひ)て理と事一とに而都く无《(音)》し、翫レブは有《(音)》を者、言中フを我と　法と而て皆實《(音)》上なりと、是《コ》コを以て　菩薩出レ(で)たまひて世に　制《作也》ニれり此の　微―詮一を。（東・百法顯幽抄中期點　57/10―13）

(七四)　覽ニて　神―迹一を　而增レシ懷を、仰ニ(ぎ)て玄―風一を　而永く　嘆く。匪ニ唯(だに)麥秀(で)て悲《(か)ナ》レシビ殷《(音)》に、黍―離の　愍《(かな)》レシペルノミナラズ周に　而已。是《コ》コヲ用《ム》テ　詳ニ(か)ニシ釋迦之故―事一を、擧ニ(げ)たり印度之茂―實一を。（興聖・大唐西域記中期點　一二

57|13）

(七五) 涅槃は是(れ)常なり。恒にして不《ず》ニ變易一せ。是《コ》、(を)以て无量阿僧祇劫に修ニ集して善法一を以ニ(て)なり自(ら)莊嚴して然して後に乃し見一るを。(東・百法顯幽抄中期點 二一 15|8―9)

次のやうな例も、ココヲモテと讀んだのであらう。

(七六) 時に人止めて曰《い》(ひ)しく、「………若(し)無ニくは盈長一なること、不《じ》レ如か、不レラムニハ・トいふ設ケ。」是《コ》、を以(て)還(り)て依ニる彼の法一に矣。(天・南海寄歸傳末期點 一 13|22―23)

(七七) 日の食は不レ過ニ(ぎ)一升一に。誰か復(た)能く當《アタ》ニラム百《モヽチ》の罪一に。是《コ》、(を)以(て)耿介之士は疾《ニク》ニム其の事の繁一キことを。(同 二 4|24―25)

(七八) 師の年壽漸ク促《ツヾ》マリテ、文記不《ズ》レ正《タヾ》シ(から)、誨《火》ニ誤シテム後ノ人一ヲ。以レ(て)是《コ》、ヲ故《(ことさら)》ニ來(り)テ示ニ(す)ナリ師ニ佛意一ヲ。(興・三藏法師傳承德點 一〇 6|20)

(七九) 遂ニ令《シ》ニム後學ヲして相ヒ顧(み)テ靡レカラ識《シ》レルコト所レヲ歸(する)。是ヲ以テ面ニ(し)テ鷲山一ニ以(て)增レシ哀《カナ》シビヲ、慕ニ(ひ)テ常啼一ヲ而假《カ》一寐《ヒ》ス。(興・三藏法師傳承德點 七 12|2)

(八〇) 專に努《ツト》メて以レ(て)德を化レす民を。是(を)以て海內殷《サカリ》富に(し)て興ニレリ於禮義一。(東北・史記延久點 孝文本紀 複 35)

ヨリテは、動詞ヨルの連用形に、接續助詞テの加はつた複合語である。動詞としては、連用修飾語を取つて――ニヨリテと言ふべきであり、單獨にこれを用ゐて接續詞とするのは、翻譯文法である。ヨリテは、「因・仍」などを讀む。「仍」は、『爾雅』の釋詁に「因也」とあるやうに、「因」に通じて用ゐる。

(八一) 王聞ニ(き)て是の語一(を)、益《マ》ス(ます)大に不レ樂(しば)。因《ヨ》テ呼ニ(び)て一(り)の大臣一(を)而問レ(ひ)て之を曰《(の)》たまはく、(石・佛說太

子須陀拏經中期點　3/10)

(八二) 是(の)故に菩薩爲レに破二せむが彼が執一を、示二現す入―胎一を。因て令下(めむ)と(し)て〔なり〕彼の天を(し)て起二(し)て无常の念一を、世間に最勝に(し)て於レ欲に不ㇷ(あら)染(ま)、尚シ有二(り)墮落一すること。(石・妙法蓮華經玄贊中期點　三　10/19―20)

(八三) 西―主不レして利《(音)》(あら)、因て而逐レ(ひ)て比《ニ》グルヲ遂に斬《キ》二リツ其(の)首一を。(興聖・大唐西域記中期點　一二　10/17)

(八四) 地―乳に所《ヤシナ》レハレタリ育。因て爲《せ》二り國號一と。(同　一二　11/1)

(八五) 聞二(き)て弟子(の)聲一(を)、因て自(ら)懼(り)て死す。(前・冥報記長治點　複　17オ)

(八六) 停《トヾマ》ルこと月餘日にして從レ(ひ)て之に受學す。仍て相ヒ與《トモ》ニ進二向す城都一に。(興・三藏法師傳延久・承曆頃點　一　5/1)

(八七) 詞理切害して不レ近二(つか)人ノ情一ニ。仍テ欲下ス張レリテ鱗ヲ共二(に)師等一と一(た)ビ論上せむと。(同　永久點　四　5/9)

(八八) 私ニ施レして勢ヲ而將ニ奪二(はむ)ヤ公德一ヲ。仍テ寄二(せ)テ朱雲之人一ヲ刎《キ》ニル長鯢《ケイ》ノ之頸一ヲ。(眞・將門記承德點　複　25オ)

(八九) 來目皇子薨《ウ》二セマシヌ於筑紫一(に)。仍テ驛《ハイマ》―使シて以(て)奏《マウ》シ上《ア》グ。(東洋・日本書紀中期點　推古一一年)

(九〇) 丙午罷下む造二(る)皇祖母命の墓《ミハカ》一役《エダチ》上を。仍て賜二(ふ)こと臣連伴の造に帛《キヌ》―布一を各(の)有レ(り)差。(同　皇極二年)

ヨリテとモテとを續けて、ヨリテモテといふことがある。「因以」を讀む。

(九一) 風起(る)ときは則人―畜惛ヒ迷(ひ)ヌ。因て以て成レす病を。(興聖・大唐西域記中期點　一二　16/5)

(九二) 爲二に老比丘一の與《と(も)》レに之と共に宿す。因て以て得レたり道を。(石・法華義疏長保點　一　14/2)

(九三) 今値二(ひ)て釋迦一に得道して、足の甲似レたり牛に。食《ク》ヒテ後に猶(し)呵《ニゲカ》ム。因て以て爲《せ》レり名と。(同　一　14/5)

ヨリテは、代名詞のコレを承けてコレニヨリテとなり、一語の接續詞のごとく用ゐられることがある。原文の「因玆

・因此」などを讀む。

(九四) 衆徳具に相應して能(く)住二持す大地一を。因レテ茲に諸の穀―藥潤―澤にして而細耎なり。(東・地藏十輪經元慶點 一 23/8)

(九五) 夫の云《い》は(く)、「………此の皃後に當二べしと寶の器(を)は具足して一切能(く)知一(る)。」因レて此に遂《つ》(ひ)に生レ(め)リ皃を。(石・法華義疏長保點 一 14/24―25)

(九六) 汝當ニ往(き)テ聽(く)べし)。因レて此ニ聞レ(き)テ法ヲ後得レム見レたてまつるコト佛を。(興・三藏法師傳永久點 三 17/2)

シカシテは、副詞のシカに動詞スの結合したシカスの連用形に、接續助詞テの加はつた複合語、シカクシテは、シカスの間にクを入れてシカクスと言ひ、その連用形に接續助詞テの結合した複合語を轉用したもので、サウシテ・ソコデの意。兩者は並んで用ゐられ、文頭の「而・然・爾」などを讀むことから始まって、文中に及んだ。もつとも、文頭の「而」をシカシテ・シカク(ウ)シテと讀むのは漢籍に多く、佛書ではシカモと讀むことが多かつたといふ。(注5)

(九七) 爾(の)時に、薄伽梵………觀二察(し)たまふ大衆一を。而して說レ(き)て頌を曰はく、(西・金光明最勝王經初期點 一 3/24)

(九八) 二(は)者、知二(り)て衆生の欲樂一を、而かして爲レに說レ(かむ)が法を備二ハレリ此の二一つ也。(石・法華義疏長保點 一 18/13)

(九九) 匈奴背レ(きて)約を入(り)盜《ヌ(す)》ム。然シテ令二(む)邊を(し)て備へ守一(ら)。(東北・史記延久點 孝文本紀 復 35)

(一〇〇) 章皇周流(し)て出二(し)入(る)日月一を。天與レ地沓《エウ》たり。爾《シカ》シて廼(ち)虎二路(すれ)ば三嵕一を以て爲二す司馬一と。(上・漢書揚雄傳天暦點 418―419)

(一〇一) 若し得ニるときは成二就すること阿耨多羅三藐三菩提一(を)、爾かして乃し證知す。(東・大般涅槃經末期點 七 13/3)

（一〇二）擊ニ(つ)に揵―稚一を其(の)聲纔(か)に振フ。而くシて此の羅漢割―然として高く視《ミ》ル。（興聖・大唐西域記中期點　一二 8/25）

（一〇三）其(の)有ニ(る)をは他言一、而ク(し)て吏又(た)以て爲ニす誹―謗一と。（東北・史記延久點　孝文本紀　複 20）

（一〇四）伽藍三所、僧徒數十。然くシて皆遵ニヒ習フ大衆部法一を。（興・大唐西域記中期點　一二 2/14）

（一〇五）爾《シカ》クして乃ち暫《シバラ》く蘇息して、（春・金光明最勝王經中期點　一〇）

（一〇六）於レ(て)も眼に於レ(て)も色に、不《ず》レ著ニ(せ)ニ相一に。耳聲と鼻香と舌味と身觸と意法とには、亦爾くシて不《ヌ》レとなり著ニ(せ)ニ相一に。（石・守護國界主陀羅尼經中期點　六 13/7）

「然後」は、シカシテノチニ・シカク（ウ）シテノチニと讀み、後世のやうに、シカルノチニとは讀まなかつた。

（一〇七）雖ニ(も)復(た)色心は亦は有亦は生一なりと而非ニ(ず)といはば勝義一に、應ニ先ヅ審ニ定すべし勝義は是(れ)何一ものぞと。然して後に可レ言(ふ)べし、此(れ)非ニ(ずと)勝義一に。（東急・大乘廣百論釋論承和點　10/25―26）

（一〇八）受ニ持せむ呪一を時には、先づ誦ニせよ千遍一。然ク(し)て後に、於ニ淨室の中一に瞿摩をもて塗レレ地に。（唐・金光明最勝王經初期點　3/7）

（一〇九）以ニて福德一を薰レして心に、然くして後に、受ニ(く)ベシ涅槃の道に染一すること。（東急・百論天安點　8/22）

シカクシテは、音便化してシカウシテとなる。ただし、確實な例を見るのは、鎌倉時代に入つてからのことらしい。

（一一〇）封《ホウ》ニす睾陶が之後《ノチ》を於英六《エイリク》一に、而《シカ》ウシテ后《ノチ》に擧《キョ》レシテ益《エキ》を任《シム》ニす之政一を。（東洋・夏本紀鎌倉期點）築島裕博士による。

（一一一）身創《キズ》ニツキ於策《ムチ》一に、吻《クチワキキズ》傷ニツク於銜《クツバミ》一に。而《シカ》ウシて求ニ(む)ルこと其(の)無レ(か)ランコトヲ失《(音)》、何ゾ可レキ得也。（書・群書治要鎌倉期點　四二）

シカスの未然形に接續助詞バを添へたシカセバを、まれにサウスレバの意味の接續詞同樣に用ゐることがあつた。

（一三）所レの獲む善根をは、先づ以二て勝福一を施二與すべし汝等及諸の眷屬一に。シカセバ、彼の之人王は有二(ら)む大福德一。（西・金光明最勝王經初期點　六　5|6―7）

（注1）中田祝夫博士『古點本の國語學的研究　譯文篇』に、「故」をカレニと讀んだ例が示されてゐる。例へば

智を以て門と爲《す》。識を以つて門と爲《し》て皆一切（を）攝（し）たり。故《カ》レに菩薩地に云（はく）（石・妙法蓮華經玄贊中期點　三　一五〇頁）

宿の因は今熟す（と）いふこと（を）陳（べ）て、故レに佛（に）說（きたま）へと請（ひたてまつり）シこと（を）いふ（なり）。（同　二〇三頁）

十惡に放肆《ホシキママ》ナル〔ヲ〕は臭《クサ》キ〔き〕身の〔之〕垢《(あかつ)》き穢たるに似《ノ(れ)》り。故《(かれ)》ニ此の經に〔いはク〕（東・地藏十輪經元慶點　一一頁）

（注2）カレが文の途中に用ゐられ、接續形を取る語の後に來るものの多いことについては、早く、春日政治博士が西大寺本『金光明最勝王經古點の國語學的研究　研究篇』（一八四頁）に注意してゐられる。

（注3）塗籠本『伊勢物語』に次のやうな例があり、

昔、男、好色とし〱る、女をあひしれり。にくもあらざりけれども、なをいとうたがひ、うしろめたなし。そへに、いとただにはあらざりけり。（日本古典全書本　二九八頁）

南波浩氏の頭注に

そんなわけで。名義抄　故カルガユヱニ　ソヘニ

と注してゐる。これを認めると、物語の地文でも、ソヱニを用ゐることがあったといふことになる。

（注4）大坪併治「カレとソヱニ」（「國語學」九一）

（注5）小林芳規博士『平安鎌倉時代に於ける漢籍訓讀の國語史的研究』（一〇八―一一〇頁）

第五節　逆接に用ゐられるもの

シカレドモは、副詞のシカに動詞アリの結合したシカリの已然形に、接續助詞ドモの加はつた複合語。『萬葉集』に假名書きの例が、『續日本紀』の宣命に「然止母」「雖然」の例があつて、訓點語はこれを踏襲したものである。文頭の「然・而」を讀んだ他、文意によつて補讀した。

（一）佛は無ニクいます是の念一、我レ今演ニ說して十二分教一を………。然レども、由ニて往昔の慈善根の力一に於ニに彼の有情一の廣ク說かば、乃至盡ニ(す)マでに未來際一を無レクいます有ニ(る)こと窮盡一。(西・金光明最勝王經初期點　一　12/24—25)

（二）若(し)作—意する時には、卽(ち)能く遍ニ滿す无量无邊无數の世界一に。然レども、爲ニの利ニ益(せ)むが諸の有情一を故に、聲は隨ニ(ひ)て衆の量一に不《ず》レ減(せ)不《ず》レ增(せ)。(高・彌勒上生經贊初期點　19/6)

（三）備《ツブサ》ニ存(音)ニシて經—語一に詳に著《シル》ニセリ記—傳一(を)。然レども、尙シ群—言紛《マガ》ヒ紏《アザ》ハリテ、異—議升《タガ》ヒニ馳《ハ》ス。(興聖・大唐西域記中期點　一二　16/29—17/1)

（四）涅—槃は以ニて點—然一を爲レす違と。此の經は以ニて點—然一を爲レす順と。兩—點不《ず》レ殊にあら。而レども、違—順碩《大也》に反(り)て通すと者《は》、或(る)が云(は)ク、(守・妙法蓮華經初期點　4/9—10注)

（五）如ニきなり見レて烟を知レる火を。烟は是れ火の相なり。而れども、非レ(ぬ)が火には。(石・大智度論天安點　六七　17/3—5)

（六） 人天の果報は麁蔽苦惱なり。而レドモ、求二(むるが)勝妙安樂一なりと故(に)、名二(づく)顚倒一(と)。（東・七喩三平等无上義初期點 28）

（七） 人空の正體知は是(れ)一なり。而れども、何故(ぞ)喩二する羊ト鹿ト(の)二一ニ歟。（同 125）

（八） 彼の諸の菩薩は、由二(り)て是の因緣一に此の分圓滿す。而レドモ、未レ能下(は)於二て諸諦の道理一に如レく實の觀察上(すること)。（知・瑜伽師地論中期點 七八）

（九） 賜二ひ與(へ)て涅槃之城一を、言レ(ひ)て得二シムと滅度一を、引二導(し)て其(の)心一を、令二む皆歡喜一(せ)。而れども、不三爲に說二(か)是の法華經一をば。（龍・妙法蓮華經末期點 五 20/18—20）

「而」をシカスレドモと讀むことがあつた。

（一〇） 如レ(く)是(の)、能(く)以二(て)神力一を內《イ》二ル一の毛孔一に。而《シカ》スレドモ、令二毛孔の形量を不レ增(せ)、四大海水の形量を不レ(ずあら)しむ滅(せ)。（石・說无垢稱經初期點 三 12/26）

「然而」は、後世はシカリシカウシテと讀むが、平安時代には二字を合せてシカレドモと讀んだ。

（一一） 見修二道(の)吉ヲモ亦(た)可レ(し)云二(ふ)言(の)後一(と)。然(れ)ドモ而、諸(の)聖道ノ初ニ起ガレル故(に)、………云二(ふ)聲前一(と)也。（東・法華論義草 114）

（一二） 庸愚皆識《シ》二レリ其ノ端《ハシ》一ヲ。明レシ陰ヲ洞《トホ》レル陽ヲ。賢哲罕《マレ》レナリ窮二(むる)こと其ノ數一ヲ。然而(れ)ドモ、天地苞(か)二(ね)テ乎陰陽一ヲ而易レ(き)こと識(り)者《ハ》、以二(て)ナリ其ノ有レ(る)ヲ像也。（興・三藏法師傳永久點 六 13/7—8）

（一三） 欲レフモノニ見二(む)と佛の牙一を輸《ダサ》二ス大ナル金錢一を。然而レドモ、瞻禮之徒寔に繁シ。（石・大唐西域記長寬點 五 204）

シカレドモをまれに補讀することがあつた。

（一四）　一者、………由下る於ニに生死と及以涅槃一との證中（し）たまへるに平等上を故に、不《ず》レ處ニたまは流轉一にも、不《ず》レ住ニ（し）たまは涅槃一にも。シカレドモ、於ニに諸の有情一の不《ヌ》レ生ニシたまは厭—背一を、是レ如來の行なり。二者、佛は於ニに衆生一の不《ず》レ作ニ（し）たまは是（の）念一を、「………爲ニに諸の煩惱一の之所ニ（る）ルを纏—迫一セラ、我レ今開悟して令レ（め）む・とは得ニ解脫一セシ。」然レども、………盡ニ（す）マデにして未來際一を、無レキ有ニ（る）こと窮盡一、是（れ）如來（の）行（なり）。（西・金光明最勝王經初期點　一 12/16—22）

（一五）　譬（へば）如下く有レり人、仁—慈孝友なり、遭ニ逢して世の難一に、父母妻息・兄弟姉妹並に皆散失シキ。シカレドモ、忽に於ニ曠野の道路の之間一に而も相ヒ値遇して、瞻奉シ撫對するに情無中シといふが厭足上い（石・大方廣佛華嚴經初期點　七二 9/12—14）

シカルモノヲは、シカリの連體形に接續助詞モノヲが結合した複合語。『續日本紀』の宣命に、「然有物乎」「然流物乎」「然物乎」などの例があつて、シカアルモノヲ、またはシカルモノヲと讀まれるから、奈良時代の成立で、訓點語はこれを踏襲したものである。文頭の「然・而」を讀む。

（一六）　雖下とも受ニ（け）て无暇の餓鬼趣の身一を………无中しといふ有ニ（る）こと慈悲一、而も………恭敬讚頌して无ニし損害の心一。然《シ（か）》ルものを、未來世に有（らむ）………旃荼羅の人イ………或は閉ニ（へ）牢獄一に乃至斷レ（た）ム命（を）。此レは………犯ニ（し）ッ諸の大罪一を。（東・地藏十輪經元慶點　四 11/19）

（一七）　佛の說ニ（きたまふ）ことは一乘一と、向ニ（ひ）て不定姓一に會ニシテコソ三乘一ヲを說ニ（きたま）へ一乘一トハ。然（る）ものヲ偏（に）執ニシテ一乘一（と）不《ズ》レ知ニ（ら）有爲の機器の不同一なることを。（東・七喩三平等无上義初期點 339）

（一八）　我等も亦（た）得ニて此の法一を到ニれり於涅槃一に。而あるも（の）を、今不レなりぬ・とおもふ知ニら是の義の所ロを趣く〔き〕。（山・

妙法蓮華經初期點　2/18―19）

（一九）由下（る）なり諸天の加護するをもて得レたり作《な》ニること於國王一と。而ルものを、不《ヌ》丙に以ニて正法一を守乙護セ於國界甲を。（西・金光明最勝王經初期點　八　14/12）

（二〇）汝は是（れ）禪行の好人なり。而（る）ものを著ニ（け）て此の香一を破ニす汝ガ好事一を。（石・大智度論初期點　一七　5/6―7）

（二一）經に説ニ（け）り三法い更互に依―持一すと。而（る）ものを、壽と與レは煖一類に相續せり・とイヒテ、唯（だ）識のみ不《（ぬ）》レい然（に）は、豈（に）符《カナ（は）》ニむや正理一に。（石・成唯識論寛仁點　三　15/25―27）

シカルモノヲは、まれに補讀することがある。

（二二）有い若（し）唯（だ）俗のみナラバ、眞は卽（ち）非レずなりぬ有に。何にの所ニかあらむ・といふことぞ修し證一する。シカルものヲ、但（だ）説ニ（くいは眞無一と、是（れ）遮に（し）て非レ（ず）と表に、乃至廣（く）説（き）ツルい〈白　こと〉、豈（に）釋レするならむや難を邪。（東急・大乘廣百論釋論承和點　7/11―12）

シカルニは、シカリの連體形に接續助詞ニの結合した複合語。文頭の「而・然」を讀む。

（二三）云何（なる）をか爲《す》レるとならば二と、一者不《ヌ》レ害ニセ生の命一を。二者施ニするをいふ他に飲食一を。然るに、釋迦牟尼如來は………乃至ニ（る）マでにをも已―身の血肉骨髓一に亦持（ち）て施―與して令レ（め）たまひたり得ニ飽―滿一すること。（西・金光明最勝王經初期點　一　5/1―5）

（二四）忽に逢ニ（ひ）て暴《アラ》キ風一に漂ニ蕩《タマヨ》フ海中一に。然（る）に、有ニ（りて）大なる幸一而泊ニレリ于聖帝之邊境一に。（東洋・日本書紀中期點　推古一七年）

（二五）群の中に有ニリ一の鹿一。………白ニ（し）しく其の王一に、「我ガ身今日に應（に）當レレリ送レ（らる）るに死に。而るに、我懷《（みこ）》レ

(れり)子を。子は非レず次(て)に也。……」(石・大智度論初期點（第三種） 一六 13)

(二六) 臣《ヤツガレ》 隨二(ひ)て予一使一に 共に 到《マウイタ》二レり筑紫一に。｜而(る)に、臣《ヤツガレ》 望レ(ふ)仕二(へまつらむと)於葬《ミ(はふり)》一(に)。故(に)先(だち)て獨(り)來《マウ》(け)り也。(東洋・日本書紀中期點　皇極元年)

シカルヲは、シカリの連體形に接續助詞ヲの結合した複合語。文頭の「然・而」を讀む。

(二七) 持眞言者(は)慈二愍(する)を一切一を 以て 爲二(す)心の 本一と。｜然(る)を彼此相(ひ)嫌(み)て諍二フ 其の 驗力一を。(石・蘇悉地羯羅經略疏寛平點　二 29/13―14)

(二八) 此(の)象は 勝《カ》二ツ 於六十の 象一に 力アリツ。｜而(る)を、太子用て 與二(へ)つ怨家一に。(石・佛說太子須陀拏經中期點　3/7)

(二九) 高麗自二(り)己亥の 年一不レ朝《ツカマツ》(ら)。｜而(る)を、今年朝《マ(うけ)》り也。(東洋・日本書紀中期點　皇極二年)

(三〇) 我は 實に 不ず二畢竟して涅槃一するモノニハアラ。｜而(る)を、諸の 衆生皆謂二(へ)り如來は 眞實に 滅盡一すと。(東・大般涅槃經末期點　四 11)

(三一) 孝文皇帝………明象《(音)》二レリ乎日月一(に)。｜而ルを、廟―樂不レ稱《カナ》ハ。朕甚(だ)懼《ハ》ヅ 焉。(東北・史記延久點　孝文本紀　複42)

(三二) 佛說二(き)たまひ(し)かば 一解脫の 義一を、我等亦(た)得二て 此の 法一を 到二(り)たり於涅槃一(に)。｜而(る)を、今不レと 知二(ら)是(の)義の 所趣一を。(龍・妙法蓮華經末期點　一 18/13―14)

(三三) 貞盛頃年雖レモ 歷《フ》二ト 合戰一ヲ、未《ス》レ定二(め)勝負一ヲ。｜而(る)ヲ、秀鄕合力して斬《キリ》二討ッ 謀判之首一ヲ。(眞・將門記承德點　複26ウ)

シカレドモ・シカルモノヲは逆接の意が強く、シカルニ・シカルヲは逆接の意が弱いのであらう。(注1)

（注1） 春日政治博士『西大寺本金光明最勝王經古點の國語學的研究　研究篇』に、㈢の例を示して、次のやうに説明されてゐる。

「然ルニ」は必ずしも順説・逆接の別なく、只上を承けて下を起すものである。（一七三頁）

第六節　轉換に用ゐられるもの

ソモソモは、代名詞のソに係助詞モの結合したソモを反復したもので、文頭にあつて文を説き起したり、轉換したりするのに用ゐられる。上述したやうに、『續日本紀』の宣命に假名書の例があつて、奈良時代の成立であるが、訓點語はこれを踏襲し、「抑」を讀むのに用ゐた。ただし、管見で確實な例を見るのは末期以後のことである。

㈠ 抑《ソモ〳〵》天府之奧區《ク》、信《マコト》ニ上京之勝地なり。（興・三藏法師傳承德點　八 14/16）

㈡ 雖ニ（ども）法師の不世之功ナリト、抑《ソモ〳〵》亦（た）聖朝ノ運昌《サカリ》ニして感通セルガ之力（ちか）ラなり也。（同　一〇 11/2）

ソレは、代名詞のソレをそのまま轉用したもので、文頭にあつて文を感動的に起すのに用ゐる。「其・夫・爾」などを讀むが、これらの文字は元來指示語であるため、ソレの訓を接續詞の場合にも利用したのであらう。これについては、すでに代名詞の項（七八―八一頁）で述べた。

第七節　その他

ナイシは、原文の「乃至」をそのまま音讀したもので、國語の接續詞中、漢語の音讀によつて成立した唯一の語である。ナイシは、事物の限界を擧げてある範圍を示すもので、並列のマタとは別である。

(一)　聞レ(き)て法を歡喜し讚したてまつりて、乃至《し》發《い》二ふいは一言一をも、則(ち)爲三已に供二養(し)たてまつるになりぬ一切の三世の佛一を。(山・妙法蓮華經初期點　9/28—29)

(二)　謂(は)く、知二(しめ)すが內空と外空と內外空一とを故に、是れ遍知なり。乃至し(白)知二(しめ)すが意界と法界と意識界との內空と外空と內外空一とを故に。(石・守護國界主陀羅尼經中期點　五　6/9—10)

(三)　依止阿闍梨といふは者、乃—至依止して一宿も住セルぞ。(小・願經四分律初期點　甲　9/25)

(四)　千分百千分乃—至算數譬喩も所レなり不レる能レ(は)及(ぶ)こと。(石・大智度論天慶點（第二種點）三七　16/3)

(五)　一ハ自—護乃—至十—一には餘ノ諸ノ事ノ所レノ不レル述(べ)者《もの》なり也。(石・蘇悉地羯羅經略疏天曆點　六　9/21)

(六)　唯(だ)爲レに敎二(へむ)が一人一を、乃—至諸の有二(る)いは所作一(とし)、皆爲レなりといふ顯二(さむ)が一事一を也。(石・法華義疏長保點　四　1/9—10)

(七)　明下(す)持二して法華一を得二(る)こと六根清淨一を乃—至成ㇾ(る)ことを佛(と)。(同　一一　1/3)

(一)(三)は、「乃至」の「至」にシの點があつて、ナイシのシを示してゐると考へられ、また、(三)〜(七)は、「乃」と「至」との間に音合の縦線があつて、二字を結んで音讀したものと解釋される。

「乃至」は、また、しばしば訓讀された。この場合、「至」は、一般に下から返って――ニイタルマデ（ニ）と讀まれてゐるが、「乃」は何と讀んだかわからない。スナハチと讀んだとする説もあるが、(注1)わたしはその確例を知らない。もつとも、イマシと讀んだ例はある。

（八）彼の障の現起をば地前より〔にして〕漸伏し、乃《イマ》シ至二(り)て十地一に方に永に伏盡す。（石・成唯識論寛仁點　一〇　1/10）

（九）清淨の梵行は發心より相續して乃し至二たる畢竟一に。（東・大般涅槃經末期點　三八　1/15）

（一〇）從二(り)初日一誦持するに、乃し至二(るまで)に疲極一に、遍數の多少一《モハ》ラ須レシく依レる定に。不レ應二(から)加―減一す。（光・蘇悉地羯羅經承保點　下　14/4―5）

（一一）從二(り)今日一乃し至三る(まで)に菩提一に、而不二廢忘一(せ)。（同　22/12―13）

ただし、その數は少く、ことに中期以前の資料に「乃」を訓讀した例のないのを見ると、「乃至」を――ニイタルマデ（ニ）と讀む場合、「乃」は捨字にして讀まないのが、本來の訓法だつたのではあるまいか。

（一二）佛は乃至二(る)マでに有頂の樂一に、亦(た)不《ず》二貪著一(し)たまは。（石・大智度論天安點　二　10/22―23）

（一三）不下眞實に下は至三(る)まで守二護するに一の善業道一を、乃至二(る)までにはセズシテ命終上に、而自ラ稱して言(は)ク、（東・地藏十輪經元慶點　九　4/11―12）

（一四）薀善巧より乃至二(る)までになり處非處善巧一に。（石・瑜伽師地論初期點　六八　13/4）

（一五）諸の薀現すト者《は》、謂(は)く、從二出胎一より乃至二(る)までにぞ老の位一に。（知・瑜伽師地論初期點　八四　8）

（一六）從二り四天王天一乃至二るマでにノ淨居一に、一切の諸天悉く聞二(き)て其の聲一を解二りき其の義一を。（石・守護國界主陀羅尼經初期點　八）

ナイシを用ゐ馴れたわれわれには、――ニイタルマデ（ニ）といふ讀み方は異樣に感じられるが、實は「乃至」そのものがさういふ意味を持つてゐるのである。「A乃至E」は、單にAとEではなく、その中間のB・C・Dの存在を言外に含んでゐて、A・Eは、いはば前後の限界を示すものである。このやうな關係を一語で表現できる接續詞は、固有の國語には存在しない。そのまま音讀してナイシといふか、または意譯して、「AヨリBマデ」といふ他はない。單にマデと言はないで、――ニイタルマデ（ニ）の形を取つたのは、「至」を直譯したものである。「乃至」はそのままにして、Eに相當する語にマデニを讀み添へた多くの例があり、

（一七） 不レ應三(から)覆二藏(す)他の罪一を、乃至突吉羅惡説マでに。（斯・願經四分律初期點 11/7）

（一八） 捨二(て)シめムが此(の)事一(を)故に、乃至三諫(まで)にセム。（同 11/20）

（一九） 此の神呪の令下(め)むを獲《ウ》二大利一を、皆得《ウ》中富樂と自在と無患上とを、乃至盡形マでに我レ當に擁護せむ。（西・金光明最勝王經初期點 六 13/13―14）

（二〇） 此の神呪の令下獲二大利一を、皆得二しめ富樂一を、自在にして無サ(く)あらしめたまふを患、乃至盡形マでに我(れ)當に擁護せむ。（飯・金光明最勝王經註釋初期點 六 311―313）

（二一） 或有(る)菩薩は如レく是(の)修習して、漸漸(に)增長し、功德圓滿して、成二る大菩薩一と。乃至十八不共佛法・一切種智までに修習すること圓滿す。（東・地藏十輪經元慶點 二 8/24―26）

（二二） 若(し)復(た)説(きて)言下といは於二諸戒の中一に、若し犯二し小戒一を、乃至微細までにせむは當に受中(くべし)と苦報上を、无レ(し)有二(る)こと齊限一。（石・大般涅槃經治安點 七 3）

（二三） 畢(り)已(はり)ては、如レ(く)前(の)護摩し念誦(せ)よ。乃至日の出デムトキマデニせよ。（光・蘇悉地羯羅經承保點 下 36/4）

この場合、國語としては、「乃至」が無くても意味は通ずるから、「乃至」は不讀にしたかとも考へられるが、やはり、ナイシと音讀したと見る方が無難かも知れない。(注2)

スナハチは、本來、活用語の連體形に付いて、——スルトスグニの意味を表はす形式名詞であつたが、やがて單獨に用ゐられて、「卽座・當時」などの意味を表はす用法を派生した。

ほととぎす鳴きしすなはち（登時）、君が家に行けと追ひしは至りけむかも（萬葉　一五〇五）　里にても、まづ明《あ》くるすなはち、これを大事にて見せにやる。（枕　一三三）　立て籠めたるところの戸、すなはち、たゞ開きに開きぬ。（竹取　六四）　爰にはすなはちより「御夜中曉の事も知らでや」と歎き侍りしかど、道頼が思ふ心侍りて（落窪　一八六）

『古事記』や『日本書紀』では、文頭にあつて、前の文を受け、下の內容が引き續いて起つたり、または、前文の內容と下の文の內容とが一致することを表はす「便・乃・則・輙・卽」などをスナハチと讀ませてゐるが、これは、本來のスナハチを漢文の接續詞に當てて轉用した二次的な用法である。漢文としては、「便・乃・則・輙・卽」は、すべて、同一の意味用法を持つてゐるわけではないが、恐らく、「卽」がスグニの意味を持つてゐるので、これをまづスナハチと讀み、次いでその訓を、「卽」と類似した意味用法を持つ、他の文字にも及ぼしていつたのであらう。(注3)

訓讀文では、原文の「卽・則・乃・便・輙・迺・載・而・尋・卽便・尋便・乃輙・尋卽」などを讀む。接續詞といつても、それぞれ特定の意味を持つ副詞的な用法を兼ねるものが多い。

「卽」は、王引之の『經傳釋詞』に

「卽」猶三今人言二卽今一也。

とあり、スグニの意味を表はし、また

「卽」猶三今人言二卽是一也。

ともあつて、トリモナホサズの意味で、スナハチと讀む。

（二四）文殊師利菩薩摩訶薩卽《スナハ》チ從レ（り）座起《タ》チテ整二理し衣服一を、（書・大乘本生心地観經末期點　八　1/2）

（二五）隨二順せり苦樂憂苦捨の處一に。卽チ六根の義なり。（石・瑜伽師地論初期點　五七　8/15―16）

（二六）如レク有三（り）といふが後の識い卽チ（古點）緣二すること前の意一を、彼《ソ》れ既に極―成せり。（石・成唯識論寛仁點　四　14/13―14）

（二七）所レの云《い》ふ智者《は》、卽ち是れ此の遍學是（れ）なり也。（築・大毗盧遮那經疏保延移點　四　29ウ）

「則」は、『經傳釋詞』に

「則」者承レ上起レ下之詞。

とあり、いはゆる「レバスナハチ」で、原因理由を表はす語句と結果を表はす語句とを接續し、――スレバ、――スルトキハなどの意味を表はす。また、同じ『經傳釋詞』に

「則」猶レ其也。

とも言つてゐるやうに、――ハ、ソレハの意味でスナハチと讀む。

（二八）是の諸の人王い、若（し）能ク至レル心を（もて）聽二受せば是の經一を、則《スナ（はち）》爲《な》三りナむ廣大希有の供養をもて供二養するに於釋迦牟尼應正等覺一を。（西・金光明最勝王經初期點　六　3/5―7）

（二九）若し人初に聞二（き）て眞言の經法一を、則ち身の毛堅（ち）て心に懷二（き）て踊躍一することを生三サム大なる歡喜一を。如レき此（の）之人、則ち得二む成就一することを。（京・蘇悉地羯羅經延喜點　7/18―20）

(三〇) 親《自也》(ら)承二(け)て梵—學一を、詢《トフラヒハカ》二謀レリ哲—人に宿の疑一ヒを。則チ覧《見也》レて文を明(か)に發二シ奥—旨一をは、則(ち)博く問(とふ)ラ二フ高—才一に。（興聖・大唐西域記中期點　一二　17/24）

(三一) 案《オ》レせば之を、則ち沒《イ》ル。擧《ア》レグれば身を、復平すること如レく舊《モト》の、（築・大毗盧遮那經疏保延移點　四　42オ）

(三二) 優—曇—花者《ハ》、此《コ》コニハ言《イ》二フ靈瑞《リヤウズイト》一。三—千—年ニ一タビ現ス。現スレバ則チ金—輪—出《イ》ヅ。（觀・世俗諺文鎌倉期點復　13ウ）

「乃」は、『經傳釋詞』に

「乃」猶二於是一也。「乃」猶二然後一也。

とあり、原因としての動作が終ると共に、結果たる動作の起ることを表はし、ソコデの意味でスナハチと讀む。「乃」は、また同じ『經傳釋詞』に

「乃」猶レ則也。

とあつて、「則」に通じて用ゐ、

「乃」急詞也。「乃」猶レ其也。「乃」猶レ是也。

とあるやうに、語勢を急にしたり、意味を強めたりするのにも用ゐられる。

(三三) 譬(へば)如下(く)有る人は棄二捨シて无價の吠《ヘイ》瑠璃寶一を、乃《スナハ》チ取中(る)トイフガ假—僞の瑠璃の之珠上を、一切衆生も亦(た)如レシ是(の)。棄二捨シて大—乘一を、乃《スナハ》チ求二ム聲聞縁覺の菩提・人天安樂一を。（石・守護國界守陀羅尼經初期點　八）

(三四) 裂二キ四魔之遍罥一(を)………何《ナ》ンぞ莫レ(け)む由二(る)もの斯《コ》の之道《ミチ》一に也。況や乃《スナハ》チ剿《タ》二チ當果一を………懷《(い)ダ》二ク庶《ソ》福一を者《もの》を(や)乎。（西・不空羂索神呪心經寛德點　1/5）

(三五)　非二ずは聖—藻一に、何(なに)を以て(か)序《ノ》二べム其の源一を。故に乃チ冒《フカ》二シて威—嚴一を希《ネガ》二フ題—目一を。(知・三藏玄奘法師表啓初期點　78)

(三六)　由二(り)て是の因緣一に、愁憂し焦惱し拊《ウ》レチ胸《ムネ》を傷《イタ》ミ嘆キ悲(し)ビ泣キ迷悶して、何セムゾ乃チ我が功を唐《イタヅラ》—捐に(し)て无レツラム果口。(石・瑜伽師地論初期點　二三　6/21—22)

(三七)　方に合三自から造二るべし漫荼羅の法則次第一を。乃ち合三授二與(す)べし弟子に眞言一を。(京・蘇悉地羯羅經延喜點　6/20)

(三八)　羅漢乃チ以二て右の手一を擧二(げ)て窣堵波一を置《オ》二(き)テ諸掌の中一に謂レ(ひ)て王に曰(は)く、(興聖・大唐西域記中期點　13/14—15)

「乃」は、またイマシと讀むことが多い。『經傳釋詞』に

　「乃」猶レ方也。

とあるやうに、ハジメテの義に基づくのであらうか。ただし、實際の例を見ると、スナハチと讀んで差支へないものもあり、兩者の區別は必ずしも明瞭ではない。イマシは、副詞のイマ(今)に、强意の間投助詞シの結合した複合語である。

(三九)　善哉善哉、汝等の乃《イマシ》—能《ヨ》ク發二すこと斯の大願一を。我(れ)今當に以二(て)威神之力一を護二持セム此の經一を。(石・守護國界主陀羅尼經中期點　一〇　13/9—10)

(四〇)　佛の所二は成—就一(し)たまへル、第一希有の難解の之法なり。唯(だ)佛と與レのみ佛乃《イマ》シ能ク究《キハメツク》二盡シたまへリ諸法の實相一を。(立・妙法蓮華經寛治移點　一　10/18—19)

(四一)　由二(り)て三十頌一に顯二(す)に唯識の理一を、乃《(い)マ》し得二圓滿一なること。(石・大智度論初期點(第三種)　一〇　16/3—4)

(四二) 瞿薩且那王|乃(い)マシ 卑《(い)ヤ》レシ(くし)辭《コトバ》を 下レ(し)て禮を 求ニム 婚(音)を東ー國ーに。(興聖・大唐西域記中期點 13/28ー29)

(四三) 大悲の 音聲を 久(しく)ありて|乃シ 聞(き)ツ。(石・大方廣佛華嚴經初期點 三六 6/10)

(四四) 悶(へ)て无レし 所レ知る。人以レ(て)水を 灑レ(き)たてまつる之に。良久(しく)ありて|乃し 甦《ヨミガ》ヘル。(石・佛說太子須陀拏經中期點 3/12ー13)

「迺」は、『經傳釋詞』に、『爾雅』を引用して

「迺」乃也。

と説いてゐるやうに、「乃」に通じて用ゐる。ただし、その例は多くはない。

(四五) 呂后最《モト》も 怨《ウラ》ニム 戚夫人及ビ 其(の)子趙ー王ーを。|迺《スナハ》チ 令ミ(む)永ー巷に 囚ニ(へ)〈左 トラフ〉戚ー夫ー人ーを。(毛・史記延久點 呂后本紀 複 2オ)

(四六) 呂太后大に 怒《イ(か)》(り)て|迺《ス(なはち)》 使ミ(む)人を(して)召《メ》ニサ 趙ノ相ーを。(同 複 2オ)

(四七) 從レ(り)此(れ)經ニて 第二の 月ーを、|迺《即也》(ち)修ニす 具支の 方便ーを。(國・大毗盧遮那成佛經治安點 18)

「仍」は、『經傳釋詞』に『爾雅』を引いて、

「仍」乃也

と説いてゐるやうに、「乃」に通じてスナハチと讀む。ただし、その例は多くない。

(四八) 常に 須(く)念レ(す)ベし之を。不レ應ニ廢忘ー(す)ベから。|仍《スナハ》チ〈白點 て〉依ニれ 本法ーに。(京・蘇悉地羯羅經承曆點 32/2)

(四九) 以ニ(て)黄ー帔《ヒ》一枚ー(を)與レ(へて)辨(に)曰(はく)、「披《キ》レテ 此(を)至レ(りて)家(に)置ニ(けと)淨處ー(に)也。」|仍《スナハ》チ 示ニす 歸ー路ー(を)。(前・冥報記長治點 複 9ウ)

「載」は、『經傳釋詞』に

「載」猶レ則也。

(五〇) 武が功既に戢《ヲサ》メて歸ニセリ馬を華―山一に。文の德載《則チ》(ち)宣(べ)て受ニ(け)たり圖《はかり》ゴとを完《化》―岫《シウ》一に。(知・三藏玄奘法師表啓初期點 11)

とあり、「則」に通じてスナハチと讀む。ただし、その例は少い。

(五一) 祇《ツヽ》シメて奉ニリ綸―言一を、載《則》(ち)令三翻―譯一セ(し)メ、爰に召ニして開―士一を同コ證セ(し)メき慧―義一を。(同 22)

(五二) 既に而精―義通―玄にシて、清―風載《卽也》(ち)扇《(あ)フ》ゲリ。(興聖・大唐西域記中期點 一二 18/5)

(五三) 十九年の春正月、………肅(み)て承ニ(け)て明―詔一を。載《卽也》(ち)令ニむ宣―譯一(せ)《し》。(同 一二 19/2)

(五四) 是(こを)以て聲―敎之所ニは霑《(うる)ホ》シ被《及也》一(く)、馳ニ(せ)鶩《ハ》セ福―林一に、風―軌之所ニは鼓《打也》(ち)扇《アフ》一グ、載《卽也》(ち)驅《ハ》ニス壽―城一に。(同 一二 16/22―23)

「便」は、裴學海の『古書虚字集釋』に

「便」卽也。

とあるやうに、「卽」に通じてスナハチと讀む。ただし、その例は少い。

(五五) 若(し)不レは得ニ如レき上の福地一を、不レ可ニ(から)便《スナハ》チ停《トヾ》一マル。(東急・大日經義釋延久・承保點 三 30オ)

(五六) 若(し)能く觀ニスレば心の體性空一なりと、惑障不レして生セ便《スナハ》チ解脱シヌ。(書・大乘本生心地觀經末期點 5/24)

(五七) 若(し)知ニ(り)ては已―斷一を、便チ生ニし歡喜一を、若(し)知ニ(り)ては未斷一を、則―便チ數數に勸(め)て修ニす正道一を。(石・瑜伽師地論初期點 二八 5/13―14)

(五八) 遂に請《(音)》ニシて沙―門一を揆《ハカリハカ》ニ度リ伽―藍一を、依ニ(り)て其(の)規―矩一に而便チ建―立せり。(興聖・大唐西域記中期點 一二 5/8―9)

(五九) 若(し)謂(は)マく、「三事は體は異ナれども相は同(じ)なり・とイハヾ」便チ違ニしぬ己が宗の體相是(れ)一一なりとイフニ。(石・成唯識論寛仁點 一 5/12―13)

(六〇) 主若(し)至レ(さ)ば誠を、災難便チ息《ヤ》ミナム。(西・不空羂索神呪心經寛德點 11/21)

(六一) 若(し)有ニ(ら)ば小兒の邪氣魍魎に所《セ》ニラル、こと驚怖一者、呪ニ(し)て此の藥丸一百八遍一を、繋《か》ニけよ於胭《ノウド》の下一に。便チ不《じ》ニ驚怖一せ。(同 12/16―17)

「輒」は、楊樹達の『詞詮』に

副詞、毎也。時間副詞、卽也

と説き、河北景楨の『助辭鵠』(天明六年刊)に

毎レ事卽然也ト注ス。サレバ、スナハチノ義ニ毎レ事ノ義ヲ兼タル字也。

と言ひ、諸橋轍次博士の『大漢和辭典』には、「すなはち」と讀んで、「そのたびごとに」「たやすく」と注してゐる。

(六二) 自レ(り)此(れ)之前《(さ)き》は、口の津《シル》無ニ(か)レ(黑)宜(し)く輒《スナハ》チ〈左黑 則也〉咽《ノ》一ムこと。(天・南海寄歸傳末期點 一 6/4)

(六三) 遠近(の)僧尼爭(ひて)就(きて)請レフ決(せよと)。英《エイ》、輒《スナハ》チ(黑)報《(こた)》―謂(へて)曰(はく)、「………疑成(り)て然(して)後(に)來(り)問《ト》へ。」(前・冥報記長治點 複 9ウ)

(六四) 若(し)利根深智なるに、而も輒《スナハ》チ授(くる)に以ニてせむトキハ淺略の法門一を、(築・大毗盧遮那經疏保延移點 四 28オ)

(六五) 彼若(し)有レ(ら)ば人の、先ヅ語(り)て取レ。若(し)无レ(く)は人、輒《卽也》(ち)取レ・とのたまフ。(小・願經四分律初期點 甲 17/5)

（六六）彼（の）長者（の）常の法、若（し）給孤獨食ガ來（る）時に（は）、輙《便》ち起（ち）て迎逆（し）、請して與に敷レク坐を。（同　乙　7/13―14）

（六七）此（こ）に无二（し）別の舍一。唯（だ）神―廟の廡―下（に）可レ（し）宿（る）。然―而（れども）、比《コノゴロ》―來寄―宿（する）者《（もの）即也》輙（ち）必（ず）死（ぬ）。（前・冥報記長治點　複　17オ）

「輙」は、また、タヤスクと讀まれることが多い。この場合は副詞であるが、スナハチと讀んでも差支へないものがあり、兩者の區別は必ずしも明瞭でない。實際、同じ「輙」に二つの訓を持つ例もある。

（六八）如《（たと）》（へ）ば師子王の吼《ホ》ユル聲一（た）ビ發すときに、一切の禽獸悉皆驚き怖（り）て、………、无二きガごとし敢（へ）て輙《タヤス》ク動一（く）こと。（東・地藏十輪經元慶點　八　3/6―8）

（六九）於二て諸の破戒の惡行の苾芻一に、終に不二輕―然（として）輙《タヤス》ク相ヒ檢問一セジ。（同　四　5/25―26）

（七〇）治《（音）（人名）》い輙《タヤス》ク以二て輕―塵一を足《タ》レし岳《ワカ》に、墜ツル露《ツユ》をもて添《ソ》レヘ流に、略（し）て擧二（げ）て大綱一を以て爲《ツク》二レリ斯の記一を。（石・說无垢稱經初期點　一　4/7）

（七一）若（し）不《ず》三は確《カタ》ク言《い》二（は）其の進不一を、誰か復（た）輙《タヤス》ク鑒《カマ》二ミム於精―麁一を。（天・南海寄歸傳末期點　一　16/17）

（七二）爲レ（り）て此（れ）に制レ（し）たまへり畜（する）こと。可二（し）預《アラカ》ジメ備レふ之を。病の時の所―須、無二（か）れ宜輙く用一（ゐる）こと。（同　二　2/24）

（七三）他《ヒト》の家に解《サト》レル（こと）事を在リ。未三肯《ア》へて輙《ス（なはち）》〈左　タヤスク〉相（ひ）瞋《イカ》一ラ。（陽・遊仙窟室町期點　51ウ）

（六二）と（七二）とは、同じ資料で、構文もほとんど同じであるが、（六二）はスナハチ、（七二）はタヤスクと讀んでゐる。また、（七三）は中世の資料であるが、右訓はス（ナハチ）、左訓はタヤスクである。

「尋」は、楊樹達の『詞詮』に、

時間副詞、旋也。繼起之事與二前事一相距之時間不二甚久一時用レ之。劉淇云、猶三今云二隨時一。

と説いてゐるやうに、前の事と後の事とが、余り間を置かないで起る時に用ゐる副詞であつて、訓讀文でツイデと讀んでゐるのがそれであり、ツイデ→スグの意味でスナハチと讀むのであらう。諸書にこの文字をスナハチの語として擧げてゐないのは不審である。

（七四）天魔迷悶して擗《タフ》レレ地ニ、尋《ツ》イデ皆退散(す)。（東急・大日經義釋延久・承保點　五　18ウ）

（七五）如來(は)從二(り)甘露生三昧一起チ已(はり)て、尋《ツ》イデ念二(ふ)我が本初不生一切の佛一を。（同　八　63オ）

（七六）自レ(り)此(れ)東(に)行(く)こと四百餘里(にし)て至二(る)羯朱嗢祇羅國一に。尋《則也》(ち)禮二す聖迹一を。（興・三藏法師傳永久點　四　2/14―15）

（七七）所レる有(ら)人民(の)尋《即也》ち從レへる王に者《人》、其(の)數足二滿せり五十八萬一に。（石・大般涅槃經初期點　二〇）

（七八）並に已に載二せて之《の》白―馬一に還(り)て獻《た(てま)ツ》二ラム紫―宸一に。尋チ蒙《か(が)ホ》二(り)て下詔一を賜《たは》二(り)て(き)使―翻―譯一(を)。（知・三藏玄奘法師表啓初期點　103）

（七九）若し一切の行の生し已(はり)て、尋チ滅するをは名二(づく)壞滅无常一と。（石・瑜伽師地論初期點　五二　6/27）

（八〇）聞(き)て而閉レ(ぢ)て目を、悵《(音)トウラミタルコト》若《如也》レ(し)有レ(る)が懷《オモ》ヒ。尋チ重(ね)て問(ひて)曰(は)く、（興聖・大唐西域記中期點　一二　8/29）

（八一）我(れ)能く退《シリゾ》イテ之、尋チ爲二に瞿薩旦那王一の説二(か)む・といふ諸(の)法―要一を。（同　一二　12/6）

上述の文字は、また、「卽便・尋卽・乃輒」のやうに、二字連用してスナハチと讀むことがある。

（八二） 若(し)知二(り)ては未斷一を、則—便チ 數數に 勤(め)て修二す 正道一を。（石・瑜伽師地論初期點 二八 5/13—14）

（八三） 卽—便チ 於レに 彼が 作意して策發す。（同 二三 3/32）

（八四） 卽便ち 殺レ(し)つ之を。（石・大般涅槃經初期點 一九 13/13）

（八五） 土蚤《ノミカ》聞ニイテ血肉ノ 香一ヲ、卽—使《スナハチ》食噉《タム》ス。（觀・世俗諺文鎌倉期點 複 8オ）

（八六） 比—丘心《(ここ)ロナ》 生ニシテ苦惱一ヲ、卽—便《スナハチ》脫レイデ衣ヲ 燒《ヤ》レク 火ニ。（同 ）

（八七） 諸の 聲は 纔(か)に宣發し 已(はり)て、尋—卽チ 斷滅す。（石・瑜伽師地論初期點 五四 12/5）

（八八） 當—日に 舉《アムタ》を 向ニゐて燒—處一に、尋卽《スナハチ》以レ(て)火を 焚《ヤ》レケ 之を。（天・南海寄歸傳末期點 二 15/15）

（八九） 無レ(く)して任ニ(する)こと慕レフ 道ヲ之至一ニ、乃—輒《卽也》(ち)私ニ行ニヘリ專檀之罪一ヲ。（興・三藏法師傳永久・承德點 六 3/3）

「尋卽・尋便」は、ツイデスナハチと讀むこともあつた。

（九〇） 后尋《ツ》イデ卽ち 降レりて〈左 ヲリ〉階《ハシ》ヨリ、（東急・大日經義釋延久・承保點 四 71ウ）

（九一） 而(るに)我(れは)爲ニ(り)諸天(の)主一。何(ぞ)能(く)受ニ(け)むと汝が 敎命一を 邪。尋《ツ》イデ卽(ち)迯《ニ》ゲ 歸る。（同 七 7オ）

（九二） 摩醯首羅尋イデ卽命絕(え)ヌ。（同 七 7ウ）

（九三） 尋《次也》で便チ 斷滅し 除棄し 變吐す。（石・瑜伽師地論初期點 二三 3/30）

シカモは、副詞のシカに係助詞モの結合した複合語。文頭・文中の「而・然」を讀んだが、意味ははなはだ漠然としてゐて、順接と逆接との區別なく用ゐられる上、ほとんど無意味に近いものもある。

逆接を表はすもの

（九四） 兩—點雖レども同(じ)なりと、而も 二—唱の 義殊なり。（守・妙法蓮華經初期點 4/11注）

(九五) 聽二聞し如レき是(の)神呪心經一を、雖二ども復(た)聽聞一すと、而も不《ず》二恭敬一せ。(西・不空羂索神呪心經寛德點 5/4―5)

(九六) 慧と與二无明一とは相違の法なれども、而も一心の中に起る。(石・大智度論天安點 九六 15/2)

(九七) 由下てなり……心に得二つレドモ解脱一を、而も未《ぬ》ヶに能レ(は)脱二(する)こと薩迦邪見一を。(知・瑜伽師地論中期點 八八 5/15)

(九八) 補特伽羅は何の因縁の故ゾ有二(る)ものを涅槃の法一、而も前際より未來長時に流轉して不《ぬ》二般涅槃一セ。(石・瑜伽師地論初期點 二一 2/3―4)

(九九) 如三(し)とする炎におきて水不可得なるに、而も妄(り)て生二すが水といふ想一を、(石・大智度論天安點 九〇 4/21―22)

(一〇〇) 生起する是の法は、本无(く)ありし、而も今有り。(同 九六 14/19―20)

(一〇一) 佛は觀二(し)たまへレども衆生の相は一切の種皆無一なりと、然も於二ては苦惱の者一に常に與二(し)たまふ於救護一することを。(西・金光明最勝王經初期點 四 11/30)

(一〇二) 正念シて守二りて根―門一を、塵境に居れども然モ靜《シツ》ケシ。(石・守護國界主陀羅尼經初期點 八)

(一〇三) 亦(た)不三數數《(しばし)ばユ》往二カシ施―主の家一に。設―令《(たと)》ヒ暫く往(く)とも、而も護《(訓)》二らむ語言《も(のいふ)》一ことを。(東・地藏十輪經元慶點 四 5/23)

(一〇四) 今―縱《タ(とひ)》不《ず》レトモ能レ(は)罷《ヤ》二ムルコト邊の屯―戍一を、而も又飭《(とと)ノ》ヘ兵を厚レ(く)す衞を。(東北・史記延久點 孝文本紀 複18)

(一〇五) 譬下如(へ)ばく有る人自(ら)挑二りて其の目を、盲《(め)シヒ》にして无レきい所レ見る、而も欲《おも》レひて導レ(か)ムと他を、登二リ上《ノボ》ラムガ大山一に、終に无中きガ是の處《コトハ》上リ、(東・地藏十輪經元慶點 四 8/21―22)

(一〇六)　周—禮に四—縣を爲レ(す)邑と。然《シカ》モ宗廟所レをは在(る)則雖レへドモ邑と曰レ(ふ)都(と)。(書・春秋經傳集解鎌倉期點　三)

(一〇七)　有レ(り)て人探《ト》りて………用て塗《ヌ》ニラム身體一に。然《シカ》も沈麝等に不《ず》レ作《ナ》ニサ是の念一を。(西・不空羂索神呪心經寛德點　5/4)

順接を表はすもの

(一〇八)　何故ぞ慇懃に稱ニ嘆(し)たまひて方便一を、而も作ニ(し)たまはく是の言一を、(山・妙法蓮華經初期點　2/16)

(一〇九)　固《マコト》に忍ニ(び)て此(の)事一を、而も言《い》ニふ一切をば我(れ)皆不レと忍(び)。(小・大乘掌珍論天曆點　6/6)

(一一〇)　燒ニ(き)て上妙の香一を、而も爲《ナ》ニセ供養一を。(西・不空羂索神呪心經寛德點　11/19)

(一一一)　晝ハ人ノ宅ノ橧《コシヤ》(原文　木に層の合字)ヲ收《ヲサ》メテ、而モ奇《アヤ》シキ灰《(は)ヒ》滿ニ(て)リ於每門一(に)。(眞・將門記承德點　複　6ウ)

無意味に近いもの

(一一二)　爲ニの是の衆生一の故に、而も起ニ(し)たまひき大悲心一を。(山・妙法蓮華經初期點　8/29)

(一一三)　爲ニに諸の梵—衆一の而も說レ(き)て偈を言(ひ)シク、(守・妙法蓮華經初期點　4/15)

(一一四)　此が中に諸行の刹那刹那に新新に而も起るを名ニ(づ)く刹那生一と。(石・瑜伽師地論初期點　五二　5/12)

(一一五)　修行地の心も而も得《ウ》ニ顯現一すること。(西・金光明最勝王經初期點　二　4/27)

(一一六)　百萬億の讚歎の法を而も以て讚歎す。(石・大方廣佛華嚴經初期點　二三)

(一一七)　如ミシ夜暗の中に而も然《トボ》ニセルが大火一を。(石・守護國界主陀羅尼經中期點　一　3/15)

(一一八)　善は順ニせれバカ何の理一に而も有ニ(る)此の義一邪。(京・蘇悉地羯羅經略疏寛平點　二　21/8)

(一一九)　我が心非ニず金剛一に。云何ゾ而も不レらむ破(れ)。(西・金光明最勝王經初期點　一〇　6/27)

(一二〇) 功徳善根を悉く皆廻二向し一切種智一に、現在未來のも亦復(た)如レ是《か》クシたまふにおいて、然も我が所レる有(ら)功徳善根をも、亦(た)皆廻二向すとおもヒ阿耨多羅三藐三菩提一に、(西・金光明最勝王經初期點 三 7/28—8/1)

(一二一) 作《ツク》二て麵燈盞《サン》一を、香油淨炷を然も置二け四隅《ク》一に。(西・不空羂索神呪心經寛德點 11/18)

タダシは、副詞のタダに間投助詞シの結合した複合語で、「但・唯」を讀むが、「唯」は副詞で、接續詞は「但」を讀む場合に限られる。タダは、本來限定の副詞で、タダシは、これにシを加へて限定の意味を強化したものであるが、「但」には、限定の副詞の他、接續詞の用法があり、この場合にも同じ訓を當てたため、タダシに接續詞の用法が派生した。タダシは、これだけは別であるとして、前の記述に限定を加へる表現であつて、いはゆる逆接ではない。初めは、副詞の場合にもタダシと言つたので、接續詞との區別がつきにくいが、後には、タダシは接續詞に限られるやうになり、タダは副詞、タダシは接續詞と分かれて行つた。(注4)

副詞の用法

(一二二) 如何ぞ定(め)て説二くや唯し有レ(り)と識のみ邪。(東急・大乘廣百論釋論承和點 15/1)

(一二三) 唯し佛のみ身口業具足(し)たまひたり。(石・大智度論天安點 二 13/23)

(一二四) 若(し)唯し説二く一乘一とのみ。是を名二(づ)く惡説法一と。(東・地藏十輪經元慶點 一〇 5/20)

(一二五) 不下れ與二外の人一と談ひ話《カタラ》上ハ。唯し共伴とのみ語(ら)へ。(京・蘇悉地羯羅經延喜點 12/6)

(一二六) 其の所供の食は盡二して世の香美一を皆得レむ用《モチ》レキルこと之を。唯し除二く………諸の雜穢の物一をは。(西・不空羂索神呪心經寛德點 13/16—17)

(一二七) 王但し前二進《す(す)》ミたまへ。勿二(れ)以(て)爲《し》レたまフこと怖と。(岩・願經四分律初期點 27/5—6)

(一二八)　諸佛如來は但し教ニ化(し)たまふ菩薩一にのみ。(山・妙法蓮華經初期點　4/20)

(一二九)　是(の)故(に)不ニ但し隨喜一するのみには而已。(石・大智度論天安點　六二　9/24)

(一三〇)　不《ず》ニ但シ佛の悅(び)たまふをのみ而可レ(き)ものには歎(す)之。(石・妙法蓮華經玄贊中期點　六　11/32)

(一三一)　故レ知下る定(め)て无ニ(く)して實我一は但し有中(り)とイフコトヲ諸識上のみ。(石・成唯識論寬仁點　一　4/28)

接續詞的な用法

(一三二)　行ニする六事一を輩《(やか)》ラ極(め)て少し。但シ(自)能く於ニ一念の項《間》一も至レ(し)て心を不レず犯(せ)。(高・彌勒上生經贊初期點(朱)　一　22/1)

(一三三)　尋《タツ》ニヌルに舊經の之來一ルことを、年代蓋《ケダ》シ久《ヒサ》シ。但し譜第の遺目傳する人失レナ(へり)記を。(東・地藏十輪經元慶點　一　1/20—21)

(一三四)　彼の世界の所レ(る)有(ら)人天、色相・飲食・空殿・樓閣・受用は皆等(し)くシて无レカリき異なること。但シ人は地に居シ、天は處ニりき虛空一に。(石・守護國界主陀羅尼經初期點　八　)

(一三五)　復(た)作ニ(りて)護身の手印一を右に轉ニセヨ三迊一。兼ねて指《サ》ニセ上下一を。但《タヾ》シ運ニサム其(の)印一を身不ニして動搖一(せ)誦ニ(する)こと陀羅尼一を七遍セヨ。(石・求聞持法中期點　)

(一三六)　玄奘………重(ね)テ祇《ツヽ》ニシムテ殊獎一ヲ、彌(よ)復(た)兢《クキヨウ》惶ス。但シ以ニテ近《コノゴロカ、》嬰ニレル(を)疾疹《シン》一ニ不《ズ》レ獲ニ隨レ(ひて)例ニ謹(しみ)テ詣レ(る)こと闕ニ。(興・三藏法師傳承德點　九　8/4)

(一三七)　若(し)眞言主現せむ時には、持誦の人怖ルベクハ者、應下(し)用ニ(ゐて)部尊主の眞言一を用て護中す自身上を。但し作ニレラム諸の事一を之時には、常に以ニ(て)二(つ)の眞言一(を)而護ニ(れ)自身一を。謂(はく)、部尊主及(び)忿怒の眞言なり。(光・蘇悉地羯

「但」は、「使・直・唯」などに續けて、「但使・但唯・直但」をタダシと讀むことがある。

（一三八） 論ニ（す）ルニ其（の）得戒一ヲ 法出ニ（で）タリ大僧一ニ。但使《タヾシ》羯磨ノ 法成シテ自然ニ 得戒ス。（唐・戒律傳來記保安點 複 6ウ）

（一三九） 二は 法縁、不《ず》レ（し）て見ニ有情一を 但唯《（た）ダシ（白）》 有《あ》レり（白）〈朱むとするぞ〉法のみ（白）。三は 无縁、法相も亦（た）无なり。唯（し）有ニ（ら）むとするぞ眞理一のみ。（高・彌勒上生經贊初期點 6/15—16）

（一四〇） 此の 明王の 大印をは名ニ（づく）忙莽鷄一と。………非ニ（ず）直但《（た）だシ》是れ 諸の 明王（の）母一なるのみに、亦（た）是れ 一切の 金剛の之母なり。（京・蘇悉地羯羅經延喜點 16/23—26）

（一三九）（一四〇）は副詞、（一三八）は接續詞的用法であらう。

（注1） 春日政治博士『古訓點の研究』（一七九頁）によれば、中村雅眞氏所藏の飯室切風古經斷片に

如是不絶 滿小十劫 供養於佛 乃至滅度 常雨此華

といふ文を

是ノ如ク絶エズ（不）テ、十小劫ヲ滿シテ、佛ヲ供養シタテマツリキ。乃チ滅度シタマフニ至ルマデニ、常ニ此ノ華ヲ雨フリキ。

と讀んでゐる由。これによつて、博士は「乃至」を訓讀する場合、「乃」はスナハチと讀むべきものと見てゐられる。わたしは、右の資料は未見であつて、何とも言へないが、わたしの知る限りでは、「乃至」の「乃」をスナハチと讀んだ例は見當らない。

（注2） 春日政治博士『西大寺本金光明最勝王經古點の國語學的研究 研究篇』（一六九頁）に（一七）（一九）の例を擧げて、ナイシと音讀したものと說明されてゐる。

第七節 その他

（注3）山田孝雄博士『漢文の訓讀によりて傳へられたる語法』に

以上の如く論じ來れば、漢字の副詞なる「卽」「乃」「則」などを「すなはち」とよめるは、國語の本義にあらずして、始めは恐らくはその「卽時」の義ある點よりして「卽」の字をよみたりしものが、長き時間を經てのち、漢字の「卽」字に「すなはち」の全く該當するが如き感を生じ、それより他の「則」「乃」等にもこの訓を推し及ぼしたるものの如し。（一七九頁）

とある。

（注4）これについては、昭和四三年五月の訓點語學會で、「『但』の訓義について」と題して發表したことがある。

平安時代における訓點語の文法　正誤表

頁	段行	誤	正
口繪寫眞解讀文			
		爲《い》フ	爲《(い)》フ
		將たり	將《キ》たり
本文			
七	11	善《ウルハ》ニし	善《ウルハ》ニシ
七	17	早	早
一三	9	目出レ涕	目出レ涙
一九		(注1)(注2)	一〇頁「第二次資料」の前に移す
		(注3)	一四頁「第二節 訓點語」の前に移す
二六	10	玆の日	玆の日

頁	段行	誤	正
三七	1	易上(せ)	易上(せ)。
四一	15	苻	苻(符)
四三	11	勝葉	勝業
	〃	靈感ニに	靈感ニニ
	17	其ノ姝□	其ノ姝《シュ》
四七	5	有可	或可
五〇	15	爲□る	爲なる
五八	8	爲レ本 是也(音)	爲レ本 是也(音)
六七	9	而て	而で
七七	3	忠を	忠(を)
	〃	過《ア(やまち)》を	過《ア(やまち)》(を)
	4	若使何ゾ	若之何ゾ
八〇	15	早い	早い
八一	1	(三四六～三四九頁)	(三四二～三四六頁)
八四	7	與《ア(タ)》(ふるもの)	與《ア(た)》(ふるもの)
八九	12	僧ニ衆	僧衆ニ
	14	幢相相緣	幢相緣

頁	段行	誤	正
九三	14	驟《ハ》セ 徒《ウツ》テ	驟《ハ》セ 徒《ウツ》テ
九四	14	荷《カナ》ヒ	苻《カナ》ヒ(符)
一〇八	4	隨(べて)	隨(へて)
一一七	6	下二段	上二段
一一八	14	自動下二	自動下二段
	15	(同 二ノ一四)	(同 二ノ一四)
			同
一一九	6	周《メグ》ヲシ	周《メグ》ラシ
一三〇	15	潭《ノソ》ム	潭《ノソ》ム
一三九	6	皆 怖《ソラム》	皆 怖《オソラム》
一四四	13	不《ぬ》ニと	不《ぬ》ニと
一四四	14	和合スルコト・	和合スルコト・
			喜樂セヌコト・
一六五	4	鳥肥《ヒ》	鳥肥《ヒ》
一八六	5	展轉ス	展轉スル
一九二	3	如レくス	如ニくス
二四三	7	不レ純《モハラ》ナラズシ	不レ純《モハラ》ナラズシ
		テ、而	而て

頁	段行	誤	正
二四八	16	不《ジ》ニ唐捐一	不《じ》ニ唐捐一
二九一	7	一替《タイ》之功	一替《タイ》之功
二九六	1	化イ蠲除	化イ反蠲 除
二九八	8	若《(こと)》ク・とも見テ	若《(こと)》ク・とも見テ
三〇三	2	項上	項(頊)上
三〇四	6	槃若	般若
三〇八	17	イハ・ハ・□	イハ・ハ・モ
三〇九	16	‖大幻人	│大幻人
三一三	10	14/24)	14/24)
三二一	16	寡《(すくな)》	寡《(すくな)》シ
三二七	5	濫リガハシク	濫《みだ》リガハシク
三四三	1	(同 10/14)	(石・佛說太子 須陀拏經中期點 10/14)
三五一	5	(一〇二〜一〇 四頁)	(九八〜九九頁)
三五七	9	添へる。	添へる。意
三六三	6	10/14—□	10/14—17
三六七	6	論語ニ	論語ニ
三六九	1	月《よ》數めば、	月數《よ》めば
三七七	17	苦ネ(むころ)に	苦ね(むごろ)に
三八九	10	有ること	有(ること)
三九四	11	嫉惡《ネツミニク》ム	嫉惡《ソネミニク》ム
三九六	15	(a)(b)	(九)(一〇)
四一四	9	モノヲ□	モノヲの
四一五	8	說く	說(く)
四一七	12	(七八—八一頁)	(七四〜七七頁)
四二六	16	則便チ	卽便チ
	〃	勸(め)て	勸(め)て
四三〇	1	則便	卽便
四三四	6	項	項(頊)
四四〇	3	(同 五 8/26)	(同 五 8/26)A
	5	(同 三 3/24)	(同 三 3/24)A
四四一	7	A	I
四四九	表七	「その他の用法の項」代名數	代名詞
四五〇	8	霑ニ汚	霑中汚
四五三	表八	「漢文訓讀文」の項	ナニノを補ふ
四五五	13	身心を	身心一を
四六六	5	有能至心	有三能至心
四七五	13	ノカ如シ	ノガ如シ
四八四	15	不《ジ》ニ唐捐一	不《じ》ニ唐捐一
四九〇	7	扶《タス》け(て)	扶《タす》ケ(て)
五〇七	15	不《セ》レズ見	不《セ》レズ見(音)
五一三	2	膏《アブラケル》血《チ》	膏《アブラツケル》血《チ》
五二三	8	射レラレたるが	射《い》レラレたるが
五二九	16	隨《(した)》ガハ	隨《(した)》がは
五四一	2	(同 二 15/15 —16)	(天・南海寄歸傳末期點 二 15/15—16)
五四五	9	王帚	玉帚
五五〇	14	ありて	あって
五五一	13	こと。だ。に	ことだ。に。
五六一	7	矜《オゴ》リ高《タカ》ビ	矜《オゴ》リ高《タカ》ビ
	10	寧ろ	寧ロ
五六六	15	1119)	1119)AC
五八〇	3	—マデニト、 —	—マデニト、 —
五八一	16	三千三天	三十三天
五八二	2	金光最勝王經	金光明最勝王經
五八三	9	「文學會論叢」	「文學論叢」
五八六	16	漫茶羅	曼茶羅

頁	段行	誤	正
五九二	6	平定時代	平安時代
五九三	6	(何缺三三相二)	(何缺二知三相二)
五九六	8	「傳フレバカ」	「傳フればか」
	〃	「アレバカ」	「アレバか」
六〇一	13	深責自	深責レ自
六〇四	6	希《マ》レニシて	希《マ》レニシテ
	〃	間《マヽ》	間《マヽ》ニ
六〇五	5	欲《ス》ル乎《ヤ》	欲《ス》ル乎《や》
六〇七	十六表	三藏傳法師	三藏法師傳
六一一	10	聖教	聖政
	〃	靈感に	靈感ニ
	〃	者モノ	者もの
六一七	12	智上(を)	智上(と)
六二〇	14	爲《セ》むゾ	爲《せ》むゾ
六二三	13	負セ賜ひ	負せ賜ひ
六二四	8	不レ悽	不レ悽レ
六五三	2	焉。	焉。」
六五七	13	二)	(二)
六五八	9	諸法の	諸法の
六六二	6	異ナリトスル	異なりとする
		人アルヲヤ	人アルヲヤ
	7	濟フコトヲモ	濟フことをも
		スルヲヤ	スルヲヤ
	9	然レドモ	然(れど)も
	13	出家スルコト	出家すること
		得ズトイフヲ	得ず(と)・
		ヤ	いふをや
	15	國ヲモ失ヒテ	國をも失(ひ)
		ムヲヤ	て(む)をや
	16	〃	〃
六六三	2	我が无上平等	我(が)无上
		ニ度ル意ヲ成	平等に度る意
		ラムトオモフ	を成らむとオ
		ヲヤ	モフヲヤ
	8	空ニ離レヌヲ	空に離(れ)
		ヤ	ぬをや
	9	言ハヌヲヤ	言(は)ヌヲヤ
	10	言ヒツルヲヤ	言(ひ)ツル
			をや
六八三	5	最□王經	最勝王經
	10	助動詞	助動詞
六八七	5	所《エ》レム有(ら)	所《エ》レム有(ら)
	11	初期點	末期點
六九〇	17	昔有ニ	昔ニ有
七二四	15	不□	不《じ》
七三八	2	相ひ別《ワカ》る	相ヒ別《ワカ》る
七四四	16	爲《(も)》シ……爲《(モ)》シ	爲《(も)》シ……爲《(も)》シ
七四八	1	補《お(きな)》(ふ)	補《お(きぬ)》(ふ)
	〃	補《お(きな)》(ひ)	補《お(きぬ)》(ひ)
七四九	2	了すベシ。	了すベシ
七五〇	10	經文一を	經文上を
七五八	3	何ヲモテカ、	何を用(てか)
		生キヌクラム	生爲《イキ》ヌクラム
七六八	7	長夜に	長夜一に
七七一	4	譬喩を	譬喩一を
七八一	9	古《イニ(シヘ)》	古《イニ(しへ)》
七八八	8	上に	上一に
八〇〇	9	在□レく	在《を》レく
	10	並通に	普通に
八一七	10	乞《(こひ)》たてまつるモ	乞《(こふ)》モノナラバ
		ノナラバ	
八一九	5	乞(ひ)たて	乞(ふ)モノ
		まつるモノナ	ナラバ

頁	段行	誤	正
		ラバ	
八三	13	聽聞し（と	聽聞し（と
八五九	16	4/14）	4/14）同
八六四	5	之を	之を
八六六	12	是をは	是をは
	〃	（同 4/23—24）	（同 四 4/23—24）
八九二	3	看ヨ	看ヨ、
八九四	4	且待	且待
八九六	3	トフ（間）	トフ（問）
八九八	11	以下爲	以二爲
	15	勸下勉	勸下勉
九〇三	6	聽《ユル》シタマヘ	聽《ユル》シたまへ
九〇九	2	主語成文と述語	主語成分と述語
		成文	成分
九一三	1	問曰	問曰
九一四	9	といふことこ	といふことぞ
		ぞ	
	16	意ノ謂《おもは》ク	意ノ謂《おもは》ク
九一七	16	助菩提	助菩提法
九一九	16	といふ	といふ

本書關係論文目錄

頁	段行	誤	正
九二〇	2	〃	〃
	4	とおもふ	とおもふ
	16	應レ請	応レ請者
九二三	1	とまうす	とまうす
九二八	13	iは	jは
九三二	4	者ヘリ	者ヘリ
九三三	8	いへり	いへり
	10	若唯是如、非レ攝二一切一故	削除
	15	といへり	といへり
九四四	8	第十集	第十集（『訓點語の研究』所收）

引用訓點資料目錄・解說

頁	段行	誤	正
九五〇	下1	七七卷	六七卷
九五一	下12	大毗盧遮那經釋	大毗盧遮那經義
		義	釋

頁	段行	誤	正
	下14	〃	〃

事項索引

頁	段行	誤	正
九五八	上6	一三〇〜一三三	一三〇〜一三三
	上10	三三五〜三三八	三三六〜三三八
	上11	〃	〃
九五九	中22	二〇	一九・二〇
	中13	八九〜九〇	七八・八九〜九〇
	下11	三四〇〜三四五	三三八〜三四五
九六〇	上9	一六〜一八	一六〜一八・八三八〜八三九
九六三	上6	助動詞	副詞
	上〃	三二八〜三三七	三三九〜三三八
	上15	二六八	二六九
	中15	（對代）	（他代）
	下12	（但）	（但・唯）
九六八	下14	二八三	二八二
九六九	中7	七三〇	七三一
九七〇	上15	五九九〜六〇〇	六〇〇

語彙索引

頁	段行	誤	正
九七二	下4	八九一	八九二
	下22	登臨アカル	登臨アカリ
	下24	躍(をとり)貴	踊(をとり)貴ア
		アカリ	カリ
九七三	上16	二七	二八
九七四	上8	三六	三七
	上10	中アタ(り)て	中アタ(て)
	下2	二四八	二四九
	下17	三二	三三
九七五	上4	頃	項(頃)
	上6	〃	〃
	上10	五七一	五六九(三四)・五七一
	上11	會アフラクのみ…	削除
		……五六九(三四)	
	上16	二四七	二四八
	中2	膏アフラ(つ)ケ	膏アフラツケル血
		ル血チ	チ
九七六	上8	三四一	三三八
	中23	所有アラユル	所有アラユる

頁	段行	誤	正
九七七	上14	三四二	三四三
	中17	九〇四(二〇〇)	削除
	中19	あてか	ア(り)てか
	中21	(一三)	(一三)・九〇五(二〇〇)
	下23	三二	三三
九七八	上20	二七	二八
	下3	(一九)(二一)	(一九)(二〇)(二一)
	下4	七一三(二四)	削除
	下5	(八五)	(八五)・七一三(二四)
	下16	(一四)(一六)	(一四)(一五)(一六)
九七九	上12	二〇七(一三)	削除
	上15	三三	三一
	上16	二〇七(五)	削除
	上17	(一三)	(一三)・二〇七(五)(六)
	中7	(三五)	(三四)
	中8	(二〇)	(二〇)・二二(三五)
	中11	二九	二八
	中13	乍アルハ………	削除
		三八六(二一)	
	下11	三四〇	三四一
	下12	〃	〃

頁	段行	誤	正
	下13	〃	〃
	下14	八五九	八六〇
	下18	云何(いか)なる	何(いか)なるを
		をカ	か
	下22	三四一	三四二
九八〇	上1	云何(い)かに	云何(い)かにス
		……三四〇	レバカ……三四一
	上5	那イカ(に)	那イカニ
	中12	六八三	六八二
	中13	八三	八一
	下20	在イチ(ケ?)リキ	在イケリキ
九八一	中21	三九	三〇
	中23	〃	〃
	下8	九〇二	九〇三
九八二	上20	何イツクニカ	何イツクンカ
九八三	上22	古イニシへ………	削除
		七八一(四六)	
	上24	(八二)	(八二)・七八一(四六)
	中1	七六八	七六九
	下11	三四二	三四三
	下18	三五四	三五五

頁	段行	誤	正
九八三	下20	(一七)(二八)	(一七)・三五九(二八)
九八四	上6	(三六)・八二五	(三六)・七二九(五)(六) ・八二五
	上16	八九二(一一)・八九三	八九三(一一)(一七)
	上19	三六四	三六五
	中7	八九三	八九四
	下8	イフて……一四一 (三)・七三〇(一〇) 次に下記の項を 入れる	道イフて…… 一四一(三) 謂イフて…… 七三〇(一〇)
	下11	七七二	七七九
	下14	三三三	三三四
九八五	上19	(一二)	(一一)
	上25	八九二	八九三
	中10	五三一	五三〇
	中18	三三二	三三三
	中23	三三三	三三四
	下5	三六二	三六三
	下8	五〇七(一〇)	削除
	下21	云ヘクセ	云ヘクモ
	下25	不應言イフ	不す應……言イフ

頁	行段	誤	正
九八六	上7	三六一	三六二
	中3	三八	三九
	中19	無(し)	無クアルベク
	下9	三二〇	三一九
	下10	(九五)	三二〇(九五)
	下〃	三六四	三六五
	下19	いふことのみ	いふことをのみ
九八七	中1	九一六	九一七
	中3	三五二	三五三
	中6	三二(三)(六)・四二 (六〇)	三二(六)
	中7	三二(一)(三)	三二(三)
	中8	三三(一三)	三二(三)・三三(一三)
	中9	次に下記の項を 入れる	と事いふものは… ……三(一)
	下1	二八二	二八一
	下2	垂今	垂今也
	下16	爾イマシ	爾イマシが
九八八	上14	八九八	八九九
	上23	有いま(し)キヤ	有(いまし)キヤ
	中9	一六一(九)	削除

頁	段行	誤	正
	中15	八八九	八九〇
九八九	上20	三三七(五五)・九〇一	三三八(五五)・九〇二
	中23	不獲エサラム…… 三四八(一四)	不獲エサラムや… ……三四九(一四)
	下7	不(さ)レハ得エ	不サレハ得エ
九九〇	上3	三五八	三五九
	上17	四四〇(六)	削除
	上22	六六一	四四〇(六)・六六一
	中1	三五八	三五九
	中3	得ウル……五六三 (五三)	削除
	中18	三六四	三六五
	下6	八九一	八九二
	下14	(四八)	(四七)(四八)
九九一	中12	三三七	三三八
	中13	〃	〃
	中14	〃	〃
九九二	上23	二七六	二七五
	上23	八九一	八九二
	下5	華ウルワし	華ウルワシ
九九三	中17	補お(きなふ)	補お(きぬふ)

頁	段行	誤	正
九九三	中23	安置オキオカム	安置オきオカム
	下21	三四一	三四二
九九四	下12	三三五	三三六
九九五	上6	三三六	三三七
	上7	三三七(五四)	削除
		次に下記の項を入れる	恐（おそる）ラくは……三三七(五四)
	上8	三三六	三三七
	上11	〃	〃
	中2	二六〇	二七九
	下1	次に下記の項を入れる	己ヲノレヲ………一一〇(三九)
九九六	中7	九〇一	九〇二
	下12	四(四)・二〇一(六四)・七三九(三)	二〇一(六四)
	下13	四八(一四)	四(四)・四八(一四)・七三九(三)
九九七	上20	欲オモフ	欲ヲモフ
	中3	八二九(一一)	削除
		次に下記の項を入れる	欲オ（も）フ……八二九(一一)
九九八	中17	九一六	九一七
	下11	趣	趍
	上7	(五三)	削除
		次に下記の項を入れる	及以（およ）ひ……三七八(五三)
	上8	及與（およ）ヒ	及與（およ）ひ
	下24	嬰カ、レル………四三四(一三六)	削除
	下25	六七四	四三四(一三六)・六七四
九九九	上8	劑カキリテ	劑カキリテ
	中8	括カイて	刮カイて
	中14	三三七	三三八
一〇〇〇	中6	二六(八七)	削除
		次に下記の項を入れる	侵（をかし）掠カスマム……二六(八七)
	下20	三四三	三四四
一〇〇一	上6	(二四)	(二五)
	上20	不れ………語カタ	不れ……語カタラ
		ハラ	ハ
	下12	六五〇	六五一
	下21	三四二	三四三
一〇〇二	上7	荷	苻(符)
	上22	稱カナヘルヘし	稱カナヘルヘシ
	下15	塹カ（はら）クレ	鏨カ（はら）クレ
一〇〇三	上15	補お（きなひ）	補お（きぬひ）
	中5	不ス肯カヘニ	不ス肯カヘン
	中20	歸カヘス	歸カヘヌ
一〇〇四	上1	九〇一	九〇二
	中20	(一)	(三)
	下24	九二八	九三〇
一〇〇五	上13	九〇三	九〇四
	上20	八八七(二九)・八八八	八八八(二九)(三一)
		(三一)(三二)(三三)	(三一)(三二)(三四)
	中20	(二五)	(二四)
	下17	三四七	三四八
	下20	(二五)	(二四)
	下24	三四二	三四三
一〇〇七	上6	降クタリて	降クタリテ
	中2	三四七	三四八
	中24	遣シム	遣シむ
	下8	(七三)	(七四)
一〇〇八	上13	(二一)	(二一)・一〇四

頁	段行	誤	正
一〇〇八	中6	三九	三〇
	中7	〃	〃
	中18	令シム	令シむ
	下16	五六五(三)・八六五(四八)	八六六(四八)
		次に下記の項を入れる	此(こ)コに…… 五六五(三)
一〇〇九	中20	曾コ、ロタニモ	曾コ、ロミタニモ
	下5	八六六	八六七
一〇一〇	下3	三三(八)・二四(九)	二四(八)(九)
	中10	三四二	三四三
	中15	三四八	三四九
一〇一一	上3	(三三)	(三二)
	上12	已來	已去
	中3	六(三二)	六〇(三二)
	中9	九(三三)	五九(三三)
	下10	九一七	九一八
	下11	〃	〃
	下14	九〇四	九〇五
一〇一二	上16	踰コユ	不踰コエ(す)
	上20	(二四)	(二五)
一〇一三	中3	三一	三〇
	中7	(一〇)(一九)	(一〇)・八六一(一九)
	中9	二八	二九
	下2	(五〇)	削除
		次に下記の項を入れる	此(これ)ガ…… …四五五(五〇)
	下16	斯(こ)レ等ラをも	此(これ)等ラをモ
	下17	八九五	八五九
	上5	爲是也(これ)	爲是也(こ)レ
	上12	於コレカ	於コレか
	中8	五一五	削除
	中9	(五八)	〃
	中10	四四(七一)	〃
		次に下記の項を入れる	以コレヲ(も)て ……四四(七一)
一〇一四	中22	以(これを)もて	以(これを)モて
	上2	(三七)	削除
	上3	次に下記の項を入れる	幸(さいはひ)ニ ……二九三(三七)
	上15	賢サ(かし)	賢サ(かしくして)
	上21	不シ逆(さ)かへ	削除
		……五三八(一六)	
	中14	前等サキラ	前等さきら
	中23	割サク	割サクニ
	下4	一四七	一四八
	下24	(二四)	(二五)
一〇一五	上22	九〇四	九〇五
	中9	悟サトル	悟サトレ
	下1	邀(さへ)キルラメ	邀(さい)キルラメ
	下15	二八一	二八〇
	下20	三五四	三五五
一〇一六	中4	后(の)チに	后ノチに
	下4	(一〇六)	削除
		次に下記の項を入れる	然シカモ……四三二 (一〇六)
	下8	二八	二九
一〇一七	中6	七三一	七三〇
一〇一八	中10	二一六	二一五
	中11	五四六	五四五
	中23	八九三	八九四
	下25	九〇四	九〇五
一〇一九	上7	シリウダケキル	シリウタゲキル

頁	段行	誤	正
一〇二九	中2	三九	三八
	中19	知（しろし）メセ	知（しろし）メセ
	下18	七五四(九)	削除
		次に下記の項を入れる	セム……七五四(九)
	下24	(三四)(三五)(三六)	三五(三四)(三五)
		三四〇	(三六)・三四一
一〇三〇	上1	三四	三五
	下10	爲するに	爲スるに
	下17	(四四)	(四三)
	下25	三二	三三
一〇三一	上1	セリ	爲セリ
	中11	一七七(六)	削除
		次に下記の項を入れる	むトするガ……一七七(六)
	中14	むとするに………七二四(六)	削除
	中23	ムとして	ムトシテ
	下10	ナ、ムトするに	ナ、ムトするに
	下11	ナ、ムとするに	ナ、ムとするに
	下17	(二二)	削除
	下19	次に下記の項を入れる	將……なむとすること……一七八(二二)
一〇三二	上2	(むと)して	(む)として
	上13	八八九	八九〇
	上21	七六九	七二四(六)・七六九
	上22	ムトスルヤ	ムトスルや
	中3	二八二	二八一
	中4	(一五二)	二八二(一五二)
	中7	一七八(一八)	削除
	中8	次に下記の項を入れる	將欲……むとするを……一七八(一八)
一〇三三	上18	テノミス………一八五(七)	削除
	上19	(七)	(七)(八)
一〇三四	下6	マテにす	マてにす
	中1	(二〇)	(一〇)
	中16	三九	三〇
一〇三五	下7	(一〇八)	(一〇九)
	下14	四二七	四二八
一〇三六	上12	則便（すなは）チ……四二六(五七)	削除
	上19	九一六	九一七
一〇三七	上21	謗ソシラムガ………三五	謗ソシラムカ……三六
	上24	譏ソシリ	譏ソシり
	中14	三四一	三四二
一〇三八	上5	三三	三三
一〇三九	上10	(七)・八六〇	・八六〇(七)
	上13	三九	三〇
	上21	三四〇	三四一
	中11	六六四	六六五
	中13	扶タスケ（て）	扶タすケ（て）
	下12	八一七(五)	削除
	下13	次に下記の項を入れる	鬪タ、カフに………八一七(五)
一〇四〇	下22	三六二	三六三
	上9	但	但唯
	上24	九〇五	九〇四
	中1	九〇三	〃
	中3	(三一)・	(三一)・一九四(三)
	中5	唯（たた）し願（ね	削除

頁	段行	誤	正
		かゝふ……一九四(三)	
一〇三〇	下10	三一九	三二〇
一〇三一	上4	七一三	七一二
	上20	〃	〃
	上21	八八八	八八九
	中11	(七四)	削除
	中12	(七五)	〃
	中13	(七六)	〃
	中16	三一八	三一七
	中23	三一九	三一八
	下5	三二〇	三一九
	下9	三二〇(一〇三)	削除
		次に下記の項を入れる	若使(たと)ひ……三二〇(一〇三)(一〇四)・三二一(一〇五)
	下12	二九〇	二九一
一〇三二	上8	五三八(一四)	三八八(三五)・五三八(一四)
	上20	譬(たとへ)は	譬(たとへ)ハ
	中4	三八八(三五)・八三三(一二)	削除
		次に下記の項を入れる	譬(たと)へハ……(こと)く…八三三(一二)
	中10	(三五)	削除
	中13	八三三	三〇二(三五)・八三三
	中18	如(たとへ)は…	削除
		……一八〇(三三)	
	下10	三四七	三四八
	下21	三一七(五八)	削除
		次に下記の項を入れる	是ノ度(た)ヒ……三一八(五八)
一〇三三	上3	芟夷《カリタヒラク》ルコト	芟夷《カりタヒラク》ルコト
	上11	答(たふ)す	答(たふ)ス
	上18	尙《タウトク》	尙《タウトフ》
	中2	妙《タヘナル》(ことを)	妙《タヘナル》(ことと)
	中23	二七九	二七八
	下20	二八一	二八〇
一〇三四	上18	三四二	三四三
	中3	足たりて	足たりて
	中23	執《タレ》が	執《タレ》カ
	下2	何《タレ》が	何《タレ》ガ
	下20	九二八	九三〇
一〇三五	上19	八九一	八九二
	中21	二八八	二八七
一〇三六	上18	造《ツクリ》	造《ツクリ》
	中22	三二九	三三〇
	下9	四三四(一三六)	削除
	下10	六七四	四三四(一三六)・六七四
	下13	二八	二九
一〇三八	中8	とキ…一八三(二〇)	削除
	中15	七一三	七一二
一〇三九	中8	三一九	三二〇
	下11	與《ト》(も)ニ	與《ト》(とも)ニ
一〇四〇	上19	三四一	三四二
	下8	七一(一四)	削除
		次に下記の項を入れる	無(な)カリケリ……七一(一四)
一〇四一	中7	五三一	五三〇
	下12	三三三	三三四
	下19	爲ナス	ナス
	下24	不サラ(しめむ)	令(め)む…不サラ

頁	段行	誤	正
一〇四二	中4	何（な）に……一八六（一三）	削除
	中9	三四二	三四三
	中20	三四三	三四四
	中23	（四五）	・三四四（四五）
	下1	三四三	三四四
	下3	三四二	三四三
	下6	三四五（四八）	削除
	下7	三四二	三四三
	下8	〃	〃
	下9	〃	〃
	下10	〃	〃
	下11	何（なに）爲……せむそ……三四二	何（なに）……爲せむそ……三四三
一〇四三	下21	三四二	三四三
	中13	三四一	三四二
	中17	三五八	三五九
	中19	三四八（一四）・三五二	三四九（一四）・三五三
	中20	（二〇）	三五五（二〇）
	中25	（三八）・六七一（四〇）	（三八）（四〇）・六七一
	下6	三五三（一二）・三五四	三五四（一二）

頁	段行	誤	正
一〇四四	下13	八二六（四六）	削除
		次に下記の項を入れる	猶（なほ）し如ク なるを…八二六（四六）
	上9	三一八	三一七
	中12	三四一	三四二
	下11	二七六	二七五
	下24	一七九（二七）	一七九（二七）・七三六（六八）
一〇四五	上3	次に下記の項を入れる	垂ナ、ムトスルマテ……七三六（六九）
	上24	三六	三九
	中3	不（す）なりヌル……七一四（二九）	削除
一〇四六	中18	三六四	三六五
	中19	（五四）	（五五）
	中3	ヌキトル	ヌク
	中12	汚ケカせること	汚ケカせると
	中24	二八（四九）	削除
	下1	八二（一〇）	二八（四九）・八二（一〇）
	下2	希ネカハクハ……三一（一〇七）	削除

頁	段行	誤	正
一〇四七	下3	（一一）	（一一）・三一（一〇七）
	下25	不……	不す……
	上1	三四〇	三四一
	上13	四三三	四三四
一〇四八	下12	（一三五）	（一三六）
	上2	次に下記の項を入れる	のたまハム……七三九（七）
	中14	二三三	二三七
	中15	徵ノ（と）レリ	徵の（と）レリ
	中15	四〇二	四〇三
	下6	騰	勝
	下8	昇ノホルガ	昇ノホルが
	下14	呑	呑咽
	下〃	（一〇）	（一〇）・四八四（三二）
	下15	咽のミたまふニ…四八四（三二）	削除
一〇四九	上18	圖はかリコト	圖はかリこと
	中2	四二六	四二七
	中20	勵ハケ（む）て	勵ハケ（み）て
	下23	三三四	三三五
一〇五〇	上18	三三六	三三七

頁	段行	誤	正
一〇五一	上8	三四七	三四八
	下1	竊（ひそか）に	竊（ひそか）ニ
	下7	永（ひたふる）ニ	永（ひたふる）に
	下24	三五	三六
一〇五二	上3	三五四	三五五
一〇五三	上21	九〇三	九〇四
	中6	三四三	三四四
	中13	三一九	三二〇
	下12	史フミ人ト	史文ミ人ト
一〇五四	中23	三六二	三六三
	下24	九〇四	九〇五
一〇五五	上19	八九一	八九二
	中19	三四〇	三四一
	下5	九二〇	九二一
	下9	三三三	三三四
	下21	程	稱
	下〃	八六八	八六九
	下23	まらヌ	まらス
一〇五六	上4	七三	七二
	上9	八九一	八九二
	中20	三一五(五九)(六〇)	三一四(五九)・三一五(六〇)
一〇五七	下13	(三五)(三八)(三九) (四〇)	(三五)～(四一)
	下21	八六八	八六九
	中1	二七七(九四)	二七六(九四)・二七七 (九六)
	中20	非（あら）す	非（あら）すや
	下2	(一五八)	削除
		次に下記の項を 入れる	將（まさに）无（なけ） ムや…二六三(一五八)
	下20	不シ令（しめ）	不シ令シメ
一〇五八	上17	(三)	(四)
	中7	乍又也（ま）た… …三七五(一八)	削除
	下11	(三七)	削除
		次に下記の項を 入れる	亦（また）ハ…… 三六八(三七)
	下19	二六一(一五〇)・二六二 (一五二)	削除
	下21	四一〇	二六一(一五〇)・二六二 (一五二)・四一〇
一〇五九	上25	(一七)・六三二(一八)	(一七)(一八)・六三二
	中1	(二〇)・六三六(二八) (二九)・九〇二	(一九)(二〇)・六三五 (二八)・六三六(二九)・ 九〇三
一〇六〇	上7	三一九	三一八
	下6	塹ホリヤ	塹ホリキ
	下10	三三六	三三七
	中17	相（あひ）看ム	相（あひ）看ミム
一〇六一	中18	七一三	七一二
	下21	看（み）よ	看（み）ヨ
一〇六二	上4	八五(三八)	削除
	上6	一九七(一五)・三五四	八五(三八)・一九七(一五) ・三五五
	上23	報ムクキム	報ムクキむ
	中6	三三六	三三七
	中12	三六一(三三)(三四)・ 五三〇	三六二(三三)(三四)・ 五二九
	中13	(四二)・三六三	・三六三(四二)
	中17	三六四(五三)・三六五 (五五)	三六五(五三)(五五) (五六)
	下2	綆	鯁
	下20	三三六	三三七

頁	段行	誤	正
一〇六二	下23	令……奪ムハ、	削除
		シメ……五三八(一六)	
一〇六三	下9	三八	三九
	下15	六五三	六五四
	下21	八六三	八六四
	下23	三三	三二
一〇六四	上11	三三三	三三四
	上14	(一二)(一三)	(一二)・三三三(一三)
	上16	三三一	三三二
	上17	〃	〃
	上19	三三二(一七)・三三三	三三二(一七)(二〇)
		(二〇)	
	上21	三三二(一七)	三三二(一七)(二一)
	中2	(二三)〜(二五)	(二三)(二三)・三三四
			(二四)(二五)
	中3	三三三	三三四
	中4	〃	〃
	中5	〃	〃
	中6	〃	〃
	中25	如若	如若也
	下10	用モチキムソ	用モチキム

頁	段行	誤	正
一〇六五	下11	九〇一	九〇二
		次に下記の項を	須(も)チキム…
		入れる	…一〇九(三四)
	下12	一〇九(三四)	削除
	下18	用(もち)い(る)	〃
		へし……二一六(五七)	
	上6	三七四(一一)	削除
	上7	次に下記の項を	以(も)テ……
		入れる	三七四(一一)
	上16	六七一	六七〇
	下25	九一七	九一八
一〇六六	上2	(八二)	(八二)・二一八(六四)
	上4	二一八(六四)	削除
	中6	三三三	三三四
	中13	六五四	六五五
	中25	三一八	三一七
	下3	(二五)・三八	・三八(二五)
	下9	三三七	三三八
	下15	五三八(一六)	削除
	下16	(三一)(三三)・三七(三三)	(三一)・三七(三三)(三三)
	下17	七一二	七一三

頁	段行	誤	正
一〇六七	上7	(四一)〜(四四)	(四一)(四二)(四三)・
			三九(四四)
	上8	三四二	三四三
	中9	後ニモレ	後にもレ
一〇六八	下8	之ユカ	之ユか
	下16	九二二	九二三
	下22	九〇二	九〇三
一〇六九	中13	聴ユルシタマヘ…	削除
		…九〇二(一六五)	
	中14	(二四)	(二四)・九〇二(一六五)
	下15	以(もて)の故(ゆ	削除
		ゑ)に…五八(一四)	
		(一八)	
	下16	二一七(六〇)・四五八	削除
		(八二)	
	下17	三八三(五)(六)	五八(一四)(一八)・二一七
			(六〇)・三八三(六)・
			四五八(八二)
	下18	以(も)ての	以(もて)の
一〇七〇	上21	九一八	九一九
	中3	横ヨコタエテ	横ヨコタエテ

頁	段行	誤	正
一〇七〇	中16	三二	三三
一〇七一	上8	四〇八(八二)～	削除
	上9	(八五)	〃
	中1	三四一	三四二
	中16	爲由也（よるか）	爲由也（よる）ガ
	下19	二七九	二七八
一〇七二	下17	叵（かた）し	叵カタし
一〇七三	上1	三四一	三四二
	上3	〃	〃
	中15	九〇二	九〇二
	中23	見ワレに	見ワレニ
	下22	咲（ゑ）マヒたまヒシ	咲ヱマヒたまヒシ
	下24	三四一	三四二
一〇七四	上12	三三六	三三七
	下2	經ヘ遂スキ已 をはて	經ヘ遂スキ…已 をはて
字音語			
一〇七五	下1	運ウン行	運ウニ行
	下2	三六四	三六五
	下13	四一一	四一〇
	下14	二八四	二八三
	下20	四〇八	四〇七
一〇七六	上1	三三九	三三〇
	中9	三四〇	三四一
	中〃	三四一	三四二
一〇七七	上15	四一一	四一〇
	中21	〃	〃
一〇七八	中23	四三三	四三四
	下21	加葉	迦葉
	下〃	七六六	七六七
	下23	三二九	三三〇
	上10	四〇三	四〇二
	上20	三四〇	三四一
	中18	怡テム簡カン	恬テム簡カン
	中20	九〇二	九〇三
	中25	七二一	七二〇
一〇七九	下22	三	三
	中16	留ル離	留ル難
	中21	三二九	三三〇
	中24	九一六	九一七

本文補記

五三四　2　「……意味を表はした。」の後に次の説明を補ふ。
「平安時代には、活用する語の連用形の他、形容詞の語根を受けて、逆接の意味を表はすものを生じた。」

著者略歴

明治43年　島根県八束郡宍道町に生れる

昭和10年　京都大学文学部文学科国語国文学専攻卒業

松江高等学校教授・島根大学教授・岡山大学教授・大谷女子大学教授を経て、現在島根大学・岡山大学各名誉教授　文学博士

〔関係著書〕

訓点資料の研究（風間書房）

石山寺本大方広仏華厳経古点の国語学的研究（同）

改訂 訓点語の研究　上・下（同）

国語史論集　上・下（同）

石山寺本四分律古点の国語学的研究（同）

石山寺本大智度論古点の国語学的研究　上（同）

現住所　703-8262　岡山市中区福泊79-3

省略　検印

平成27年12月５日　印刷

平成27年12月15日　発行　　大坪併治著作集５　（第９回配本）

平安時代における訓點語の文法　上

定価　一六、二〇〇円

（本体一五、〇〇〇円＋税）

著者　大《おお》坪《つぼ》併《へい》治《じ》

発行者　風間敬子

印刷者　小又和巳

発行所　株式会社　風間書房

101-0051　東京都千代田区神田神保町一の三四

電話　〇三（三二九一）五七二九番

振替　〇〇一一〇-五-一八五三番

（富士リプロ・井上製本所）

ISBN978-4-7599-2101-4